GIORGIO VASARI

LEBENSLÄUFE

der berühmtesten Maler, Bildhauer und Architekten

Aus dem Italienischen übersetzt
von Trude Fein

Nachwort von
Robert Steiner

Mit 28 Abbildungen

MANESSE VERLAG

Cimabue

Giovanni Cimabue

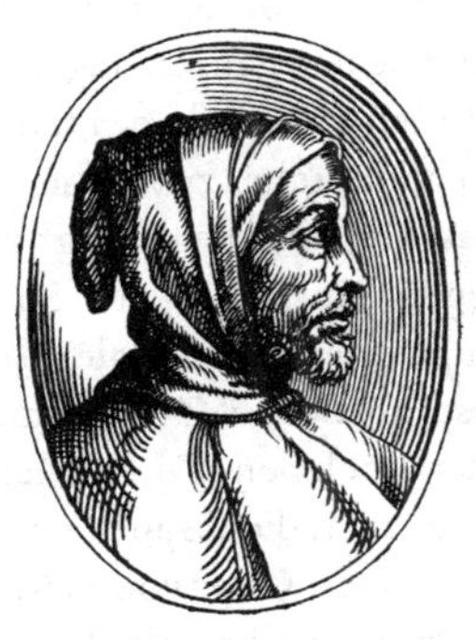

Durch die unendliche Flut von Unheil, die im Mittelalter dem unglückseligen Italien alle Lebensluft geraubt hatte, waren nicht nur die kunstvollen Bauwerke zerstört, sondern, was noch viel schlimmer war, es gab auch keine Künstler mehr. Da wurde im Jahre 1240 in der edlen Familie der Cimabue zu Florenz Giovanni geboren, der nach dem Willen Gottes das Licht der Malkunst neu entzünden sollte.[1] Giovanni schien einen guten und klaren Verstand zu haben, deshalb sollte er die Wissenschaften erlernen und wurde, als er heranwuchs, von seinem Vater nach S. Maria Novella zu einem Verwandten geschickt, der damals die Novizen jenes Klosters in der Grammatik unterwies. Indessen, anstatt sich dem Studium zu widmen, verbrachte Cimabue den ganzen Tag damit, in seine Bücher und Hefte Menschen, Pferde, Gebäude und allerlei Fantastisches zu zeichnen. Diese Begierde seines Herzens begünstigte das Glück. Die damaligen Herrscher der Stadt beriefen nämlich einige griechische Maler nach Florenz, zu dem ausdrücklichen Zweck, die verlorene Kunst wiederzubeleben. Diese Meister malten unter anderem auch die Cappella de' Gondi aus, die links neben dem Chor von S. Maria Novella liegt und deren Gewölbe und Wände heute fast gänzlich von der Zeit zerstört sind.[2] Nachdem Cimabue begonnen hatte, sich in der Kunst zu üben, wuchs seine Lust immer mehr; er entlief oft der Schule und sah den ganzen Tag zu, wie die Maler arbeiteten, weshalb sie und sein Vater endlich meinten, wenn er sich der Malerei widme, würde er in diesem Beruf zweifellos etwas Tüchtiges leisten. Zu seiner großen Freude wurde er daher zu diesen Künstlern in die Lehre gegeben, und durch unablässige Übung förderte er seine hohe natürliche Begabung dermaßen, dass er schon nach kurzer Zeit seine Lehrmeister in Zeichnung und Farbgebung weit übertraf. Denn diese malten nicht nach der schönen antiken griechischen Manier, sondern, wie man dies heute noch an ihren Werken sieht, in der groben, rohen Weise jener Zeit, ohne dass sie ein Streben gefühlt hätten, zu lernen und voranzuschreiten.

Cimabue ahmte zwar seine Lehrer nach, vervollkommnete aber ihre Kunst, indem er ihr einen großen Teil jener Härte nahm, sodass sein Name und seine Werke seiner Vaterstadt Ehre machten. Hiervon zeugen viele Bilder, die er in Florenz malte, so das Altarbild in S. Cecilia und ein Bild der Mutter Gottes in S. Croce, das an einem Pfeiler rechterhand vom Chor angebracht war.[3] Hierauf malte er auf Goldgrund einen heiligen Franziskus, so gut er es konnte, nach der Natur, was in jener Zeit etwas Neues war, und ringsherum die Geschichte seines Lebens in zwanzig Szenen voll kleiner Figuren auf Goldgrund.[4] Darauf übernahm er für die Mönche von Vallombrosa in der Abtei von S. Trinità zu Florenz eine große Tafel. Er wendete besonderen Fleiß auf dieses Werk, um dem Ruf zu genügen, den er sich schon erworben hatte, und zeigte darin noch viel bessere Erfindung und schöne Stellungen. Es war eine Mutter Gottes mit dem Kind auf dem Arm, umgeben von vielen anbetenden Engeln, auf Goldgrund.[5] Dieses Bild stellten die Mönche über dem Hauptaltar ihrer Kirche auf, von wo es später weggenommen und in eine kleinere Kapelle des linken Seitenschiffs der Kirche gebracht wurde, um dem Gemälde von Alesso Baldovinetti Platz zu machen, das noch heute auf jenem Hauptaltar steht. Als Nächstes malte er am Spital der Porcellana auf der Seite der Via Nuova, die zum Borgo Ognissanti führt, in Fresko die vordere Wand, in deren Mitte das Haupttor ist: auf der einen Seite Mariä Verkündigung, auf der anderen Christus mit Kleophas und Lukas, die Figuren in Lebensgröße.[6] Auch hier befreite er sich von der veralteten Manier, indem er Gewänder und Beiwerk lebendiger, natürlicher und weicher malte als jene Griechen, die im Mosaik wie in der Malerei harten Linien und starren Formen huldigten. Diese grobe und gewöhnliche Manier war nicht durch Studium erlangt, sondern hatte sich durch jahrhundertelange Gewohnheit von einem Maler auf den anderen vererbt, ohne dass je einer danach trachtete, sie in Zeichnung, Farbe und Komposition zu verbessern.

Als er dieses Werk vollendet hatte, musste Cimabue für denselben Guardian, der ihn das Gemälde in S. Croce hatte ausführen lassen, ein großes Kruzifix auf Holz malen, das noch jetzt in der Kirche zu sehen ist.[7] Diese Arbeit wurde zur Veranlassung, dass der Vorsteher, der damit sehr zufrieden war, ihn zu seinem Kloster S. Francesco in Pisa schickte, um ein Bild des heiligen Franziskus zu malen, das dort als ein seltenes Kunstwerk geschätzt wurde, da man in seiner Art, den Ausdruck der Gesichter und die Falten der Gewänder darzustellen, etwas Neuartiges und Besseres erkannte als in den Malereien nach griechischer Manier, in der damals alle Künstler nicht nur in Pisa, sondern in ganz Italien arbeiteten. Für dieselbe Kirche malte Cimabue auf Goldgrund ein großes Bild der Mutter Gottes mit dem Christuskind, von vielen Engeln umgeben.[8] Dieses Gemälde, für das er in Pisa viel Ruhm und Bewunderung erntete, wurde nicht lange nachher von dem Ort, an dem es ursprünglich hing, weggenommen, weil dort ein heute noch vorhandener Altar aus Marmor errichtet wurde, und es wurde innerhalb der Kirche, links der Tür aufgehängt. In der nämlichen Stadt verfertigte er auf Verlangen des damaligen Abtes von S. Paolo a Ripa d'Arno auf Holz ein kleines Bild der heiligen Agnes, umgeben von Miniaturen mit Episoden aus ihrem Leben; es ist jetzt in derselben Kirche auf dem Altar der Heiligen Jungfrau aufgestellt.

Durch diese Arbeiten wurde der Name des Cimabue immer berühmter, und man berief ihn nach Assisi, einer Stadt in Umbrien, wo er in Gesellschaft einiger griechischer Maler in der unteren Kirche des heiligen Franziskus einen Teil des Gewölbes ausmalte und auf den Wänden die Geschichte Christi und des heiligen Franziskus darstellte, eine Arbeit, bei der er jene griechischen Maler weit übertraf. Dadurch gewann er Selbstvertrauen; er begann die obere Kirche allein in Fresko auszumalen und stellte in der Hauptapsis, über dem Chor, in vier Feldern einige Szenen aus der Geschichte der Mutter Gottes dar: nämlich ihren Tod; dann, wie Christus ihre Seele auf einem Thron von Wolken zum Himmel trägt, und endlich, wie er sie inmitten einer Schar von Engeln krönt, wobei zu ihren Füßen eine Menge von Heiligen stehen, die aber jetzt nach so langer Zeit vom Staub fast ganz verdorben sind. Auch die fünf Kreuzgewölbe derselben Kirche malte er aus; im ersten über dem Chor die vier Evangelisten, überlebensgroß und so vortrefflich, dass man noch jetzt viel Gutes daran erkennt; vor allem zeigt die Frische der Fleischfarben, welch große Fortschritte die Freskomalerei durch Cimabues Anstrengungen machte. Das zweite Kreuzgewölbe schmückte er mit goldenen Sternen auf ultramarinblauem Grund. Im dritten stellte er in vier runden Feldern, von denen jedes eine Gewölbekappe einnimmt, den Heiland, die Mutter Gottes, Johannes den Täufer und den heiligen Franziskus dar. Das vierte Gewölbe füllte er wiederum mit goldenen Sternen auf blauem Grund, und im fünften malte er die vier Kirchenväter, neben jedem eine Stadt für die vier Hauptreligionen; gewiss ein mühevolles und mit unendlichem Fleiß ausgeführtes Werk. Als das Gewölbe vollendet war, gestaltete er auf der linken Seite der Kirche den ganzen oberen Teil der Wände in Fresko aus. Zwischen den Fenstern und bis zur Vierung gegen den Hauptaltar malte er acht Szenen aus dem Alten Testament, indem er mit dem Anfang der Genesis begann und die bedeutendsten Begebenheiten folgen ließ; im Raum zwischen den Fenstern aber über dem Gang, der innen rings um die Kirche läuft, stellte er den übrigen Teil des Alten Testaments in acht anderen historischen Bildern dar. Diesen Gemälden gegenüber malte er auf der rechten Wand in wiederum sechzehn

Bildern das Leben der Mutter Gottes und des Heilands; auf der Wand des Hauptportals aber, von unten an bis über die Pforte und um das runde Kirchenfenster herum, Christi Himmelfahrt und die Ausgießung des Heiligen Geistes über die Apostel.

Dieses wahrhaft große, reiche und schön ausgeführte Werk muss meines Erachtens zu jener Zeit, da die Kunst so lange in Blindheit gelegen hatte, die Welt in Erstaunen gesetzt haben; mir, der ich es im Jahre 1563 sah, schien es außerordentlich schön, zumal da ich bedachte, was es heißt, dass Cimabue in solcher Finsternis solches Licht sah. Von allen diesen Malereien haben sich indes die in den Wölbungen am besten erhalten, weil sie dem Staub und sonstigen Einwirkungen am wenigsten ausgesetzt sind. Nach Vollendung dieser Bilder fing Giovanni Cimabue an, die unteren Wände, von den Fenstern abwärts, zu bemalen, und tat auch einiges an dieser Arbeit; da ihn jedoch mehrere Angelegenheiten nach Florenz riefen, setzte er sie nicht fort, sondern sie wurden viele Jahre später von seinem Schüler Giotto vollendet, wie in seiner Lebensbeschreibung gesagt werden wird.[9]

Nach Florenz zurückgekehrt, malte Cimabue im Kreuzgang von S. Spirito, wo die ganze Seite nach der Kirche zu von anderen Meistern auf griechische Manier verziert ist, drei Bogen aus – Begebenheiten aus dem Leben Christi, unstreitig mit sehr schöner Zeichnung. Auch schickte er zur selben Zeit einiges, was er in Florenz gemalt hatte, nach Empoli, und diese Gemälde werden in der Kapelle jenes Schlosses noch jetzt mit großer Sorgfalt aufbewahrt. Darauf schuf Cimabue für die Kirche S. Maria Novella das Bild der Mutter Gottes, das zwischen der Kapelle der Rucellai und jener der Bardi da Vernio in der Höhe angebracht ist. Dieses Werk ist in größerem Maßstab ausgeführt als bis zu jener Zeit irgendeine Figur, und einige Engel, die die Madonna umgeben, zeigen, wie Cimabue zwar noch in griechischer Manier arbeitete, sich in der Linie und der Methode jedoch immer mehr dem neueren Stil näherte. Man hatte bis dahin nichts Besseres gesehen, und das Gemälde erweckte solche Bewunderung, dass es mit vieler Pracht und unter Trompetenschall in feierlicher Prozession vom Haus des Cimabue zu der Kirche getragen und er dafür reich belohnt und geehrt wurde.[10] Auch erzählt man und liest in einigen Berichten von alten Malern, dass König Karl der Ältere von Anjou durch Florenz kam, während Cimabue in einem Garten bei der Porta S. Pietro dieses Bild malte, und dass die Herren der Stadt, die dem hohen Gast viel Höflichkeit erwiesen, ihn unter anderem auch das Gemälde des Cimabue in Augenschein nehmen ließen. Niemand hatte es bis dahin gesehen; als es daher dem König gezeigt wurde, eilten alle Herren und Damen von Florenz in ihrem schönsten Putz unter großem Gedränge dahin, was den Nachbarn so viel Vergnügen brachte, dass sie jene Vorstadt Borgo Allegri, das heißt «die fröhliche Vorstadt», nannten, welchen Namen sie auch dann noch behielt, als sie später der Stadt einverleibt wurde.

In S. Francesco zu Pisa, wo, wie schon früher gesagt wurde, Cimabue einiges andere malte, ist auch im Kreuzgang neben der Tür, die in die Kirche führt, in einer Ecke ein kleines Bild in Leimfarbe von seiner Hand, ein Christus am Kreuz, von mehreren Engeln umgeben, die einige Worte, die um das Haupt Christi geschrieben sind, weinend mit den Händen erfassen und der Madonna zu Gehör bringen, die klagend auf der rechten Seite des Kreuzes zu sehen ist, sowie dem Evangelisten Johannes, der trauernd auf der linken Seite steht Die Worte für die Jungfrau sind: *«Mulier, ecce filius tuus»*, die für Johannes: *«Ecce Mater tua»*, und diejenigen, die ein abseits stehender Engel hält, lauten: *«Ex ilia hora accepit earn discipulus in suam»*.[11] Hieraus sieht man, dass Cimabue anfing, den Weg der Erfindung zu erschließen, indem er der Kunst durch Worte nachhalf, seine Gedanken auszudrücken, was sicher ein neues und scharfsinniges Verfahren war.

Da nun alle diese Werke Cimabue zu seinem großen Nutzen einen glänzenden Namen gemacht hatten, wurde er zugleich mit Arnolfo Lapi, der damals in der Baukunst sehr berühmt war, zum Baumeister von S. Maria del Fiore in Florenz ernannt.[12] Endlich aber, als er sechzig Jahre alt geworden war, ging er im Jahre 1300 zu einem anderen Leben hinüber, nachdem er die Kunst, fast kann man sagen, vom Tod erweckt hatte. Er hinterließ viele Schüler, unter anderen Giotto, der später ein vortrefflicher Maler wurde und der nach dem Tod von Cimabue im Haus seines Meisters in der Via del Cocomero wohnte. Cimabue wurde in S. Maria del Fiore begraben, und einer der Nini widmete ihm folgende Grabschrift:

Credidit ut Cimabos picturae castra tenere;
Sic tenuit vivens; nunc tenet astra poli.[13]

Nicht unterlassen will ich zu sagen, dass Cimabue viel berühmter gewesen sein würde, hätten die großen Leistungen Giottos nicht seinen Ruhm vermindert, wie Dante es in seiner «Divina Commedia» zeigt, wo er im elften Gesang des Purgatorio auf die Grabschrift des Cimabue anspielt:

Credette Cimabue nella pittura
Tener lo campo, ed ora ha Giotto il grido,
Sì che la fama di colui oscura.[14]

Ein Kommentator Dantes, der zehn oder zwölf Jahre nach Dantes Tod, also ungefähr um das Jahr 1334, zu Giottos Lebzeiten schrieb, sagt zur Erklärung dieser Verse Folgendes: «Cimabue aus Florenz war zur Zeit des Autors ein vorzüglicher Maler, der mehr als jeder andere von der Kunst verstand, dabei aber so stolz und so leicht zu Unwillen geneigt, dass, wenn ihm jemand einen Mangel oder Fehler in seiner Arbeit zeigte oder er selbst einen gewahrte (wie dies oftmals bei Künstlern vorkommt, durch die Schuld des Materials oder des Werkzeugs, dessen sie sich bedienen), er ein solches Werk sogleich zerstörte, mochte es noch so kostbar sein. Giotto aber war und ist von den Florentiner Malern der berühmteste, das bezeugen seine Arbeiten in Rom, Neapel, Avignon, Florenz und vielen anderen Gegenden der Welt» […]

Wie man sagen kann, dass Cimabue den ersten Anstoß zur Wiederbelebung der Malkunst gab, so hat Giotto, sein Zögling, von lobenswertem Ehrgeiz getrieben und von Glück und Talent begünstigt, die Pforten zur Wahrheit in der Kunst aufgetan; damit hat er jenen den Weg gewiesen, die die Kunst zu der Vollendung und Größe führen, die sie in unserem Zeitalter erreicht hat. Daran gewöhnt, täglich die Wunder zu schauen, die von den Künstlern hervorgebracht werden, ist man heute über nichts mehr erstaunt, was die Menschen leisten, möge es auch eher göttlich als menschlich sein.

Das Bildnis des Cimabue, im Profil gezeichnet, ist auf dem Bild der streitenden und triumphierenden Kirche von Simone aus Siena im Kapitel von S. Maria Novella zu sehen: eine Gestalt mit magerem Gesicht und rötlichem, kurz zugespitztem Bart, nach dem Brauch jener Zeit mit einer Kapuze angetan, die Cimabues Haupt ganz umhüllt und unter dem Kinn zierlich zusammengefasst ist. Neben ihm steht Simone, der Schöpfer dieses Bildes, der sich mithilfe von zwei gegeneinander gestellten Spiegeln selbst im

Profil malte. Der Soldat in Waffen, der zwischen ihnen steht, soll, wie man sagt, Graf Guido Novello, der damalige Herr von Poppi, sein.[15]

Von Cimabue bleibt mir noch zu sagen, dass zu Anfang des Buches, in dem ich Handzeichnungen von allen nach ihm lebenden Künstlern gesammelt habe, auch von seiner Hand einige kleine Sachen in der Art von Miniaturen zu sehen sind; und obgleich sie heutzutage eher etwas plump erscheinen mögen, erkennt man doch daran, wie die Zeichenkunst durch sein Schaffen Fortschritte machte.

Nicola und Giovanni Pisano

Nicola Pisano

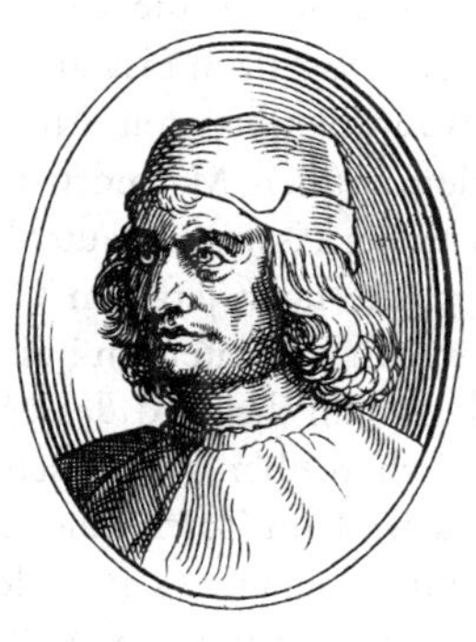

Wie wir bei der Lebensbeschreibung des Cimabue von der Zeichen- und Malkunst geredet haben, wollen wir hier bei den Pisanern Nicola und Giovanni einiges von der Bildhauerkunst und den bedeutenden Gebäuden sagen, die die beiden errichteten. Denn ihre Skulpturen und Bauwerke verdienen es, nicht nur als groß und prächtig, sondern auch als sehr wohlgeordnet gerühmt zu werden, da sie bei ihren Marmorarbeiten und Bauten zum großen Teil jene plumpe und unausgewogene griechische Manier abschüttelten, mehr Erfindungsgabe in der Komposition zeigten und den Figuren bessere Stellungen gaben.

Der Pisaner Nicola[16] arbeitete unter einigen griechischen Bildhauern, die die Figuren und Ornamente des Doms von Pisa und der Taufkapelle S. Giovanni verfertigten. Nun waren unter den vielen antiken Marmortrümmern, die das Kriegsheer der Pisaner erbeutet hatte, einige Marmorsärge, die noch jetzt im Campo Santo jener Stadt stehen, darunter ein besonders köstlicher, an dem man die Jagd des Meleager auf den kalydonischen Eber in sehr schöner Weise ausgehauen sah; denn Zeichnung und Ausführung sowohl der nackten als auch der bekleideten Gestalten waren daran aufs Vollkommenste und mit großer Kunstfertigkeit gearbeitet. Dieser Marmorsarg, der seiner Schönheit wegen von den Pisanern an der Fassade des Doms neben der Hauptseitentür aufgestellt wurde, diente als Grabmal der Mutter der Gräfin Mathilda.[17] [...] Nicola beachtete die Schönheit dieses Werks, und da es ihm vor allen wohlgefiel, wandte er großen Eifer und vielen Fleiß auf, diese und einige andere gute Skulpturen jener antiken Marmorsärge nachzuahmen, wodurch er bald als der beste Bildhauer seiner Zeit gerühmt wurde. Denn seit dem Tod Arnolfos hatte in der Toskana kein Bildhauer in Ansehen gestanden, den florentinischen Baumeister und Bildhauer Fuccio ausgenommen, der im Jahre 1229 die Kirche S. Maria sopr'Arno in Florenz erbaute, wobei er seinen Namen über einer der Türen anbrachte.[18] [...] Nicola indes, der sich als ein viel besserer Meister gezeigt hatte als Fuccio, wurde im Jahre 1225 nach Bologna berufen, nachdem dort der heilige Dominikus von Caleruega, der Stifter des Predigerordens, gestorben war, um das Grabmal dieses Heiligen in Marmor zu schaffen. Er einigte sich mit denen, die es errichten ließen, brachte dabei viele Figuren an, wie man dies noch heute sieht, und vollendete es im Jahre 1231 zu seinem großen Ruhm, denn es galt als etwas sehr Seltenes und als die beste Bildhauerarbeit, die bis dahin ausgeführt worden war.[19] Außerdem verfertigte Nicola das Modell jener Kirche und eines großen Teiles des Klosters. Als er in die Toskana zurückkehrte, vernahm er, Fuccio habe Florenz verlassen, sei in den Tagen, in denen Honorius den Kaiser Friedrich zu Rom krönte, in diese Stadt gegangen und endlich mit Friedrich von Rom nach Neapel gezogen.[20] [...] Nicola, der sich während dieser

Zeit in Florenz aufhielt, beschäftigte sich nicht nur mit der Bildhauerkunst, sondern studierte auch gründlich die Baukunst an den Gebäuden, die damals nach einigermaßen guten Entwürfen in ganz Italien und vornehmlich in der Toskana errichtet wurden. Sehr nützlich machte er sich beim Bau der Badia von Settimo, die von den Testamentsvollstreckern des Grafen Hugo von Luxemburg so wenig zu Ende geführt wurde wie die sechs anderen von ihm begonnenen Abteien; und obschon am Turm jener Abtei auf einer Marmortafel geschrieben steht: *«Gugliel. me fecit»*, erkennt man doch am Stil des Gebäudes, dass es unter der Leitung Nicolas ausgeführt worden ist.[21] Zur selben Zeit errichtete er in Pisa den alten Palazzo degli Anziani, den in unseren Tagen Herzog Cosimo hat niederreißen lassen, um unter Benützung eines Teiles des alten Gebäudes den schönen Palast und das Kloster für den neuen Orden der Ritter des heiligen Stephanus zu erbauen, nach Entwurf und Modell des aretinischen Malers und Baumeisters Giorgio Vasari, der die alten Mauern so gut wie möglich zu verwenden und zu etwas Neuem umzugestalten gesucht hat.[22] Außerdem erbaute Nicola in Pisa eine Menge anderer Paläste und Kirchen. Da die gute Baumethode lange Jahre verloren gewesen war, führte er als Erster in Pisa den Brauch ein, die Gebäude auf Pfeiler zu stützen und diese mit Bogen zu überwölben. Die Pfeiler wurden auf einem Pfahlwerk errichtet, da sonst beim Absinken des Bodens, auf dem das Fundament steht, die Mauern sich stets gesenkt hätten, während das Pfahlwerk, wie die Erfahrung gelehrt hat, den Gebäuden große Dauer gibt.

Nach einer Zeichnung des Nicola wurde auch die Kirche S. Michele für die Mönche von Camaldoli in der Vorstadt ausgeführt. Sein sinnreichstes und wunderbarstes Bauwerk jedoch war der Glockenturm von S. Nicola, dem Kloster der Augustiner zu Pisa. Er zeigt außen acht Seitenflächen, innen aber ist er rund und hat eine Wendeltreppe, die bis oben so läuft, dass im Kern des Turmes ein leerer Raum gleich einem Brunnenschacht bleibt; auf jeder vierten Stufe stehen Säulen, die hinkende Bogen tragen und rundherum laufen. Da nun die Wendeltreppe auf diesen Bogen ruht, kann man beim Hinaufsteigen bis oben jene sehen, die auf der Erde sind, von der Erde aus aber sieht man die, die nach oben gehen, und von der Mitte aus beide, die über sich und jene unter sich.[23] Diese wunderbare Erfindung wurde später in noch besserer Weise, nach richtigeren Proportionen und mit reicherer Verzierung vom Baumeister Bramante beim Belvedere für Papst Julius II. zu Rom angewandt und ebenfalls von Antonio da Sangallo bei dem Brunnen, den Papst Clemens VII. in Orvieto bauen ließ.

Doch wir wollen zu Nicola zurückkehren, der ein nicht minder vorzüglicher Bildhauer als Baumeister war. An der Fassade der Kirche S. Martino zu Lucca schuf er unter dem Portikus der kleinen Tür, linkerhand, wenn man in die Kirche eintritt, als Marmorrelief einen vom Kreuz genommenen Christus. Bei diesem Werk mit seinen vielen fein ausgearbeiteten Figuren unterschnitt er den Marmor und vollendete das Ganze auf solche Weise, dass er jenen, die früher diese Kunst mit großer Mühseligkeit getrieben hatten, die Hoffnung auf das baldige Auftreten eines Künstlers gab, der bei größerer Fertigkeit sie noch mehr fördern würde.[24] Im Jahr 1240 entwarf Nicola den Plan zu der Kirche S. Jacopo in Pistoia und ließ dort einige toskanische Meister die Wölbung der Nische in Mosaik ausführen.[25] Diese Arbeit, die damals als etwas sehr Kunstvolles und Kostbares galt, erweckt heute bei uns eher Lachen und Mitleid als Bewunderung, umso mehr, als ein solches Durcheinander, das von den Mängeln des Entwurfs herrührt, nicht nur in der Toskana, sondern in ganz Italien üblich war. Viele Gebäude und andere Kunstwerke, die ohne Geschick und rechten Entwurf ausgeführt wurden, geben einen Begriff von der Geistesarmut und zugleich von dem ungeheueren Reichtum der Menschen jener Zeit, die ihr Geld schlecht verwendeten, weil kein Meister lebte, der das, was sie wollten, richtig zu schaffen verstand.

Nicola erwarb sich durch seine Skulpturen und Bauwerke immer mehr Ruhm und gewann mit Recht einen größeren Namen als die Baumeister und Bildhauer, die damals in der Romagna arbeiteten, wie man an den Kirchen S. Ippolito und S. Giovanni zu Faenza sehen kann, ebenso in Ravenna am Dom, an S. Francesco, an den Häusern der Traversari wie an der Kirche S. Maria in Porto Fuori, in Rimini am Rathaus, an den Häusern der Malatesta und vielen anderen Gebäuden, die weitaus schlechter sind als die Bauwerke, die zur selben Zeit in der Toskana ausgeführt wurden. Dies gilt nicht nur für die Romagna, auch von einem Teil der Lombardei kann mit Grund dasselbe gesagt werden. Ja, man braucht nur den Dom von Ferrara und andere Werke des Marchese Azzo Novello d'Este zu sehen, um zu erkennen, wie wahr diese

Behauptung ist und wie sehr solche Bauten von dem Santo zu Padua, einer nach den Plänen des Nicola errichteten Kirche[26], und von der Minoritenkirche zu Venedig abstechen, die beides kostbare und berühmte Werke sind.

Viele Künstler, die zur Zeit des Nicola lebten, verwandten, von lobenswertem Ehrgeiz getrieben, mehr Fleiß auf das Studium der Bildhauerkunst, als bis dahin geschehen war. Vornehmlich strömten zum Bau des Doms eine Menge Lombarden und Deutsche nach Mailand[27], die sich später, als die Feindseligkeiten zwischen Kaiser Friedrich und den Mailändern ausbrachen, über ganz Italien zerstreuten und, in Marmorarbeiten und Bauten miteinander wetteifernd, manches Gute zustande brachten. Dasselbe geschah in Florenz, nachdem man die Werke Arnolfos und Nicolas kennengelernt hatte. Während man nach den Angaben des Letzteren das kleine Oratorium der Misericordia auf der Piazza S. Giovanni baute, verfertigte er eine Marmorskulptur der Mutter Gottes, von dem heiligen Dominikus und einem anderen Heiligen umgeben, die man noch heute an der Fassade dieser Kirche sehen kann.[28]

Zur Zeit Nicolas hatten die Florentiner angefangen, viele der Türme niederzureißen, die vordem nach barbarischer Weise in der ganzen Stadt erbaut worden waren, damit das Volk weniger unter den häufigen Streitigkeiten und Händeln zwischen Guelfen und Ghibellinen leiden möge und auch zum Zweck größerer öffentlicher Sicherheit. Man befürchtete jedoch, es würde schwer sein, den Turm Guardamorto auf der Piazza S. Giovanni zu zerstören, weil bei seiner großen Höhe die Mauern zu mächtig und schwer waren, als dass man ihn hätte mit Spitzhacken abbrechen können. Nicola jedoch ließ den Turm auf einer Seite am Fuß durchschneiden und mit Balken stützen, die eine und eine halbe Elle lang waren. Diese Balken wurden angezündet, und als das Feuer sie zerstört hatte, stürzte der Turm fast ganz in sich selbst zusammen – ein Mittel, das als sehr sinnreich und nützlich erkannt wurde und darum später oft zur Anwendung kam, da auf diese Weise, wenn es nottut, jedes Gebäude in kurzer Zeit leicht eingerissen wird.[29] Nicola war bei der ersten Gründung des Doms von Siena zugegen und machte den Plan zur Kirche S. Giovanni; hierauf ging er wieder nach Florenz, in demselben Jahr, in welchem die Guelfen dahin zurückgekehrt waren, und entwarf dort die Pläne zur Kirche S. Trinità und zum Kloster der Nonnen von

Faenza, das jetzt wegen des Baus der Zitadelle zerstört ist.[30] [...]

Unterdessen beriefen im Jahre 1254 die Volterraner, die den Florentinern untertan geworden waren, den Nicola, um ihren Dom zu vergrößern, der sehr klein war; trotz der Unregelmäßigkeit dieses Gebäudes gab er ihm eine bessere Gestalt und reicheren Schmuck, als es zuvor gehabt hatte. Darauf aber kehrte er nach Pisa zurück und arbeitete dort die Kanzel von S. Giovanni in Marmor, worauf er große Sorgfalt verwandte, um seiner Vaterstadt ein ehrenvolles Andenken an sich zu hinterlassen. Er stellte darauf unter anderem das Weltgericht dar und brachte eine Menge Figuren an, die, wenn auch in der Zeichnung nicht vollkommen, doch mit unendlichem Fleiß und großer Geduld ausgeführt sind. Und da ihm mit Recht schien, er habe ein lobenswertes Werk vollbracht, meißelte er unten die folgenden Worte ein:

Anno milleno bis centum bisque trideno
Hoc opus insigne sculpsit Nicola Pisanus.[31]

Diese Arbeit, die nicht nur den Pisanern, sondern allen, die sie sahen, sehr gefiel, veranlasste die Sienesen, zur Zeit, da Guglielmo Mariscotti Stadthauptmann war, Nicola die Ausführung einer Kanzel ihres Doms zu übertragen, von der das Evangelium gesungen wird. Nicola stellte darauf viele Szenen aus dem Leben Christi dar und brachte eine Menge Figuren an, die er unter großen Schwierigkeiten ringsum frei stehend in Marmor arbeitete, wodurch er sich großen Ruhm erwarb.[32] [...]

Hierauf kehrte er in die Toskana zurück und wurde beim Bau von S. Maria zu Orvieto beschäftigt. Er arbeitete dort zusammen mit mehreren Deutschen und verfertigte für die Fassade jener Kirche einige Rundfiguren in Marmor und vornehmlich zwei Darstellungen des Weltgerichts, das Paradies und die Hölle, wobei er sich bemühte, die wiederverkörperten Geister der Seligen so schön darzustellen, wie er nur konnte, während er den Teufeln der Hölle, die die Verdammten peinigen, die sonderbarsten Gestalten gab, die man sich nur denken kann. Diese Arbeit wurde nicht nur weit besser als alles, was jene Deutschen verfertigten, sondern Nicola übertraf sich dabei selbst; und weil er dabei viele Figuren anbrachte und großen Fleiß aufwandte, ist er bis zu unseren Zeiten wenigstens immer von solchen gerühmt worden, deren Urteil in der Bildhauerkunst nicht weiter zuständig ist.[33]

Nicola hatte unter anderen Kindern auch einen Sohn, der Giovanni hieß. Dieser, der den Vater immer begleitete und unter ihm die Bildhauerei und Baukunst erlernte, wurde nicht nur nach wenigen Jahren dem Vater gleich, sondern übertraf ihn noch in manchen Dingen, weshalb Nicola, der schon alt war, sich nach Pisa zurückzog, daselbst ruhig lebte und dem Sohn die Aufsicht über alle Arbeiten überließ.[34]

Als Papst Urban IV. zu Perugia starb, sandte man daher nach Giovanni; er ging dorthin und schuf das Grabmal jenes Papstes in Marmor, das später, als die Peruginer ihre bischöfliche Kirche vergrößerten, zugleich mit dem Grabmal von Papst Martin IV. derart zerstört wurde, dass man nur noch einige Überreste davon in der Kirche verstreut sieht. Zur selben Zeit hatten die Peruginer, nach dem Rat und der sinnreichen Angabe eines Sylvestrinerbruders, vom Berge Pacciano, der zwei Meilen vor der Stadt gelegen ist, in bleiernen Röhren Wasser mit starkem Druck herleiten lassen und übertrugen nun dem Pisaner Giovanni die Aufgabe, den Brunnen sowohl mit Marmor als auch mit Bronzeverzierungen auszustatten. Demnach verfertigte er drei Schalen übereinander: Die erste aus Marmor steht auf zwölf Stufen, die zwölf Seiten haben, die zweite, wiederum aus Marmor, ruht auf einigen Säulen, die in der Mitte auf dem Boden der ersten aufgerichtet sind, und die dritte, aus Bronze, wird von drei Figuren getragen und hat in ihrer Mitte einige Greife, ebenfalls aus Erz, die nach allen Seiten Wasser speien.[35] Da es Giovanni schien, er habe jene Arbeit gut gemacht, setzte er seinen Namen darauf. Um das Jahr 1560, als die Überführungen und Rohre der Wasserleitung, die hundertsechzigtausend Dukaten gekostet hatte, zum großen Teil zerstört worden waren, leitete Vincenzio Danti, ein Bildhauer aus Perugia, zu seinem nicht geringen Ruhm das Wasser in der bisherigen Weise wieder nach demselben Brunnen, ohne die Bogen neu zu bauen, was sehr viel gekostet hätte.

Giovanni gedachte, sobald das Werk vollendet sei, nach Pisa zurückzukehren, weil er sich nach seinem Vater sehnte, der alt und überdies noch krank war; als er aber durch Florenz kam, musste er sich dort aufhalten, um beim Bau der Mühlen am Arno zu helfen, die bei S. Gregorio neben der Piazza de' Mozzi errichtet wurden. Da erhielt er die Nachricht, sein Vater sei gestorben, und ging nach Pisa, wo er um seiner Vorzüge willen von der ganzen Stadt ehrenvoll empfangen wurde.[36] Ein jeder freute sich, dass

Nicola in seinem Sohn Giovanni einen Erben seines Talents und seiner Geschicklichkeit hinterlassen hatte. Bald bot sich Gelegenheit, beides zu erproben, und es zeigte sich, dass man eine richtige Meinung von ihm gefasst hatte. Denn als ihm in der kleinen, aber sehr in Ehren gehaltenen Kirche S. Maria della Spina einige Arbeiten übertragen wurden, legte er mithilfe einiger seiner Schüler Hand an und brachte die Ausschmückung dieser Kapelle zu der Vollkommenheit, wie man sie jetzt noch sieht; ein Werk, das damals für sehr wunderbar gehalten werden musste, umso mehr, als er in einer der Figuren das Bildnis seines Vaters dargestellt hatte, so gut er es auszuführen vermochte.[37] Da die Pisaner schon lange zuvor gedacht und auch beredet hatten, für alle Bewohner der Stadt, die Vornehmen sowohl als die Geringen, einen allgemeinen Begräbnisplatz einzurichten, damit nicht zu viele im Dome beigesetzt werden möchten oder sonst aus einem Grund, übertrugen sie nun Giovanni den Bau des Campo Santo, der auf dem Domplatz gegen die Mauer zu liegt. Er verfertigte einen guten Entwurf und führte danach das Werk sehr einsichtig in der Weise und Größe und mit den Marmorverzierungen aus, wie man es noch heutzutage sieht. Weil man der Kosten gar nicht achtete, ließ er das Dach mit Blei decken.[38] [...]

Nach Vollendung dieser Arbeit ging Giovanni im selben Jahr 1283 nach Neapel, wo er für König Karl das neue Schloss erbaute. Für die Erweiterung und Befestigung musste er viele Häuser und Kirchen einreißen, darunter vornehmlich ein Kloster der Ordensbrüder des heiligen Franziskus, das später viel größer und prächtiger, als es zuvor gewesen war, in einiger Entfernung vom Schloss wieder aufgebaut wurde und den Namen S. Maria della Nuova erhielt. Nachdem diese Bauten angefangen und ziemlich weit gediehen waren, kehrte Giovanni von Neapel in die Toskana zurück. Als er aber nach Siena kam, ließ man ihn nicht weiterziehen, und er musste das Modell zur Fassade des Doms schaffen, die nach jenem Vorbild mit seiner Hilfe sehr reich und prächtig ausgeschmückt wurde.[39]

Im Jahre 1286, als man nach der Angabe des aretinischen Baumeisters Margaritone die Domkirche zu Arezzo erbaute, wurde Giovanni von Guglielmo Ubertini, dem Bischof jener Stadt, von Siena nach Arezzo berufen. Er verfertigte daselbst den Hauptaltar in Marmor, voll von Figuren, Laubwerk und anderen Verzierungen in erhabener Arbeit, das Ganze abgeteilt durch feines Mosaik sowie durch Schmelzarbeit auf Silberblättchen, die mit großer Sorgfalt in den Marmor eingelegt sind. In der Mitte steht eine Madonna mit dem Kind, auf ihrer einen Seite Papst Gregor der Heilige, dessen Kopf das Bildnis des Papstes Honorius IV. nach der Natur darstellt, auf der anderen der heilige Donatus, Bischof und Schutzpatron der Stadt, dessen Körper mit dem der heiligen Antilla und anderen Heiligen unter dem Altar ruht. Dieser Altar steht abgesondert und frei, deshalb sind an den Seiten kleine Flachreliefs angebracht, die Begebenheiten aus dem Leben des heiligen Donatus darstellen. Die Krönung des ganzen Werks aber bilden einige Tabernakel mit vielen frei stehenden Figuren, die sehr zart in Marmor gearbeitet sind. Auf der Brust der Madonna ist ein goldenes Schmuckkästchen, in dem, wie man sagt, Edelsteine von sehr großem Wert aufbewahrt wurden, die wahrscheinlich im Krieg von Soldaten, die oft selbst vor dem heiligen Sakrament keine Achtung haben, geraubt worden sind. Ebenso verloren sich einige Figuren von der Bekrönung und der Seitenverzierung des Werks, auf das die Aretiner nach den Aktenangaben dreißigtausend Goldgulden verwendet hatten. Dies darf nicht in Erstaunen setzen, denn es war zu jener Zeit das Seltenste und Kostbarste, was man nur denken konnte. Auch wurde es noch viele Jahre nach seiner Vollendung von Friedrich Barbarossa, als dieser nach seiner Krönung in Rom durch Arezzo kam, sehr gelobt, ja bewundert; und dies wahrhaftig mit großem Recht, denn, von allem anderen zu schweigen, sind die unendlich vielen Stücke, aus denen das Werk besteht, so gut gefugt und gekittet, dass jeder, der nicht ein in der Kunst sehr geübtes Auge hat, leicht glauben kann, es sei aus einem Stück gearbeitet.[40] [...] Giovanni bediente sich bei der Ausführung jenes Marmoraltars der Hilfe von einigen Deutschen, die sich weniger um des Vorteils willen mit ihm verbanden, als um von ihm zu lernen. Sie vervollkommneten sich in seiner Schule so sehr, dass Bonifatius VIII. sie, als sie später nach Rom gingen, viele Bildhauerwerke in St. Peter und auch einige Bauwerke bei der Errichtung von Civita Castellana ausführen ließ. Außerdem schickte er sie nach Orvieto, beim Bau von S. Maria zu helfen, und sie verfertigten dort an der Fassade mehrere Marmorfiguren, die für jene Zeit ziemlich gut geraten sind. Unter allen jedoch, die dem Giovanni in der bischöflichen Kirche zu Arezzo Hilfe leisteten, haben später die Bildhauer und Baumeister

Agostino und Agnolo aus Siena alle übrigen weit übertroffen.

Aber für jetzt wollen wir zu Giovanni zurückkehren, der von Orvieto nach Florenz ging, um den von Arnolfo geleiteten Bau von S. Maria del Fiore zu sehen und um Giotto kennenzulernen, von dem er auswärts viel reden gehört hatte.[41] Kaum aber war er in Florenz angelangt, als die Vorsteher des Baus von S. Maria del Fiore verlangten, er solle eine Madonna für sie arbeiten; dieses Werk, das damals sehr gerühmt wurde, steht mit zwei Engeln zur Seite in jener Kirche über der Tür, die zur Domherrenwohnung führt. Hierauf machte er den kleinen Taufstein im Baptisterium S. Giovanni, auf dem er einige Geschichten aus dem Leben Johannis des Täufers in Halbrelief darstellte.[42] [...]

Im Jahr 1303 kam Kardinal Nicola von Prato als Gesandter des Papstes nach Florenz, um die Zwistigkeiten der Florentiner zu schlichten. Dieser trug dem Giovanni auf, in Prato ein Nonnenkloster zu bauen, das nach seinem Namen S. Nicola genannt wurde. Außerdem ließ er ihn das Kloster S. Domenico in Prato sowie das Kloster gleichen Namens in Pistoia wiederherstellen, in welchen beiden man noch das Wappen jenes Kardinals sieht. Die Einwohner von Pistoia aber gedachten in Verehrung Nicolas, des Vaters von Giovanni, um der schönen Arbeiten willen, die er zur Zierde ihrer Stadt verfertigt hatte, und sie gaben darum Giovanni den Auftrag, für die Kirche S. Andrea eine Marmorkanzel zu schaffen. Sie sollte derjenigen ähnlich werden, die Nicola im Dom von Siena gebaut hatte, und mit einer anderen wetteifern, die ein Deutscher kurz zuvor mit viel Ruhm in der Kirche S. Giovanni Evangelista verfertigt hatte.[43] Giovanni vollendete in vier Jahren dieses Werk, auf dem er in fünf Reliefs Begebenheiten aus dem Leben Jesu und das Jüngste Gericht mit größter Sorgfalt darstellte, um seine Kanzel so gut oder wohl noch besser zu machen als jene damals weithin berühmte zu Orvieto. Und weil er, an den Leistungen seiner Zeit gemessen, mit Recht glaubte, er habe etwas Großes und Schönes ausgeführt, brachte er auf dem Architrav der Kanzel, den einige Säulen tragen, die folgende Inschrift an:

Hoc opus sculpsit Joannes, qui res non egit inanes
Nicoli natus [sensia] meliora beatus,
Quem genuit Pisa, doctum super omnia visa.[44]

Zur selben Zeit schuf Giovanni in der nämlichen Stadt für die Kirche S. Giovanni Evangelista ein marmornes Weihwasserbecken. Es wird von drei Gestalten: der Mäßigkeit, der Klugheit und der Gerechtigkeit, getragen, und man stellte es als ein Werk von seltener Schönheit in der Mitte der Kirche auf. [...] Als bald nachher Papst Benedikt IX. zu Perugia gestorben war, ließ man Giovanni dorthin kommen, und er schuf in der alten Kirche S. Domenico, die den Predigermönchen gehört, das Grabmal des Papstes, den er nach der Natur abbildete; er ruht im päpstlichen Ornat auf einem Sarg, ihm zur Seite zwei Engel, die einen Vorhang halten, und darüber als Relief eine Mutter Gottes zwischen zwei Heiligen; viele Ornamente in erhabener Arbeit zieren außerdem noch das Werk.[45] Im Neubau von S. Domenico errichtete er das Grabmal des Peruginers Niccolò Guidalotti, der Bischof von Recanati und Stifter der neuen Hochschule zu Perugia war. In derselben Kirche, die kurz vorher von anderen begonnen worden war, führte er das Mittelschiff aus und legte dessen Fundamente auf viel bessere Art, als man beim übrigen Teil der Kirche getan hatte, die durch diese schlechte Grundlage sich nach einer Seite neigt und zusammenzustürzen droht.[46] Wahrhaftig, wer es unternimmt, Gebäude zu errichten oder Dinge von Bedeutung auszuführen, sollte nicht bei solchen, die nur wenig verstehen, sondern immer bei den Geschicktesten und Besten sich Rat holen, damit er nicht am Ende mit Verdruss und Beschämung zu bereuen braucht, dass er sich schlecht beraten, wo guter Rat am meisten nottat.

Giovanni beeilte sich mit den Arbeiten in Perugia, denn er gedachte, nach Rom zu gehen, um gleich seinem Vater die wenigen Altertümer, die damals dort zu sehen waren, zu studieren. Aber wichtige Gründe hielten ihn ab, sich diesen Wunsch zu erfüllen, zumal er hörte, der päpstliche Hof sei vor Kurzem nach Avignon gegangen. So kehrte er nach Pisa zurück, und dort ließ ihn der Kirchenvorsteher Nello di Giovanni Falconi die große Kanzel im Dom bauen, die, wenn man auf den Hauptaltar zugeht, rechterhand am Chor steht. Er fing dieses Werk an, schuf viele drei Ellen hohe Rundfiguren, die die Kanzel zu tragen bestimmt waren, und gab dem Ganzen nach und nach seine jetzige Gestalt, indem er es teils auf jene Figuren, teils auf einige Säulen stützte, die ihrerseits auf Löwen ruhen. An der Kanzelbrüstung stellte er Szenen aus dem Leben Jesu dar. Es ist aber doch zu beklagen, dass so viele Kosten, Mühe und Fleiß nicht von einem guten Plan begleitet sind, dass weder Erfindungskraft noch Anmut noch Art der Ausführung diesem Werk jene Vollkommenheit geben, die in unseren Tagen jede Arbeit bei einem weit geringeren Aufwand an Geld und Mühe erreichen würde. Jedoch musste das Werk den Menschen jener Zeit, die nur grobe Arbeiten zu sehen gewohnt waren, als ein nicht geringes Wunder erscheinen. Es wurde im Jahre 1320 vollendet, wie aus folgenden ringsherum eingemeißelten Versen erhellt:

Laudo Deum verum, per quem sunt optima rerum,
Qui dedit has puras hominem formare figuras.
Hoc opus, his annis Domini sculpsere Johannis
Arte manus sole quondam natique Nicole,
Cursis undenis tercentum milleque plenis ...[47]

Außerdem stehen noch dreizehn Verse dort, die wir nicht anführen, weil wir nicht langweilen wollen und weil diese hier genügen, nicht nur zu beweisen, dass die Kanzel von Giovanni stammt, sondern auch, dass die Menschen jener Zeit in allen Dingen gleich mittelmäßig waren.

Über dem Hauptportal des Doms sieht man eine weitere Marmorskulptur von Giovanni, eine Mutter Gottes zwischen Johannes dem Täufer und einem anderen Heiligen; die Gestalt, die zu Füßen der Madonna kniet, soll der Kirchenvorsteher Pietro Gambacorti sein. Wie dem auch sei, auf dem Sockel sind die folgenden Worte eingemeißelt:

Sub Petri cura haec pia fuit sculpta figura:
Nicoli nato sculptore Joanne vocato.[48]

Ebenso steht über der Seitentür, dem Glockenturm gegenüber, eine von Giovanni in Marmor verfertigte Madonna; auf ihrer einen Seite kniet eine weibliche Gestalt mit zwei Kindern, die Pisa darstellt, auf der anderen Kaiser Heinrich.[49] [...]

In der alten Pfarrkirche von Prato hatte man viele Jahre lang unter dem Altar der Hauptkapelle den Gürtel der Mutter Gottes verwahrt; Michele da Prato hatte ihn im Jahre 1141, als er aus dem Heiligen Land zurückkehrte, seiner Vaterstadt geschenkt und dem Propst jener Kirche, Uberto, zur Verwahrung übergeben. Diesen Gürtel, den man dort immer sehr in Ehren hielt, versuchte im Jahre 1312 ein Prateser, ein nichtswürdiger Mensch, der fast ein zweiter Ser Ciappelletto[50] war, zu entwenden. Er wurde auf frischer Tat ertappt und von den Gerichten als

Kirchenräuber zum Tode verurteilt; die Prateser aber beschlossen, den Gürtel an einem sichereren Ort besser zu verwahren. So ließen sie Giovanni kommen, der damals schon sehr alt war, und erbauten nach seinem Rat in der Hauptkirche eine Kapelle, in der nun der Gürtel der Madonna aufgehoben wird. Auch vergrößerten sie nach seinen Angaben die Kirche selbst um vieles und verkleideten die Fassade und den Turm mit weißem und schwarzem Marmor, wie man es jetzt noch sehen kann.[51]

Im Jahre 1320 schließlich starb Giovanni in hohem Alter, nachdem er außer den schon genannten noch eine Menge Skulpturen und Bauwerke geschaffen hatte.[52] Wahrhaftig verdanken wir ihm und seinem Vater Nicola sehr vieles, da sie zu einer Zeit, in der nirgends gute Entwürfe zu finden waren, nicht wenig zur Vervollkommnung der Kunst beitrugen, in der sie sich für die damaligen Verhältnisse vorzüglich auszeichneten. Giovanni wurde im Campo Santo, in der Gruft, in der auch sein Vater beigesetzt war, ehrenvoll begraben. Er hinterließ viele Schüler, die nächst ihm in Ansehen standen, vornehmlich aber den Bildhauer und Baumeister Lino aus Siena, der im Dom zu Pisa die reich mit Marmor verzierte Kapelle errichtete, in der der

Leichnam des heiligen Raniero ruht, und für den gleichen Dom ein Taufbecken verfertigte, das mit seinem Namen bezeichnet ist.

Es darf nicht verwundern, dass Nicola und Giovanni so viele Werke zustande brachten, denn sie erreichten nicht nur beide ein sehr hohes Alter, sondern wurden auch als die ersten Meister in ganz Europa zu jedem Unternehmen von Wichtigkeit zugezogen, wie man außer den schon genannten noch an vielen anderen Inschriften sehen kann. [...]

Giotto

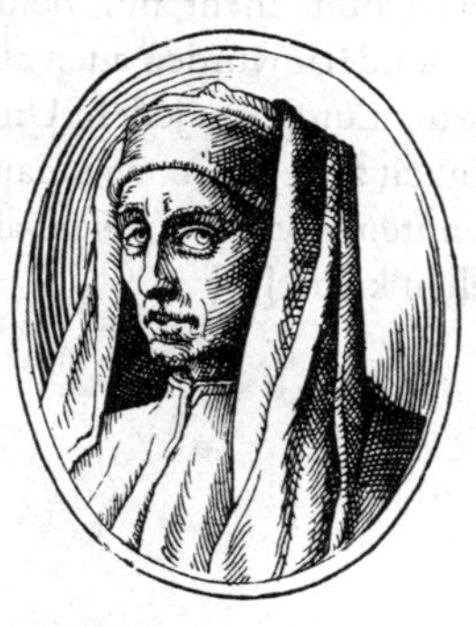

Dieselbe Dankbarkeit, zu der die Natur die Maler verpflichtet, weil sie denen, die ihre schönsten und wunderbarsten Aspekte zu erkennen wissen und treulich nachzuahmen suchen, als ständiges Vorbild dient, gebührt, wie mir scheint, dem Florentiner Maler Giotto. Denn nachdem die richtige Mal- und Zeichenkunst so viele Jahre lang gleichsam unter Kriegstrümmern begraben gelegen, vermochte er, obwohl noch inmitten von ungeschickten Handwerkern geboren, dank den ihm vom Himmel verliehenen Gaben die fast erstorbene Kunst ganz aus sich allein heraus neu zu beleben und auf eine Höhe zu bringen, die vorzüglich genannt werden darf. Es ist wahrhaftig ein großes Wunder, dass jenes rohe und ungebildete Zeitalter imstande war, in Giotto solche Erkenntnisse hervorzurufen, dass die Gesetze der Malerei, von denen die damaligen Menschen nur wenig oder gar nichts wussten, durch seine Tüchtigkeit wieder zum Leben erweckt wurden.

Geboren wurde dieser große Mann im Jahre 1276 im Dorf Vespignano, das in der Landschaft Florenz, vierzehn Meilen von der Stadt entfernt, gelegen ist.[53] Sein Vater hieß Bondone und war ein einfacher Landmann, der seinen Sohn, mit Namen Giotto, nach seinem besten Vermögen in guten Sitten erzog. Von klein auf zeigte dieser in allem, was er tat, viel Lebhaftigkeit und einen außerordentlichen Verstand, weshalb er nicht nur seinem Vater, sondern allen, die ihn kannten, sehr lieb war. Als er zehn Jahre alt wurde, gab ihm Bondone einige Schafe zu hüten, die er täglich im Umland des Dorfes auf die Weide führte, und weil ihn eine Neigung zur Zeichenkunst trieb, vergnügte er sich ständig damit, auf Steinen, auf der Erde oder im Sand Dinge nach der Natur oder aus seiner Fantasie zu malen. So kam es, dass Cimabue aus Florenz, der in irgendwelchen Geschäften unterwegs war, in der Nähe von Vespignano auf den kleinen Hirtenjungen stieß, der sich, während seine Schafe grasten, eine saubere, glatte Steinplatte ausgesucht hatte und darauf mit einem spitzen Stein ein Schaf nach dem Leben zeichnete, was ihn einzig sein natürlicher Instinkt gelehrt hatte. Cimabue blieb verwundert stehen und fragte ihn schließlich, ob er mit ihm kommen und bei ihm lernen wolle, worauf der Knabe antwortete, wenn sein Vater es zufrieden sei, wünsche er sich nichts Besseres. Da Cimabue dem Bondone mit großer Eindringlichkeit zuredete, ihm den Knaben zu überlassen, willigte dieser gern ein, und Giotto zog mit nach Florenz, wo er nicht nur in kurzer Zeit die Kunst seines Meisters erlernte, sondern auch die Natur so getreu nachzubilden verstand, dass er die unbeholfene griechische Manier völlig überwand. Er erweckte die richtige, gute Malkunst, wie sie jetzt wieder allgemein geübt wird, zum Leben und führte aufs Neue die Methode ein, Menschen nach lebenden Modellen zu zeichnen, die über zwei Jahrhunderte lang vergessen gewesen war. Noch heute sieht man in der Kapelle des Palastes des Podestà zu Florenz Giottos Bildnis von Dante Alighieri, seinem Zeitgenossen und guten Freund, der als Dichter ebenso gefeiert war wie Giotto als Maler, was auch von Boccaccio in der Einleitung zu seiner Novelle von Forese da Rabatta und Giotto rühmend erwähnt wird.[54] [...]

Seine ersten Arbeiten führte Giotto in der Badia von Florenz aus. In diesem Kloster malte er in der Kapelle des Hochaltars viele Bilder, die für schön galten, insbesondere eine Verkündigung Mariä, wobei er aufs Lebendigste die Furcht und den Schrecken der Jungfrau darstellte, die beim Erscheinen des Engels Gabriel, von übergroßer Angst ergriffen, an Flucht zu sinnen scheint.[55] Von Giotto stammt auch das Bild auf dem Hauptaltar jener Kapelle, das heute noch, wohl mehr aus Ehrfurcht vor seinem Schöpfer als aus einem anderen Grund, dort steht. In S. Croce malte er vier Kapellen aus, drei zwischen der Sakristei und der Chorkapelle und eine auf der anderen Seite.[56] In der ersten, die Ridolfo de' Bardi gehört und wo auch die Glockenseile hängen, ist das Leben des heiligen Franziskus dargestellt, wobei die vielen weinenden und klagenden Mönche, die seinen Tod betrauern, recht gut und natürlich gezeichnet sind. In der zweiten Kapelle, die der Familie Peruzzi zu eigen ist, sieht man zwei Szenen aus dem Leben Johannis des Täufers, dem die Kapelle geweiht ist; der Tanz der Herodias und die eilige Dienstfertigkeit einiger Aufwärter an der Tafel fallen durch ihre lebendige Darstellung auf. Ferner gibt es in dieser Kapelle noch zwei wunderbare Geschichten aus dem Leben des Evangelisten Johannes: die Auferweckung der Drusiana und seine eigene Himmelfahrt. In der dritten Kapelle, jener der Giugni, die den Aposteln geweiht ist, bildete er die Martern mehrerer Apostel ab; und in der vierten, auf der Nordseite der Kirche gelegenen Kapelle der Tosinghi und Spinelli stellte er Ereignisse aus dem Leben Mariä dar: Geburt, Vermählung, Verkündigung, die Anbetung der Könige und schließlich, wie Maria das Christuskind dem Simeon hinreicht; letzteres Bild ist besonders schön, denn es zeigt nicht nur die innige Liebe, die sich in dem Gesicht des Greises spiegelt, während er das Kind auf die Arme nimmt, sondern auch die Haltung des Kindes, das sich vor ihm fürchtet, zwar die Ärmchen ausstreckt, sich aber gleichzeitig ängstlich nach der Mutter umblickt, könnte nicht lebendiger und reizender sein. Auf dem letzten Bild, das den Tod Mariä darstellt, sind vornehmlich die Apostel und die vielen Engel mit Kerzen in den Händen sehr gut gemalt. In derselben Kirche befindet sich in der Kapelle der Baroncelli ein Temperabild von Giotto, eine Krönung der Mutter Gottes, auf dem er eine große Schar von Figuren und einen Chor von Engeln und Heiligen mit unendlichem Fleiß ausführte. Unter dieses Werk setzte er in goldenen Buchstaben seinen Namen und die Jahreszahl.[57] So muss jeder Künstler, wenn er bedenkt, in welchem Zeitalter Giotto, ohne dass ihm ein Licht den richtigen Weg gewiesen hätte, den ersten Anfang zu einer besseren Zeichnung und Farbgebung machte, diesen bewundernswerten Meister aufs Höchste verehren. In der gleichen Kirche S. Croce gibt es noch viele andere Tafeln und Fresken von ihm. [...]

In der Kirche del Carmine malte er in der Kapelle Johannis des Täufers das ganze Leben dieses Heiligen in Fresken an die Wand, und ebenso stellte er im Palast der Guelfen zu Florenz eine Geschichte des christlichen Glaubens in hoher Vollendung dar; hierbei brachte er das Bildnis von Papst Clemens IV. an. [...] Hernach wurde Giotto nach Assisi gesandt, um dort die von Cimabue begonnenen Arbeiten zu vollenden. Als er auf dem Weg dahin durch Arezzo kam, malte er in der dortigen Pfarrei die Kapelle des heiligen Franziskus aus und stellte an einer frei stehenden runden Säule mit einem sehr schönen, antiken korinthischen Kapitell die Heiligen Franziskus und Dominikus dar; in einer Kapelle des Doms außerhalb von Arezzo malte er eine Steinigung des heiligen Stephanus, die sich durch ihre schöne Komposition der Figuren auszeichnete.

Nach Beendigung dieser Arbeiten begab er sich nach Assisi in Umbrien, wohin ihn Fra Giovanni di Muro della Marca, der damalige General der Ordensbrüder des heiligen Franziskus, berufen hatte. Dort malte er in der oberen Kirche unter dem Laufgang vor den Fenstern zweiunddreißig Darstellungen aus dem Leben und Wirken des heiligen Franziskus, sechzehn auf jeder Wand, und zwar mit solcher Vollkommenheit, dass er dadurch großen Ruhm erlangte.[58] Tatsächlich zeigt dieses Werk eine große Mannigfaltigkeit nicht nur in den Bewegungen der einzelnen Gestalten, sondern auch in der Zusammenstellung aller Begebenheiten; außerdem sieht man darauf sehr schön die verschiedenartige Kleidung jener Zeit und mancherlei trefflich beobachtete und abgebildete Naturgegenstände. Vornehmlich fällt ein Bild auf, in dem ein Durstiger auf der Erde kniet und mit wirklich bewundernswert deutlich ausgedrücktem Verlangen aus einer Quelle trinkt, sodass er fast eine lebende Gestalt zu sein scheint. Man entdeckt in diesen Bildern noch eine Menge rühmenswerter Einzelheiten, über die ich mich nicht verbreite, um nicht allzu weitschweifig zu werden; es genügt zu sagen, dass dieses ganze Werk durch die Schönheit und gute Anordnung der Figuren sowie durch seine richtigen Proportionen und die Lebendigkeit und Leichtigkeit, die man darin erkennt, dem Giotto sehr große Ehre einbrachte. Dies alles vollführte er dank seinem natürlichen Talent, das er durch eifriges Studium ausgebildet hatte und in jeder Einzelheit darzutun wusste. Denn Giotto war nicht nur von Natur aus begabt, sondern auch sehr fleißig; er ersann immer Neues und schöpfte aus der Natur, weshalb er mit Recht verdient, ein Schüler der Natur und nicht eines anderen Meisters genannt zu werden.

Als die oben genannten Bilder vollendet waren, malte er am selben Ort in der unteren Kirche die oberen Wände seitlich des Hauptaltars und die vier Zwickel des Gewölbes, unter dem der Leichnam des heiligen Franziskus ruht, die er alle mit seltsamen und schönen Erfindungen schmückte.[59] Im ersten sieht man den heiligen Franziskus im Himmel, verklärt und von jenen Tugenden umringt, die notwendig sind, um der Gnade Gottes teilhaftig zu werden. Auf der einen Seite legt der Gehorsam einem Ordensbruder, der vor ihm kniet, ein Joch auf, dessen Bänder von ein paar Händen zum Himmel gezogen werden, und während er zum Zeichen des Stillschweigens einen Finger auf den Mund legt, blickt er auf Jesus Christus, aus dessen Seite Blut fließt. Die Begleiter dieser Tugend sind die Klugheit und die Demut, denn wo wahrer Gehorsam herrscht, findet man stets auch diese beiden, die alles zu einem guten Ende führen. Im zweiten Zwickel sieht man die Keuschheit, die auf einem wohlgesicherten Felsen steht und sich weder durch Reiche noch Kronen noch Palmen, die ihr dargeboten werden, verlocken lässt; zu ihren Füßen die Reinheit, die einige nackte Menschen wäscht, und die Stärke, die andere herbeiführt, damit sie sich waschen und reinigen. An der Seite der Keuschheit steht die Buße, die mit einer Geißel die unreine Liebe verscheucht und in die Flucht treibt. Im dritten Gewölbefeld ist die Armut dargestellt, die mit bloßen Füßen auf Dornen geht; ein Hund bellt hinter ihr her, ein Knabe wirft Steine nach ihr, ein anderer berührt mit einem Dornenstab ihre Beine, doch Christus hält sie an der Hand und vermählt sie mit dem heiligen Franziskus, wobei nicht ohne tiefe Beziehung die Hoffnung und die Keuschheit gegenwärtig sind. Im vierten und letzten jener Felder endlich sieht man den heiligen Franziskus in einem weißen Diakonengewand, verklärt und gleichsam triumphierend im Himmel, umgeben von einem Chor von Engeln; in der Hand hält er eine Fahne mit sieben Sternen und einem Kreuz, und in der Höhe schwebt der Heilige Geist. In jedem dieser Zwickel stehen lateinische Worte, die den Gegenstand erklären. Außerdem sind die Seitenwände mit sehr schönen Malereien geschmückt, die wahrhaftig hochgehalten zu werden verdienen, sowohl ihrer Vollkommenheit wegen als auch, weil sie mit solcher Sorgfalt gearbeitet sind, dass sie sich bis heute frisch erhalten haben.[60] Darunter befindet sich ein sehr gut ausgeführtes Selbstbildnis Giottos und über der Tür der Sakristei, wiederum in Fresko gemalt, ein heiliger Franziskus, der die Wundmale mit solcher Freudigkeit und Demut empfängt, dass mir dies Bild von allen Gemälden Giottos in jener Kirche, die ohne Ausnahme wirklich schön und lobenswert sind, als das vorzüglichste erscheint.

Nachdem er diese Bilder vollendet hatte, kehrte Giotto nach Florenz zurück, wo er für

Pisa mit besonderem Fleiß einen heiligen Franziskus auf dem furchtbaren Felsen der Vernia darstellte; dabei malte er eine Landschaft mit vielen Bäumen und Felsen, was für jene Zeit etwas Neues war, und drückte in der Haltung des Heiligen, der, auf die Knie niedergestürzt, die Wundmale empfängt, ein glühendes Verlangen aus, sie hinzunehmen, sowie eine unendliche Liebe zu Jesus Christus, der, von Seraphim umgeben, in der Luft schwebt und sie ihm so liebreich gewährt, dass man es in der Tat nicht besser erfinden könnte. Unter diesem Bild sind drei sehr schöne Szenen aus dem Leben des Heiligen dargestellt. Das Gemälde, das jetzt in S. Francesco zu Pisa an einem Pfeiler neben dem Hauptaltar hängt[61] und als Andenken eines so großen Meisters sehr in Ehren gehalten wird, wurde zur Veranlassung, dass die Pisaner Giotto einen Teil der Innenwände des Campo Santo ausmalen ließen, dessen Bau, wie oben gesagt, nach dem Plan des Giovanni Pisano, dem Sohn des Nicola, soeben vollendet worden war. Das Gebäude war außen ganz mit Marmor verkleidet, mit kostspieligen Bildhauerarbeiten geschmückt und mit einem Dach aus Blei gedeckt; innen enthielt es zahlreiche antike Steinfragmente und heidnische Grabmäler, die aus verschiedenen Gegenden der Welt in die Stadt gebracht worden waren, und nun sollten auch die Innenwände mit herrlichen Malereien verziert werden. Als daher Giotto nach Pisa kam, begann er damit, auf die eine Wand dieses Campo Santo in sechs großen Fresken die Leiden des Hiob zu malen.[62] Er hatte aber mit richtigem Urteil beachtet, dass auf dieser Seite des Gebäudes die Marmorfassade gegen das Meer zugekehrt war und durch die Südostwinde ständig feucht bleiben musste, wodurch sich, wie es bei den Backsteinen zu Pisa meist der Fall ist, eine Art Salz entwickelt, das die Farben zerfließen lässt und aufzehrt. Darum ließ er überall, wo er in Fresko malen wollte, die Wand mit einem Bewurf von Kalk, Gips und Backsteinmehl, alles gut zerrieben und vermischt, verkleiden, wodurch sich seine Malereien bis auf diesen Tag erhalten haben und noch besser sein würden, wenn nicht die Unachtsamkeit derer, die dafür Sorge tragen mussten, sie von der Nässe hätte beschädigen lassen. Da man dagegen keine Vorsichtsmaßnahmen getroffen hatte, was man doch leicht hätte tun können, ist die Malerei an einigen Stellen von der Feuchtigkeit verdorben, die Gesichtsfarbe schwarz geworden und der Kalk abgeblättert; dazu kommt, dass Gips, mit Kalk gemischt, ohnehin mit der

Zeit verwittert und verdirbt, sodass er dann die Farben mit Gewalt zerstört, wenngleich es anfangs scheint, als ob er sie sehr fest verbinde.

Auf diesen Bildern sieht man außer dem Bildnis des Farinata degli Uberti viele schöne Gestalten, vornehmlich Landleute, die dem Hiob die traurige Kunde bringen und den Kummer, den sie über die verlorenen Herden und andere Unfälle empfinden, nicht deutlicher und besser zeigen könnten. Von wunderbarer Anmut ist auch die Figur eines Dieners, der mit einem Wedel neben dem wundkranken und von allen verlassenen Hiob steht; denn wie seine Gestalt in allen Teilen schön ist, so ist auch die Stellung bewundernswert, in der er mit der einen Hand die Fliegen von seinem aussätzigen und übel riechenden Herrn verscheucht und sich mit der anderen vorsichtig die Nase zuhält, um selbst den Gestank nicht wahrzunehmen. Auch die anderen Gestalten jener Bilder, die männlichen wie die weiblichen Köpfe, sind sehr schön und die Gewänder ungemein zart gemalt.

Deshalb ist es nicht verwunderlich, dass dieses Werk dem Giotto in Pisa und an anderen Orten einen solchen Ruf verschaffte, dass Papst Benedikt IX.[63], der einiges in St. Peter malen lassen wollte, einen seiner Hofleute in die Toskana schickte, um zu erkunden, was für ein Mann Giotto sei und wie seine Arbeiten wären. Da dieser Höfling vorerst hören und sehen wollte, welch andere Florentiner Meister noch in der Malerei und im Mosaik Vorzügliches leisteten, sprach er in Siena mit vielen Künstlern und ging, nachdem er Zeichnungen von ihnen erhalten hatte, nach Florenz. Dort trat er eines Morgens in die Werkstatt Giottos, der eben an der Arbeit saß, eröffnete ihm den Willen des Papstes, erklärte, in welcher Weise sich dieser seiner Kunst bedienen wolle, und bat ihn endlich, etwas zu zeichnen, was er Seiner Heiligkeit schicken könnte. Giotto, der sehr höflich war, nahm ein Blatt und einen Pinsel mit roter Farbe, legte den Arm fest in die Seite, damit er ihm als Zirkel diene, und zog, indem er nur die Hand bewegte, einen Kreis so scharf und genau, dass es in Erstaunen setzen musste. Darauf sagte er lächelnd zu dem Hofmann: «Da habt Ihr die Zeichnung.» Sehr erschrocken fragte dieser: «Soll ich keine andere als diese bekommen?» – «Es ist genug und nur zu viel», antwortete Giotto. «Schickt sie mit den übrigen hin, und Ihr sollt sehen, ob sie erkannt wird.» Der Abgesandte, der wohl sah, dass er sonst nichts erhalten könnte, ging sehr missvergnügt fort und zweifelte nicht daran, dass er gefoppt worden sei. Als er jedoch dem Papst die Zeichnungen und die Namen derer sandte, die sie verfertigt hatten, schickte er auch diejenige von Giotto und berichtete, wie er, ohne Zirkel und ohne den Arm zu bewegen, den Kreis gezogen habe. Hieran erkannten der Papst und viele sachkundige Hofleute, wie weit Giotto die Maler seiner Zeit übertraf. Als diese Sache bekannt wurde, entstand das Sprichwort: «Du bist runder als das O des Giotto», das noch heute auf Menschen von grobem Schrot angewendet wird und nicht nur der Begebenheit wegen schön ist, der es seine Entstehung verdankt, sondern noch mehr um seiner Bedeutung willen, die im Doppelsinn des Wortes *«tondo»* liegt, das im Toskanischen einen genauen Kreis bezeichnet und zugleich für geistige Langsamkeit und Plumpheit gebraucht wird.

Der Papst ließ Giotto also nach Rom kommen,[64] erwies ihm viel Ehre und beauftragte ihn, weil er seine Geschicklichkeit erkannte, in der Tribuna von St. Peter fünf Darstellungen aus dem Leben Christi und das Hauptbild in der Sakristei zu malen, was Giotto alles mit solcher Sorgfalt ausführte, dass nie eine vollendetere Temperamalerei aus seinen Händen kam.[65] Auch gab ihm der Papst, der sich gut bedient sah, zur Belohnung sechshundert Dukaten und erwies ihm so viele Gunstbezeugungen, dass in ganz Italien davon die Rede war. [...]

Nachdem der Papst Giottos Arbeiten gesehen hatte und dessen Manier ihm über die Maßen gut gefiel, befahl er, dass er rings an den Wänden der Peterskirche Darstellungen aus dem Alten und Neuen Testament malen sollte. Giotto malte zuerst über der Orgel den sieben Ellen hohen Engel in Fresko und dann viele andere Bilder, die zum Teil in unseren Tagen wiederhergestellt worden sind, zum Teil aber, als man die Mauern des Neubaus ausführte, zugrunde gingen oder aus der alten Peterskirche unter die Orgel versetzt wurden. Darunter ist ein Bild der Mutter Gottes, das man, damit es nicht verloren gehe, rings aus der Mauer schnitt, mit Balken und Eisen band und es so hinwegnahm, um es seiner Schönheit wegen an der Stelle einzumauern, an der es der florentinische Doktor Niccolò Acciaiuoli, der diese Arbeit Giottos reich mit Stuckatur und neuen Malereien geschmückt hat, in seiner Liebe und Ehrfurcht für schöne Kunstwerke angebracht zu sehen wünschte. Von Giotto stammt auch das Schiff in Mosaik über den drei Türen der Vorhalle von St. Peter, das fürwahr wunderbar ist und mit Recht von allen

Kennern der Kunst gerühmt wird, nicht nur um der Zeichnung willen, sondern auch wegen der Gruppierung der Apostel, die dem Sturm über dem Meer auf verschiedene Weise entgegenarbeiten.[66] Ein vom Winde geblähtes Segel ist so schwellend dargestellt, dass man es in Wirklichkeit zu sehen glaubt, obwohl es sehr schwer ist, die Übergänge von weißem Licht zu tiefen Schatten in einem so großen Segel mit kleinen Glasstückchen hervorzubringen; selbst mit dem Pinsel würde es große Mühe kosten, es so gut zu malen. Außerdem spricht sich in einem Fischer, der auf einer Felsklippe sitzt und angelt, gar schön die unglaubliche Ruhe aus, die dieser Beschäftigung eigen ist, während man zugleich in seinem Gesicht den Wunsch und die Hoffnung erkennt, etwas zu fangen. [...] Das hohe Lob, das dieser Mosaikarbeit von allen Künstlern gezollt wurde, ist wohlverdient. Hierauf malte Giotto in der Minerva, der Kirche der Predigermönche, noch einen großen Kruzifixus in Tempera, den man damals sehr rühmte, und kehrte alsdann in seine Vaterstadt zurück, der er sechs Jahre lang fern gewesen war.

Bald nachher, als Benedikt IX. gestorben und Papst Clemens V. in Perugia gewählt worden war, musste Giotto mit nach Avignon, wohin

Seine Heiligkeit den Hof verlegte, und schuf nicht nur dort, sondern auch in vielen anderen Städten Frankreichs eine Menge schöner Tafeln und Freskomalereien, die dem Papst und dem ganzen Hof ausnehmend gut gefielen.[67] Deshalb wurde Giotto sehr gnädig und reich beschenkt entlassen und kehrte nicht minder wohlhabend als geehrt und berühmt nach Hause zurück; unter anderem brachte er auch das Bildnis jenes Papstes mit, das er dann später seinem Schüler Taddeo Gaddi schenkte.

Es war im Jahre 1316, als Giotto wieder nach Florenz kam, doch konnte er nicht lange dort bleiben. Er wurde von den Herren della Scala nach Padua berufen, wo er im Santo, der Kirche des heiligen Antonius, die man damals gerade gebaut hatte, eine sehr schöne Kapelle ausmalte.[68] [...]

Nachdem 1321 zu seinem großen Kummer sein Freund Dante gestorben war, ging er im folgenden Jahr nach Lucca und malte im Auftrag des damaligen Gebieters der Stadt, des Lucchesen Castruccio Castracani, im Dom S. Martino ein Bild, das einen schwebenden Christus und vier Heilige darstellte; es sind die Schutzpatrone der Stadt: Petrus, Regulus, Martinus und Paulinus, die einen Kaiser und einen Papst gleichsam zu präsentieren und zu empfehlen scheinen, in welchen man Friedrich von Bayern und den Gegenpapst Nikolaus V. erkennen will. Auch glauben viele, Giotto habe zu S. Frediano in Lucca den Plan zu dem Schloss und der unbezwinglichen Festung Giusta gezeichnet.[69]

Giotto war gerade nach Florenz zurückgekommen, da schrieb Robert, König von Neapel, an seinen Erstgeborenen, Herzog Karl von Kalabrien, der sich zu Florenz aufhielt, er solle ihm um jeden Preis Giotto nach Neapel schicken[70]; er habe den Bau des Nonnenklosters und der königlichen Kirche S. Chiara beendet und wünsche nun, dass jener sie mit schönen Malereien ausschmücke. Giotto, der sich von einem so berühmten und gepriesenen König berufen sah, begab sich gern in seine Dienste und malte in einigen Kapellen jenes Klosters viele Szenen aus dem Alten und dem Neuen Testament. Man sagt, die Bilder aus der Offenbarung Johannis in einer der Kapellen wären Erfindungen Dantes, was angeblich auch für Giottos berühmte Malereien in Assisi galt, von denen wir genugsam geredet haben; und obschon Dante zu jener Zeit nicht mehr lebte, ist es doch leicht möglich, dass sie darüber gesprochen hatten, wie dies unter Freunden häufig geschieht.

Doch wir wollen nach Neapel zurückkehren, wo Giotto im Castello dell'Uovo und vornehmlich in der Kapelle vieles malte, was König Robert gar gut gefiel. Dieser liebte Giotto sehr und unterhielt sich oft mit ihm, während er malte, weil es ihm Freude machte, ihn bei der Arbeit zu sehen und seinen Reden zuzuhören. Giotto, der immer ein Sprichwort oder eine treffende Antwort parat hatte, verschaffte ihm doppelte Unterhaltung, indem er gleichzeitig malte und anmutige Gespräche führte. «Ich will dich zum ersten Mann in Neapel machen», sagte der König einst zu ihm, worauf Giotto erwiderte: «Eben um der Erste in Neapel zu sein, habe ich mich an der Porta Reale einquartiert.» Ein andermal sagte der König: «Wäre ich du, würde ich jetzt bei dieser Hitze nicht so viel arbeiten.» – «Wenn ich Ihr wäre, täte ich das bestimmt auch nicht», entgegnete Giotto. Da also der König Giotto sehr gewogen war, ließ er ihn in einem Saal, den König Alphons I. später zerstörte, um das Kastell zu erbauen, viele Malereien anfertigen und ebenso in S. Maria dell'Incoronata. Dort sah man unter den Bildnissen vieler berühmter Männer noch das Selbstbildnis Giottos.[71] Man erzählt auch, der König hätte einmal im Scherz verlangt, Giotto solle sein Königreich in einem

Gemälde darstellen, worauf Giotto einen gesattelten Esel malte, der aber deutlich zu erkennen gab, dass er lieber mit einem anderen, neuen Sattel aufgezäumt zu werden wünschte, der zu seinen Füßen lag; beide Sättel waren mit Krone und Zepter, den Zeichen der königlichen Macht, geschmückt. «Was soll das bedeuten?», fragte ihn der König. «So ist Euer Volk und Euer Reich», antwortete ihm Giotto. «Sie wünschen sich jeden Tag einen anderen Herrn.»

Als Giotto schließlich Neapel verließ, um nach Rom zu gehen, hielt er sich zunächst in Gaeta auf, um in der Nunziata einige Szenen aus dem Neuen Testament zu malen. Sie haben durch die Zeit gelitten, doch nicht so, dass man nicht noch deutlich Giottos Selbstbildnis erkennt, das neben einem großen, sehr schönen Kruzifix hängt. Nachdem er dieses Werk vollendet hatte, konnte er es dem Fürsten Malatesta nicht verweigern, in seinem Dienst vorerst einige Tage in Rom zu bleiben und dann nach Rimini zu gehen, dessen Gebieter Malatesta war. Dort verfertigte er in der Kirche S. Francesco viele Malereien, die jedoch zerstört wurden, als Gismondo, der Sohn Pandolfo Malatestas, die Kirche ganz erneuern ließ. Auch stellte er im Kreuzgang des nämlichen Klosters die Geschichte der seligen

Michelina in Fresken dar, die um der mannigfaltigen guten Gedanken willen, die darin ausgedrückt sind, zu den besten und vortrefflichsten Werken zählen, die Giotto je vollbrachte.[72] Abgesehen davon, dass die Gewänder und die lebendige Anmut der Köpfe bewundernswert gemalt sind, sieht man darauf eine junge Frau von der größten Schönheit, die in der lieblichsten Stellung auf ein Buch schwört, um sich von der falschen Beschuldigung des Ehebruchs zu reinigen. Sie sieht dabei ihrem Mann fest in die Augen, der aus Argwohn wegen eines schwarzen Knaben, den sie geboren hat und den er nicht für seinen Sohn halten will, ihr den Schwur auferlegt; im Gesicht des Mannes zeigen sich Zorn und Misstrauen, während ihre fromme Stirn und die klaren Augen jedem aufmerksamen Betrachter ihre Unschuld und Reinheit zu erkennen geben. Viel Bewegung und Leben zeigt auch das Bild eines Kranken mit offenen Wunden, von dem sich alle Frauen, durch den Gestank angeekelt, doch mit den anmutigsten Bewegungen abwenden. Sehr lobenswert sind auf einem anderen Bild die Verkürzungen, die man an einer Schar von Gelähmten sieht; es muss vor allem von Künstlern geschätzt werden, da hier zum ersten Mal gezeigt wird, wie sie darzustellen sind, ganz zu schweigen davon, dass sie, obwohl erste Versuche, gut gelungen sind. Besonders bewundernswert ist jedoch ein Bild, in dem die genannte selige Michelina von den Wucherern Geld für ihre Besitztümer empfängt, um es den Armen zu geben; in ihrer Haltung spricht sich sehr schön die Verachtung des Geldes und der anderen irdischen Güter aus, die sichtlich ihren Widerwillen erregen, während jene die Verkörperung des Geizes und der menschlichen Habgier darstellen. Auch scheint einer der Männer, die ihr Geld auszahlen, dem schreibenden Notarius anzudeuten, dass sie sehr schön sei; während er die Hände über dem Geld hält, offenbaren sich in seinem Ausdruck gleichzeitig Liebe, Geiz und Misstrauen. Und gleichermaßen verdienen drei schwebende Gestalten gelobt zu werden, die das Gewand des heiligen Franziskus halten: der Gehorsam, die Geduld und die Armut; vor allem der natürliche Faltenwurf der Gewänder gibt deutlich zu erkennen, dass Giotto geboren wurde, um in der Malerei Licht zu verbreiten.

Außerdem malte er in diesem Zyklus den Fürsten Malatesta in einem Schiff so wahrheitsgetreu, dass er zu leben scheint; seine Meisterschaft zeigt sich auch in den Stellungen und heftigen Bewegungen einiger Seeleute und anderer

Gestalten, unter denen besonders ein Mann auffällt, der, mit anderen sprechend, die Hand vors Gesicht hält und ins Meer spuckt. Unbestreitbar ist dieses Bild von allen Werken Giottos eines der besten, denn unter einer so großen Zahl von Figuren ist nicht eine, die nicht sehr kunstreich ausgeführt und von ganz eigentümlicher Stellung wäre. Deshalb ist es nicht verwunderlich, dass Fürst Malatesta ihn sehr rühmte und großmütig belohnte. Nach Vollendung dieser Arbeiten malte Giotto auf Bitten eines Priors aus Florenz, der damals in S. Cataldo bei Rimini war, vor der Tür der Kirche einen heiligen Thomas von Aquin, der seinen Ordensbrüdern vorliest. Von dort ging er wieder nach Ravenna, wo er in der Kirche S. Giovanni Evangelista eine Kapelle in Fresko malte, die sehr gepriesen wurde. Schließlich kehrte er, hochgeehrt und mit einem ziemlich großen Vermögen, nach Florenz zurück.

Dort malte er in S. Marco ein Kruzifix von kolossaler Größe in Tempera auf goldgrundiertem Holz, das rechts in der Kirche aufgestellt wurde, und verfertigte ein ähnliches für S. Maria Novella, bei dem sein Schüler Puccio Capanna mitarbeitete. Man sieht es noch heutzutage über dem Hauptportal, sobald man in die Kirche tritt, zur rechten Hand, oberhalb des Grabmals der Gaddi.[73] In der nämlichen Kirche malte er über dem Querschiff einen heiligen Ludwig für Paolo di Lotto Ardinghelli, darunter den Stifter und seine Frau, nach der Natur gezeichnet.

Im Jahre 1327 starb Guido Tarlati da Pietramala, Bischof und Gebieter von Arezzo, in Massa di Maremma bei seiner Rückkehr von Lucca, wohin er sich begeben hatte, um den Kaiser zu sehen. Sein Leichnam wurde nach Arezzo gebracht und mit größten Ehren feierlich beigesetzt. Piero Saccone aber und Dolfo da Pietramala, der Bruder des Bischofs, beschlossen, ihm ein Marmorgrabmal zu setzen, würdig des Andenkens eines so großen Mannes, der in geistlichen und weltlichen Dingen hervorragend und das Haupt der Ghibellinen in der Toskana gewesen war. Deshalb schrieben sie an Giotto und gaben ihm den Auftrag, den Entwurf zu einem sehr reichen und möglichst prächtigen Grabmal zu verfertigen. Sie sandten ihm die Abmessungen und baten ihn zudem, ihnen von allen Bildhauern Italiens den zu empfehlen, welchen er für den besten hielte, wobei sie sich ganz seinem Urteil überlassen wollten. Giotto, der sehr gefällig war, machte die Zeichnung und schickte sie ihnen; danach wurde das Grabmal ausgeführt.[74]

Der genannte Piero Saccone aber, der die Kunst Giottos hoch verehrte, brachte, als er bald nach Erhalt dieser Zeichnung Borgo San Sepolcro einnahm, von dort ein Bild Giottos mit vielen kleinen Figuren nach Arezzo, wo es später in Stücke zerlegt wurde. Die Teile dieses Bildes suchte Baccio Gondi, ein Edelmann aus Florenz, der sich als Kommissar in Arezzo aufhielt und ein großer Kunstverehrer war, mit großer Sorgfalt wieder zusammenzubringen; er hat auch einige aufgefunden und sie nach Florenz zurückgebracht, wo er sie sehr in Ehren hält und zusammen mit einigen anderen Arbeiten Giottos aufbewahrt. Überhaupt schuf Giotto so vieles, dass es unglaublich scheinen würde, wenn man es aufzählen wollte. Vor wenigen Jahren erst, als ich in der Einsiedelei von Camaldoli für jene frommen Väter vieles malte, sah ich dort in einer Kapelle ein kleines Kruzifix auf Goldgrund mit dem Namen Giottos, das von ihm gemalt und besonders schön war. Der ehrwürdige Don Antonio aus Pisa, der damalige General der Kamaldulenser, hatte es dorthin gebracht, und wie mir der ehrwürdige Don Silvano Razzi, ein Mönch aus Camaldoli im Kloster degli Angeli zu Florenz, sagte, wird dieses Kruzifix jetzt zusammen mit einem sehr schönen Bild von Raffael aus Urbino als etwas besonders Kostbares in der Zelle des Priors aufbewahrt.

Giotto malte für die Humiliatenbrüder von Ognissanti zu Florenz eine Kapelle und vier Bilder, auf einem die Mutter Gottes mit dem Kind auf dem Arm, von vielen Engeln umgeben[75]; ferner ein großes Kruzifix auf Holz, von dem Puccio Capanna eine Zeichnung abnahm und danach in ganz Italien viele ähnliche verfertigte, da er die Manier Giottos gut beherrschte. Zur Zeit der ersten Herausgabe dieser Lebensbeschreibungen befand sich im Querschiff jener Kirche ein kleines Temperabild, das Giotto mit unendlichem Fleiß gearbeitet hatte; es stellte den Tod der Mutter Gottes dar, die von den Aposteln umgeben ist, während Christus ihre Seele in seine Arme aufnimmt.[76] Dieses Werk wurde von allen Malern und vornehmlich von Michelangelo Buonarroti sehr gerühmt, der behauptete, dies Gemälde sei der Wirklichkeit so nahe wie möglich. Da es, seit ich es in der ersten Ausgabe dieses Werks erwähnt hatte, noch mehr in Ansehen gekommen ist, wurde es von irgendjemand geraubt, der, vielleicht im Glauben, es werde wenig geachtet, aus Liebe zur Kunst wie aus Pietät «ruchlos wurde», wie unser Dichter sagt.[77] Es erscheint tatsächlich wie ein Wunder, dass Giotto, der in einer Zeit, da es eigentlich keine Meister gab, die Kunst aus sich heraus erlernte, seiner Malerei solchen Reiz zu verleihen vermochte.

Nach Beendigung aller dieser Arbeiten begann Giotto am 9. Juli 1334 mit dem Bau des Glockenturms von S. Maria del Fiore.[78] Bei dessen Grundlegung wurde zwanzig Ellen tief gegraben und an der Stelle, wo man Wasser ausgeschöpft und Kies ausgehoben hatte, ein Fundament aus Felsgestein gelegt. Darauf kam ein zwölf Ellen hoher, starker Steinguss, und in der noch übrigen Höhe von acht Ellen ließ Giotto ein Mauerwerk aus behauenen Steinen ausführen. Als man mit diesem Fundament begann, kam der Bischof der Stadt mit dem ganzen Klerus und dem Magistrat, um feierlich den Grundstein zu legen. Der Bau wurde nach Giottos Modell in der damals üblichen deutschen Manier ausgeführt,[79] und Giotto entwarf auch den figürlichen Schmuck, wobei er an dem Modell mit weißer, schwarzer und roter Farbe sorgfältig alle Stellen bezeichnete, wo die verschiedenen Steine und Friese angebracht werden sollten. Der untere Umfang des Turmes beträgt hundert Ellen, fünfundzwanzig auf jeder Seite, und die Höhe hundertvierundvierzig Ellen. Wenn, woran ich nicht zweifle, Lorenzo di Cione Ghiberti wahr berichtet,[80] schuf Giotto nicht nur das Modell des Turmes, sondern auch einen Teil der Entwürfe für die Bildwerke, namentlich für jene Marmorreliefs, die die Erfinder aller Künste darstellen. Der genannte Lorenzo versichert, Modelle von Giotto zu diesen Reliefs gesehen zu haben, was man leicht glauben kann, da Zeichenkunst und Erfindungsgabe die Erzeuger nicht nur einer, sondern aller Künste sind. Nach dem Modell Giottos hätte dieser Turm, wie man ihn heute sieht, noch von einer vierzig Ellen hohen Spitze oder Pyramide gekrönt werden sollen. Da dies aber nach der veralteten deutschen Manier war, rieten die neueren Baumeister stets, sie wegzulassen; es schien ihnen, der Turm sei ohne diese Spitze schöner.

Zum Lohn für alle diese Arbeiten wurde Giotto nicht nur zum Bürger der Republik Florenz gemacht, sondern erhielt auch von der Gemeinde jährlich hundert Goldgulden Besoldung, was für jene Zeit etwas Großes war. Der Bau, über den er die Aufsicht führte, wurde nach ihm von Taddeo Gaddi fortgesetzt, da Giotto nicht lange genug lebte, um ihn vollendet zu sehen.[81] Während dieses Werk voranschritt, malte er ein Bild für die Nonnen von S. Giorgio und führte in der Badia von Florenz in einem Bogen über der Kirchentür drei Halbfiguren aus, die aber später weiß übertüncht wurden, um die Kirche heller zu machen. Im großen Saal des Podestà zu Florenz stellte er, um das Volk zur Ehrfurcht zu ermahnen, in einem allegorischen Gemälde die Gemeinde dar, die von vielen Leuten beraubt wird; er malte sie in der Gestalt eines Richters, der, das Zepter in der Hand und die Waage der Gerechtigkeit über dem Haupt, Recht spricht, wobei ihm vier Tugenden Beistand leisten: Die Stärke unterstützt ihn durch den Mut, die Klugheit durch die Gesetze, die Gerechtigkeit durch die Waffen und die Mäßigung durch die Rede – ein schönes, eigentümliches und trefflich erdachtes Bild.[82]

Hiernach begab er sich wieder nach Padua, um im Santo einige Kapellen auszumalen, und verweilte dort lange, weil er in der Arena eine Glorie der Welt darstellte, ein allegorisches Gemälde, das ihm großen Ruhm eintrug.[83] Auch in Mailand verfertigte er noch einige Malereien, die in der ganzen Stadt verstreut sind und bis zum heutigen Tag sehr hoch geschätzt werden.

Kurze Zeit, nachdem er von Mailand nach Florenz zurückgekehrt war, das heißt im Jahre 1336, starb er nach Vollendung so vieler und so schöner Werke zum aufrichtigen Kummer seiner Mitbürger und aller, die ihn gekannt, ja die nur von ihm gehört hatten, denn er war nicht nur ein hervorragender Maler, sondern auch ein nicht minder guter Christ gewesen. Wie es seinen Tugenden entsprach, wurde er in einem feierlichen Leichenbegängnis beigesetzt, wie er auch im Leben von jedermann geliebt worden war, besonders von ausgezeichneten Menschen jedes Standes. Unter diesen ist außer Dante, von dem wir schon geredet haben, noch Petrarca zu nennen, der Giotto und seine Kunst überaus verehrte. In dem Testament, das der Dichter dem Gebieter von Padua, Francesco da Carrara, hinterließ, findet man unter anderen Dingen, die er hoch schätzte, ein Muttergottesbild von Giotto als etwas sehr Kostbares und ihm sehr Liebes verzeichnet. [...] Derselbe Petrarca sagt ferner in einer lateinischen Epistel im fünften Buch seiner Briefe Folgendes: «Um jetzt von den alten zu den neuen Künstlern überzugehen, von den fremden zu den unsern, so kenne ich zwei berühmte Maler, den Florentiner Giotto, dessen Ruhm unter den Zeitgenossen ungeheuer ist, und den Sienesen Simone.»

Giotto wurde in S. Maria del Fiore begraben, wo links vom Eingang eine weiße Marmorplatte zum Gedächtnis dieses großen Mannes gesetzt ist.[84] Der zu Giottos Zeiten lebende Kommentator Dantes sagt: «Giotto war und ist der erste unter den Malern der Stadt Florenz; dies bezeugen seine Arbeiten in Rom, Neapel, Avignon, Florenz und vielen anderen Orten der Welt.»

Zu den Schülern Giottos zählen Taddeo Gaddi, den er als Pate über die Taufe hielt, sowie Puccio Capanna. Dieser Florentiner malte in S. Cataldo, der Kirche der Prädikantenmönche zu Rimini, ein schönes Votivfresko eines Schiffes, das zu kentern droht, und darauf eine Menge Menschen, die damit beschäftigt sind, Waren ins Meer zu werfen; unter diesen vielen Seeleuten hat Puccio sich selbst dargestellt. Nach dem Tod Giottos schuf er viele Bilder in der Kirche S. Francesco zu Assisi und malte in der Kirche S. Trinità zu Florenz die Kapelle der Strozzi in Fresko aus; man sieht dort eine Krönung der Mutter Gottes mit einem Chor von Engeln, ziemlich in der Manier Giottos ausgeführt, und an den Seitenwänden Szenen aus dem Leben der heiligen Lucia, die sehr gut gearbeitet sind.[85] [...]

Soweit man es beurteilen kann, wusste Puccio sich der Manier und Methode seines Meisters Giotto, die er sich wohl angeeignet hatte, bei seinen eigenen Werken gut zu bedienen, doch soll er jung gestorben sein, da er angeblich durch das viele Freskomalen erkrankte. [...] Gemälde von Puccio sind noch an vielen anderen Orten verstreut, darunter in Bologna im Mittelschiff der Kirche eine Tafel mit den Leiden Christi und Begebenheiten aus dem Leben des heiligen Franziskus. Andere zu nennen, unterlasse ich der Kürze wegen. In Assisi, wo sich die meisten Arbeiten Puccios befinden und wo er anscheinend dem Giotto malen half, hält man ihn, wie ich feststellte, für einen Mitbürger, und noch heutzutage leben dort einige Familienmitglieder der Capanni. Es ist wohl anzunehmen, dass er in Florenz geboren wurde, wie er selbst in einer Inschrift bezeugt, und auch ein Schüler Giottos war, sich aber in Assisi verheiratete und dort Kinder zeugte, weshalb jetzt seine Nachkommen in jener Stadt leben. Weil es indessen nicht wichtig ist, dies genau zu bestimmen, genügt es zu wissen, dass er ein guter Maler war.

Ein Schüler Giottos und ein sehr geübter Maler war auch Ottaviano aus Faenza, der in S. Giorgio zu Ferrara, bei den Olivetanermönchen, viele Bilder ausführte. In Faenza, wo er lebte und starb, stellte er über der Tür von S. Francesco eine Madonna mit Petrus und Paulus dar, und auch in Bologna malte er vieles.[86]

Ein weiterer Schüler Giottos war Pace aus Faenza, der seinen Meister ziemlich oft begleitete und ihm in mancherlei Dingen behilflich war. An der Fassade von S. Giovanni in Bologna sind von ihm einige Freskomalereien zu sehen. Er war vornehmlich in der Ausführung kleiner Figuren sehr geschickt, wie man noch heute in der Kirche S. Francesco an einem Kreuzesbaum sehen kann und ebenso an einem kleinen Temperabild, auf welchem Szenen aus dem Leben Christi und der Mutter Gottes sehr gut dargestellt sind. Wie man sagt, hat dieser Pace in der Kapelle S. Antonio zu Assisi einiges aus dem Leben jenes Heiligen für einen Herzog von Spoleto gemalt, der mitsamt seinem Sohn an diesem Ort begraben ist, nachdem sie beide, wie man aus einer langen Inschrift jenes Grabmals erfahren kann, in den Vorstädten von Assisi im Kampf gefallen waren.

Im alten Buch der Malerzunft steht, ein Schüler Giottos sei auch ein gewisser Francesco gewesen, von dem ich aber sonst nichts zu sagen weiß. Auch Guglielmo aus Forli war ein Schüler Giottos; außer vielen anderen Werken malte er in Forli, seiner Heimatstadt, die Kapelle des Hauptaltars in der Kirche S. Domenico. Weitere Schüler waren Pietro Laureati und Simone aus Siena, Stefano aus Florenz und Pietro Cavallini aus Rom, von denen allen aber in ihren eigenen Lebensbeschreibungen ausführlich die Rede ist.[87]

Wie gut für seine Zeit Giotto zeichnete, beweisen viele Blätter von seiner Hand, in Aquarell auf Pergament ausgeführt, mit der Feder umrissen und schattiert, das Licht mit weißer Farbe aufgesetzt, die sich in meiner Sammlung befinden. Sie erscheinen im Vergleich mit den Handzeichnungen der früheren Künstler wirklich als ein Wunder.

Giotto war, wie schon gesagt, sehr fröhlich und führte gern witzige und scharfe Reden, die in Florenz noch in lebhaftem Andenken stehen. Deshalb schrieb nicht nur Giovanni Boccaccio darüber, sondern auch Franco Sacchetti erzählt in seinen «Dreihundert Novellen» viel Unterhaltendes von diesem Künstler.[88] Ich will einiges in Francos eigenen Worten hier einfügen, damit man samt dem Inhalt der Geschichte auch die Redeweise jener Zeit erkennen möge. So heißt es in der dreiundsechzigsten Novelle, um auch die Überschrift mit anzuführen: «Giotto, dem großen Maler, wird von einem unbedeutenden Mann ein Schild gebracht, den er bemalen soll; er macht sich den Spaß, bemalt den Schild nach

Vorschrift, doch so, dass jener in Verwirrung gerät. Ein jeder weiß wohl, wer Giotto gewesen und dass er ein vorzüglich großer Maler war. Ein alberner Mensch hörte, wie berühmt er sei, und da er sich einen Schild bemalen lassen wollte, vielleicht um als Burgvogt zu gelten, begab er sich ohne Weiteres in die Werkstatt Giottos; einer, der ihm den Schild trug, folgte nach. Und bei dem Künstler angelangt, sprach er also: ‹Gott grüße dich, Meister. Ich wünsche, dass du mir auf diesen Schild mein Wappen malst.› Giotto betrachtete den Mann und wunderte sich über sein Benehmen, erwiderte aber dennoch: ‹Bis wann willst du ihn?› Jener bestimmte die Zeit, und der Maler sagte: ‹Lass mich nur machen!› Worauf der andere fortging. Als Giotto allein war, dachte er: ‹Was mag dies bedeuten? Hat mir jemand diesen Mann zum Scherz gesandt? Sei dem, wie ihm wolle, niemand hat mir bisher einen Schild zu bemalen gegeben, und dieser einfältige Wicht bringt ihn mir und verlangt, ich solle ihm sein Wappen malen, als ob er der König von Frankreich wäre; dem will ich schon ein neues Wappen ersinnen.› So sprach er zu sich selbst, nahm den Schild zur Hand, zeichnete darauf, was ihm gut schien, und trug einem seiner Schüler auf, die Malerei zu vollenden. Das Wappenbild bestand aus einer eisernen Sturmhaube, einem Ringkragen, einem Paar Armschienen, einem Paar eiserner Handschuhe, aus einem Kürass, Schenkelharnischen und Beinschienen, einem Schwert, einem Dolch und einer Lanze. Als nun der Wichtigtuer kam, von dem man nicht wusste, wer er sei, trat er heran und sprach: ‹Meister, ist der Schild bemalt?› – ‹Gewiss›, antwortete Giotto, ‹holt ihn herunter.› Der Schild wurde gebracht, der falsche Edelmann betrachtete ihn und rief: ‹Oh, was für eine Sudelei ist das! Was hast du mir gemalt?› – ‹Ei›, entgegnete Giotto, ‹du nennst es wohl wegen der Bezahlung eine Sudelei?› – ‹Nicht vier Heller gebe ich dafür!› rief der andere. ‹Und was sagtest du mir, dass ich malen sollte?›, fragte Giotto. ‹Mein Wappen›, antwortete jener.[89] ‹Nun wohl›, erwiderte Giotto. ‹Bist du hier nicht gewappnet? Fehlt ein einziges Stück?› – ‹Schon gut!›, sprach der andere. ‹Im Gegenteil!›, rief Giotto aus. ‹Schlimm ist's! Der Himmel stehe dir bei, du musst ein arger Dummkopf sein. Wenn jemand dich fragte, wer du seist, würdest du es kaum zu sagen wissen, und da kommst du daher und sagst: ‚Male mir mein Wappen!' Wenn du von den Bardi stammtest, hätte das genügt. Was für ein Wappen führst du denn, woher stammst du, wer sind deine Vorfahren? Sag, schämst du dich nicht? Komm zuerst einmal auf die Welt, bevor du von Wappen sprichst, als wärest du Herzog Naim von Bayern. Ich habe eine ganze Rüstung auf deinen Schild gemalt. Wenn ein Stück fehlt, so sprich, und ich will es hinzufügen lassen.› – ‹Du sagst mir Grobheiten›, antwortete jener, ‹und hast mir einen Schild verdorben!› Er ging fort und begab sich zum Handelsgericht, um Giotto vorladen zu lassen. Dieser erschien, ließ seinerseits aber den Kläger vorladen und verlangte zwei Gulden für die Malerei, während jener von ihm Schadenersatz forderte. Als die Richter die Klage hörten, die ihnen Giotto um vieles besser vorzutragen wusste, entschieden sie, jener müsse den Schild nehmen, so wie er bemalt sei, und an Giotto sechs Lire bezahlen, denn das Recht sei auf dessen Seite. So musste der andere sich fügen und wurde entlassen, indem ihm gemessen wurde, wie er sich nicht gemessen hatte.»

Man erzählt auch, Giotto habe als Knabe, als er noch bei Cimabue in der Lehre war, einmal einer Figur seines Meisters eine Fliege so natürlich auf die Nase gemalt, dass Cimabue, als er zurückkehrte und sich wieder an die Arbeit setzte, sie wie eine wirkliche Fliege mehrmals mit der Hand fortzuscheuchen versuchte, ehe er des Irrtums gewahr wurde. In dieser Art könnte ich noch manchen Scherz und manche witzige Antwort Giottos mitteilen, doch mögen diese beiden Beispiele, die in das Gebiet der Kunst gehören, genügen; das Übrige lasse ich Franco Sacchetti und andere erzählen.

Giotto blieb nicht nur durch die Werke seiner Hand in lebhaftem Andenken, sondern auch durch die Werke der Schriftsteller jener Zeit, weil er die wahre Art zu malen, die lange Jahre verloren gewesen war, wiederentdeckt hatte. Deshalb wurde durch öffentliches Dekret und das besondere Wohlwollen des glorreichen Lorenzo de' Medici des Älteren, der die Kunst des großen Mannes mit besonderer Zuneigung verehrte, seine Büste in S. Maria del Fiore aufgestellt.[90] Sie war von dem vortrefflichen Bildhauer Benedetto da Maiano in Marmor gehauen und mit einer Inschrift des ruhmreichen Angelo Poliziano versehen, um allen, die sich in irgendeinem Fach auszeichnen, die Hoffnung zu vermitteln, dass auch sie die Anerkennung anderer finden werden, wie sie Giotto durch Lorenzos Güte reichlich verdiente und empfing.[91] Die Inschrift lautet:

Ille ego sum, per quem pictura extincta revixit,
Cui quam recta manus, tarn fuit et facilis.
Naturae deerat nostrae, quod defuit arti:
Plus licuit nulli pingere, nec melius.
Miraris turrim egregiam sacro aere sonantem?
Haec quoque de modulo crevit ad astra meo.
Denique sum Jottus; quid opus fuit ilia referre?
Hoc nomen longi carminis instar erit.

Für jene, die sich von der Vortrefflichkeit Giottos durch Zeichnungen von seiner Hand überzeugen wollen, finden sich in meiner Sammlung einige besonders schöne, die ich mit großer Mühe, durch Fleiß und Geld zusammengebracht habe.

Buffalmacco

Buonamico Buffalmacco

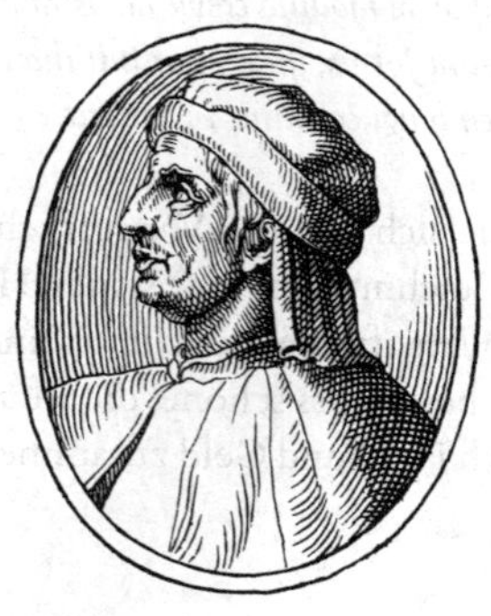

Der Florentiner Maler Buonamico di Cristofano, genannt Buffalmacco, war ein Schüler des Andrea Tafi und wird schon von Boccaccio in seinem «Decamerone» als ein sehr spaßhafter Mann gerühmt.[92] Auch weiß man, dass er ein treuer Gefährte der Maler Bruno und Calandrino gewesen ist, die beide gleich ihm gern Scherz trieben. An seinen vielen Arbeiten, die in der ganzen Toskana verstreut sind, erkennt man übrigens, dass er auch in der Malerei wohlerfahren war.

Franco Sacchetti erzählt von ihm in seinen «Dreihundert Novellen», dass zu jener Zeit, als er noch bei seinem Lehrer Andrea wohnte, dieser die Gewohnheit hatte, im Winter, wenn die Nächte lang waren, vor Tag aufzustehen, seine Lehrbuben zu wecken und sich an die Arbeit zu setzen. Dies war Buonamico sehr verdrießlich, und er sann auf ein Mittel, wie er verhindern könnte, so im besten Schlaf gestört zu werden. Da fand er einst in einem schlecht gekehrten Gewölbe dreißig große Skarabäen oder Mehlkäfer. Jedem dieser Tierchen befestigte er mit einer ganz feinen Nadel ein Lichtlein auf dem Rücken, zündete es an und schob zu der Stunde, in der Andrea ihn zu wecken pflegte, durch einen Türspalt langsam einen Käfer nach dem anderen in das Zimmer seines Lehrers, der eben erwacht war und Buffalmacco rufen wollte. Als dieser die wandelnden Lichter sah, geriet er in große Furcht, fing an zu beten und sich Gott zu empfehlen, und anstatt Buonamico zu wecken, versteckte er sich tief unter der Decke und blieb so bis zum Tagesanbruch liegen. Am Morgen fragte er Buonamico, ob er gleich ihm Tausende von Dämonen gesehen habe, worauf jener mit Nein antwortete; er habe die Augen geschlossen gehabt und wundere sich, dass er nicht geweckt worden sei. «Was, dich wecken!», rief Tafo. «Ich musste an andere Dinge denken als ans Malen und bin entschlossen, in ein anderes Haus zu ziehen.» In der folgenden Nacht ließ Buffalmacco nur drei Käfer hinein, und Tafo kam durch die Angst der vorangegangenen Nacht und diese wenigen Teufelchen so um allen Schlaf, dass er, kaum war es Tag geworden, das Haus verließ, in der Absicht, nie wieder dahin zurückzukehren. Man musste ihm sehr zusprechen, bis er seine Meinung änderte.

Der Priester des Kirchspiels indessen, den Buonamico zu ihm brachte, beruhigte ihn, so gut er konnte, und als Tafo mit Buonamico über den Vorfall sprach, sagte dieser: «Ich habe immer sagen hören, die Dämonen seien die größten Feinde Gottes; so müssen sie auch arge Gegner der Maler sein, denn nicht nur stellen wir sie sehr hässlich dar, wir bemühen uns auch, was noch viel schlimmer ist, fortwährend auf Tafeln und Mauern bloß Heilige zu malen und dadurch, zum Ärger der Teufel, die Menschen frömmer und besser zu machen. Weil sie nun Zorn gegen uns hegen und im Finstern mehr Macht haben als am Tag, treiben sie solch böses Spiel mit uns, und sie werden es noch ärger machen, wenn wir nicht ganz aufhören, des Nachts zu arbeiten.»

So redete er des Öfteren, der Priester pflichtete ihm bei; Tafo stand nicht mehr in der Nacht auf, und die Teufel wanderten nicht mehr mit den Lichtern im Haus umher. Nach ein paar Monaten jedoch hatte Tafo alle Furcht fast vergessen und fing an, um des Gewinnes willen wiederum bei Nacht aufzustehen und Buonamico zu wecken. Alsbald aber zogen auch die Käfer wieder umher, sodass er aus Furcht das Frühaufstehen ganz unterließ, wozu der Priester dringend riet. Als die Sache in der Stadt bekannt wurde, wagte lange Zeit außer Tafo auch sonst kein Maler, bei Nacht zu arbeiten.

Einige Zeit nach dieser Begebenheit, so erzählt derselbe Sacchetti, trennte sich Buonamico von seinem Lehrer Tafo, weil er selbst ein recht guter Meister geworden war, und es fehlte ihm nie an Bestellungen. Er hatte als Wohnung und Werkstatt ein Haus gemietet. Dicht nebenan wohnte ein schon ziemlich begüterter Wollweber, der, weil er nicht besonders schlau war, «Gänsekopf» genannt wurde. Die Frau dieses Mannes stand jede Nacht zu der Stunde schon wieder auf, in der Buonamico, der stets bis spät arbeitete, sich zur Ruhe legen wollte. Unglücklicherweise stand aber das Rad, auf dem die muntere Nachbarin emsig Wolle spann, gerade hinter der Wand neben seinem Bett, sodass Buonamico von dem Lärm nicht einschlafen konnte. Er sann und sann, wie diesem Übel abzuhelfen wäre, und bald bemerkte er, dass hinter der Backsteinmauer, die sein Haus von dem des «Gänsekopfs» trennte, der Herd der schlimmen Nachbarin stand, sodass er durch eine Ritze sehen konnte, was sie aufs Feuer setzte. Da erdachte er eine neue List; er machte sich nämlich mit einem langen Bohrer aus einem Stecken ein Rohr, und sobald Frau «Gänsekopf» nicht am Feuer stand, steckte er das Rohr durch die Mauer und schüttete damit so viel Salz in den Topf der Nachbarin, wie ihm gut schien. Setzte sich nun der «Gänsekopf» zu Tisch, dann konnte er zumeist weder Fleisch noch Suppe essen, alles war versalzen und nicht zu genießen. Einoder zweimal hatte er Geduld und schimpfte nur ein wenig; als er aber sah, dass Worte nicht hinreichten, schlug er mehrmals die arme Frau, die verzweifeln wollte, weil sie wusste, dass sie beim Salzen des Essens die allergrößte Sorgfalt beachtete. Als daher der Mann sie einmal wieder schlug, wollte sie sich rechtfertigen; dies versetzte aber den «Gänsekopf» in noch ärgeren Zorn, und er schlug sie von Neuem, bis sie ein solches Geschrei erhob, dass die ganze Nachbarschaft zusammenlief. Darunter war auch Buffalmacco, und als er hörte, wie der «Gänsekopf» seine Frau anklagte und wie diese sich entschuldigte, sprach er zu seinem Nachbarn: «Wahrlich, mein Freund, hier gilt es, gerecht zu sein. Du beschwerst dich, dass das Essen mittags und abends versalzen ist, und ich wundere mich, wie deiner guten Frau irgendetwas wohl geraten kann. Denn ich begreife nicht, wie sie bei Tag imstande ist, sich auf den Füßen zu halten, da sie doch die ganze Nacht an ihrem Spinnrad sitzt und kaum, glaube ich, eine Stunde schläft. Dulde nicht, dass sie die halbe Nacht wache, und du wirst sehen: Wenn sie genug schläft, wird sie am Tag ihre Sinne beisammen haben und nicht in so arge Fehler verfallen.» Er wandte sich hierauf zu den anderen Nachbarn und stellte ihnen die Sache so augenscheinlich vor, dass sie sagten, Buonamico habe recht, und sein Vorschlag müsse Gehör finden. Dies überzeugte auch den «Gänsekopf», und er befahl seiner Frau, sie solle nicht bei Nacht arbeiten. Fortan war das Essen nicht mehr versalzen, wenn es sich nicht etwa die Frau einmal einfallen ließ, in der Nacht aufzustehen. Denn dann griff Buffalmacco sogleich zu seinem Mittel, bis der «Gänsekopf» es endlich dahin brachte, dass sie es ganz unterließ.

Buonamico lieferte in Florenz eine seiner ersten Arbeiten im Kloster der Nonnen von Faenza, das auf dem Platz gelegen war, wo jetzt die Zitadelle del Prato steht.[93] Er malte dort die ganze Kirche aus, und unter vielen Szenen aus dem Leben Christi, die alle recht gut sind, war auch der Kindermord zu Bethlehem dargestellt, wobei die Leidenschaft der Mörder wie der anderen Gestalten sehr lebendig ausgedrückt ist; einige Ammen und Mütter, die die Kinder den Blutknechten entreißen, gebrauchen ihre Hände, Nägel und Zähne, und alle Bewegungen ihrer Körper zeigen, wie sie von Zorn, Wut und Schmerz ergriffen sind.

Da jenes Kloster heutzutage zerstört ist, kann man von diesen Malereien nichts mehr sehen, außer einem kolorierten Blatt in meinem Zeichenbuch, worauf eben jenes Bild des Kindermordes von Buonamico selbst entworfen ist. Während er in jenem Kloster arbeitete, schauten die Nonnen zuweilen durch die Leinwandverkleidung, die er hatte ziehen lassen, um dahinter zu malen, und verwunderten sich sehr, Buffalmacco, einen wunderlichen und in Kleidung und Lebensweise ganz willkürlichen Mann, immer ohne Mantel und ohne Käppchen arbeiten zu sehen, was in jenen Zeiten allerdings etwas

Ungewöhnliches war. Sie sagten dem Hausmeister, es gefalle ihnen nicht, dass er immer nur in der Jacke gehe. Dieser beruhigte sie deswegen, und sie schwiegen einige Zeit still. Endlich indessen, da sie ihn nie anders gekleidet sahen, fingen sie an zu zweifeln, ob es nicht vielleicht ein Lehrling sei, der nur Farben reibe, und ließen ihm durch die Äbtissin sagen, sie wünschten den Meister arbeiten zu sehen und nicht immer den Lehrbuben. Obgleich nun Buonamico deutlich erfuhr, wie wenig Zutrauen sie zu ihm hatten, erwiderte er doch in seiner gefälligen Weise, sobald der Meister komme, wolle er es ihnen sagen lassen. Hierauf stellte er zwei Holzböcke aufeinander, setzte obendrauf einen Wasserkrug und ein Käppchen darüber, sodass es auf dem Henkel ruhte, verdeckte den Krug mit einem langen Mantel, den er sorgfältig über die Bänke zog, steckte in den Schnabel, aus dem man das Wasser gießt, geschickt einen Pinsel und ging fort. Bald nachher kamen die Nonnen und schauten an einer Stelle, wo er die Leinwand weggezogen hatte, nach der Arbeit; da erblickten sie den falschen Meister im vollen Staat, und in der Meinung, dass er emsig arbeite und wohl etwas anderes zustande bringen werde als jener gemeine Junge, kümmerten sie sich mehrere Tage nicht weiter darum. Endlich, nach vierzehn Tagen, in welcher Zeit Buonamico nicht einmal dort gewesen war, wünschten sie zu sehen, was für schöne Dinge der Meister vollendet habe, und eilten des Abends hin, seine Malereien zu betrachten, als sie ihn fortgegangen glaubten. Wie verwirrt aber und beschämt blieben sie stehen, als sie, eine neugieriger als die andere, den feierlich hergerichteten Meister entdeckten, der in vierzehn Tagen nichts gearbeitet hatte!

Sie erkannten, dass Buonamico sie zu Recht bestraft hatte und dass seine Arbeiten höchstes Lob verdienten; deshalb ließen sie ihn durch den Kastellan rufen, und Buffalmacco machte sich unter großem Gelächter und mit Vergnügen wieder an die Arbeit, da er ihnen gezeigt hatte, welcher Unterschied zwischen einem Menschen und einem Krug sei und dass man nicht immer von den Federn auf den Vogel schließen dürfe. In wenigen Tagen vollendete er hierauf ein Bild, mit dem sie in allem sehr zufrieden waren; nur meinten sie, die Gesichter erschienen ihnen etwas zu blass. Dies hörte Buonamico, und weil er wusste, dass die Äbtissin über Vernaccia verfügte, einen toskanischen Wein von der besten Sorte, den sie zum Messopfer verwahrte, sagte er zu den Nonnen, es gebe nur ein Mittel, um solchem Fehler abzuhelfen: Man müsse die Farben in gutem Vernaccia-Wein auflösen, dadurch würden beim nochmaligen Übermalen die Wangen und die Hautfarben der Gestalten rosig und lebendig. Die braven Schwestern, die alles glaubten, versorgten ihn von nun an, solange er arbeitete, mit gutem Vernaccia-Wein, und Buonamico freute sich dessen, genoss ihn und gab mit seinen gewöhnlichen Farben den Gestalten ein frischeres und lebhafteres Kolorit.

Als er diese Arbeit beendet hatte, malte er in der Badia von Settimo einige Begebenheiten aus dem Leben des heiligen Jakob in der Kapelle des Kreuzgangs, die diesem Heiligen geweiht ist, und stellte in der Wölbung die vier Patriarchen und die vier Evangelisten dar, wobei merkwürdig ist, mit welcher Natürlichkeit Lukas in die Feder bläst, damit sie Tinte von sich gebe.[94] In den fünf Wandbildern erkennt man gute Stellungen, und alles ist erfindungsreich und mit Urteil ausgeführt. Da aber, wie man an diesem Werk sieht, Buonamico, um die Fleischfarben durchsichtiger zu machen, alles mit einem salzigen Violett untermalte[95], das mit der Zeit eine Feuchtigkeit entwickelt, von der das Weiß gleich den anderen Farben aufgezehrt wird, so ist nicht verwunderlich, dass dieses Werk verdorben und beschädigt ist, während andere, viel früher verfertigte, sich vortrefflich gehalten haben. Anfangs glaubte ich, die Malerei habe durch Nässe gelitten; als ich aber später andere Arbeiten von demselben Meister genau betrachtete, fand ich die Ursache ihrer Verderbnis vielmehr in dieser eigentümlichen Gewohnheit Buonamicos. Sie sind in solchem Grade verdorben, dass man weder Zeichnung noch sonst etwas erkennt und da, wo die Fleischfarben standen, nichts als das Violett geblieben ist. Wer also seinen Malereien lange Dauer wünscht, darf diese Methode nicht nachahmen.

Als nun Buonamico die genannten Arbeiten beendet hatte, verfertigte er zwei Bilder in Leimfarben für die Kartäusermönche zu Florenz, das eine in dem Raum, wo die Choralbücher stehen, und das andere unten in der alten Kapelle. Ferner malte er in der Badia zu Florenz die Kapelle der Giochi und Bastari aus, die neben der Hauptkapelle gelegen ist. Diese Malereien haben sich, obgleich die Kapelle später der Familie der Boscoli überlassen wurde, bis auf den heutigen Tag erhalten.[96] Er stellte darin die Leiden Christi schön und lebendig dar, zeigte in Jesus, der die Füße seiner Jünger wäscht, viel Demut und große Geduld und in den Juden, die ihn vor Herodes schleppen, Stolz und Grausamkeit. Vornehmlich bewies er seine Kunst und Fertigkeit an einem Pilatus, den er im Gefängnis malte, und an Judas, der an einem Baum hängt, weshalb man gern für gegeben hält, was von diesem fröhlichen Maler gesagt wird: nämlich, er habe keinem Meister seiner Zeit nachgestanden, wenn er Fleiß und Mühe aufwandte, was indessen selten der Fall war. Einen Beweis für die Güte einzelner seiner Malereien geben die Fresken, die er in Ognissanti, wo jetzt der Gottesacker ist, mit so viel Fleiß und Sorgfalt arbeitete, dass der Regen, der jahrelang daran herunterfloss, sie nicht verdorben hat; vielmehr erkennt man ihre Vorzüge noch sehr wohl, und sie haben sich so gut erhalten, weil sie völlig auf frischem Kalk ausgeführt sind. Er stellte an jenen Wänden über der Gruft der Aliotti die Geburt Christi und die Anbetung der Könige dar.[97]

Als Buonamico dieses Werk vollendet hatte, ging er nach Bologna und malte in S. Petronio in der Kapelle der Bolognini mehrere Gewölbefresken; aus irgendeinem Grund aber, den ich nicht kenne, führte er sie nicht zu Ende. Im Jahre 1302, sagt man, sei er nach Assisi berufen worden und habe in der Kirche S. Francesco, in der Kapelle der heiligen Katharina, die Begebenheiten aus dem Leben dieser Heiligen in Fresko gemalt.[98] Diese Bilder haben sich sehr gut erhalten, und man sieht darauf einige Figuren, die gelobt zu werden verdienen.

Als er wiederum diese Arbeit vollbracht hatte, kam er auf seinem Weg durch Arezzo. Bischof Guido, der gehört hatte, Buonamico sei ein sehr fröhlicher Mann und geschickter Maler, forderte ihn auf, einige Zeit in der Stadt zu bleiben und im Dom die Kapelle auszumalen, in der nunmehr der Taufstein steht. Buonamico fing das Werk an und hatte es schon ziemlich weit ausgeführt, als ihm, wie Franco Sacchetti erzählt, der seltsamste Zufall der Welt begegnete. Der Bischof besaß einen außerordentlich spaßhaften und verschlagenen Affen. Dieser stand eines Tages auf dem Gerüst und sah zu, wie Buonamico malte, achtete auf alles und wandte keinen Blick von ihm, wenn er die Farben mischte, die Farbtöpfe umrührte und die Eier zum Ansetzen der Tempera aufschlug; kurz, er beobachtete alles, was der Maler tat. Am Sonnabend spät ging Buonamico von der Arbeit weg, und am Sonntagmorgen darauf sprang der Affe trotz der großen und schweren Holzrolle, die ihm der Bischof hatte an die Füße binden lassen, damit er nicht überall hinklettere, auf das Gerüst, wo Buonamico zu malen pflegte, nahm die Farbtöpfe in die Hand, schüttete einen in den anderen, machte zehnerlei Mischungen, schlug alle Eier hinein, die da waren, und fing an, mit dem Pinsel die Figuren zu beschmieren. Er hörte damit nicht eher auf, bis er das Ganze übermalt hatte; hierauf mischte er noch einmal die wenigen Farben, die übrig geblieben waren, stieg vom Gerüst und machte sich davon. Der Montagmorgen kam, und Buonamico kehrte an die Arbeit zurück; wie erstaunt aber und wie erschreckt blieb er stehen, als er sah, dass seine Malereien verdorben, seine Töpfe ausgeschüttet und das Oberste zuunterst gekehrt war. Er machte sich allerlei Gedanken und vermutete schließlich, irgendein Aretiner habe es aus Neid oder sonst einem Grund getan, eilte zum Bischof und berichtete ihm, was geschehen war und welchen Argwohn er hege. Der Bischof war darüber sehr bestürzt und aufgebracht, redete aber Buonamico zu, sich noch einmal an die Arbeit zu machen. Und weil er seinen Worten glaubte, gab er ihm sechs von seinen Kriegsknechten mit, die, wenn er nicht dort war, mit ihren Speeren Wache halten mussten und Befehl hatten, jeden, der käme, ohne Erbarmen in Stücke zu hauen. Buonamico malte also die Bilder zum zweiten Mal.

Eines Tages, als die Kriegsknechte auf der Lauer lagen, hörten sie ein Lärmen und Rollen in der Kirche; bald darauf sprang der Affe auf das Brettergerüst, und sie sahen, wie der neue Meister im Nu die Farben mischte und anfing, Buonamicos Heilige zu übermalen. Schleunigst riefen sie diesen herbei und zeigten ihm den Übeltäter, mussten aber alle, wie sie den Affen malen sahen, so lachen, dass sie fast erstickt wären; besonders Buonamico, dem es zwar leid tat, der aber dennoch lachte, dass ihm die Tränen aus den Augen strömten. Endlich entließ er die Kriegsknechte mitsamt ihren Speeren und ging zum Bischof, zu dem er sagte: «Hochwürdiger Herr! Ihr wolltet nach meiner Weise gemalt haben, Eurem Affen aber gefällt eine andere.» Und als er ihm die Sache erzählt hatte, fügte er hinzu: «Es tat nicht not, dass Ihr fremde Maler kommen ließet, da Ihr den Meister im Haus habt. Vielleicht verstand er nur nicht so gut, die Grundfarben zu mischen. Nun, da er es weiß, kann er allein arbeiten. Ich bin nicht mehr nötig, und weil ich seine Verdienste erkannt habe, verlange ich für mein Werk keinen anderen Lohn, als nach Florenz zurückkehren zu dürfen.»

Obgleich die Sache dem Bischof sehr verdrießlich war, musste er dennoch lachen, besonders darüber, dass ein Affe dem spaßhaftesten aller Männer einen Streich gespielt hatte, und nachdem sie sich an der tollen Begebenheit ausgiebig belustigt hatten, überredete der Bischof Buonamico, dass er zum dritten Mal an die Arbeit ging und sie vollendete. Der Affe aber wurde zur Strafe für sein Vergehen in einen großen hölzernen Käfig gesteckt und musste zuschauen, wie Buonamico arbeitete, wobei es höchst possierlich anzusehen war, welche Unruhe der Affe zeigte, wie er Gesicht, Schnauze, Hände und den ganzen Körper bewegte, als er den anderen tätig sah und es ihm nicht gleichtun konnte.

Als Buonamico die Malereien in der Kapelle vollendet hatte, befahl ihm der Bischof aus Scherz oder sonst einem Grund, er solle ihm auf der Fassade seines Palastes den aretinischen Adler darstellen, der sich auf dem Rücken eines Löwen festkrallt, um ihn zu töten. Der schlaue Künstler, der versprochen hatte, alles zu malen, was der Bischof verlangen würde, ließ einen Bretterverschlag aufstellen und sagte, bei einer solchen Arbeit wolle er nicht gesehen werden; er schloss sich ganz allein dort ein und stellte im Gegensatz zu dem, was der Bischof gewollt hatte, einen Löwen dar, der einen Adler zerreißt.[99] Als das Bild fertig war, erbat er vom Bischof die

Erlaubnis, nach Florenz zu gehen, um Farben zu holen, die ihm fehlten, verrammelte die Bretterverkleidung und eilte nach Florenz, in der Absicht, nicht wieder zum Bischof zurückzukehren. Als die Sache sich demnach in die Länge zog und der Maler nicht wiederkam, ließ der Bischof die Bretterwand öffnen und erkannte, dass Buonamico schlauer gewesen war als er. Darüber wurde er sehr zornig und verbannte ihn lebenslänglich aus seinem Gebiet. Buonamico, der dies hörte, ließ ihm voll Hohn sagen, er solle ihm das Schlimmste antun, was er könne, worauf ihm der Bischof die Exkommunikation androhte. Endlich indes bedachte er, dass er gefoppt worden war, weil er hatte foppen wollen, vergab Buonamico die Beleidigung und bezahlte ihn freigebig für seine Arbeiten; ja, was noch mehr ist, er berief ihn bald nachher wieder nach Arezzo, ließ ihn im alten Dom viele Bilder malen, die jetzt zugrunde gegangen sind, und behandelte ihn fortan wie einen Hausfreund und treuen Diener. Auch bemalte Buffalmacco zu Arezzo in der Kirche S. Giustino die Nische der Hauptkapelle.

Einige erzählen, Buonamico sei zu Florenz mit Freunden und Gefährten oft in der Werkstatt von Maso del Saggio gewesen und habe dort mit anderen das Schauspiel ersonnen, das am 1. Mai die Bewohner von Borgo San Frediano in einigen Barken auf dem Arno geben. Er sei aber, als der Ponte alla Carraia zusammenbrach, der damals von Holz und allzu sehr mit Menschen besetzt war, die herbeigeströmt waren, das Schauspiel zu sehen, nicht umgekommen, wie andere behaupten, sondern gerade fortgewesen, um einige Dinge zu holen, die beim Fest noch fehlten. Die Brücke stürzte in demselben Augenblick ein, als darunter auf den Barken die Hölle dargestellt wurde.[100]

Bald darauf wurde Buonamico nach Pisa berufen und malte in der Abtei von S. Paolo a Ripa d'Arno, die damals den Mönchen von Vallombrosa gehörte, im Querschiff der Kirche von der Decke bis zum Boden in drei Reihen viele Darstellungen aus dem Alten Testament, von der Erschaffung des Menschen bis zum Turmbau von Babel. Dieses Werk ist heute zwar zum großen Teil verdorben, dennoch aber erkennt man Leben in den Gestalten, gute Behandlung und Frische der Farben in der Malerei und überhaupt die Gabe, die Buonamico besaß, mit der Hand auszudrücken, was er sich im Geist vorstellte, während seine Zeichnung Schwächen zeigt. Auf der Wand des rechten Kreuzesarms, gegenüber dem Seitenportal, sieht man auf mehreren Bildern aus dem Leben der heiligen Anastasia schöne altertümliche Gewänder und reizenden Hauptschmuck an einigen Frauen, die dort in anmutiger Weise dargestellt sind. Nicht weniger schön sind andere Figuren, die sich in wohlerfundenen Stellungen auf einem Schiff befinden. Unter ihnen ist Papst Alexander IV. zu erkennen, dessen Bildnis Buonamico, wie man sagt, von seinem Meister Tafo erhielt, der jenen Papst in St. Peter zu Rom in Mosaik abgebildet hatte. Im letzten Feld endlich, in dem Buonamico die Marter der Anastasia und andere Heilige darstellt, zeigt er in den Gesichtern sehr gut die Todesfurcht und den Schmerz und Schreck derer, die zusehen, wie die Heilige, an einen Baum gebunden, den Feuertod erleidet.[101]

Ein Mitarbeiter von Buonamico bei diesem Werk war der Maler Bruno di Giovanni, der im alten Zunftbuch so genannt ist und von Boccaccio gleichfalls als ein sehr fröhlicher Mann gerühmt wird. Dieser malte, als die Bilder auf den Wänden beendet waren, in derselben Kirche über dem Altar die heilige Ursula mit ihren Jungfrauen. In die eine Hand gab er ihr eine Fahne mit dem Wappen Pisas, das ein weißes Kreuz auf rotem Grund hat; die andere Hand reicht sie einer weiblichen Gestalt, die, zwischen zwei Felsen heraufsteigend, mit einem Fuß im Meer steht und beide Hände ausstreckt, als wolle sie sich ihrem Schutz befehlen. Diese weibliche Figur stellt Pisa dar. Sie trägt eine goldene Krone auf dem Haupt, um ihre Schultern hängt ein Mantel mit Kreisen und Adlern, und sie fleht, vom Meer hart bedrängt, jene Heilige um Hilfe an. Weil aber Bruno sich beklagte, dass seine Gestalten nicht so viel Leben hätten wie jene, die Buonamico malte, so wollte ihn dieser in seiner spaßhaften Weise lehren, sie nicht nur lebendig zu machen, sondern sogar reden zu lassen. Er riet ihm deshalb, neben jene Frau einige vom Mund ausgehende Worte zu schreiben, mit denen sie sich dem Schutz der Heiligen empfiehlt, und ebenso die Heilige darauf antworten zu lassen, wie er es bei einigen Malereien des Cimabue in derselben Stadt gesehen hatte. Dieser Scherz gefiel Bruno und anderen albernen Menschen jener Zeit, ja gefällt noch heute manchen Dummköpfen, die hierin von ebenso gemeinen Künstlern wie sie selbst bedient werden. Es ist wirklich merkwürdig, dass etwas, das zum Scherz und sonst aus keinem Grund geschehen war, derart in Gebrauch gekommen ist, dass man im Campo Santo bei vielen Bildern von guten Meistern dieselbe Abgeschmacktheit findet.[102]

Den Pisanern gefielen die Arbeiten Buonamicos so gut, dass ihn der Vorsteher des Campo Santo vier biblische Fresken malen ließ, von der Erschaffung der Welt bis zum Bau der Arche Noah. Er versah sie mit einem Rahmen, in dem er sein eigenes Bildnis anbrachte, nämlich in einem Fries, in dessen Mitte einige Köpfe sichtbar sind und darunter sein eigener, in einer Kapuze, genau wie man ihn vorn in unserer Abbildung sieht. Und da er bei diesem Werk auch Gottvater schuf, der den Himmel und die Elemente, ja eigentlich das ganze Weltall in Händen trägt, schrieb Buonamico, um dieses Bild in Versen zu erklären, die den Malereien jener Zeit ähnlich waren, darunter mit großen Buchstaben ein Sonett, das ich wegen seiner Altertümlichkeit und wegen der Einfachheit der Sprache jener Zeit hier mitteilen will, obschon es meiner Ansicht nach kein großes Vergnügen machen kann.[103] […]

Als Buonamico mit diesen Arbeiten und auch mit dem nicht unbeträchtlichen Geld, das er in Pisa gewonnen hatte, fertig war, ging er so arm nach Florenz zurück, wie er es verlassen hatte, und malte einige Fresken, von denen nicht nottut, etwas zu sagen. Unterdessen erhielt sein Freund Bruno, der mit ihm von Pisa gekommen war, wo sie alles verprasst hatten, in Florenz den Auftrag, in S. Maria Novella einige Malereien auszuführen. Weil Bruno weder geschickt zeichnen noch erfinden konnte, entwarf ihm Buonamico alles, was er auf einer Längswand jener Kirche, der Kanzel gegenüber, dann zur Darstellung brachte. Es war die Geschichte des heiligen Mauritius und seiner Gefährten, die ihres Christenglaubens wegen enthauptet worden sind, und Bruno verfertigte dieses Werk im Auftrag von Guido Campese, dem damaligen Contestabile von Florenz, dessen Bildnis er malte, ehe dieser im Jahre 1312 starb. Wie es damals üblich war, stellte er den Hauptmann der Reiterei in voller Rüstung dar und hinter ihm einen Trupp altertümlich bewaffneter Soldaten, die schön aussehen; Guido selbst kniet vor einer Madonna, und es scheint, als werde er ihr von den Heiligen Dominikus und Agnes empfohlen, die auf beiden Seiten von ihm stehen.

Obgleich diese Malerei nicht sehr geglückt ist, verdient doch die Zeichnung und Erfindung einiges Lob, vornehmlich wegen der Mannigfaltigkeit der Kleider, Helme und Waffen jener Zeit. Ich meinesteils habe diese bei einigen Bildern benützt, die ich für Herzog Cosimo ausführte und in denen es nötig war, altertümlich gewappnete Männer und andere Dinge jener Zeit darzustellen, die alle Seiner Durchlaucht und anderen, die sie sahen, ausnehmend gut gefallen haben.[104] Hieraus kann man sehen, wie man die Erfindungen und Arbeiten jener alten Maler in Ehren halten muss, obschon sie unvollkommen sind, und wie viel Nutzen man aus ihren Werken ziehen kann, da sie den Weg zu den Wundern eröffneten, die bis heute vollbracht worden sind und noch immer vollbracht werden.

Zur Zeit, da Bruno diese Arbeit vollendete, verlangte ein Landmann, Buonamico solle ihm einen heiligen Christophorus malen. Sie kamen in Florenz wegen der Bedingungen überein, und zwar so, dass die Figur zwölf Ellen groß werden müsse und der Maler acht Gulden dafür erhalten solle. Buonamico ging zu der Kirche, in der er den Heiligen zu malen hatte, fand aber, dass sie nur neun Ellen hoch und neun Ellen breit war; deshalb konnte er die Figur weder innen noch außen gut anbringen. Da nun nicht anders zu helfen war, entschloss er sich, den Heiligen im Kircheninneren liegend zu malen, und weil er auch so nicht völlig auf einer Wand Platz hatte, musste er ihn bei den Knien auf der Rückwand umbiegen. Als der Bauer dies sah, wollte er durchaus nicht zahlen, sondern behauptete, er sei gefoppt worden. Die Sache kam vor die Obrigkeit, und es wurde entschieden, Buonamico sei dem Kontrakt gemäß im Recht.

In S. Giovanni, zwischen den Bogen, war eine Passion Christi von Buonamico recht schön gemalt; unter anderem Rühmenswerten war vornehmlich ein Judas, der am Baum hängt, sehr ausdrucksvoll gezeichnet, auch ein alter Mann, der sich schnäuzt, gar natürlich gemalt, und die trauernden Marien hatten ein so betrübtes Aussehen, dass sie, denkt man an jene Zeit, in der man die Empfindungen der Menschen noch nicht darzustellen verstand, viel Lob verdienen. Eine gute Figur in demselben Bild war ein heiliger Ivo, zu dessen Füßen man viele Waisen und Witwen sah, und sehr zart ausgeführt waren zwei schwebende Engel, die ihn krönten. Dieses Gebäude mitsamt den Malereien stürzte im Kriegsjahr 1529 ein.

In Cortona malte Buonamico für Messer Aldobrandino, den Bischof jener Stadt, vieles in der bischöflichen Kirche, vornehmlich die Kapelle und die Retabel des Hauptaltars; weil man aber alles entfernte, als der Palast und die Kirche erneuert wurden, ist es nicht nötig, mehr davon zu sagen. In S. Francesco jedoch und in S. Margherita der nämlichen Stadt sind noch einige

Malereien von Buonamico zu sehen. Von Cortona ging er noch einmal nach Assisi und malte in der unteren Kirche des heiligen Franziskus die Kapelle des Kardinals Egidio Alvaro, eines Spaniers, mit Fresken aus; und weil ihm dies sehr gut gelang, wurde er von dem Kardinal freigebig belohnt.[105] Schließlich, nachdem er überall in der Provinz Marche viele Bilder ausgeführt hatte, hielt sich Buonamico auf seiner Rückkehr nach Florenz in Perugia auf und malte dort in der Kirche von S. Domenico die Kapelle der Buontempi mit Fresken aus, die das Leben und Martyrium der heiligen Katharina darstellen. In der alten Dominikanerkirche malte er auf einer Wand, wiederum in Fresko, ein Bild, das zeigt, wie die heilige Katharina, Tochter des Königs Costa, mit den Philosophen streitet und sie zum Christenglauben bekehrt. Weil dieses Bild schöner ist als irgendeines, das Buonamico sonst malte, kann man, ohne zu lügen, sagen, er übertraf bei diesem Werk sich selbst. Hierdurch bewogen, verlangten die Peruginer, wie Franco Sacchetti erzählt, er solle auf dem Markt den heiligen Herkulanus, den Bischof und Beschützer der Stadt, malen. Nachdem man wegen des Preises übereingekommen war, wurde auf dem Platz, wo Buonamico schaffen sollte, ein großes Brettergerüst ausgeführt, damit man den Meister nicht sollte arbeiten sehen. Als dies geschehen war, machte er sich ans Werk. Es waren noch keine zehn Tage verflossen, als schon jeder der Vorübergehenden fragte, wann die Malerei vollendet sein würde; sie meinten, man werfe so etwas nur hin, und Buonamico, dem dies lästig wurde, beschloss, als er mit der Arbeit zum Ende kam, sich wegen der Ungeduld der Leute zu rächen. Dies gelang ihm auch. Er ließ sie nämlich das Werk flüchtig sehen, ehe er es aufdeckte, und sie waren völlig damit zufrieden. Als aber die Peruginer die Verkleidung gleich wegnehmen wollten, verlangte Buonamico, sie möchten sie noch zwei Tage stehen lassen, er müsse noch einiges trocken übermalen. Man war damit einverstanden. Buonamico aber stieg wieder auf das Gerüst. Er hatte dem Heiligen, wie es damals üblich war, ein großes Diadem, halb erhaben aus Kalk gearbeitet und mit Gold belegt, aufgesetzt. Nun verfertigte er ihm stattdessen rings um das Haupt eine Krone oder eigentlich Girlande aus lauter Fischen. Hierauf bezahlte er am Morgen seinen Wirt und kehrte nach Florenz zurück. Als zwei Tage verstrichen waren und die Peruginer den Maler nicht wie gewöhnlich umhergehen sahen, fragten sie den Wirt, was aus ihm geworden sei. Da hörten sie, er sei nach Florenz gegangen, und als sie auf diese Nachricht hin sogleich das Bild aufdeckten, sahen sie ihren heiligen Herkulanus feierlich mit Fischen gekrönt. Eilends ließen sie es den Magistrat wissen; dieser sandte Reiter aus, Buonamico zurückzuholen. Aber die Mühe war vergebens, denn er war in höchster Eile nach Florenz zurückgekehrt. Deshalb entschlossen sie sich, die Fischkrone von einem ihrer eigenen Maler abnehmen und dem Heiligen das Diadem wieder aufsetzen zu lassen; von Buonamico und den Florentinern aber sagten sie alles erdenkliche Böse.

Buonamico kümmerte sich in Florenz wenig um das, was die Peruginer redeten, und arbeitete vieles, wovon ich der Kürze wegen nichts weiter sage. Erzählen will ich nur, dass in Calcinaia einer von Buonamico eine Madonna hatte malen lassen und ihn nun mit Worten anstatt mit Geld bezahlen wollte. Buonamico, der nicht gewohnt war, sich foppen zu lassen, beschloss, sich das Geld auf jede erdenkliche Art zu verschaffen, und ging deshalb eines Morgens nach Calcinaia, nahm Farben, die bloß mit Wasser und ohne Leim angemacht waren, und verwandelte das Kind im Arm der Madonna in einen kleinen Bären. Als dies der Landmann sah, für den er das

Bild verfertigt hatte, kam er in voller Verzweiflung zu Buonamico und bat ihn flehend, er solle den Bären wegnehmen und das Kind wieder hinmalen, er werde auch sogleich Bezahlung erhalten. Buonamico tat dies, einzig mithilfe eines nassen Schwamms, und wurde für die erste und zweite Mühe freundlich belohnt.

Es würde zu lange dauern, wenn ich alle Späße mitteilen und all die Bilder aufzählen wollte, die Buonamico Buffalmacco vollbrachte, besonders zu der Zeit, in der er häufig in die Werkstatt von Maso del Saggio ging, die ein Sammelplatz aller fröhlichen und mutwilligen Männer in Florenz gewesen ist. Deshalb sei hier genug von diesem Mann geredet, der in seinem achtundsiebzigsten Lebensjahr in S. Maria Nuova, dem Spital von Florenz, starb. Dort hatte man ihm, als einem vorzüglichen Mann, in seiner Krankheit Beistand geleistet, weil er sehr arm war und immer mehr ausgegeben als eingenommen hatte. Er wurde im Jahre 1340 in der Ossa (so hieß der Kreuzgang oder eigentlich der Gottesacker des Spitals) unter den übrigen Armen begraben, und wie man seine Malereien schätzte, während er lebte, wurden sie später als Arbeiten jener Zeit immer aufs Höchste gerühmt.

Simone Martini

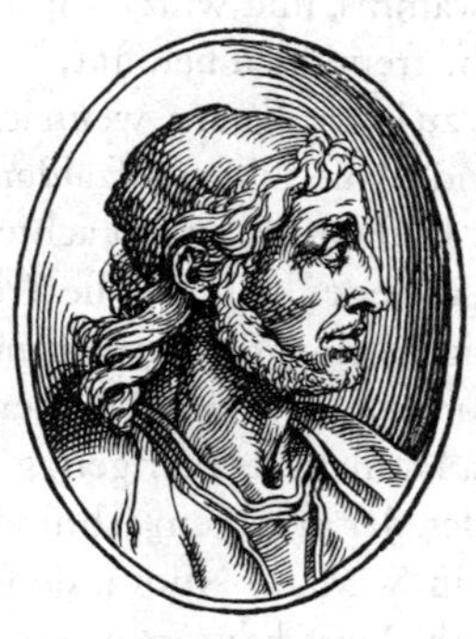

Wahrhaft glücklich kann man die Menschen nennen, die durch einen natürlichen Trieb den Künsten zugewandt sind, wodurch sie nicht nur Ehre und Gewinn, sondern, was mehr bedeutet, Ruhm und einen fast unvergänglichen Namen erwerben. Noch glücklicher sind die, die von zartester Kindheit an außer jener Begabung auch ein feines, anmutiges Benehmen zeigen, das sie allen wert macht; und am glücklichsten von allen, wenn man von Künstlern redet, sind diejenigen, welche, von Natur und Erziehung zum Guten gedrängt, außerdem noch zur Zeit eines berühmten Schriftstellers leben, der sie als Lohn für ein kleines Bildnis oder ein ähnliches Kunstgeschenk in seinen Schriften nennt und dadurch ihrem Namen ewigen Glanz verleiht. Das müssen vornehmlich die Meister der Zeichen- und Malkunst wünschen, deren Werke, allein mit Farben ausgeführt, nur auf der Oberfläche haften und deshalb nicht so lange dauern können wie Erzgüsse, Marmorstatuen und Bauwerke.

In diesem Sinne ist es als ein großes Glück zu preisen, dass Simone zur Zeit von Francesco Petrarca lebte[106] und am Hof von Avignon jenem Dichter begegnete, der, von Liebe zu Madonna Laura erfüllt, von Meister Simone ihr Bild zu haben wünschte. Nachdem dieser sie so schön dargestellt, wie Petrarca gewünscht hatte, verherrlichte er ihn deshalb in zwei Sonetten. [...] Durch diese Gedichte und dadurch, dass Petrarca seiner im fünften Buch seiner «Vertraulichen Briefe» gedenkt, ist dem bescheidenen Leben Meister Simones fürwahr mehr Glanz verliehen worden, als dies seine Werke vermochten und je vermögen werden, da diese sich immer mehr verringern und verschwinden, während die Schriften eines so großen Dichters gewiss in ewige Zeiten fortleben.

Der Sienese Simone also war ein vorzüglicher, für seine Zeit ausgezeichneter Maler und am Hof des Papstes sehr geehrt. Er war seinem Meister Giotto nach Rom gefolgt, als jener daselbst in Mosaik das Schiff und andere Werke ausführte.[107] Dort malte er in der Halle von St. Peter eine Jungfrau Maria und auf einer Außenwand, zwischen den Bogen der Halle, nächst dem Platz, wo der Pinienapfel aus Erz steht, die Heiligen Petrus und Paulus. Er zeigte dabei eine so treue Nachbildung der Methode Giottos, dass man ihn sehr rühmte; vorzüglich hatte er auf diesem Bild einen Sakristan von St. Peter, der eilig einige Lampen anzündet, sehr treu abgebildet. Alle diese Dinge machten ihm einen großen Namen, und er wurde nach seines Meisters Tod dringend aufgefordert, nach Avignon an den päpstlichen Hof zu kommen. Dort schuf er so viele Malereien in Fresko und auf Tafeln, dass der Ruhm, der ihm vorangegangen, vollauf gerechtfertigt wurde.[108] Als er viel gerühmt nach Siena zurückkehrte, wurde er deshalb sehr begünstigt, und die Signoria ließ ihn in einem Saal ihres Palastes in Fresko eine Jungfrau Maria mit vielen Figuren ringsum malen, ein Werk, das er zu seinem Ruhm und Gewinn aufs Vollkommenste vollendete.[109] Da er indessen zeigen wollte, dass er genauso gut auf Tafeln als in Fresko malen könne, schuf er für jenen Palast auch eine Tafel; diese wurde zur Veranlassung, dass er den Auftrag erhielt, zwei solche für den Dom zu verfertigen und über dem Portal eine Madonna zu malen, die, mit dem Kind auf dem Arm, in sehr schöner Stellung gezeichnet ist. Über ihr schweben, eine Fahne tragend, einige Engel in der Luft; sie wenden sich zu den neben der Madonna stehenden Heiligen nieder und bilden eine sehr schöne Komposition.

Nach Beendigung dieser Malereien wurde Simone vom General der Augustiner nach Florenz berufen. Dort malte er den Kapitelsaal von S. Spirito aus[110] und zeigte bei der Darstellung von Menschen und Pferden viel Erfindung und Urteil, wovon namentlich die Passion Christi Zeugnis gibt, in der alles mit Sinn und großer Anmut dargestellt ist. Man sieht darauf die Schächer am Kreuz sterben und die Seele des reuigen Sünders, von jubilierenden Engeln zum Himmel getragen, während die Seele des verstockten Sünders, ganz zerzaust, von den Teufeln zu den Qualen der Hölle geschleppt wird. Auch zeigte Simone viel Kunst und Mannigfaltigkeit in den

Stellungen einiger Engel, die bitterlich weinend um das Kruzifix schweben; vor allem aber ist zu rühmen, wie jene Geister die Luft mit ihren Schultern sichtbar durchschneiden, während sie sich in anhaltendem Flug im Kreis schwingen. Dieses Werk würde die Meisterschaft Simones noch weit eindrücklicher beweisen, wenn es nicht, abgesehen von den Zerstörungen der Zeit, auch von den Patres jenes Klosters verdorben worden wäre; da sie den Kapitelsaal wegen seiner Feuchtigkeit nicht benützen konnten, ließen sie im Jahre 1560 anstelle der wurmstichigen Decke ein Gewölbe einziehen, wobei das wenige, was von jener Malerei noch zu sehen war, zugrunde ging.

Gleichzeitig mit diesem Werk malte der Meister ein Temperabild der Mutter Gottes und einen heiligen Lukas, umgeben von anderen Heiligen. Dieses Gemälde, das mit seinem Namen versehen ist, befindet sich heutzutage in der Kapelle der Gondi in S. Maria Novella. Als Nächstes schmückte Simone drei Wände des Kapitelsaales von S. Maria Novella sehr glücklich aus.[III] Auf der ersten malte er über der Eingangstür das Leben des heiligen Dominikus und über der in die Kirche führenden Tür den Orden dieses Heiligen, der gegen die Ketzer kämpft, wobei diese als Wölfe dargestellt sind, die einige Schafe anfallen. Viele weiß und schwarz gefleckte Hunde[112] leisten den Schafen Hilfe und verjagen oder töten die Wölfe. Einige Ketzer jedoch werden im Streit bekehrt und überzeugt; sie zerreißen die falschen Bücher, bekennen sich als reuig und gehen zur Pforte des Paradieses ein, in dem viele kleine Gestalten mit verschiedenen Verrichtungen beschäftigt sind. Im Himmel sieht man die Glorie und Engelchöre, in ihrer Mitte Jesus Christus. Die weltlichen Freuden, die auf der Erde zurückbleiben, sind durch menschliche Gestalten, vornehmlich durch umhersitzende Frauen, dargestellt, und unter diesen ist Petrarcas Madonna Laura zu sehen, nach der Natur gezeichnet, im grünen Kleid, mit einer kleinen Feuerflamme zwischen Hals und Brust. Außerdem sieht man die christliche Kirche, vom Papst, vom Kaiser, von Königen, Kardinälen, Bischöfen und allen christlichen Fürsten bewacht, darunter, neben einem Ritter aus Rhodos, auch Francesco Petrarca, nach der Natur gezeichnet, was Simone tat, um in seinem Werk den Ruhm des Dichters zu erneuern, der ihn unsterblich gemacht hatte. Als allgemeines Sinnbild der Kirche malte er den Dom von S. Maria del Fiore, aber nicht, wie wir dieses Gebäude heute kennen, sondern nach dem Modell und der Zeichnung, die der Baumeister Arnolfo jenen, die das Werk nach ihm fortführen sollten, als Vorbild hinterlassen hatte und wovon durch die Unachtsamkeit der Kirchenvorsteher kein Gedächtnis geblieben wäre, hätte Simone nicht hier die Kirche danach abgebildet.[113]

Auf die dritte Wand des Kapitelsaales, wo der Altar steht, malte er die Leiden Jesu, der, von vielem Volk begleitet, sein Kreuz aus Jerusalem zum Berg Golgatha trägt. Ferner sieht man, wie er dort zwischen den Schächern am Kreuz emporgezogen wird, sowie alles, was zu dieser Szene gehört; die Kriegsknechte würfeln um Jesu Kleid, die heiligen Väter steigen aus den Gräbern auf, man sieht eine Menge Pferde. Diese und viele andere bedeutsame Dinge sind aufs Schönste abgebildet, nicht wie von einem Meister jener Zeit, sondern wie von einem neueren Künstler. Indem Simone die ganze Wand in sein Bild einbezog, zeichnete er mit viel Verständnis die verschiedenen Begebenheiten, eine nach der anderen, die Höhe eines Berges hinan und trennte die Geschichten nicht durch Rahmenwerk voneinander ab, wie es die älteren Maler und sogar viele neuere zu tun pflegten, die die Erde vier- oder fünfmal oberhalb der Luft darstellten. Dieses Vorgehen findet sich auch in der Chorkapelle derselben Kirche und im Campo Santo zu Pisa, wo Simone vieles arbeitete und gegen seinen Willen gezwungen war, solche Trennungen zu machen, weil sein Lehrer Giotto und auch Buonamico die Malerei in dieser tadelnswerten Art begonnen hatten.

Während also Simone im Campo Santo zu Pisa der irrtümlichen Weise folgte, die von anderen Meistern eingeführt war, malte er innen über der Haupttür in Fresko eine Madonna, die von einem singenden und musizierenden Engelchor zum Himmel getragen wird. Diesen stellte er so lebendig dar, dass man an den Gestalten deutlich die äußeren Kennzeichen des Singens und Spielens erkennt: Man sieht, wie das Ohr auf den Klang horcht, wie die Lippen sich öffnen, die Augen zum Himmel gerichtet sind, der Hals anschwillt, die Wangen sich aufblasen, kurz alle Bewegungen, die man an Musizierenden bemerkt.

Unter dieser Himmelfahrt Mariä malte er in drei Fresken einige Begebenheiten aus dem Leben des heiligen Raniero von Pisa.[114] Im ersten sieht man Raniero als Knaben, wie er einen Psalter spielt und einige Mädchen danach tanzen lässt, die von Angesicht nicht minder schön sind als durch die Gewänder und den Haarschmuck jener Zeit. Diese Sünde wird ihm später vom seligen Einsiedler Beato Alberto vorgehalten, wobei Raniero mit tränenden, rot geweinten Augen sein Vergehen bereut, während Gottvater, von himmlischem Licht umstrahlt, ihm zu vergeben scheint. Auf dem zweiten Bild verteilt Raniero, der sich gerade einschiffen will, sein Vermögen unter die Armen; ein Schwarm von Bettlern und Lahmen, Frauen und Kindern umdrängt ihn, um zu fordern und zu danken. Auf demselben Bild sieht man den Heiligen, nachdem er im Tempel das Pilgergewand empfangen hat, vor der Mutter Gottes stehen, die von vielen Engeln umgeben ist und ihm verspricht, zu Pisa solle er in ihrem Schoß ruhen. Alle diese Gestalten zeichnen sich durch lebendige Bewegungen und schönen Ausdruck aus. Auf dem dritten Bild stellte Simone dar, wie Raniero nach sieben Jahren übers Meer zurückkehrt, nachdem er vierzig Tage im Heiligen Land geweilt hat, und wie er, um den Gottesdienst zu hören, sich zu einem Chor von singenden Knaben stellt. Dort wird er vom Teufel versucht, doch erkennt man an seiner Haltung, dass er festen Widerstand leistet, wobei ihm eine Gestalt beisteht, in der Simone die Beständigkeit verkörperte. So verscheucht, entflieht der alte Feind, nicht nur beschämt, sondern auch in einer seltsamen Furcht; er legt die Hände an den Kopf, schleicht mit gesenkter Stirn und eng eingezogenen Schultern davon und sagt, wie eine von seinem Mund ausgehende Schrift zeigt: «Ich kann nicht mehr.» Schließlich sieht man auf diesem Bild noch, wie Raniero auf dem Berg Tabor durch ein Wunder Christus mit Moses und Elias im Himmel erblickt.

All diese und manch andere Einzelheiten des Werks, von denen ich nichts weiter erwähne, zeigen, dass Simone sehr erfindungsreich war und es nach der Art jener Zeit wohl verstand, die Figuren geschickt zusammenzustellen. Als er diese Bilder vollendet hatte, verfertigte er in der nämlichen Stadt zwei Gemälde in Tempera[115], wobei ihm Lippo Memmi half, der ihm auch beim Malen des Kapitelsaales von S. Maria Novella zu Florenz und in anderen Arbeiten beigestanden hatte.

Lippo war kein so guter Meister wie Simone, bemühte sich aber, so sehr er konnte, dessen Manier nachzuahmen.[116] Zusammen mit ihm malte er in S. Croce zu Florenz viele Fresken, für die Prädikantenmönche in S. Caterina zu Pisa das Bild auf dem Hauptaltar, in S. Paolo a Ripa d'Arno viele schöne Fresken und außerdem ein Gemälde in Tempera, das heutzutage auf dem Hauptaltar steht und eine Mutter Gottes, Petrus, Paulus, Johannes den Täufer und andere Heilige darstellt. Auf dieses Bild setzte Lippo seinen Namen und führte hierauf ganz allein ein Temperabild des heiligen Augustinus in San Gimignano aus. Dadurch erlangte er so großen Ruhm, dass er dem Bischof Guido Tarlati ein Bild mit drei Halbfiguren nach Arezzo schicken musste, das jetzt in der Kapelle S. Gregorio im bischöflichen Palast zu sehen ist.

Im Jahre 1332, zu jener Zeit, da Simone in Florenz arbeitete, bot sich ein Vetter von ihm, ein talentierter Baumeister namens Neroccio, an, die große Glocke der Gemeinde von Florenz in Schwung zu bringen, die seit siebzehn Jahren nur geläutet werden konnte, wenn zwölf Männer am Strang zogen.[117] Er brachte sie in der Tat so ins Gleichgewicht, dass sie von zweien leicht bewegt und, war sie nur erst in Schwung, von einem einzigen aus einiger Entfernung von unten geläutet werden konnte, obschon sie mehr als sechstausend Pfund wog. Dadurch erlangte er nicht nur viel Ehre, sondern auch dreihundert Goldgulden Belohnung, was für jene Zeit eine große Summe war.

Um nun aber zu unseren beiden Memmi zurückzukehren, so verfertigte Lippo außer den schon genannten Werken ein Temperabild, zu dem Simone die Zeichnung gemacht hatte; es wurde nach Pistoia gebracht und dort, da es für sehr schön galt, auf dem Hauptaltar der Kirche S. Francesco aufgestellt. Endlich kehrten die beiden in ihre Vaterstadt Siena zurück, und Simone fing daselbst über dem großen Tor der Porta Camollia ein gewaltiges Gemälde an, eine Marienkrönung mit unendlich vielen Figuren; er ließ es jedoch unbeendet, weil ihn eine schwere Krankheit befiel, durch die er im Jahre 1345 in ein anderes Leben überging, zum großen Kummer der ganzen Stadt und Lippos, der ihm in S. Francesco ein ehrenvolles Begräbnis zuteilwerden ließ.

Dieser vollendete nachher viele Bilder, die Simone angefangen hatte, darunter eine Passion Christi über dem Hauptaltar von S. Nicola in Ancona, bei deren Ausführung Lippo eine andere Leidensgeschichte nachahmte, die Simone im Kapitelsaal von S. Spirito zu Florenz völlig fertiggestellt hatte. Dieses Werk verdient wohl längere Dauer, als ihm wahrscheinlich gewährt sein wird, denn man sieht darauf viele schön ausgeführte Pferde und Soldaten, die durch verschiedene heftige Bewegungen Staunen und Zweifel darüber ausdrücken, ob es wirklich der Sohn Gottes sei, den man ans Kreuz geschlagen habe. Außerdem vollendete Lippo einige von Simone begonnene Figuren in der unteren Kirche von S. Francesco zu Assisi, über dem Altar der heiligen Elisabeth, neben der Tür, die zu den Kapellen führt; auf diesem Gemälde sieht man eine Madonna, einen heiligen Ludwig, König von Frankreich, und andere Heilige, im Ganzen acht Figuren, bis zu den Knien dargestellt, aber alle gut und schön gemalt.[118] Ferner hatte Simone im größeren Refektorium jenes Klosters am oberen Teil der Hauptwand viele kleine Bilder und einen Gekreuzigten an einem Baumkreuz angefangen, was alles unvollendet blieb und, wie man heute noch sehen kann, mit dem Pinsel in roter Farbe auf die Mauer skizziert war. Dieses Verfahren, das unsere alten Meister der Kürze wegen bei ihren Freskomalereien anwandten, ersetzte ihnen den Karton; sie verteilten zuerst das Werk auf die Mauer und malten dann nach einem kleinen Entwurf alle Einzelheiten mit dem Pinsel aus, indem sie im Verhältnis vergrößerten. Man sieht deshalb nicht nur an mehreren Orten solcherart gezeichnete Entwürfe, sondern findet auch, dass von ausgeführten Fresken, die sich von der Wand gelöst haben, noch die roten Umrisse auf der Mauer geblieben sind.[119]

Doch wir wollen zu Lippo zurückkehren, der recht gut zeichnete, wie man in meinem Zeichenbuch an einem Einsiedler sehen kann, der mit übereinandergeschlagenen Beinen dasitzt und liest. Lippo lebte noch zwölf Jahre nach dem Tod Simones und verfertigte viele Bilder in ganz Italien, vornehmlich zwei Gemälde in S. Croce zu Florenz, und weil die Manier der beiden sich sehr ähnlich ist, kann man sie daran unterscheiden, dass Simone unten auf seine Werke schrieb: *«Simonis Memmi Senensis opus»*, Lippo aber seinen Vornamen wegließ und sich nichts daraus machte, ein rohes Latein zu schreiben, indem er gewöhnlich hinsetzte: *«Opus Memmi de Senis me fecit»*.

Auf der Wand des Kapitelsaales von S. Maria Novella hatte Simone außer Petrarca und Madonna Laura, die schon genannt wurden, auch Cimabue, den Baumeister Lapo, dessen Sohn Arnolfo sowie sein eigenes Bildnis gezeichnet, und der Papst, den er in jenem Werk darstellte, war Benedikt XI. von Treviso, ein Angehöriger des Dominikanerordens. Das Bild dieses Papstes hatte Simone schon viel früher von seinem Meister Giotto geschenkt erhalten, als dieser vom päpstlichen Hof in Avignon zurückkehrte. Neben dem Papst zeichnete er den Kardinal Nicola von Prato, der zu jener Zeit als päpstlicher Legat nach Florenz kam, nach der Natur, wie Giovanni Villani erzählt hat.[120] Über das Grab Simones setzte man die Grabschrift: «Für Simone Memmi, den berühmtesten Maler aller Zeiten. Er lebte sechzig Jahre, zwei Monate und drei Tage.»

Dass Simone im Zeichnen nicht allzu vorzüglich war, kann man in meinem Buch sehen; aber er hatte von der Natur die Gabe der Erfindung erhalten und fand ein großes Vergnügen daran, nach dem Leben zu zeichnen, worin er für den größten Meister seiner Zeit galt; weshalb ihn auch Pandolfo Malatesta bis nach Avignon sandte, um den Francesco Petrarca zu malen, auf dessen Verlangen er, wie wir schon sagten, zu seinem großen Ruhm das Bildnis der Madonna Laura verfertigte.[121]

Duccio
Duccio di Buoninsegna

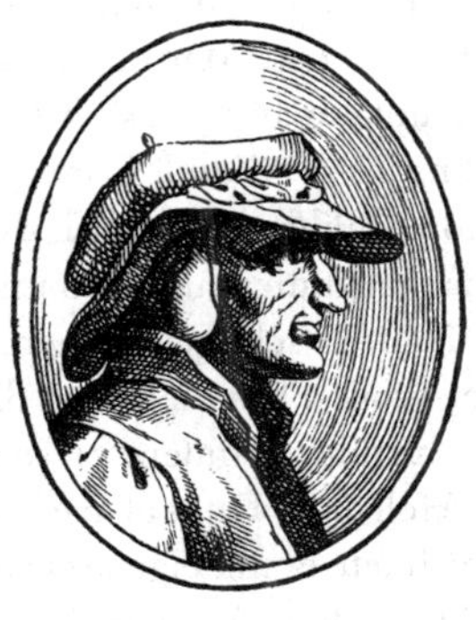

Zu allen Zeiten haben sich die Geschichtsschreiber lang und ausgiebig mit den Erfindern merkwürdiger Dinge beschäftigt, und dies kommt daher, dass man wegen des Reizes, den alles Neue mit sich bringt, die ersten Entdeckungen mehr beachtet und bewundert als die später hinzukommenden Verbesserungen, durch die erst Vollkommenheit erreicht wird. Denn einen Anfang muss jedes Ding haben, sonst könnte es sich weder allmählich verbessern noch zur letzten

Vollendung und zur wunderbaren Schönheit gelangen.

Dem Sienesen Duccio[122], der als Maler sehr in Achtung stand, war es also beschieden, den Ruhm derer mitzugenießen, die viele Jahre nach ihm lebten, da er auf dem Fußboden des Doms zu Siena als Erster in Marmormosaik Figuren in der Helldunkelmanier ausführte, worin die neueren Künstler so Wunderbares geleistet haben. Duccio bemühte sich dabei, die Methode der Alten nachzuahmen, und gab mit richtigem Urteil den Figuren schöne Formen, die er ungeachtet der großen Schwierigkeit dieser Kunst vortrefflich ausführte. Indem er solcherart die Malerei in Hell und Dunkel nachahmte, ordnete und zeichnete er mit eigener Hand den Riss zu jenem Fußboden. Auch malte er im Dom ein Bild[123], das damals auf dem Hauptaltar aufgestellt, später aber weggenommen wurde, weil man dort das Tabernakel für das Allerheiligste errichtete, das noch jetzt daselbst vorhanden ist. Auf jenem Bild sah man, wie Lorenzo di Bartolo Ghiberti erzählt, eine Krönung der Mutter Gottes, fast nach griechischer Manier ausgeführt, die jedoch mit der neueren Methode vermischt war. Weil der Altar ringsum frei stand, war er nicht nur auf der vorderen Seite, sondern auch auf der

Rückseite bemalt, wo Duccio mit vielem Fleiß die hauptsächlichsten Begebenheiten des Neuen Testaments in kleinen, sehr schönen Tafeln dargestellt hatte. Ich habe zu erfahren versucht, wo dieses Bild nunmehr verwahrt wird, konnte es aber bei aller Mühe nirgends auffinden und auch nicht in Erfahrung bringen, was der Bildhauer Francesco di Giorgio damit anfing, als er die Bronze- und Marmorverzierungen des Tabernakels erneuerte.

Duccio malte in Siena viele Bilder auf Goldgrund sowie auch eines in S. Trinità zu Florenz, auf dem eine Verkündigung dargestellt ist. Ebenso fertigte er in verschiedenen Kirchen zu Pisa, Lucca und Pistoia Gemälde, die alle sehr gerühmt wurden und ihm einen bedeutenden Namen und vielen Vorteil erwarben. Wo er schließlich starb, weiß man nicht, auch ist nicht bekannt, was für Verwandte, Schüler und Besitztümer er hinterließ.[124] Indessen genügt es zu wissen, dass er großes Lob und vielen Ruhm verdient, weil ihm die Kunst als Erbteil die Erfindung von Mosaikbildern in weißem und schwarzem Marmor verdankt. Sicher darf man ihn um dieses schönen Geschenkes willen zu den Förderern unseres edlen Berufs zählen, umso mehr, als wer zuerst die Schwierigkeiten einer seltenen

Erfindung überwindet, außer anderen bewundernswerten Leistungen ein besonderes Andenken hinterlässt.

In Siena wird behauptet, Duccio habe im Jahre 1348 die Zeichnung zu der Kapelle verfertigt, die man an der Vorderfront des Hauptpalastes auf dem großen Platz sieht[125], und es wird angeführt, dass Moccio, ein recht guter Bildhauer und Baumeister, zur gleichen Zeit wie er gelebt und derselben Vaterstadt angehört habe. Dieser schuf in der ganzen Toskana viele Werke, vornehmlich aber in der Kirche S. Domenico zu Arezzo ein Marmorgrabmal für einen der Cerchi, das die Orgel stützt und ziert. Und wenn auch einigen scheinen möchte, als sei dieses Werk nicht sonderlich gelungen, muss es dennoch als recht gut bezeichnet werden, wenn man in Betracht zieht, dass Moccio es als junger Mann im Jahre 1356 verfertigte. Derselbe Künstler wirkte auch als Unterbaumeister und Bildhauer beim Bau der Kirche S. Maria del Fiore mit, für die er einige Zierstücke in Marmor ausführte. In Arezzo erneuerte er die kleine Kirche S. Agostino so, wie man sie noch heutzutage sieht; alle Kosten für diesen Bau trugen die Erben von Piero Saccone de' Tarlati, wie dieser es angeordnet hatte, ehe er zu Bibbiena im Tal von Casentino starb. Moccio baute diese Kirche ohne Gewölbe; er stützte das Dach auf die Säulenarkaden, wodurch er sich großer Gefahr aussetzte und sicherlich allzu viel Kühnheit bewies. Von demselben Meister stammt das Kirchen- und Klostergebäude von S. Antonio, das vor der Belagerung von Florenz vor dem Tor nach Faenza gelegen war, nunmehr aber völlig zerstört ist. Als Bildhauer schuf er die Tür von S. Agostino in Ancona, an der er mancherlei Figuren und Zierrate derselben Art anbrachte, wie man sie am Portal von S. Francesco in der nämlichen Stadt findet.[126] In der Kirche S. Agostino verfertigte er das Grabmal des Bischofs und Augustinergenerals Fra Zenone Vigilanti. Endlich erbaute er auch die Halle der Kaufleute jener Stadt, die später aus verschiedenen Gründen auf mancherlei Weise erneuert und verschönert wurde. Alle diese Werke wurden einst, obgleich sie uns heute nicht einmal als mittelmäßig erscheinen, nach den damaligen Kenntnissen der Menschen sehr gerühmt. [...]

Jacopo della Quercia

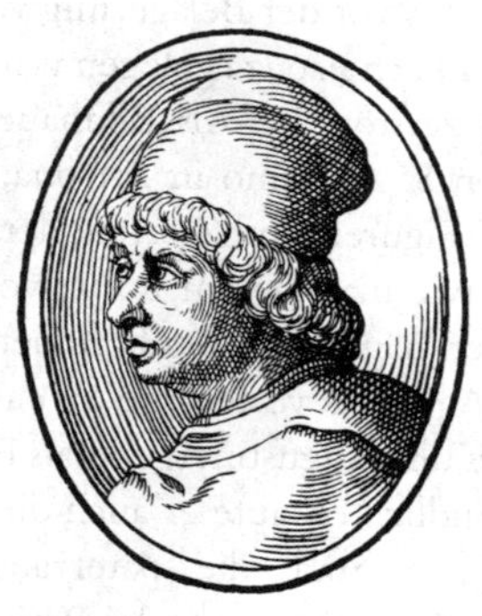

Der Bildhauer Jacopo di Maestro Piero di Filippo aus Quercia[127], einem Ort in der Gegend von Siena, war nach dem Pisaner Andrea, nach Orcagna [...] der Erste, der durch die Sorgfalt und den Fleiß, mit dem er seine Kunst betrieb, zu zeigen begann, dass man sich in der Darstellung dem Leben annähern könne. Er war auch der Erste, der anderen Künstlern Mut und Hoffnung gab, dass es bis zu einem gewissen Maß möglich sei, die Natur zu erreichen. Sein frühestes Werk, das der Beachtung wert ist, verfertigte er in seinem neunzehnten Lebensjahr zu Siena, aus folgender Veranlassung: Die Sienesen hatten ein Heer gegen die Florentiner im Feld stehen, das Gian Tedesco, ein Neffe von Saccone da Pietramala, und Giovanni d'Azzo Ubaldini als Hauptleute befehligten. Giovanni d'Azzo erkrankte jedoch im Lager, und man brachte ihn nach Siena, wo er starb. Die Sienesen, denen sein Tod sehr naheging, veranstalteten für ihn ein ehrenvolles Leichenbegängnis und ließen dazu ein hölzernes Gestell in Form einer Pyramide errichten, das ein überlebensgroßes Reiterstandbild von Giovanni trug. Diese Statue hatte Jacopo mit großer Geschicklichkeit und Erfindungsgabe ausgeführt, wozu er sich einer bisher noch unbekannten, von ihm entdeckten Methode bediente. Das Gerippe des Pferdes und der Gestalt wurde nämlich aus Holzstücken und schmalen Brettern verfertigt, die man aneinanderfügte und dann mit Heu, Werg und Seilen umwickelte. Alles wurde fest verbunden, und darüber kam ein Überzug aus Ton, den Jacopo mit Schurwolle, Teig und Leim vermengt hatte – ein Verfahren, das tatsächlich für solcherlei Zwecke das beste war und ist, weil Figuren dieser Art als massiv erscheinen, im fertigen, getrockneten Zustand aber sehr leicht sind und, mit Weiß überzogen, ein dem Marmor ähnliches, sehr gefälliges Aussehen annehmen, wie es auch bei dem Werk Jacopos der Fall war. Zudem bekommen Arbeiten aus diesen Mischungen keinerlei Risse, wie es geschehen würde, wenn sie bloß aus Ton wären. Heutzutage verfertigt man die Modelle für Bildwerke stets nach diesem Verfahren, was den Künstlern zu großem Nutzen gereicht, denn dadurch haben sie immer ein Vorbild im richtigen Maßstab vor Augen.

Jacopo, dem als Erfinder dieses Verfahrens viel Dank gebührt, schnitzte nach Vollendung dieser Statue zwei Tafeln aus Lindenholz und führte die Gesichter, die Bärte und Haare mit solcher Geduld aus, dass es bewundernswert erscheint. Diese Tafeln wurden im Dom aufgestellt, dann verfertigte Jacopo für die Fassade dieses Gebäudes die Marmorbilder einiger Propheten in nicht sehr großem Maßstab. Er hätte auch an dem Bauwerk fortgearbeitet, wenn nicht Pest, Hungersnot und die Kämpfe der sienesischen Bürger nach vielfachem Aufruhr die Stadt in einen schlimmen Zustand versetzt und Orlando Malevolti vertrieben hätten, durch dessen Gunst Jacopo in seiner Vaterstadt so ehrenvoll beschäftigt worden war.

Er verließ demnach Siena und begab sich nun dank der Förderung einiger Freunde nach Lucca, wo er im Auftrag von Paolo Guinigi, des Gebieters jener Stadt, im Dom S. Martino ein Grabmal für dessen kurz zuvor verstorbene Gattin schuf.[128] Auf dem Sockel des Werks stellte er einige Putten, die einen Früchtekranz halten, so fein in Marmor dar, dass sie wie aus Fleisch erscheinen. Auf dem Sarkophag, den dieser Sockel trägt, bildete er mit unendlicher Sorgfalt die Gattin von Paolo Guinigi ab, die darin beigesetzt war; zu ihren Füßen stellte er aus dem gleichen Stein in Hochrelief einen Hund dar, als Sinnbild ihrer Treue gegenüber dem Gatten. Als dann Paolo im Jahre 1429 Lucca verließ oder vielmehr daraus vertrieben wurde und die Stadt dadurch ihre Freiheit bewahrte, wurde der Sarkophag von seinem Platz weggenommen und wäre aus Hass gegen den Namen des Guinigi beinahe zerstört worden. Nur die Ehrfurcht vor der Schönheit der Marmorfigur und der reichen Verzierungen hielt die Lucchesen zurück und war Ursache, dass bald nachher der Sarkophag mit der Figur sorgsam an der Tür der Sakristei aufgestellt wurde, wo man ihn jetzt noch sieht. Die Kapelle des Guinigi jedoch ging an die Gemeinde.

Unterdessen hatte Jacopo gehört, die Zunft der Wollweber zu Florenz gedenke, eine der Bronzetüren von S. Giovanni ausführen zu lassen, von denen der Pisaner Andrea die erste verfertigt hatte.[129] Er begab sich demzufolge nach Florenz, um sich dort bekannt zu machen, denn die Arbeit sollte demjenigen übertragen werden, der bei der Herstellung eines Bronzebildes seine Geschicklichkeit am besten beweisen würde. Jacopo entwarf nicht nur ein ausgezeichnetes Modell, sondern führte das Bild, das allen außerordentlich gut gefiel, auch bis zur letzten Politur aus. Hätte er nicht den trefflichen Donatello und Filippo Brunelleschi zu Mitbewerbern gehabt, die ihn mit ihren Arbeiten wahrlich übertrafen, wäre dieses große Werk ihm übertragen worden.

Da jedoch die Sache anders ausging, begab er sich nach Bologna, wo ihm dank der Gunst des Giovanni Bentivoglio der Auftrag erteilt wurde, das Hauptportal der Kirche S. Petronio in Marmor auszuschmücken. Um den Stil, in dem die Fassade begonnen war, nicht zu stören, setzte er die Arbeit nach deutschem Geschmack fort. Über der Reihe von Pilastern, die die Gesimse und den Bogen tragen, fügte er die noch fehlenden Reliefs ein, die er im Verlauf von zwölf Jahren mit unendlicher Liebe verfertigte; denn so viel Zeit verwandte er auf dieses Werk, bei dem er mit eigener Hand alles Laubwerk und jeden Zierrat mit solcher Gründlichkeit und Sorgfalt vollendete, wie es nur möglich war. An jedem der Pilaster, die den Architrav, das Gesims und den Bogen tragen, sieht man fünf Geschichten, dazu fünf auf dem Architrav, was im Ganzen fünfzehn macht. Darauf sind in Flachrelief Begebenheiten aus dem Alten Testament dargestellt, und zwar von der Erschaffung des Menschen bis zur Sintflut und Noahs Errettung.[130] Mit diesem Werk leistete Jacopo der Bildhauerkunst großen Nutzen, denn seit der Antike hatte bis auf jene Tage niemand etwas in Flachrelief ausgeführt, sodass dies Verfahren eher verloren als erloschen schien. Im Torbogen sind drei Marmorfiguren, in Lebensgröße rundplastisch gearbeitet: eine höchst anmutige Madonna mit dem Kind auf dem Arm sowie der heilige Petronius und ein anderer Heiliger in schönen Stellungen. Die Bolognesen, die geglaubt hatten, man könne kein besseres, ja nicht einmal ein ebenso schönes Marmorwerk zustande bringen wie das, das die Sienesen Agostino und Agnolo am Hauptaltar von S. Francesco nach alter Manier verfertigt hatten, sahen mit Erstaunen, dass Jacopos Werk um vieles herrlicher war als jenes.

Jacopo wurde daraufhin gebeten, nach Lucca zurückzukehren, und folgte gern dieser Aufforderung. Dort schuf er in der Kirche S. Frediano für Federigo di Maestro Trenta del Veglia einen Marmoraltar, worauf er die Jungfrau mit dem Sohn im Arm sowie die Heiligen Sebastian, Lucia, Hieronymus und Sigismund nach guter Zeichnung und Methode sehr anmutig darstellte.[131] Auf der Predella sah man unter jedem Heiligen eine Begebenheit aus dessen Leben in halbem Relief ausgeführt, was sich alles sehr gut ausnahm und viel Beifall fand, denn Jacopo hatte mit großer Kunst die Figuren allmählich zurücktreten und nach dem Hintergrund zu flacher werden lassen. Auch stärkte er anderen Künstlern den Mut, ihren Werken durch neue Erfindungen Reiz und Schönheit zu verleihen, indem er auf zwei großen Grabsteinen Federigo, den Auftraggeber des ganzen Werks, und dessen Gemahlin in Flachrelief nach dem Leben abbildete. Auf diesen Steinen liest man die Worte: «Hoc opus fecit Jacobus Magistri Petri de Senis 1422».

Von Lucca begab sich Jacopo nach Florenz, und die Werkmeister von S. Maria del Fiore, die ihn sehr hatten rühmen hören, gaben ihm den Auftrag, den Vorgiebel über der Tür zur Nunziata in Marmor auszuführen. Dort stellte er in einer Mandorla die Madonna dar, die von einem Chor singender und musizierender Engel zum Himmel getragen wird[132]; alle zeichnen sich durch schöne Stellungen und Bewegungen aus und zeigen in ihrem Flug so viel Kraft und Gewandtheit, wie man es bis dahin niemals gesehen hatte. Die Madonna ist so anmutig und schicklich gekleidet, als man es sich nur denken kann; man sieht dies an den Säumen der Gewänder, die die Gestalt umgeben und die Bewegungen der Glieder gleichzeitig verdecken und enthüllen. Unter diesem Bildnis sieht man den heiligen Thomas, der den Gürtel empfängt. Jacopo führte das ganze Werk im Verlauf von vier Jahren mit aller Vollkommenheit, die er zu erreichen vermochte, zu Ende; denn wenn er schon von Natur aus großes Verlangen trug, etwas Gutes zustande zu bringen, so war sein Eifer noch dadurch vermehrt, dass am gleichen Ort auch Donato, Filippo und Lorenzo di Bartolo arbeiteten, von denen man schon einige sehr gepriesene Werke sah.[133] Dies beflügelte seinen Ehrgeiz derart, dass jene Arbeit Jacopos von Kunstverständigen noch heutzutage als etwas sehr Seltenes betrachtet wird. Auf der anderen Seite der Madonna, dem heiligen Thomas gegenüber, stellte er einen Bären dar, der auf einen

Birnbaum klettert – ein seltsamer Einfall, über den damals viel geredet wurde und auch heute wieder einiges gesagt werden könnte. Doch ich will schweigen, um jedem freizustellen, von dieser Erfindung zu denken, was ihm gut scheint.

Da Jacopo seine Vaterstadt wiederzusehen wünschte, kehrte er nach Siena zurück, wo ihm seinem Verlangen gemäß bald Gelegenheit gegeben wurde, sich ein ehrenvolles Andenken zu schaffen. Die Signoria von Siena hatte beschlossen, eine reiche Marmorverzierung um die Quelle verfertigen zu lassen, die die Sienesen Agostino und Agnolo im Jahre 1343 zum Hauptplatz geleitet hatten. Diese Arbeit wurde Jacopo für den Preis von zweitausendzweihundert Goldgulden übertragen. Er machte ein Modell, ließ den Marmor kommen und ging an die Arbeit, die er zur größten Zufriedenheit seiner Mitbürger vollendete, sodass sie ihn von nun an nicht mehr Jacopo della Quercia, sondern Jacopo della Fonte nannten.[134] Im Mittelpunkt dieses Werks ist die glorreiche Jungfrau Maria, die vornehmste Schutzpatronin der Stadt, ein wenig größer als die anderen Figuren, in anmutiger und ungewöhnlicher Weise dargestellt, rings um sie die Frauengestalten der drei theologischen und der vier Kardinaltugenden, deren

Gesichter Jacopo sehr zart und mit liebenswürdigem Ausdruck ausführte. Man erkennt, dass er angefangen hatte, sich über die Möglichkeiten und Schwierigkeiten seiner Kunst klarzuwerden. Um dem Marmor Reiz zu geben, verbannte er die bis dahin geübte Methode der früheren Bildhauer, die ihren Gestalten durchaus keine Anmut zu verleihen vermochten, während Jacopo, der den Marmor mit großer Geduld und Zartheit ausmeißelte, sie lieblich und weich darstellte. Er schmückte den Brunnen außerdem mit einigen Szenen aus dem Alten Testament: die Erschaffung der ersten Menschen und wie sie den verbotenen Apfel genießen, wobei er Eva, die in ehrfurchtsvoller Haltung Adam den Apfel hinreicht, einen so schönen Ausdruck und so viel Liebreiz verlieh, dass es dem Adam tatsächlich unmöglich scheinen muss, ihn zurückzuweisen. Das Werk ist in allen anderen Einzelheiten nicht minder verständig gearbeitet und mit schönen Knabenfiguren, mit Löwen und Wölfen, die zum Wappen der Stadt gehören, und manchen anderen Verzierungen geschmückt, was Jacopo alles im Lauf von zwölf Jahren mit Liebe, großer Übung und sicherem Urteil ausführte.

Von seiner Hand stammen auch drei schöne Bronzereliefs am Taufbrunnen von S. Giovanni, die Szenen aus dem Leben Johannis des Täufers darstellen, sowie einige runde, eine Elle hohe Bronzefiguren, sehr schön und allen Lobes wert, die man zwischen den genannten Reliefs sieht.[135]

Durch alle diese Werke erlangte Jacopo immer höheren künstlerischen Ruhm, und ob seines tugendhaften Lebens pries man ihn als einen Mann von edlen Sitten. Deshalb ernannte ihn die Signoria von Siena zum Ritter und bald darauf zum Werkmeister des Doms. Dieses Amt übte er so aus, dass es weder vorher noch nachher jemals besser versehen worden ist, und obgleich er nach seiner Ernennung nur noch drei Jahre lebte, hat er doch am Bau des Doms viele rühmliche und nützliche Verbesserungen bewirkt.

Jacopo war zwar nur Bildhauer, zeichnete aber doch sehr gut, wie einige von ihm ausgeführte Blätter in meiner Sammlung von Zeichnungen beweisen, die eher von einem Miniaturenmaler als von einem Bildhauer zu stammen scheinen. Sein Porträt, wie man es weiter vorn in diesem Kapitel sieht, erhielt ich von Meister Domenico Beccafumi, einem sienesischen Maler, der mir auch viel von der Kunstfertigkeit, der Güte und dem angenehmen Wesen Jacopos erzählte. Dieser starb, von Anstrengung und fortdauernder Arbeit ermüdet, in seinem vierundsechzigsten

Jahr und wurde in Siena, seiner Vaterstadt, nicht nur von Freunden und Verwandten, sondern von der ganzen Stadt betrauert, ehrenvoll zu Grab gebracht. Es ist fürwahr ein gutes Geschick zu nennen, dass seine großen Vorzüge in seinem Vaterland anerkannt wurden, da doch ausgezeichnete Menschen nur selten in ihrer Heimat von jedermann geliebt und geehrt werden.[136] [...]

Paolo Uccello

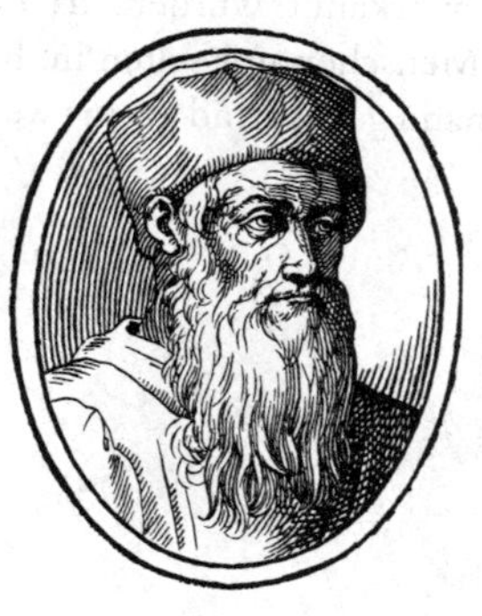

Von allen, die seit dem Wirken Giottos in der Kunst der Malerei hervortraten, wäre Paolo Uccello der anmutigste und der eigenartigste Geist gewesen, wenn er so viel Fleiß auf die Darstellung von Menschen und Tieren verwendet hätte, wie er Zeit und Mühe mit dem Studium der Perspektive verlor.[137] Solcherlei Übungen sind zwar schön und sinnvoll, wer sie aber im Übermaß betreibt, vergeudet seine Zeit und erschöpft seine Gaben in Schwierigkeiten, die einen frischen, fruchtbaren Geist unergiebig und schwerfällig machen können; ja, wer sich damit mehr als mit dem Zeichnen von Figuren selbst abgibt und alles gar zu genau machen will, verfällt häufig in eine trockene Manier voll harter Umrisse und wird außerdem leicht wunderlich und schwermütig, dazu einsam und arm. So ging es Paolo Uccello, der, von Natur aus grüblerisch und spitzfindig veranlagt, keine andere Freude kannte, als über schwer oder unmöglich zu lösende perspektivische Probleme nachzusinnen, die zwar reizvoll und interessant waren, ihn aber bei der Darstellung menschlicher Gestalten so behinderten, dass er diese, je älter er wurde, desto schlechter zeichnete.

Sicher ist jedoch, dass wer durch übertriebene Gründlichkeit der Natur Gewalt antut, seinen Geist zwar schärft, aber allem, was er macht, Leichtigkeit und Anmut raubt; diese Eigenschaften finden sich hingegen ganz natürlich bei jenen, die mit einsichtigem Urteil und sicherem Gefühl das rechte Maß zu treffen wissen und gewisse Überspitztheiten vermeiden, die den Werken etwas Kümmerliches, Gezwungenes und Pedantisches verleihen, sodass der Betrachter eher zu Mitleid als zu Bewunderung hingerissen wird. Das Talent darf nur bemüht werden, wenn das Feuer der Begeisterung den Intellekt ergreift, denn dann entspringen ihm großartige Ideen und göttlich schöne Werke.

Paolo beschäftigte sich ohne Unterlass mit den schwierigsten Aufgaben der Kunst und brachte die Methode zur Vollkommenheit, durch Verkürzung der Linien gegen einen zentralen Schnittpunkt hin alle Bauwerke, im Grundriss und im Aufriss bis zu den Spitzen der Giebel und Dächer hinauf, in der richtigen Perspektive darzustellen, entsprechend einem vorher beliebig festgelegten Blickpunkt. Er vertiefte sich dermaßen in diese schwierigen Fragen, dass er Methoden und Regeln einführte, wie man es machen müsse, dass die Figuren wirklich auf dem ihnen angewiesenen Standpunkt zu stehen scheinen, und wie sie allmählich und in genauem Verhältnis zur angenommenen Entfernung verkleinert und verjüngt werden müssten, was man vorher nur auf gut Glück getan hatte. Auch fand er heraus, wie die Kreuzrippen und Gewölbebogen, die Verjüngung der die Decken tragenden Stützbalken und das Zusammenrücken von runden Säulen, die an der Ecke eines Gebäudes einen scharfen Winkel bilden, perspektivisch auf eine Fläche zu übertragen wären. Über solchen Betrachtungen verbrachte Paolo oft Wochen und

Monate einsam und beinahe menschenscheu in seinem Haus, ohne sich von jemandem sehen zu lassen.

Diese Dinge mochten wohl ebenso schön wie schwierig sein, doch hätte er die Zeit, die er über ihnen zubrachte, lieber dem Studium der menschlichen Gestalt gewidmet. Denn dann wäre er, der recht gut zu zeichnen verstand, darin zur Vollkommenheit gelangt. Da er seine Tage jedoch auf solche Grillen verschwendete, war seine Armut, solange er lebte, größer als sein Ruhm. Wenn er daher dem Bildhauer Donatello, mit dem er sehr befreundet war, die kompliziertesten perspektivischen Darstellungen von spitzig oder viereckig drapierten Faltenbaretten und die kühnsten Verkürzungen von diamantenähnlichen Körpern mit zweiundsiebzig Flächen zeigte, von denen jede Facette obendrein die Zeichnung eines spiralförmig umwundenen Stabes trug, und was solcher Skurrilitäten mehr waren, so sagte dieser ihm immer wieder: «Ei, Paolo, deine Perspektive lässt dich das Nützliche über dem Unnützen versäumen. Solche Dinge dienen nur jenen, die eingelegte Holzarbeiten machen und die Friese mit gewundenen Bändern und allen möglichen runden oder eckigen Schneckenformen füllen.»[138]

Paolos erste Werke waren Freskomalereien im Spital von Lelmo, wo er in einer perspektivisch gezeichneten Nische den heiligen Abt Antonius zwischen den Heiligen Cosmas und Damianus darstellte. Im Nonnenkloster Annalena malte er zwei Figuren und in S. Trinità, innen über der linken Kirchentür, ebenfalls in Fresko, Begebenheiten aus dem Leben des heiligen Franziskus: den Empfang der Wundmale, die Wiederherstellung der Kirche, die auf den Schultern des Heiligen ruht, und die Zusammenkunft mit dem heiligen Dominikus. In S. Maria Maggiore malte er in einer Kapelle neben der Seitentür zu S. Giovanni, wo sich auch das Altarbild mit der Predella von der Hand Masaccios befindet, das Fresko einer Verkündigung.[139] Er stellte darauf ein Gebäude dar, das der Beachtung wert ist und für jene Zeit etwas Neuartiges und Schwieriges war, da es den Malern zum ersten Mal zeigte, wie man die perspektivische Verjüngung der Linien auf schöne Art und in anmutigen, richtigen Proportionen führen soll, sodass auf einer begrenzten Fläche der Raum sich zu öffnen und in die Tiefe zu weiten scheint. Wer dazu noch mithilfe von Farben Licht und Schatten an den richtigen Stellen einzufügen weiß, vermag ein so lebendiges, plastisches Bild zu schaffen, dass das

Auge es kaum von der Wirklichkeit unterscheidet. Da ihm selbst dies aber nicht genug schien, stellte Paolo sich noch schwierigere Aufgaben, indem er in perspektivischer Verkürzung einige Säulen malte, die, in die Runde gestellt, die scharfen Kanten des Gewölbes brechen, in welchem die vier Evangelisten dargestellt sind – eine Arbeit, die für sehr schön und kunstvoll galt, wie denn Paolo in seinem Beruf tatsächlich überaus tüchtig und erfindungsreich war.

Im Kloster S. Miniato außerhalb von Florenz stellte er das Leben der heiligen Väter in grünlichen Tönen und teilweise in Farben dar; dabei achtete er nicht sonderlich darauf, die Szenen, wie es sich gehört, einheitlich in einem Ton zu halten, sondern malte die Gründe blau, die Städte rot und die Gebäude in verschiedenen Farben.[140] Das war ein Fehler, denn Bildwerke, die vorgeben, aus Stein zu sein, können und dürfen nicht mehrere Farben zeigen.

Man erzählt, während Paolo an diesem Werk arbeitete, hätte der damalige Abt des Klosters ihm schier nichts als Käse zu essen gegeben. Da er dies schließlich satt bekam, beschloss Paolo, schüchtern, wie er war, einfach nicht mehr hinzugehen. Der Abt ließ ihn holen, doch als der Maler hörte, dass Mönche nach ihm fragten, ließ er sagen, er sei nicht zu Hause, und wenn er zufällig ein paar Ordensbrüdern in der Stadt begegnete, lief er davon, so schnell ihn seine Beine trugen. Indessen holten ihn zwei Brüder, die besonders neugierig und auch jünger als er waren, eines Tages ein und fragten ihn, warum er die angefangene Arbeit stehen lasse und beim Anblick jedes Mönches ausreiße. Paolo erwiderte: «Ihr habt mich so zugrunde gerichtet, dass ich nicht nur vor euch fliehe, sondern es nicht einmal wage, an einer Tischlerwerkstatt vorbeizugehen, geschweige denn einzutreten. Daran ist der Unverstand eures Abtes schuld, der mir mit seinen ewigen Käsekuchen und Käsesuppen so viel Käse einverleibt hat, dass ich Angst habe, man könnte mich zur Bereitung von Tischlerleim verwenden, da ich schon ganz aus Käse bestehe. Wenn das so fortginge, würde ich bald nicht mehr Paolo, sondern nur noch Käse sein.» Die Mönche liefen unter schallendem Lachen davon und berichteten alles dem Abt, der ihn bewog, zu seiner Arbeit zurückzukehren, und ihm fortan auch andere Speisen als Käse reichen ließ.

Hernach verfertigte er in der Kapelle S. Girolamo de' Pugliesi in der Kirche del Carmine das Altarbild mit Cosmas und Damianus. Im Haus der Medici malte er einige Tierstücke in

Tempera auf Leinwand, weil er an Tieren stets die größte Freude hatte und sich mit besonderem Eifer mühte, sie recht gut darzustellen.[141] Überdies war sein Haus, da er zu arm war, sich lebende Tiere zu halten, mit Bildern von Vögeln, Katzen, Hunden und allen möglichen seltsamen Tieren, von denen er sich eine Zeichnung verschaffen konnte, angefüllt; und eben weil er vornehmlich die Vögel liebte, nannte man ihn Paolo Uccello.[142] Unter anderem stellte er im Haus der Medici einige Löwen dar, die einander mit so rasender Wildheit anfallen, dass sie wie lebend scheinen. Auf einem anderen, besonders merkwürdigen Bild kämpft eine Schlange mit einem Löwen und zeigt durch die heftige Bewegung ihres Körpers und durch das Gift, das ihr aus Maul und Augen spritzt, ihre Furchtbarkeit, während daneben ein Bauernmädchen einen Ochsen hütet, der in kühner Verkürzung dargestellt ist. Von diesem Ochsen wie auch von der Bäuerin, die im Begriff ist, in größter Furcht vor den Bestien zu fliehen, findet sich je eine Zeichnung von Paolos Hand in meiner Sammlung. Auf dem genannten Bild sieht man noch einige höchst natürlich gemalte Hirten und eine Landschaft, die zu jener Zeit als besonders schön galt. Auf den anderen Bildern stellte er einige berittene Kriegsleute seiner Zeit sehr lebenswahr dar.[143]

Paolo erhielt sodann den Auftrag, im Kreuzgang von S. Maria Novella einige Szenen zu malen[144]: als Erstes, wenn man den Kreuzgang von der Kirche aus betritt, die Erschaffung der Tiere, worauf eine unendliche Zahl der verschiedensten Fische, Landtiere und Vögel zu sehen ist. Da Paolo seine wunderlichen Einfälle hatte und, wie gesagt, besondere Freude daran fand, Tiere recht trefflich wiederzugeben, zeigte er an einigen Löwen, die mit wütend aufgerissenem Rachen aufeinander losgehen, den mächtigen Stolz jener Bestien sowie an einigen Hirschen und Rehen die Schnelligkeit und Scheuheit, die diesen Geschöpfen eigen ist; daneben sind die Vögel und die Fische mit ihren Federn und Schuppen höchst lebendig gemalt. Ferner stellte er die Erschaffung der ersten Menschen sowie den Sündenfall auf schöne, wohlüberlegte Weise dar. Auf diesem Bild vergnügte er sich damit, die Bäume farbig auszuführen, was man damals noch nicht sehr gut zu machen verstand. So war er der erste von den alten Meistern, der sich den Ruf erwarb, Landschaften zu malen und sie vollkommener darzustellen, als es die Maler vor ihm getan hatten. Allerdings kamen nach ihm andere, die es noch besser verstanden; denn bei aller Mühe gelang es ihm doch nicht, seinen Bildern jene Weichheit und Einheitlichkeit des Tones zu verleihen, wie man sie in den heutigen Ölgemälden findet. Immerhin war es schon sehr viel, dass Paolo die Dinge nach den Regeln der Perspektive in der richtigen Verkürzung zeichnete, so wie man sie wirklich sieht. Allerdings hielt er in seiner trockenen, harten Manier alles, was er nur erblickte, in seinen Bildern fest: Felder, Ackerfurchen, Gräben und andere Einzelheiten der Natur; hätte er nur das Bedeutende hervorgehoben und solche Gegenstände gewählt, die sich für ein Gemälde eignen, wären sie ganz vortrefflich geworden.

Als er damit fertig war, malte er im selben Kreuzgang, unterhalb von zwei Bildern aus anderer Hand, einige biblische Szenen: als Erstes die Sintflut mit der Arche Noah, wobei er die Ertrinkenden, das Unwetter, die Gewalt des Sturmes und der Blitze, die stürzenden Bäume und die Furcht der Menschen mit so viel Fleiß und Gewandtheit darstellte, dass man es nicht genug rühmen kann. Im Hintergrund zeichnete er verkürzt einen Toten, dem ein Rabe die Augen aushackt, und ein ertrunkenes Kind, dessen vom Wasser angeschwollener Leib sich zu einem hohen Bogen wölbt. In anderen Gestalten zeigte er den Ausdruck verschiedener menschlicher Regungen, wie etwa die Furchtlosigkeit von zwei Reitern, die miteinander kämpfen, ohne auf die Flut zu achten, und im Gegensatz dazu die höchste Todesangst einer Frau und eines Mannes, die, an den Rücken einer schon im Wasser versinkenden Büffelkuh geklammert, jede Hoffnung auf Rettung aufgeben. Kurz, das ganze Werk ist so vorzüglich, dass es seinem Schöpfer den größten Ruhm eintrug. Er verkleinerte die Figuren in der richtigen Perspektive und führte Reisigbündel und andere Gegenstände aufs Beste aus.

Unter diesem Bild findet sich die Darstellung des trunkenen Noah, der von seinem Sohn Ham verhöhnt wird, während die beiden anderen Söhne, Sem und Japhet, die Scham des Vaters verhüllen, wobei Paolo in der Gestalt des Ham den florentinischen Maler und Bildhauer Dello abbildete, mit dem er befreundet war. Im Hintergrund zeichnete er ein rollendes Fass, das damals sehr bewundert wurde, und einen Laubengang voller Weintrauben, dessen quadratisches Holzspalier sich gegen den Hintergrund auf den Fluchtpunkt hin regelmäßig verjüngt. Doch beging er dabei einen Irrtum, denn während der Vordergrund, auf dem die Figuren stehen, mit der Perspektive des Laubengangs übereinstimmt, ist das Fass nicht in der entsprechenden Verjüngung gezeichnet. Es hat mich sehr erstaunt, dass Paolo bei seiner übergroßen Genauigkeit und Sorgfalt einen so auffallenden Fehler machen konnte.

Als Nächstes malte er Noahs Dankopfer, wobei man in perspektivischer Verkürzung das Innere der geöffneten Arche und die in ihrem oberen Teil in regelmäßigen Abständen angebrachten Stangen erblickt, wo die Vögel einquartiert waren; diese sieht man, gleichfalls verkürzt, in Schwärmen herausfliegen, während in der Höhe Gottvater über dem Opfer schwebt, das Noah mitsamt seinen Söhnen ihm darbringt. Von allen Gestalten, die Paolo in diesem Werk schuf, ist diese die schwierigste, weil sie mit verkürzt gezeichnetem Kopf auf die Wand der Arche zufliegt und so kraftvoll und plastisch dargestellt ist, dass sie die Wand zu spalten und in sie einzudringen scheint. Außerdem ist Noah hier von vielen verschiedenartigen, schön ausgeführten Tieren umgeben. Kurz, Paolo verlieh dem ganzen Bild so viel Weichheit und Grazie, dass es unbestreitbar als die schönste und beste seiner Arbeiten gelten kann und nicht nur damals, sondern auch heute noch das höchste Lob verdient.

Zum Andenken an Giovanni Acuto, einen Engländer, der Feldhauptmann der Florentiner war und im Jahr 1393 starb, malte Paolo in S. Maria del Fiore in grüner Erdfarbe ein Pferd von außergewöhnlicher Größe und darauf, gleichfalls in Hell und Dunkel in grüner Erde, das Bildnis des Hauptmanns.[145] Das zehn Ellen hohe Bild nimmt die Mitte der Kirchenwand ein. Auf einem großen, perspektivisch gezeichneten Sarkophag, in dem der Leichnam zu ruhen scheint, ragt der Hauptmann, hoch zu Ross, gewappnet empor. Dieses Bild galt und gilt noch immer für eines der schönsten seiner Gattung. Es wäre vollkommen, wenn Paolo nicht der Irrtum unterlaufen wäre (wohl weil er selbst nicht ritt und mit Pferden nicht so vertraut war wie mit anderen Tieren), dass er das Pferd mit beiden Beinen der einen Seite gleichzeitig ausschreiten ließ, was diese Tiere in Wirklichkeit nicht tun, weil sie sonst fallen würden. Ansonsten sind die Proportionen des mächtigen Rosses sehr schön getroffen. Auf dem Sockel stehen die Worte: *«Pauli Uccelli opus»*.

Zur gleichen Zeit verfertigte er innen über dem Hauptportal derselben Kirche in Fresko das farbige Zifferblatt mit vier Köpfen an den Ecken.[146] Auch malte er die gegen Westen gelegene Loggia über dem Garten des Klosters degli Angeli in grünen Erdfarben aus; dabei stellte er unter jedem Bogen ein bedeutendes Ereignis aus dem Leben des heiligen Benedikt dar.[147] Unter vielen anderen sehr schönen Bildern sieht man eines, auf dem ein Kloster durch die Macht des Teufels zum Einstürzen gebracht wird, wobei ein Mönch unter den herabfallenden Steinen und Balken den Tod erleidet. Besonders bemerkenswert ist die Angst eines anderen, fliehenden Klosterbruders, dessen Gewänder den Körper mit dem anmutigsten Schwung umflattern. Dies machte einen solchen Eindruck auf die übrigen Maler, dass sie von da an immer dieser Manier folgten. Sehr schön ist auch die Gestalt des heiligen Benedikt, der angesichts seiner versammelten Ordensbrüder den Toten voll Würde und Andacht wieder zum Leben erweckt. Kurz, in allen diesen Bildern finden sich viele beachtenswerte Züge, besonders dort, wo die Gebäude bis zu den höchsten Zinnen und Dachfirsten hinauf perspektivisch dargestellt sind. Im Bild mit dem Tod des Heiligen fallen neben den Mönchen, die ihn beweinen und ihm die letzten Ehren erweisen, auch einige trefflich gezeichnete

Kranke und Krüppel auf, die ihn noch einmal sehen wollen. Besondere Beachtung verdient ein alter Mönch mit zwei Krücken, dessen Antlitz die innigste Liebe und vielleicht auch die Hoffnung auf eine wundersame Heilung ausdrückt. In diesen Bildern gibt es keine farbig gemalten Landschaften und nicht viele Gebäude oder komplizierte perspektivische Ansichten, doch sind sie großzügig entworfen und enthalten viel Vorzügliches.

In zahlreichen florentinischen Häusern findet man Tafeln mit perspektivischen Darstellungen von Alkoven und Ruhebetten sowie andere kleinere Arbeiten von Paolos Hand. So malte er vornehmlich in Gualfonda, auf der gedeckten Terrasse eines Gartens, der damals der Familie Bartolini gehörte, vier Kriegsbilder auf Holz, also Pferde und Menschen in der vollen Kriegsausrüstung jener Zeit, die trefflich ausgeführt sind. Unter den Männern erkennt man die lebenstreuen Bildnisse von Paolo Orsino, Ottobuono da Parma, Luca da Canale und Carlo Malatesta, dem Gebieter von Rimini, die damals Generalhauptleute waren. Da diese vier Tafeln zum Teil sehr gelitten hatten, wurden sie in unseren Tagen von Giuliano Bugiardini restauriert, was ihnen aber mehr geschadet als genützt hat.[148]

Paolo wurde von Donato nach Padua berufen, als dieser dort arbeitete, und malte in der Eingangshalle des Hauses Vitali einige Riesen in grünen Erdfarben; wie ich in einem lateinischen Brief gelesen habe, den Girolamo Campagnola dem Philosophen Leonico Tomeo schrieb, waren sie so schön, dass Andrea Mantegna sie sehr bewunderte.[149] Das Gewölbe der Peruzzi malte er perspektivisch mit Dreiecken aus; in den Ecken stellte er in Quadraten die vier Elemente dar und gesellte jedem ein passendes Tier bei: der Erde einen Maulwurf, dem Wasser einen Fisch, dem Feuer einen Salamander und der Luft ein Chamäleon, das von ihr lebt und jede beliebige Farbe annimmt; aber da er ein solches noch nie gesehen hatte, malte er ein Kamel, das sein Maul weit aufreißt und sich mit Luft vollsaugt. Es scheint wahrhaftig sehr einfältig, dass er, auf die Ähnlichkeit der Namen «Chamäleon» und «Kamel» anspielend, ein Geschöpf, das einer kleinen, vertrockneten Eidechse gleicht, durch eine große, ungeschlachte Bestie darstellte.

Paolo verwandte in der Tat ungeheueren Fleiß auf seine Kunst und zeichnete so viel, dass er seinen Angehörigen, wie ich von ihnen selber hörte, ganze Kisten voll Zeichnungen hinterließ. Zwar sind solche Studien sehr nützlich, doch ist es besser, vollständige Bilder auszuführen, die viel lebendiger wirken als bloß gezeichnete Blätter. In meiner Sammlung finden sich von Paolos Hand viele Skizzen von menschlichen Figuren, perspektivischen Ansichten, Vögeln und Tieren, alle bewundernswert gemacht; doch das allerbeste Blatt ist ein mit ganz einfachen Linien gezeichnetes Faltenbarett von solcher Vollkommenheit, dass nur ein Künstler von Paolos Geduld es auszuführen vermochte.[150]

Obwohl er ein ungeselliger Mensch war, schätzte er dennoch die Tüchtigkeit anderer Künstler aufs Höchste; und damit auch die Nachwelt sich ihrer erinnern möge, bildete er mit eigener Hand fünf hervorragende Meister auf einer länglichen Tafel ab, die er zu ihrem Andenken in seinem Haus aufbewahrte: den Maler Giotto für die Erleuchtung und Wiederbelebung der Kunst; Filippo di Ser Brunelleschi für die Architektur; Donatello für die Bildhauerei; dann sich selber für die Perspektive und die Tierdarstellung; für die Mathematik endlich Giovanni Manetti, mit dem er befreundet war und viel über die Lehren des Euklid diskutierte.[151]

Man erzählt, dass Paolo, als er den Auftrag erhielt, über dem Portal von S. Tommaso auf dem Alten Markt den Jünger Thomas abzubilden, der Christus die Hand in die Seite legt, sich vornahm, all sein Können auf diese Arbeit zu verwenden, um seinen ganzen Wert zu zeigen.[152] So ließ er eine Verkleidung aus Brettern errichten, damit niemand das Bild vor seiner Vollendung erblicken solle. Als Donato ihm eines Tages ganz allein begegnete und ihn fragte: «Was für ein Werk soll denn das werden, dass du es so geheim hältst?», antwortete Paolo nur: «Du wirst schon sehen. Genug davon.» Donato wollte nicht weiter in ihn dringen, da er sicher war, zur gegebenen Zeit ein wahres Wunder zu erblicken. Als er dann eines Morgens auf den Alten Markt ging, um Früchte zu kaufen, sah er, dass Paolo gerade dabei war, seine Arbeit zu enthüllen. Und nachdem er ihn höflich gegrüßt hatte, bat Paolo ihn selber, er möge seine Meinung über das Bild abgeben, auf die er sehr begierig wäre. Nachdem Donato es lange und gründlich betrachtet hatte, sprach er: «Ei, Paolo, jetzt, da es Zeit wäre, es zu verhüllen, deckst du es auf!» Da erkannte Paolo mit großer Betrübnis, dass er für seine letzte große Anstrengung mehr Tadel erntete, als er Lob erhofft hatte. Er fühlte sich so gedemütigt, dass er nicht mehr den Mut fand, unter Menschen zu gehen, und verschloss sich ganz in sein Haus, wo er sich mit perspektivischen Problemen beschäftigte. So blieb er bis zu seinem Tod arm und düsteren Gemüts. Nachdem er das hohe Alter von dreiundachtzig Jahren erreicht hatte, das ihm aber wenig Freuden brachte, starb er im Jahre 1432 und wurde in S. Maria Novella bestattet.[153]

Er hinterließ eine Tochter, die zeichnen konnte, und seine Gattin. Diese erzählte, dass Paolo die ganzen Nächte in seiner Studierstube zu verbringen pflegte, um die Gesetze der Perspektive zu erforschen, und wenn sie ihn mahnte, endlich schlafen zu gehen, hätte er nur erwidert: «Ach, welch holdes Ding ist doch diese Perspektive!» Und wie sie ihm als etwas Holdes erschien, wurde sie dank seinen Mühen überaus nützlich und wertvoll für die Maler, die sich nach ihm in der Kunst übten.

Ghiberti

Lorenzo Ghiberti

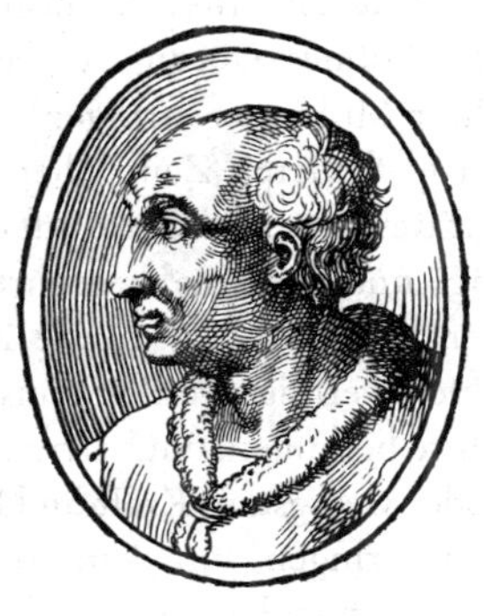

Es ist wohl überall so, dass Menschen, die durch irgendwelche besonderen Fähigkeiten Ruhm erlangen, nicht nur selbst große Ehre und Wertschätzung erringen, sondern fast immer auch ihren jüngeren Zeitgenossen zu einem gleichsam heilig leuchtenden Vorbild werden. Denn nichts ermutigt den Menschen mehr und lässt ihn die Anstrengungen des Studiums minder mühselig erscheinen als die Ehre und der Nutzen, die schließlich aus dem Schweiß der Arbeit erwachsen. Beides erleichtert ihm jede schwierige Unternehmung, und je lauter das Lob der Welt erklingt, desto mächtiger wird sein eigener Trieb, seine Fähigkeiten immer trefflicher auszubilden, sodass gar viele aus diesem Gefühl heraus ihre Kräfte aufs Äußerste anspannen, um des gleichen Lohnes würdig zu werden, den sie einen ihrer Mitbürger erringen sehen. Darum wurden in früheren Zeiten hervorragende Künstler mit Reichtümern überhäuft oder durch Triumphzüge und Denkmäler geehrt. Doch da es nur selten geschieht, dass große Leistungen nicht vom Neid verfolgt werden, muss man sich aufs Redlichste bemühen, unübertrefflich Gutes zu leisten, oder wenigstens Kraft und Beständigkeit genug aufbringen, um dem Ansturm der Missgünstigen standzuhalten.

Dies gelang, durch eigenes Verdienst wie durch die Gunst des Schicksals, dem Lorenzo di Cione Ghiberti, auch di Bartoluccio genannt.[154] Er verdiente es, dass die hervorragenden Meister Donato und Filippo Brunelleschi vor ihm zurücktraten, wenn sie auch vielleicht lieber anders gehandelt hätten. Doch sie erkannten deutlich, dass er sie in der Kunst des Erzgusses übertraf. Diese Einsicht gereicht ihnen zum höchsten Ruhm und allen jenen zur Beschämung, die sich anmaßend auf einen Platz drängen, den andere besser auszufüllen wüssten; und da sie dort nichts zustande bringen, sondern sich mit jeder Sache jahrelang herumquälen, unterdrücken sie durch ihre Böswilligkeit und Eifersucht andere, die mehr zu leisten vermöchten.

Lorenzo war der Sohn von Bartoluccio Ghiberti, einem vortrefflichen Goldschmied; dieser unterwies ihn von klein auf in seiner Kunst, die Lorenzo so gut erfasste, dass er es bald viel besser machte als sein Vater. Doch da er mehr Vergnügen an der Bildhauer- und Zeichenkunst fand, übte er sich manchmal mit Pinsel und Farben oder goss kleine Bronzefiguren, die er mit großer Anmut vollendete. Auch ergötzte er sich damit, die Prägung antiker Münzen nachzuahmen, und bildete viele seiner Freunde nach dem Leben ab.

Während er mit Bartoluccio zusammen sein Gewerbe ausübte, fiel im Jahre 1400 die Pest in Florenz ein, wie er selber es in einem eigenhändig geschriebenen Buch erzählt, in dem er Fragen der Kunst behandelt und das sich jetzt im Besitz des florentinischen Edelmanns Cosimo Bartoli befindet.[155] Da sich zu der Pest noch Zwistigkeiten unter den Bürgern und andere Nöte gesellten, sah er sich gezwungen, Florenz zu verlassen, und zog mit einem anderen Maler in die Romagna. Dort malten sie in Rimini für Pandolfo Malatesta ein Zimmer und mancherlei anderes, was sie mit Fleiß und zur Zufriedenheit jenes Herrn vollendeten, der noch jung war und an den Werken der Malerei viel Gefallen fand. Währenddessen unterließ es Lorenzo nicht, sich im Zeichnen, im Wachsbossieren, in der Stuckatur und ähnlichen Arbeiten zu üben, weil er sehr wohl wusste, dass derartige kleine Reliefarbeiten die Zeichenübungen der Bildhauer darstellen und dass diese ohne solche Studien nicht imstande wären, ein vollendetes Werk zu schaffen.

Er war noch nicht lange von seiner Vaterstadt abwesend, als die Pest aufhörte. Daher beschlossen die Signoria von Florenz und die Zunft der Kaufleute (da es damals viele vorzügliche Bildhauer, fremde wie florentinische, gab), es wäre jetzt an der Zeit, die beiden noch fehlenden Türen von S. Giovanni, der ältesten Hauptkirche der Stadt, ausführen zu lassen, wie man es schon oftmals besprochen hatte.[156] Sie kamen nunmehr überein, den besten Meistern Italiens kundzutun, sie möchten sich in Florenz einstellen und als Probe ihrer Kunst eine bronzene Bildtafel machen, in der Art, wie Andrea Pisano sie für die erste, schon fertige Kirchentür geschaffen hatte.

Von diesem Beschluss benachrichtigte Bartoluccio den Lorenzo, der in Pesaro arbeitete, und riet ihm dringend, nach Florenz zurückzukommen und einen Beweis seines Könnens zu liefern, da dies eine Gelegenheit wäre, sich bekannt zu machen und sein Talent zur Schau zu stellen; auch würden sie es dann beide nicht mehr nötig haben, birnenförmige modische Ohrgehänge anzufertigen. Diese Worte seines Vaters beeindruckten Lorenzo so sehr, dass er trotz den größten Liebenswürdigkeiten, die ihm Pandolfo, der Maler und der ganze Hof bezeigten, dennoch Urlaub von dem Herrn und dem Maler nahm, den sie ihm nur ungern und mit Missvergnügen zugestanden; doch sie vermochten ihn weder durch Versprechungen noch durch höheren Lohn zurückzuhalten, da dem Lorenzo jetzt jede Stunde, die er fern von Florenz verweilte, eine Ewigkeit dünkte. So zog er denn davon und gelangte glücklich in seine Heimat.

Es waren schon viele fremde Künstler in Florenz angelangt und hatten sich bei den Zunftoberen gemeldet; diese wählten aus der Schar sieben Meister, drei Florentiner und vier aus anderen toskanischen Städten. Man wies ihnen eine Summe Geldes an, unter der Bedingung, dass jeder vor Ablauf eines Jahres als Probestück eine Bronzetafel von der gleichen Größe wie die Felder der ersten Türe vollenden müsse. Auch wurde bestimmt, dass sie darauf die Opferung Isaaks durch seinen Vater Abraham darstellen sollten, denn man meinte, an dieser Szene könnten die Künstler ihr ganzes Geschick in der Meisterung von Schwierigkeiten erweisen, da es darin Landschaften, nackte und bekleidete Gestalten sowie Tiere auszuführen galt, wobei die vordersten Figuren im Hochrelief, die mittleren halb erhaben und der Hintergrund im Flachrelief gearbeitet werden konnten. Die Konkurrenten an diesem Wettbewerb waren die Florentiner Filippo di Ser Brunelleschi, Donato und Lorenzo di Bartoluccio, der Sienese Jacopo della Quercia und sein Schüler Niccolò d'Arezzo sowie schließlich Francesco di Valdambrina und Simone da Colle, genannt de' Bronzi.[157] Sie alle gelobten vor den Zunftoberen, das Werk zur festgesetzten Zeit zu vollenden; und nachdem jeder das seinige mit dem größten Eifer begonnen hatte, setzten sie ihre ganze Kraft und ihr ganzes Können ein, um einer den anderen an Vorzüglichkeit zu übertreffen, wobei sie ihre Arbeiten streng geheimhielten, um nicht auf gleiche Gedanken zu kommen. Nur Lorenzo, der sich von seinem Vater leiten ließ und auf dessen

Geheiß keine Mühe scheute und viele verschiedene Entwürfe machte, ehe sie sich zur Ausführung des einen entschlossen, bewog ständig seine Mitbürger und auch durchreisende Fremde, sofern sie etwas von der Sache verstanden, seine Arbeit zu besichtigen und ihre Meinung darüber abzugeben. Mithilfe so mannigfacher Gutachten brachte er ein sehr gelungenes und völlig fehlerloses Modell zustande. Nachdem er die Form fertiggestellt und mit Bronze ausgegossen hatte, was trefflich glückte, arbeitete er zusammen mit seinem Vater die letzten Feinheiten mit solcher Liebe und Geduld aus, dass man sich nichts Vollendeteres denken konnte.

Da nun die Zeit gekommen war, dass die Ergebnisse des Wettbewerbs miteinander verglichen werden sollten, wurden alle der Zunft der Kaufleute zur Beurteilung vorgelegt, und nachdem die Sachverständigen und viele andere Bürger sie besichtigt hatten, zeigte es sich, dass die Meinungen darüber geteilt waren. In Florenz waren viele Fremde, teils Maler, teils Bildhauer und auch einige Goldschmiede, zusammengeströmt, und diese wurden von den Sachverständigen berufen, um gemeinsam mit den in Florenz ansässigen Meistern ihr Urteil über die verschiedenen Werke abzugeben. Im

Ganzen waren es vierunddreißig Personen, alle wohlerfahren in ihrer Kunst. Und obwohl es auch unter ihnen Meinungsverschiedenheiten gab, dem einen diese Manier, dem anderen jene besser gefiel, kamen sie doch alle darin überein, dass Filippo di Ser Brunelleschi und Lorenzo di Bartoluccio ihre Szenen figurenreicher und besser komponiert sowie schöner vollendet hätten als Donato, obwohl auch dieser einen vorzüglichen Entwurf geliefert. Im Werk des Jacopo della Quercia fehlte es den Figuren an Feinheit, obschon sie gut entworfen und mit großem Fleiß ausgearbeitet waren. Das Werk von Francesco di Valdambrina zeichnete sich durch ausdrucksvolle Köpfe und gute Ziselierung aus, doch die Komposition schien verworren. Simone da Colle hatte sein Stück trefflich gegossen, denn darin war er ein Meister, aber die Zeichnung war nicht besonders gut, während man an der Tafel von Niccolò d'Arezzo die plumpen Gestalten und die mangelhafte Ziselierung tadelte, wenn sie auch sonst mit großer Übung gearbeitet war. Einzig das Probestück Lorenzos, das noch heute im Audienzsaal der Kaufleutezunft zu sehen ist, war in jeder Beziehung vollkommen, denn er hatte die Szene gut entworfen und aufs Beste durchkomponiert. Die Gestalten waren von anmutiger Schlankheit und zeigten sehr schöne Bewegungen, und das Ganze war so vorzüglich ausgeführt, dass es nicht gegossen und mit dem Eisen ausgefeilt, sondern gleichsam hingeblasen zu sein schien.

Als Donato und Filippo sahen, welchen Fleiß Lorenzo auf sein Werk verwendet hatte, traten sie beiseite und besprachen miteinander, dass der Auftrag an Lorenzo erteilt werden müsse, denn es schien ihnen, dass damit dem öffentlichen wie dem privaten Wohl am besten gedient wäre. Lorenzo, der noch sehr jung, nicht mehr als zwanzig Jahre war, würde durch die Übung, deren es in diesem Gewerbe bedarf, die herrlichen Früchte ernten, die sein schönes Bild versprach, das ihrer Meinung nach alle anderen an Vollkommenheit überträfe. Ja, sie sagten, es wäre nicht gar so rühmlich, ihm die Arbeit zu überlassen, als es andererseits schimpflich schiene, sie ihm aus Missgunst wegzuschnappen.

So begann denn Lorenzo mit der Ausführung jener Tür, die gegenüber der Kirchenverwaltung von S. Giovanni liegt.[158] Er verfertigte zunächst für einen Flügel derselben ein großes hölzernes Modell, genau wie es nachmals in Metall werden sollte, mit den erhaben gearbeiteten Figuren und Köpfen, die den jede Bildtafel umgebenden Rahmen zieren, und den Friesen, die die Türflügel einfassen sollten. Dann stellte er die Form her, die er mit großer Sorgfalt trocknen ließ. Er hatte eine Werkstätte gegenüber von S. Maria Nuova gemietet, wo heute das Spital der Weber liegt, das damals die «Tenne» genannt wurde. Dort baute er einen riesengroßen Ofen, den ich mich erinnere noch gesehen zu haben, und goss den ganzen Türflügel in Metall. Das Schicksal wollte, dass es nicht gelang. Doch Lorenzo erkannte, wo der Fehler lag, und verlor nicht den Kopf und den Mut; ohne jemandem etwas von dem Missgeschick zu verraten, verfertigte er rasch eine neue Form und wiederholte den Guss. Diesmal glückte er vortrefflich. Auf diese Weise führte er das ganze Werk aus, indem er jede Bildtafel einzeln goss und sie, nachdem sie geputzt und ausgefeilt war, an ihrem Platz einsetzte. Was die Einteilung der Bildfelder betraf, folgte er dem gleichen Plan wie schon Andrea Pisano bei der ersten Tür, die dieser nach dem von Giotto gezeichneten Entwurf geschaffen hatte; Lorenzo stellte zwanzig Begebenheiten aus dem Neuen Testament dar und in den verbleibenden acht Feldern weitere Szenen, die auf die betreffenden Geschichten Bezug haben.

Zuunterst sieht man die vier Evangelisten, zwei auf jedem Türflügel, und darüber in einer Reihe die vier großen Kirchenlehrer, die sich durch Haltung und Kleidung voneinander unterscheiden; einer schreibt, ein anderer liest, ein dritter sinnt nach, sodass durch diese Verschiedenheiten ihre Eigenart sehr gut zum Ausdruck gebracht wird. Die Rahmen, die die Bildtafeln voneinander trennen, verzierte er mit einem Kranz von Efeu und anderem Laubwerk sowie ornamentalen Zwischengliedern und brachte in jeder Ecke einen männlichen oder weiblichen Kopf an; diese vollplastisch gearbeiteten Köpfe stellen Propheten und Sibyllen dar und legen durch ihre Schönheit und Mannigfaltigkeit Zeugnis von Lorenzos hohem Talent ab.

Über den erwähnten Kirchenlehrern und Evangelisten folgt in den vier unteren Feldern, auf der S. Maria del Fiore näher gelegenen Seite, links als Erstes die Verkündigung Mariä, wobei Lorenzo in der Haltung der Jungfrau, die mit einer anmutigen Bewegung vor dem Engel zurückweicht, ihr jähes Erschrecken trefflich ausdrückt. Im nächsten Bild, der Geburt Christi, ruht die Mutter Gottes in liegender Stellung, während Joseph sie betrachtet und die Hirten und Engel ihren Lobgesang anstimmen. Das dritte Bild, in gleicher Höhe auf dem zweiten Türflügel, zeigt die Anbetung der Heiligen Drei Könige, die dem Christuskind ihre Gaben überreichen, wobei Lorenzo insbesondere das Gefolge mit Pferden und allem Gepränge sehr kunstvoll darstellte. Als Nächstes folgt Christus im Tempel unter den Schriftgelehrten, und hier ist die staunende Bewunderung, mit der diese Männer Jesu lauschen, nicht minder gut ausgedrückt als die Freude von Maria und Joseph, die ihren Sohn wiederfinden.

Die nächsthöhere Reihe beginnt, über der Verkündigung, mit der Taufe im Jordan; in den Haltungen von Jesus und Johannes zeigt sich deutlich die tiefe Gläubigkeit des einen und die Ehrfurcht des anderen. Im nächsten Bild wird Christus vom Teufel versucht, der jedoch, durch die Worte des Heilands erschreckt, durch eine furchtsame Gebärde zeigt, dass er in ihm Gottes Sohn erkennt. Gleich daneben, auf dem anderen Türflügel, vertreibt Christus die Händler aus dem Tempel und wirft ihnen Geld, Opfertauben und Waren nach. Hierbei sind die Bewegungen der fliehenden und übereinanderfallenden Gestalten besonders schön und wohl durchdacht. Als Nächstes stellte Lorenzo den Schiffbruch der Apostel dar, wobei Christus den Petrus aufhebt, der aus dem sinkenden Schiff gesprungen ist; diese Szene zeichnet sich besonders durch ihren Figurenreichtum und die mannigfaltigen Bewegungen der Apostel aus, die das Schiff zu retten suchen, während Petri gläubiges Vertrauen durch sein Hinstreben zu Jesu deutlich wird.

Wenn wir uns wieder dem ersten Türflügel zuwenden, beginnt die dritte Reihe, über der Darstellung der Taufe, mit der Verklärung Christi auf dem Berg Tabor, wobei Lorenzo in der Haltung der drei Apostel zeigte, wie sterbliche Augen vom Glanz der himmlischen Erscheinungen geblendet werden, während Christus, der mit erhobenem Haupt und ausgebreiteten Armen zwischen Moses und Elias schwebt, seine Göttlichkeit offenbart. Daneben sieht man die Auferweckung des Lazarus, der mit gebundenen Füßen und Händen dem Grab entsteigt und zur fassungslosen Verwunderung der Umstehenden aufrecht dasteht; unter diesen erkennt man Martha und Maria Magdalena, die in tiefer Demut und Ehrfurcht die Füße des Heilands küsst. Als Nächstes ist, wiederum auf dem zweiten Türflügel, Christus dargestellt, der auf einem Esel in Jerusalem einzieht, während die Juden mit mannigfaltig erdachten Bewegungen ihre Kleider auf dem Boden ausbreiten und dem Erlöser, der von den Aposteln gefolgt ist, Palmen- und Ölzweige streuen. Als letztes Bild dieser Reihe folgt ein wunderschönes, wohlkomponiertes Abendmahl, wobei die Apostel, zur Hälfte nach innen, zur Hälfte nach außen gewandt, beidseits einer langen Tafel sitzen.

Über der Verklärung beginnt die nächste Reihe mit dem Gebet am Ölberg mit den in verschiedenen Stellungen schlafenden Aposteln. Danach folgt die Gefangennahme Jesu, nachdem Judas ihn durch seinen Kuss den Häschern kenntlich gemacht hat, ein Bild, in dem viele Einzelheiten zu beachten sind, da einerseits die Apostel wild durcheinander fliehen, andererseits Jesus von den Juden in heftigen und gewalttätigen Bewegungen angegriffen wird. Nebenan auf dem anderen Türflügel erscheint Jesus, an die Martersäule gebunden, der sich unter den Geißelhieben in mitleiderregender Haltung krümmt, während die Bewegungen der Folterknechte erschreckende Wut und Rachsucht ausdrücken. Auf dem nächsten Bild wird Jesus dem Pilatus vorgeführt, der sich die Hände wäscht und ihn zum Kreuzestod verurteilt.

Auf dem ersten Feld der obersten Reihe, über dem Gebet am Ölberg, wird Christus, der das Kreuz trägt, von einer Bande roher Kriegsknechte mit wütenden Gebärden zur Richtstätte geschleppt, während der Schmerz und die Klagen der Marien so lebendig dargestellt sind, dass auch jene, die dabei waren, es nicht anders gesehen haben können. Daneben sieht man den gekreuzigten Christus, zu dessen Füßen die Mutter Gottes und der Evangelist Johannes mit trauernder und zürnender Gebärde sitzen. Auf dem anderen Türflügel folgt die Auferstehung; die vom Donner betäubten Wachen liegen in totenähnlichem Schlaf, während Christus, in Wahrheit verklärt durch die wunderbare Kunst, mit der Lorenzo die vollendet schöne Bewegung seiner Glieder darstellte, zum Himmel emporschwebt. Das letzte Feld endlich zeigt die Ausgießung des Heiligen Geistes; bei denen, die ihn empfangen, sieht man Spannung und holdeste Gebärden.

Das ganze Werk wurde, ohne jede Rücksicht auf Zeit und Mühe, zu einem so hohen Grad der Vollendung geführt, wie er einem Metallguss nur verliehen werden kann. Die Glieder der nackten Gestalten sind ausnahmslos von großer Schönheit, und die Gewänder kommen, wenn sie auch noch ein wenig zu der alten Manier des Giotto neigen, im Ganzen doch der modernen Art nahe, was den Gestalten dieser Größe die zierlichste Anmut verleiht. Insbesondere ist die Komposition jeder einzelnen Szene so harmonisch und gut durchdacht, dass Lorenzo ein noch höheres Lob verdient, als ihm Filippo von allem Anfang an spendete.[159] So wurde er von seinen Mitbürgern aufs Ehrenvollste anerkannt und von ihnen sowie von den einheimischen und fremden Künstlern aufs Höchste gepriesen. Die Kosten dieses Werks mitsamt den äußeren Verzierungen der Tür, die ebenfalls aus Metall und mit plastisch gearbeiteten Fruchtgirlanden und Tieren bereichert sind, beliefen sich auf zweiundzwanzigtausend Florentiner Gulden, und das Gewicht der Metalltür betrug vierunddreißigtausend Pfund.

Als nun das Werk vollendet war, fanden die Zunftmeister, Lorenzo hätte sie trefflich bedient, und angesichts des Lobes, das jedermann ihm zollte, beauftragten sie ihn, an einem Pfeiler an der Außenwand von Or San Michele, in der den Tuchscherern gegenüberliegenden Nische, eine Bronzestatue von viereinhalb Ellen Höhe zu Ehren Johannis des Täufers zu errichten.[160] Er machte sich sofort an die Arbeit und ließ sie nicht aus der Hand, bevor er sie vollendet hatte. Auch dieses Werk wurde und wird noch immer sehr gerühmt. Den Mantel der Figur verzierte er mit einer Bordüre von Buchstaben, die seinen Namen bilden. In diesem Werk, das im Jahre 1414 aufgestellt wurde, erkennt man die Anfänge der guten modernen Manier am Kopf, an dem einen Arm, der von Fleisch zu sein scheint, an den Händen und der ganzen Haltung der Gestalt. Damit war Lorenzo der Erste, der die Werke der alten Römer nachzubilden begann; er studierte sie mit großem Eifer, wie jeder es tun muss, der etwas Gutes zu vollbringen wünscht. Auf dem Vordergiebel dieses Tabernakels versuchte er sich im Mosaik, indem er einen Propheten in halber Figur darstellte.

Lorenzos Ruhm als kunstreichster Erzgießer hatte sich bereits in ganz Italien verbreitet. Die Signoria von Siena, die Jacopo della Fonte und den Sienesen Vecchietto wie auch den Donato für den Taufstein ihrer Kirche S. Giovanni einige Tafeln und Figuren in Bronze hatte arbeiten lassen, beauftragte nun Lorenzo, dessen Werke die Sienesen in Florenz gesehen hatten, zwei Szenen aus dem Leben des Täufers anzufertigen. Auf der einen stellte er die Taufe Christi dar und stattete die Handlung mit vielen nackten und reich gekleideten Gestalten aus; auf der anderen wird Johannes gefangen genommen und vor Herodes gebracht. Mit diesen Werken übertraf Lorenzo um vieles die Arbeiten der anderen Meister und wurde ihretwegen von den Sienesen und allen, die sie sahen, sehr gepriesen.[161]

Unterdessen wollten in Florenz die Meister der Münze in einer der Nischen von Or San Michele, und zwar gegenüber der Zunft der Leinenweber, eine Statue aufstellen lassen; es sollte ein heiliger Matthäus von der Größe des oben erwähnten Johannes sein, und sie übertrugen dieses Werk dem Lorenzo, der es in vollendeter Weise und in einer viel moderneren Manier ausführte als den heiligen Johannes, weswegen es noch höher gerühmt wurde. Das gab den Anlass, dass die Zunftmeister der Leinenweber beschlossen, am gleichen Ort, in der anschließenden Nische, ebenfalls eine Bronzestatue von der gleichen Größe errichten zu lassen, die den heiligen Stephanus, ihren Schutzpatron, darstellen sollte. Auch dieses Standbild vollendete Lorenzo und gab dem Erz einen sehr schönen Firnis, sodass er dafür kein geringeres Lob erntete als für die beiden anderen.[162]

Zu jener Zeit war Lionardo Dati General der Prädikantenmönche; um seiner Vaterstadt und der Kirche S. Maria Novella, in der er sein Gelübde abgelegt hatte, eine Erinnerung an sich zu hinterlassen, gab er Lorenzo den Auftrag, ein erzenes Grabmal zu errichten und darauf seine eigene Gestalt, einem Toten gleich daliegend, nach der Natur abzubilden.[163] Dieses Werk, das viel Lob und Beifall erntete, wurde zum Anlass, dass in S. Croce ein ähnliches für Lodovico degli Albizzi und Niccolò Valori entstand.

Cosimo und Lorenzo de' Medici beschlossen um diese Zeit, die Leichen und Reliquien der Märtyrer Prothus, Hyazinthus und Nemesius zu ehren; sie ließen die heiligen Überreste von Casentino kommen, wo man ihnen die ganzen Jahre lang nicht viel Verehrung bezeugt hatte, und Lorenzo musste einen Erzsarkophag anfertigen, worauf zwei in Relief gearbeitete Engel einen Kranz aus Ölzweigen halten, in dem die Namen der drei Märtyrer stehen.[164] In diesen Sarkophag wurden die genannten Reliquien gelegt, und man stellte ihn in der Kirche des Klosters degli Angeli zu Florenz auf. [...]

Das wohlgelungene Werk gab wiederum den Werkmeistern von S. Maria del Fiore den Wunsch ein, für den Leichnam des heiligen Zenobius, des Bischofs von Florenz, einen Sarkophag und ein Grabmal aus Erz herstellen zu lassen. Dieses wurde dreieinhalb Ellen lang und zwei Ellen hoch, und Lorenzo brachte zum Schmuck des Sarges außer mannigfachen Verzierungen vorne ein Reliefbild an, auf dem der heilige Zenobius ein seinem Schutz anvertrautes Kind, das während einer Pilgerfahrt seiner Mutter gestorben war, wieder zum Leben ruft. Auf einem zweiten Relief erweckt der Heilige ein anderes Kind, das von einem Wagen überfahren wurde; auf einem weiteren sieht man, wie er einen der beiden ihm vom heiligen Ambrosius geschickten Diener, der unterwegs in den Alpen umgekommen war, wieder zum Leben bringt und zu dem zweiten, der ihm weinend die Kunde übermittelt, von Mitleid gerührt, sagt: «Sei ruhig, er schläft nur. Du wirst ihn lebend wiederfinden.» Auf der Rückseite des Sarkophags sieht man sechs kleine Engel mit einer Girlande aus Ulmenblättern, die eine Inschrift zum Lob des Heiligen umgibt. Auch dieses Werk vollendete Lorenzo mit allem Fleiß und großer Kunst, sodass es als etwas außerordentlich Schönes gerühmt wurde.[165]

Während die unzähligen Arbeiten in Bronze wie auch in Silber und Gold, die Lorenzo für alle möglichen Personen ausführte, seinen Ruhm täglich erhöhten, erwarb Giovanni, der Sohn von Cosimo de' Medici, durch einen glücklichen Zufall einen sehr großen Karneol, auf dem die Schindung des Marsyas durch Apoll mit bewundernswerter Kunst eingeschnitten war; dieser Stein sollte der Sage nach schon dem römischen Kaiser Nero als Petschaft gedient haben, und da er wegen seiner ungewöhnlichen Größe wie auch durch die wunderbare Gravierarbeit eine seltene Kostbarkeit darstellte, trug Giovanni dem Lorenzo auf, ihn mit einer Verzierung aus graviertem Gold zu fassen. Dieser wandte viele Monate an die mühselige Arbeit und schuf schließlich mit dem Grabstichel eine Fassung, die diesem antiken Meisterwerk der Steinschneidekunst an vollendeter Schönheit nicht nachstand. Das hatte zur Folge, dass Lorenzo von nun an noch viele andere Gegenstände in Gold oder Silber verfertigte, die heute nicht mehr aufzufinden sind. Unter anderem machte er für Papst Martin eine goldene Schließe für den Chormantel, ein wunderbares Stück mit erhaben gearbeiteten Goldfiguren, zwischen denen kostbare Edelsteine eingesetzt waren; desgleichen eine prachtvolle Mitra, mit Laubwerk aus durchbrochener Goldarbeit und vielen plastischen Goldfigürchen geschmückt. Damit erwarb er sich nicht nur hohen Ruhm, sondern dank der Freigebigkeit des Papstes auch reichen Lohn.

Im Jahre 1439 kam Papst Eugen nach Florenz, wo zum Zweck der Vereinigung der griechischen mit der römischen Kirche ein Konzil stattfand.[166] Er sah dort die Werke Lorenzos, und da diese ihm ebenso gut gefielen wie das Wesen des Künstlers selbst, ließ er ihn eine Mitra aus fünfzehn Pfund Gold und fünfeinhalb Pfund Perlen anfertigen. Der Wert der Letzteren, zusammen mit den ringsum angebrachten Edelsteinen, wurde auf dreißigtausend Golddukaten geschätzt. Es sollen sich darunter sechs haselnussgroße Perlen befunden haben, und wie aus einer später aufgefundenen Zeichnung hervorgeht, übertraf Lorenzo sich selber an köstlichen und bizarren Einfällen bei der Fassung der Juwelen sowie bei der Anordnung der vielen Putten und anderen kleinen Figuren, mit denen er sein Werk auf die mannigfaltigste und anmutigste Weise schmückte. Daher erhielt er vom Papst nebst dem ausgemachten Lohn noch zahllose Gnadenbeweise für sich und seine Freunde.

Die Stadt Florenz hatte dank den vortrefflichen Werken dieses begnadeten Künstlers so hohen Ruhm erlangt, dass die Meister der Kaufleutezunft übereinkamen, ihm auch die Ausführung der dritten Bronzetür von S. Giovanni zu übertragen. Bei seiner ersten hatte er ihrer Vorschrift gemäß die ganze Einteilung und die Zierbänder, die die einzelnen Tafeln und die

Türflügel einrahmen, genau nach der Art des Andrea Pisano ausgeführt. Da man nun sah, wie weit Lorenzo jenen Künstler übertroffen hatte, beschloss man, die von Andrea verfertigte Tür, die bisher als Mitteltür gedient hatte, zu entfernen und als zweite Seitentür gegenüber der Misericordia einzusetzen, während nunmehr die neue Tür, die man Lorenzo in Auftrag gegeben, in die Mitte kommen sollte. Denn die Verantwortlichen waren sicher, dass er seine ganze Kraft einsetzen würde, um sein Bestes zu leisten; sie gaben sich völlig in seine Hand, indem sie ihm erklärten, er besäße die Freiheit, ganz nach seinem Gutdünken zu verfahren und die Tür so schön und reich und vollkommen zu gestalten, wie er es nur verstünde und sich vorstellen könne; auch möge er weder an Zeit noch an Kosten sparen, damit er, der sich bereits allen früheren Bildhauern überlegen gezeigt, mit diesem Werk alle seine bisherigen Werke überträfe.[167]

So machte sich Lorenzo unter Aufbietung all seines großen Könnens an die Arbeit. Er teilte die ganze Tür in zehn Felder, fünf auf jedem Flügel, sodass jede der etwas vertieft liegenden Bildtafeln eine und ein Drittel Elle misst. Auf dem Rahmen, der die Bilder umschließt, brachte er ringsum zwanzig reich verzierte Nischen an und in jeder derselben eine fast vollrund gearbeitete Figur, alle von großer Schönheit; darunter zum Beispiel ein nackter Simson, der, eine Kinnlade in der Hand, die Säule umklammert und so vollendet ausgeführt ist, wie nur die Alten die Gestalt des Herakles in Bronze oder Marmor zu bilden vermochten, oder ein Josua, der in der Haltung eines Redners das Heer anzufeuern scheint; außerdem zahlreiche Propheten und Sibyllen, die sich durch die Mannigfaltigkeit ihrer Gewänder und ihres Kopfputzes und anderen Schmuckes auszeichnen. In den Nischen auf den Querstücken des Rahmens sieht man zwölf liegende Gestalten, dazu an den Punkten, wo sich die Leisten kreuzen, in kreisförmigen Vertiefungen vierunddreißig Köpfe von Frauen, Jünglingen und Greisen. Unter diesen Köpfen bildete er in der Mitte der Tür, neben der eingravierten Inschrift seines Namens, seinen Vater Bartoluccio und sich selber, Lorenzo, den Schöpfer des ganzen Werks, getreu nach dem Leben ab, und überall sieht man eine unendliche Menge von Laubwerk, Friesen und anderen Ornamenten, alles mit der größten Meisterschaft ausgeführt.[168]

Die Relieftafeln dieser Tür stellen Szenen aus dem Alten Testament dar. Als Erstes die

Erschaffung Adams und seines Weibes Eva in vollendeter Schönheit, womit Lorenzo zeigen wollte, dass aus der Hand Gottes niemals herrlichere Gestalten hervorgegangen sind, sodass auch er in der edlen Bildung ihrer Glieder alles zu übertreffen strebte, was er bisher geschaffen hatte. Auf demselben Bild sieht man, wie sie den Apfel essen, und hierauf, wie sie beide aus dem Paradies vertrieben werden, wobei Haltung und Ausdruck der Gestalten deutlich die Wirkung ihrer Tat widerspiegeln: zunächst, wie sie sich ihrer Sünde bewusst werden und, zum ersten Mal Scham empfindend, ihre Blöße mit den Händen zu bedecken suchen, und hernach ihre Reue, als der Engel sie aus dem Paradies ausgeschlossen hat.

Auf dem zweiten Bild sieht man Adam und Eva mit ihren kleinen Söhnen Kain und Abel; hierauf folgt, wie Abel die Erstlinge opfert, Kain aber minder gute Tiere darbringt, wobei sich in der Haltung Kains Neid und Missgunst, in Abel aber Liebe und Gottesfurcht ausdrücken. Besonders schön ist die nächste Szene, in der Kain das Feld mit einem Paar Ochsen pflügt, deren Mühe beim Ziehen des Pfluges vollkommen lebenswahr und natürlich dargestellt ist. Die folgende Tafel, in der Kain den Bruder, der seine

Herde hütet, mit einem Stock aufs Wildeste und Grausamste erschlägt, ist so vortrefflich gearbeitet, dass die Todesschlaffheit der schönen Gestalt Abels selbst in Erz deutlich zum Ausdruck kommt, während im ganz flach gearbeiteten Hintergrund Gottvater den Kain fragt, wo sein Bruder Abel sei; jede Tafel enthält vier Szenen der gleichen biblischen Erzählung.

Auf der dritten Tafel entsteigt Noah mit seiner Frau und seinen Söhnen, Töchtern und Schwiegertöchtern der Arche, desgleichen entströmen ihr alle Geschöpfe, Vögel sowohl als Landtiere, die sämtlich so meisterhaft modelliert sind, wie die Kunst nur überhaupt die Natur nachzuahmen vermag. Die geöffnete Arche und die Verwüstungen erblickt man dank einem sehr flachen Relief in perspektivischer Ansicht und mit unbeschreiblicher Zartheit gearbeitet. Daneben sieht man Noah und die Seinen, deren Gestalten nicht lebendiger und kraftvoller ausgeführt sein könnten, das Dankopfer darbringen und darüber den Regenbogen zum Zeichen des Friedens zwischen dem Herrn und Noah. Am allertrefflichsten ist aber die Szene, wie Noah den Rebstock pflanzt und hernach, vom Wein berauscht, seine Blöße zeigt und von seinem Sohn Ham verhöhnt wird. Einer, der sich in trunkener

Erschlaffung dem Schlaf überlässt, könnte nicht besser dargestellt werden, und ebenso schön ist die Ehrerbietung und Zärtlichkeit seiner beiden anderen Söhne, die ihn mit edlen Gebärden zudecken. Ein Fass, Weinlaub und anderes Zubehör der Weinlese sind mit Geschick so auf dem Bild verteilt, dass sie die Handlung nicht stören, sondern wie Verzierungen wirken.

Auf der vierten Tafel gefiel Lorenzo sich darin, das Erscheinen der drei Engel im Tal Mamre vorzuführen, von denen einer genau dem anderen gleicht; der ehrwürdige Patriarch betet sie dabei mit dem Ausdruck lebhaftester Frömmigkeit in Miene und Gebärden an. Am Fuß eines Hügels warten Knechte mit einem Esel auf die Rückkehr Abrahams, der hinaufgestiegen ist, um dort seinen Sohn zu opfern. Weiter sieht man Isaak nackt auf dem Altar stehen, während sein Vater schon den Arm erhebt, um das Gebot des Herrn zu erfüllen; doch ein Engel befreit Isaak vom Tod, indem er mit der einen Hand Abraham zurückhält und mit der anderen auf den Widder zeigt, den er anstelle seines Sohnes als Opfer darbringen soll; dieses Bild, auf dem unter anderem der auffallende Unterschied zwischen dem zarten Körper Isaaks und den derben Gestalten der Knechte große Wirkung tut, ist wahrhaftig so schön, als gäbe es darin keine Linie, die nicht mit vollendeter Kunst gezogen ist.

Lorenzo übertraf sich bei diesem Werk in der schwierigen Darstellung von Gebäuden.[169] Auch zeichnete er sehr schön, wie Isaaks Söhne, Jakob und Esau, geboren werden, wie Esau auf Geheiß des Vaters auf die Jagd geht und wie Jakob, von Rebekka angeleitet, dem Vater das gebratene Zicklein reicht, dessen Fell um seinen Hals hängt, während Isaak tastend die Hand nach ihm ausstreckt und ihm den Segen erteilt. Zu diesem Bild gehören auch sehr schön und naturgetreu ausgeführte Hunde, wie auch die menschlichen Gestalten so natürlich wirken, dass man meint, Jakob, Isaak und Rebekka müssten zu ihren Lebzeiten genauso ausgesehen haben.

Angeregt durch die ständige Übung, die ihm die Ausführung seiner Kunst immer leichter machte, versuchte sich Lorenzo an schwierigeren und komplizierteren Gegenständen. So stellte er auf der sechsten Tafel dar, wie Joseph von seinen Brüdern in den Brunnen geworfen wird, wie sie ihn an durchziehende Händler verkaufen und wie diese ihn dem Pharao schenken, dem er dann den Traum von der Hungersnot deutet und ihm rät, durch das Anlegen von Vorräten Vorsorge dagegen zu treffen; ebenso die Gunst, die Joseph vom Pharao bezeigt wird. Auch sieht man, wie Jakob seine Söhne nach Ägypten schickt, um Korn zu kaufen, und wie Joseph sie erkennt und zum Vater zurücksendet. Zu dieser Geschichte zeichnete Lorenzo in sehr kunstvoller Perspektive einen Rundtempel, in dem viele Gestalten zu sehen sind, die Getreide und Mehl aufladen, sowie auch Esel in den verschiedensten Stellungen. Gleichfalls sieht man das Gastmahl, zu dem Joseph seine Brüder einlädt, wie er den goldenen Becher im Sack des Benjamin verstecken lässt und schließlich seinen Brüdern um den Hals fällt und sich zu erkennen gibt. Dieses Bild wird ob der Mannigfaltigkeit der darin dargestellten Gefühle und Handlungen als das beste und kunstreichste des ganzen Werks angesehen.

Lorenzo, der ein so großes Talent besaß und in seiner besonderen Manier der Figurengestaltung so viel Anmut an den Tag legte, konnte gar nicht anders, als die schönen Einfälle, die ihm kamen, auch auf das Schönste darzustellen. Dies zeigt sich auch auf der siebten Tafel, wo Moses, auf dem Gipfel des Berges Sinai kniend, in höchster Ehrfurcht die Gesetzestafeln aus Gottes Hand empfängt. Auf halber Höhe des Berges sieht man Josua, der ihn erwartet, und unten das ganze Volk, tief erschreckt durch Donner und Blitze und Erdbeben, was durch die verschiedensten Stellungen trefflich ausgedrückt ist.

Viel Fleiß und Liebe verwandte Lorenzo auf die achte Tafel, wo Josua den Jordan aufhält, gen Jericho zieht und die Zelte der zwölf Stämme aufstellt, umgeben von vielen ausgezeichneten Figuren. Doch noch schöner sind einige in Flachrelief ausgeführte Gestalten in der Szene, wo Josua mit der Bundeslade die Mauern Jerichos umschreitet und diese beim Schall der Trompeten einstürzen, sodass die Juden sich der Stadt bemächtigen; die Landschaft ist hier nach der Tiefe zu allmählich weniger erhaben gearbeitet, sodass sie von den vordersten Figuren zu den Bergen, von den Bergen zur Stadt und von der Stadt zum Hintergrund hin, der im allerzartesten Flachrelief ausgeführt ist, immer ferner erscheint, was mit der größten Meisterschaft vollbracht ist.

Und da Lorenzo sich von Tag zu Tag in seiner Kunst vervollkommnete, stellte er auf der neunten Tafel mit großer Sicherheit dar, wie David mit knabenhaft stolzer Gebärde dem Goliath den Kopf abschlägt und das Heer Gottes die Philister besiegt, wobei man mancherlei Pferde, Wagen und anderes Kriegsgerät sehen kann.

Weiterhin sieht man, natürlich und lebendig dargestellt, wie David mit dem Haupt Goliaths in der Hand heimkehrt, während das Volk ihm mit Spiel und Gesang entgegenzieht.

Um alles zu zeigen, was er zu leisten vermochte, bleibt Lorenzo noch die zehnte und letzte Tafel, worauf die Königin von Saba mit großem Gefolge König Salomon besucht. Auf diesem Bild stellte er ein sehr schönes, in perspektivischer Ansicht gezeichnetes Gebäude dar, mit ebenso vortrefflichen Figuren wie in den vorangehenden Bildern. Bewundernswert sind auch die mit der üblichen Meisterschaft ausgeführten Frucht- und Laubgewinde, die den rings um die Tür laufenden Hauptrahmen schmücken.

Dieses Werk lässt in seinen Einzelheiten wie in seiner Gesamtheit erkennen, wie viel Ausdruck ein Bildhauer durch Tüchtigkeit und unablässiges Mühen seinen Gestalten zu verleihen vermag, indem er sie in den feinsten Abstufungen vom allerflachsten Relief bis zu nahezu völlig plastischer Erhabenheit ausarbeitet, welch reiche Erfindungsgabe er in der Komposition der Figuren, den lebendigen Stellungen der weiblichen und männlichen Gestalten, der Mannigfaltigkeit der Gebäude und Prospekte zutage legen kann und wie sehr es dem Werk zur Zierde gereicht, wenn er die jedem Geschlecht und Alter eigentümlichen Züge beobachtet, indem er die Alten mit Würde und die Jungen mit Kraft und Anmut ausstattet. Man kann wahrhaftig sagen, dass dieses Werk in jeder Beziehung vollkommen ist und als das schönste Kunstwerk seiner Art gelten kann, das in alter wie in neuer Zeit je zu sehen war. Wie sehr Lorenzo gerühmt zu werden verdient, geht aus dem Urteil des Michelangelo Buonarroti hervor, der eines Tages, in den Anblick der Türen versunken, lange still stand und auf die Frage, ob er sie schön fände, schließlich erwiderte: «Sie sind so schön, dass sie wohl an den Pforten des Paradieses stehen könnten!» Wahrhaftig ein hohes Lob aus berufenem Mund! Lorenzo aber vermochte sein Werk zu solcher Vollendung zu bringen, weil er es mit zwanzig Jahren begonnen und vierzig Jahre lang mit äußerster Hingabe daran weitergearbeitet hatte.[170]

Beim Polieren und Ausfeilen des fertigen Gusses ließ sich Lorenzo von vielen Künstlern helfen, die damals noch jung waren und später selbst hervorragende Meister wurden: nämlich von Filippo Brunelleschi, Masolino da Panicale und Niccolò Lamberti, die Goldschmiede waren, sowie von Parri Spinelli, Antonio Filareto,

Paolo Uccello, dem sehr jungen Antonio del Pollaiuolo und vielen anderen. Indem sie gemeinsam an dem Werk schafften und sich, wie es in einer solchen Gemeinschaft natürlich ist, darüber besprachen, zogen sie aus diesem Verhältnis nicht minder Nutzen als Lorenzo selber. Dieser erhielt außer dem Lohn, den ihm die Zünfte zahlten, von der Signoria ein schönes Landgut in der Nähe der Badia von Settimo zum Geschenk und wurde nicht viel später unter die Signori aufgenommen und mit den höchsten obrigkeitlichen Würden geehrt, sodass in diesem Fall den Florentinern für ihre Erkenntlichkeit so großes Lob gebührt, wie ihre Undankbarkeit gegen manche andere ausgezeichnete Söhne der Stadt getadelt zu werden verdient.

Nach Vollendung seines großartigen Werks unternahm Lorenzo es, die der Misericordia gegenüberliegende Tür derselben Kirche mit Bronzeverzierungen zu versehen, konnte aber das wunderschöne Laubwerk nicht mehr zu Ende führen, da ihn unerwartet der Tod ereilte, als er gerade Anordnungen traf, die von Andrea Pisano verfertigte Tür umzuarbeiten; das Modell dazu hatte er fast schon fertiggestellt, und ich selber habe es in meiner frühesten Jugend noch in Borgo Allegri gesehen, ehe es durch die

Nachlässigkeit von Lorenzos Nachkommen verloren ging.

Lorenzo hatte einen Sohn namens Bonaccorso; dieser beendete den von seinem Vater begonnenen Fries mit dem Laubschmuck, der wohl die wunderbarste und schönste Bronzearbeit ist, die man sich vorstellen kann. Da Bonaccorso jung starb, schuf er danach nicht mehr viele Werke, wie er es sonst wohl getan hätte, da sein Vater ihm das Geheimnis hinterlassen hatte, einen vollendeten Erzguss herzustellen sowie auch die durchbrochenen Metallarbeiten anzufertigen, die man von seinen Werken her kennt.[171] Außer den Arbeiten von seiner Hand hinterließ Lorenzo seinen Erben noch viele Altertümer aus Bronze oder Marmor, darunter das Bett des Polyklet, ein besonders seltener Gegenstand, daneben ein Bein aus Bronze in Lebensgröße, einige Männer- und Frauenköpfe sowie mehrere Gefäße, die er für viel Geld aus Griechenland hatte kommen lassen, daneben noch einige Torsos und eine Menge anderer Dinge. Dies alles wurde mitsamt den übrigen Besitztümern Lorenzos auf die nachlässigste Weise verstreut. Einen Teil der Sachen, darunter das sogenannte Bett des Polyklet und andere wertvollere Gegenstände, erwarb Giovanni Gaddi, der damals Kammerkleriker war. Bonaccorso hinterließ einen Sohn namens Vittorio, der sich gleichfalls der Bildhauerkunst widmete, jedoch mit geringem Erfolg, wie einige Köpfe, die er im Palast des Herzogs von Gravina zu Neapel verfertigte, beweisen; sie sind nicht sehr gut gelungen, weil er seine Kunst niemals mit Hingabe und Fleiß betrieb. Umso besser verstand er es, das Vermögen und die Erfahrungen, die Vater und Großvater ihm hinterlassen hatten, zu verschleudern. Von Papst Paul III. als Baumeister nach Ascoli berufen, wurde er schließlich von einem Diener ermordet, der es auf sein Geld abgesehen hatte. So erlosch dieses Geschlecht, nicht aber der Ruhm Lorenzos, der in alle Ewigkeit lebendig bleiben wird.

Um noch einmal zu Lorenzo zurückzukehren: Er befasste sich zeit seines Lebens mit den verschiedensten Dingen, vornehmlich auch mit der Malerei und der Glasmalerei. So verfertigte er die Fenster rund um die Kuppel von S. Maria del Fiore, bis auf eines, das die Krönung der Madonna durch Christus darstellt und von Donato ausgeführt wurde. Von Lorenzo stammen auch die drei Fenster über dem Hauptportal von S. Maria del Fiore sowie alle in den Kapellen und im Chor jener Kirche und auch das Fenster an der Fassade von S. Croce. In Arezzo stellte er im Auftrag des reichen Kaufmanns Lazzero di Feo di Baccio für die Hauptkapelle der Dechanei ein Fenster mit der Krönung der Madonna und zwei andere Figuren dar; da er aber zu allen stark getöntes venezianisches Glas verwendete, machen sie die Räume, zu deren Schmuck sie dienen, ziemlich dunkel. Übrigens wurde Lorenzo zum Mitarbeiter des Brunelleschi bestellt, als dieser den Auftrag erhielt, die Kuppel von S. Maria del Fiore zu errichten, doch wurde er dieses Amtes wieder enthoben.

Lorenzo schrieb auch ein Buch in der Volkssprache, worin er von vielerlei Dingen berichtet, doch so, dass man wenig Nutzen daraus ziehen kann.[172] Das einzig Gute daran ist meiner Meinung nach, dass er nach vielen Auslassungen über die Maler der Antike, vorzüglich die von Plinius genannten, auch kurz Cimabue, Giotto und andere Meister ihrer Zeit erwähnt; doch tut er dies mit ungebührlicher Kürze und aus keinem anderen Grund, als um in geschickter Art die Rede auf sich selber zu bringen und seine Werke der Reihe nach aufs Genaueste zu beschreiben. Ich will auch nicht verschweigen, dass er vorgibt, das Buch sei von einem anderen verfasst; doch da er es besser verstand, mit

Zeichenstift und Meißel umzugehen und Erz zu gießen, als Geschichten zu erzählen, redet er, wenn er von sich spricht, in der ersten Person und schreibt: Ich tat, ich sagte, ich habe getan und gesagt.

Als er sein vierundsechzigstes Lebensjahr erreicht hatte, starb er schließlich an einem schweren, langwierigen Fieber und wurde ehrenvoll in S. Croce bestattet.[173] Seine eigenen Werke wie die Federn der Schriftsteller künden von seinem unsterblichen Ruhm. Sein Selbstbildnis ist auf dem mittleren Rahmen der Haupttür von S. Giovanni zu sehen; es zeigt einen kahlköpfigen Mann, und daneben stellte er seinen Vater Bartoluccio dar. [...]

Die Zeichnungen Lorenzos waren vortrefflich und wirkten äußerst plastisch, wie in meiner Sammlung an einem Evangelisten von seiner Hand und einigen anderen sehr schönen Blättern in Helldunkel zu sehen ist. Auch Bartoluccio, sein Vater, zeichnete recht verständig, wie man an einem anderen Evangelisten in meiner Sammlung erkennt, doch unvergleichlich weniger gut als Lorenzo. Diese Zeichnungen sowie einige von Giotto und anderen Meistern erhielt ich im Jahre 1528 als ganz junger Mensch von Vittorio Ghiberti. Ich habe sie bis zum heutigen

Tag immer sehr in Ehren gehalten, sowohl um ihrer Schönheit willen wie auch als Andenken an zwei so große Künstler. Hätte ich damals, als ich mit Vittorio in engem freundschaftlichem Verkehr stand, schon so viel gewusst, wie ich heute weiß, hätte ich leicht noch andere, sehr schöne Blätter von Lorenzos Hand bekommen können. [...]

Masaccio

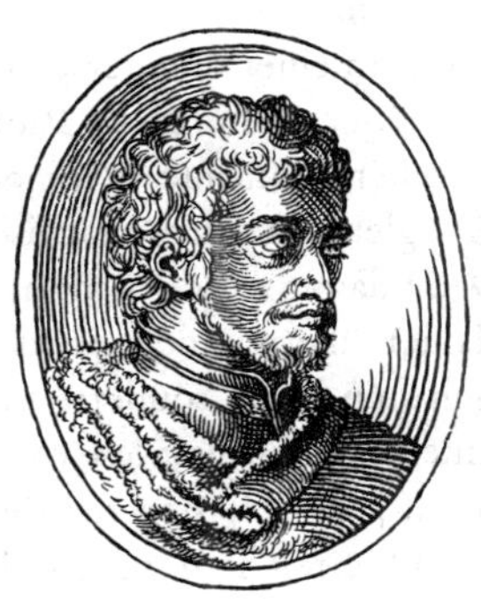

Wenn die Natur einen Menschen von besonderer Begabung in einem bestimmten Beruf hervorbringt, pflegt sie ihn als gütige Mutter gewöhnlich nicht einsam zu lassen, sondern erweckt gleichzeitig in seiner Nähe einen zweiten mit ähnlichen Fähigkeiten, sodass sie sich gegenseitig fördern und, miteinander wetteifernd, sich immer mehr vervollkommnen können. Abgesehen von dem außerordentlichen Nutzen, den ein solcher Wettbewerb den gemeinsam

Strebenden selbst bringt, befeuert er auch in höchstem Maß den Ehrgeiz der Nachgeborenen, sodass diese mit größtem Eifer und Fleiß danach trachten, für sich selbst den gleichen Ruhm zu erringen, den sie an den Vorausgegangenen täglich preisen hören.

Dass Florenz in einer und derselben Generation Filippo, Donato, Lorenzo, Paolo Uccello und Masaccio hervorbrachte[174], von denen jeder in seiner Art gleich trefflich war, ist dafür ein Zeugnis. Denn damit wurde nicht nur die rohe, plumpe Manier überwunden, an der man bis dahin festgehalten hatte, sondern die Künstler, die nach ihnen kamen, wurden von den herrlichen Werken jener Meister zur Begeisterung entflammt und erreichten so die Höhe und Vollkommenheit, die man in der Kunst unserer Tage sieht. Daher sind wir jenen ersten Meistern, die uns durch ihre Bemühungen den Weg zum höchsten Gipfel wiesen, zu großem Dank verpflichtet. Und was die richtige Methode der Malerei betrifft, so verdanken wir ihre Kenntnis besonders dem Masaccio; denn er erkannte in seinem Verlangen, Ruhm zu erwerben, als Erster, dass man von der Malerei nichts anderes fordern dürfe, als einfach durch Zeichnung und Farben die Gegenstände der Natur so darzustellen, wie das Auge sie wahrnähme, und wer dies am besten vollbrächte, verdiene den höchsten Preis. Dank dieser Einsicht und seinen unermüdlichen Studien kann er zu den Ersten gezählt werden, die die Kunst von vielen ihrer Härten und Unvollkommenheiten zu befreien wussten, denn er begann damit, den Gestalten lebendige Stellungen und damit Kraft und Leben zu geben; auch wusste er den Gegenständen natürliche Rundung zu verleihen, was vor ihm kein Maler getan hatte. Zudem erkannte er, dass es grundsätzlich falsch sei, die Füße der Figuren so zu verkürzen, dass sie auf den Spitzen zu stehen scheinen und nicht fest auf dem Boden aufruhen; wer dergleichen zeichne, beweise nur seine Unkenntnis der Perspektive. Zwar hatte hier Paolo Uccello schon einen Anfang gemacht und manche Schwierigkeit zu überwinden vermocht, doch Masaccio, der in vielem von ihm abwich, zeichnete Verkürzungen in den verschiedensten Ansichten und besser, als irgendeiner dies vor ihm getan hatte. Er gab seinen Werken schöne Einheit und Zartheit und stimmte die Hautfarben der Gestalten harmonisch auf die Farben ihrer Gewänder ab, die er mit wenig Falten und so leicht wie im wirklichen Leben darstellte. Das war für die Künstler von großem Nutzen, und er verdient, als Erfinder dieser natürlichen Manier gerühmt zu werden, wie man denn die Werke, die vor seiner Zeit ausgeführt wurden, gemalt, die seinigen hingegen im Vergleich dazu lebendig, wahr und natürlich nennen kann.

Dieser Künstler wurde zu Castello San Giovanni im Valdarno geboren, wo angeblich noch einige Malereien zu sehen sein sollen, die er in frühester Kindheit ausführte.[175] Er war von achtloser und sehr zerstreuter Wesensart, wie einer, dessen Sinnen und Trachten einzig auf die Kunst gerichtet ist und der sich nicht viel um seine eigenen Interessen, noch weniger um die Angelegenheiten anderer schert. Weil er sich nicht mit alltäglichen Sorgen abgeben wollte und nicht einmal auf seine Kleidung achtete, auch kein Geld von seinen Schuldnern einzutreiben pflegte, wenn ihn nicht die höchste Not drängte, wurde er von allen anstatt Tommaso, wie sein richtiger Name lautete, Masaccio genannt[176]; nicht etwa, weil er boshaft gewesen wäre, denn er hatte das beste Herz der Welt, sondern eben wegen seiner außerordentlichen Sorglosigkeit und Nachlässigkeit, die ihn im Übrigen nicht daran hinderte, sich anderen so gefällig und hilfsbereit zu erweisen, wie man es nur sein kann.

Seine ersten künstlerischen Versuche fallen in

die Zeit, als Masolino die Kapelle der Brancacci in der Kirche del Carmine zu Florenz ausmalte[177]; dabei suchte er, so gut es ging, den Spuren von Filippo und Donato zu folgen, wenngleich sie eine andere Kunstgattung betrieben, und war unablässig bemüht, seine Gestalten so lebendig und naturgetreu wie nur möglich darzustellen. Im Vergleich zu den früheren Meistern erscheint seine Art, zu zeichnen und zu malen, so modern, dass seine Werke ganz gewiss den Vergleich mit jedem neueren Kunstwerk zu bestehen vermögen. Er war überaus arbeitsam und wusste schwierige perspektivische Probleme mit bewundernswerter Kunstfertigkeit zu lösen. Dies erkennt man an einem seiner Bilder, das sich heute im Haus von Ridolfo del Ghirlandaio befindet und viele kleine Figuren zeigt. Man sieht darauf außer Christus, der den Besessenen heilt, eine Menge sehr schöner Häuser in so ausgezeichneter perspektivischer Darstellung, dass man gleichzeitig ihr Inneres wie ihr Äußeres gewahrt, weil er sie der größeren Schwierigkeit halber nicht von vorne, sondern von der Ecke her malte.[178] Er trachtete mehr als die anderen Meister danach, nackte Gestalten und verkürzte Figuren darzustellen, was bisher kaum üblich gewesen war. Dabei hatte er eine äußerst leichte

Hand und bevorzugte möglichst einfache Faltenwürfe. Ein in Tempera gemaltes Bild von ihm, die Madonna mit dem Kind auf dem Arm, die im Schoß der heiligen Anna ruht, befindet sich heute in S. Ambrogio zu Florenz, in der Kapelle, die neben der Tür zum Sprechzimmer der Nonnen liegt.[179]

Im Querschiff der Kirche S. Niccolò jenseits des Arno gibt es ebenfalls ein Temperabild auf Holz von Masaccio, das eine Verkündigung Mariä darstellt. Darauf ist ein Haus mit vielen Säulen sehr schön perspektivisch dargestellt; nicht nur sind die Umrisslinien vollendet, sondern auch die Farben verblassen allmählich mit der wachsenden Entfernung im Bild, sodass das Gebäude dem Auge zu entschwinden scheint. Damit bewies Masaccio sein tiefes Verständnis der Perspektive. In der Badia von Florenz malte er in Fresko an einem Pfeiler, gegenüber dem Bogen des Hauptaltars, den heiligen Ivo aus der Bretagne. Er stellte ihn in einer Nische dar, mit perspektivisch verkürzten Beinen, als ob man ihn von unten sähe, eine Arbeit, die wohl kein anderer so gut ausgeführt hätte und die ihm daher großes Lob eintrug. Unter der Nische stehen auf einem Gesims Witwen, Waisen und Bettler, denen der Heilige aus ihrer Not hilft.[180]

Über dem Altar des heiligen Ignatius im Querschiff der Kirche S. Maria Novella malte Masaccio in Fresko eine Dreieinigkeit, dazu auf einer Seite die Madonna, auf der anderen den heiligen Johannes, die den gekreuzigten Christus betrachten. Darunter knien noch zwei weitere Figuren, eine auf jeder Seite, die, soviel man beurteilen kann, die Auftraggeber des Bildes darstellen; man kann sie jedoch nicht recht sehen, weil sie durch aufgelegte goldene Verzierungen verdeckt werden.[181] Sehr schön ist auf diesem Bild außer den Gestalten ein Tonnengewölbe, in Felder mit Rosetten abgeteilt, die in so richtiger Perspektive sich verjüngen, dass sie durch die Mauer hindurch in die Tiefe zurückzuweichen scheinen.

In S. Maria Maggiore malte er in einer Kapelle neben der Seitentür gegen S. Giovanni ein Altarbild mit der Madonna und den Heiligen Katharina und Julian; auf der Staffel sind in kleinen Figuren einige Begebenheiten aus dem Leben der heiligen Katharina und des heiligen Julian dargestellt, der Vater und Mutter tötete, dazu in der Mitte die Geburt Christi mit jener Einfachheit, die Masaccio eigen war.[182]

In der Kirche del Carmine zu Pisa malte er in einer Kapelle des Querschiffs die Madonna mit dem Kind, ihr zu Füßen einige musizierende Engelchen, darunter eines, das die Laute spielt und aufmerksam der Harmonie der Töne lauscht; zu ihren Seiten stehen die Heiligen Petrus, Johannes der Täufer, Julian und Nikolaus, lauter Gestalten voller Leben und Bewegung. Auf der Staffel sieht man in kleinen Figuren Szenen aus dem Leben dieser Heiligen und in der Mitte die Anbetung der Könige, wobei einige Pferde, so schön man es sich nur vorstellen kann, nach dem Leben abgebildet sind; das Gefolge der Könige trägt die verschiedenartigsten Gewänder, wie sie zur damaligen Zeit üblich waren. Um das ganze Werk noch vollständiger zu machen, sind darüber mehrere Bilder mit vielen Heiligen um einen Kruzifixus angeordnet.[183] [...]

Von Pisa kehrte Masaccio nach Florenz zurück und malte dort ein Bild mit zwei lebensgroßen nackten Figuren, einer männlichen und einer weiblichen, das heute im Haus von Palla Rucellai aufbewahrt wird. Da er sich jedoch in Florenz nicht recht wohlfühlte, beschloss er, von seiner Liebe zur Kunst getrieben, nach Rom zu ziehen, um dort noch mehr zu lernen, sodass er alle anderen überträfe. Das tat er auch und gelangte dort zu großem Ruhm.[184] Für den Kardinal von S. Clemente malte er in einer Kapelle der Kirche S. Clemente in Fresko eine Passion Christi mit den beiden Schächern am Kreuz und Szenen aus dem Leben der heiligen Märtyrerin Katharina. Außerdem schuf er zahlreiche Tafelbilder in Tempera, die aber in den Wirren, denen Rom später ausgesetzt war, verstreut wurden oder verloren gingen. Eines befindet sich in der Kirche S. Maria Maggiore, in einer kleinen Kapelle neben der Sakristei; darauf sieht man vier Heilige, so trefflich ausgeführt, dass sie plastisch zu sein scheinen, und in ihrer Mitte Maria und das Schneewunder.[185] Dazu gehört auch ein Bildnis von Papst Martin, den er naturgetreu darstellte, wie er mit einer Hacke das Fundament der Kirche in den Sand zeichnet, während Kaiser Sigismund II. neben ihm steht. Als ich dieses Werk einst mit Michelangelo zusammen betrachtete, lobte er es sehr und sagte, jene beiden hätten zur Zeit Masaccios gelebt. Dieser sollte auch einen Teil der Arbeiten in S. Giovanni zu Rom übernehmen, wo Pisanello und Gentile da Fabriano im Auftrag von Papst Martin die Wände mit Malereien ausschmückten; er erhielt jedoch die Nachricht, Cosimo de' Medici, der ihn stets beschützt und gefördert hatte, sei aus dem Exil zurückgerufen worden, und begab sich daher wieder nach Florenz.[186]

Inzwischen war Masolino da Panicale gestorben, und Masaccio sollte die Malereien in der Kapelle in der Kirche del Carmine zu Ende führen, die jener nicht hatte vollenden können.[187] Ehe er jedoch daranging, malte er in der Nähe der Glockenstränge, sozusagen zur Probe und um zu zeigen, welche Fortschritte er in der Kunst gemacht hatte, den Apostel Paulus. In diesem Bild bewies er wahrhaftig seine große Tüchtigkeit, denn der Kopf des Heiligen, ein Bildnis des Bartolo di Angiolino Angiolini, ist von so gewaltiger Wirkung, dass ihm zum Leben nichts als die Sprache zu fehlen scheint; wer den heiligen Paulus nicht kannte, wird darin den ganzen Adel der römischen Bildung, vereint mit der unbezwinglichen Kraft jenes gottesfürchtigen Geistes, erkennen, dessen Sorge einzig auf den Glauben gerichtet war. Daneben offenbarte Masaccio auch hier seine bewundernswerte Fertigkeit, eine Gestalt so zu verkürzen, als ob man sie von unten sähe; wie gut er diese Schwierigkeit zu lösen verstand, erkennt man noch heute an den Füßen des Apostels. Die unbeholfene alte Manier, nach der, wie ich schon sagte, die Figuren sämtlich auf den Fußspitzen zu stehen schienen, hatte bis zu seiner Zeit angedauert, ohne dass jemand sie zu verbessern suchte, bis er, ganz aus sich allein heraus und früher als jeder andere Meister, die heute allgemein geübte, richtige Art einführte.

Noch während er an diesem Werk arbeitete, wurde die Kirche del Carmine von drei Bischöfen feierlich eingeweiht; zur Erinnerung stellte Masaccio mit grünen Erdfarben in Hell und Dunkel über der Tür im Kreuzgang, die ins Kloster führt, die ganze Zeremonie naturgetreu dar; dabei porträtierte er eine große Zahl von Bürgern, die in Mantel und Kapuze der Prozession folgen, unter ihnen Filippo di Ser Brunelleschi in Holzschuhen, Donatello, seinen Lehrer Masolino da Panicale, Antonio Brancacci, in dessen Auftrag er die Kapelle malte, Niccolò da Uzzano, Giovanni di Bicci de' Medici und Bartolomeo Valori.[188]

Die Bildnisse aller dieser Männer von seiner Hand finden sich außerdem noch im Haus des Florentiner Edelmanns Simon Corsi, dazu noch dasjenige des Lorenzo Ridolfi, der damals Gesandter der florentinischen Republik in Venedig war. Um auf das Bild der Einweihungszeremonie zurückzukommen, so sind darauf nicht nur die genannten Bürger lebenswahr abgebildet, sondern auch die Tür des Klosters und der Pförtner mit den Schlüsseln in der Hand. Das ganze

Werk ist vorzüglich, denn Masaccio zeichnete die in fünf- und sechsfachen Reihen auf der Piazza stehenden Gestalten in so richtiger Perspektive, dass sie gegen den Hintergrund zu allmählich kleiner erscheinen, so, wie das Auge sie in Wirklichkeit wahrnimmt; bewundernswert ist auch die Natürlichkeit der Figuren, da er sie nicht alle in den gleichen Proportionen darstellte, sondern große und kleine, schlanke und dicke Leute malte; dazu stehen sie mit den Füßen fest auf dem Boden, sodass die Malerei hier der Natur sehr nahe kommt.

Danach nahm Masaccio die Arbeit in der Kapelle der Brancacci wieder auf, wo er die von Masolino angefangene Geschichte des heiligen Petrus fortsetzte und zum Teil vollendete, nämlich Petri Stuhlfeier, die Heilung der Kranken, die Erweckung der Toten und wie Petrus, der mit Johannes zur Kirche geht, durch seinen Schatten Lahme gesund macht. Besonders bemerkenswert ist das Bild, auf dem Petrus, um den Zinsgroschen zu zahlen, auf Jesu Geheiß die Münze aus dem Bauch eines Fisches hervorholt; abgesehen davon, dass Masaccio sich selbst in einem der hintersten Apostel nach seinem Spiegelbild so trefflich darstellte, dass er zu leben scheint, spiegelt sich die Kühnheit Petri in den fragenden und aufmerksamen Mienen der den Heiland umstehenden Jünger wider, die das Ergebnis mit der größten Spannung erwarten. Am allernatürlichsten ist Petrus dargestellt; er steht über den Fisch gebückt und strengt sich beim Herausholen des Geldes dermaßen an, dass er einen hochroten Kopf hat. Noch vorzüglicher ist die Szene, in der er den Zins zahlt, denn hier sieht man, mit welcher Sorgfalt er das Geld zählt, und die Habgier des Empfängers, der die Münzen in seiner Hand voller Freude betrachtet. Das letzte Bild zeigt, wie Petrus und Paulus den Königssohn wieder zum Leben erwecken. Indes starb Masaccio, bevor er das Werk vollenden konnte, das dann von Filippino zu Ende geführt wurde. In dem Bild, das die Taufe der Gläubigen durch Petrus darstellt, ist vor allem die gut durchmodellierte und zart ausgeführte Gestalt eines nackten Jünglings zu rühmen, der vor Kälte zittert; sie wurde von den alten wie von den neueren Meistern stets aufs Höchste geschätzt und bewundert.

Bis zum heutigen Tag wird die Kapelle von unzähligen Malern und Zeichnern besucht. Es gibt dort noch andere, so schön und lebendig gemalte Köpfe zu sehen, dass man wohl behaupten kann, kein Künstler jener Zeit sei den Modernen so nahegekommen wie Masaccio. Seinen Anstrengungen gebührt das höchste Lob, umso mehr, als durch seine Meisterschaft die heutige schöne Darstellungsweise begründet wurde. Dies bezeugt auch die Tatsache, dass alle großen Bildhauer und Maler, die nach ihm kamen und zu höchstem Ruhm gelangten, in dieser Kapelle Übungen und Studien betrieben; so Fra Giovanni da Fiesole, Fra Filippo, Filippino, der sie vollendete, Alesso Baldovinetti, Andrea del Castagno, Andrea del Verrocchio, Domenico Ghirlandaio, Sandro Botticelli, Leonardo da Vinci, Pietro Perugino, Fra Bartolomeo di San Marco, Mariotto Albertinelli und der göttliche Michelangelo Buonarroti; dazu noch Raffael von Urbino, der hier die Grundlagen zu seiner herrlichen Kunst legte, Granaccio, Lorenzo di Credi, Ridolfo Ghirlandaio, Andrea del Sarto, Rosso, Franciabigio, Baccio Bandinelli, Alonso Spagnuolo, Jacopo da Pontormo, Perino del Vaga und Toto del Nunziata. Kurz alle, die sich der Kunst widmen wollten, besuchten stets diese Kapelle, um aus den Gestalten Masaccios zu lernen und gültige Regeln abzuleiten; und wenn ich hier nicht noch die vielen anderen fremden und florentinischen Künstler aufzähle, die sich ebenfalls durch häufigen Besuch der Kapelle weiterzubilden trachteten, so möge die Erklärung genügen, dass da, wo die führenden Köpfe der Kunst sich sammeln, stets auch die Mitläufer sich einstellen. Doch wie hoch auch die Werke Masaccios von jeher geschätzt wurden, sind doch viele der Ansicht, ja der felsenfesten Überzeugung, dass er in der Kunst noch weit Größeres geleistet hätte, wäre er uns nicht schon mit sechsundzwanzig Jahren vorzeitig vom Tod entrissen worden. Ob nun Hass und Missgunst im Spiel waren oder ob es einfach so kommen musste, weil das Gute hienieden meistens nicht lange währt – er wurde in seiner schönsten Blüte dahingerafft, und dies so plötzlich, dass nicht wenige eher an Gift als an einen Zufall dachten.

Filippo di Ser Brunelleschi soll bei der Nachricht von seinem Tod gesagt haben: «Mit Masaccio haben wir unendlich viel verloren.» Es tat ihm über alle Maßen leid, hatte er sich doch lange bemüht, ihn in den wichtigsten Regeln der Perspektive und der Baukunst zu unterweisen. Masaccio wurde 1443 in der Kirche del Carmine bestattet, und obwohl man ihm damals kein Denkmal setzte, da er zu seinen Lebzeiten noch wenig anerkannt war, so ehrte man ihn doch nach seinem Tod durch Grabschriften.[189] [...]

Donatello

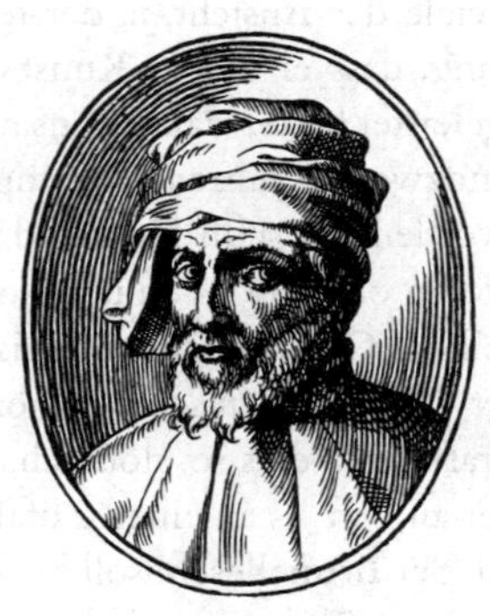

Donato, der von den Seinigen Donatello genannt wurde und einige Werke auch so zeichnete, kam im Jahre 1383 in Florenz auf die Welt.[190] Er widmete sich den bildenden Künsten und war sowohl ein hervorragender Bildhauer als auch in Stuckarbeit bewandert, in der Perspektive tüchtig und in der Architektur sehr geschätzt. Seine Werke waren so anmutig, so gut gezeichnet und so vorzüglich, dass man sie den besten Werken der alten Griechen und Römer ähnlicher fand als die irgendeines anderen je zuvor; mit vollem Recht schreibt man ihm als dem Ersten die Komposition von Szenen im Flachrelief zu. [...]

Donatello wurde von Kind auf im Haus von Roberto Martelli erzogen; durch seine trefflichen Eigenschaften und seinen Fleiß in der Kunst erwarb er sich die Liebe des Hausherrn und der ganzen vornehmen Familie. Er schuf in der Jugend viele Dinge, die man, weil sie so zahlreich waren, nicht sonderlich beachtete. Was ihm aber Ruhm einbrachte und ihn in seinem wahren Wesen bekannt machte, war eine Verkündigung aus Sandstein, die in S. Croce zu Florenz beim Altar der Kapelle der Cavalcanti aufgestellt wurde; er schmückte sie in Groteskenmanier mit einem vielfach verzierten Basament und einem Aufsatz im Viertelskreisbogen und fügte sechs Putten hinzu, die Gewinde tragen und sich, gleichsam aus Furcht vor der Tiefe, dadurch zu sichern scheinen, dass sie einander umfasst halten.[191] Doch am meisten bewies er seine Begabung und seinen Kunstverstand in der Gestalt der Jungfrau, die sich, durch die plötzliche Erscheinung des Engels erschreckt, scheu und sanft voller Ehrfurcht verneigt und dabei sich mit lieblichster Anmut dem zuwendet, der sie grüßt, sodass man in ihrem Antlitz jene Demut und Dankbarkeit wahrnimmt, die man für ein unerwartetes Geschenk dem Spender schuldet, und zwar umso mehr, je größer die Gabe ist. Außerdem zeigt Donato an den Gewändern der Madonna und des Engels meisterhaften Faltenwurf; und wie er die nackten Körper der Gestalten zur Geltung zu bringen sucht, darin erweist sich sein Streben, die lange verborgen gebliebene Schönheit der Alten zu entdecken. [...]

In derselben Kirche machte er am Lettner neben dem Wandgemälde von Taddeo Gaddi mit außergewöhnlicher Sorgfalt einen Kruzifixus aus Holz.[192] Als er ihn vollendet hatte, glaubte er etwas überaus Gelungenes geschaffen zu haben, und zeigte ihn Filippo di Ser Brunelleschi, seinem vertrauten Freund, um dessen Ansicht darüber zu hören; nach Donatos Worten erwartete Filippo etwas weit Besseres, und als er den Kruzifixus erblickte, lächelte er leicht. Donato sah es und bat ihn bei ihrer Freundschaft, ihm seine Meinung zu sagen, worauf Filippo, freimütig wie er war, erwiderte, es scheine ihm, er habe einen Bauern ans Kreuz genagelt und nicht einen Körper, der demjenigen Christi ähnlich sei, der doch von größter Feinheit und in allen Teilen der vollkommenste Mensch gewesen war, der je geboren wurde. Da Donato sich so gerügt fand und es ihn umso tiefer verletzte, weil er sich ein Lob erhofft hatte, antwortete er: «Wenn es so leicht wäre, etwas zu machen, wie darüber zu urteilen, käme dir mein Christus als Christus vor und nicht als ein Bauer; aber nimm doch ein Stück Holz und versuch, selber einen zu machen.» Filippo verlor kein Wort mehr darüber, kehrte nach Hause zurück und ging ans Werk, ohne dass jemand etwas davon erfuhr; er strengte sich an, um sein Urteil nicht Lügen zu strafen, Donato übertreffen zu können, und brachte seinen Kruzifixus nach vielen Monaten zu höchster Vollendung. Darauf lud er eines Morgens Donato ein, mit ihm zu speisen, und Donato nahm die Einladung an. So gingen sie gemeinsam zu Filippo, und als sie zum Alten Markt kamen, kaufte Filippo einiges ein, gab es Donato und sagte: «Mache dich damit auf den Weg und warte zu Hause auf mich, ich komme gleich nach.» Als nun Donato das Haus betreten hatte und in das Erdgeschoss gelangt war, erblickte er den Kruzifixus Filippos in guter Beleuchtung; er blieb stehen, um ihn zu betrachten, und fand ihn so vollkommen ausgearbeitet, dass er besiegt und voll Staunen, wie außer sich, die Hände öffnete; da fielen ihm die Eier, der Käse und alles andere zu Boden, und alles war verschüttet und zerbrochen. Er war immer noch verblüfft und wie von Sinnen, als Filippo kam und lachend fragte: «Was hast du denn vor, Donato? Was sollen wir nun essen, nachdem du alles verschüttet hast?» Da antwortete Donato: «Was mich betrifft, so habe ich heute schon meinen Teil gehabt; willst du den deinen, so nimm ihn dir, aber nichts mehr; dir ist es gegeben, Christusgestalten zu machen, und mir die Bauern.»[193]

Im Tempel von S. Giovanni in derselben Stadt schuf Donato das Grabmal des Papstes Giovanni Coscia, der durch das Konstanzer Konzil seines Amtes enthoben worden war; den Auftrag dazu gab Cosimo de' Medici, der mit dem Papst innig befreundet gewesen.[194] Donato machte eigenhändig die Gestalt des Toten in vergoldeter Bronze, in Marmor diejenigen der Hoffnung und der Liebe, und sein Schüler Michelozzo die des Glaubens. In der gleichen Kirche sieht man, diesem Werk gegenüber, eine büßende Maria Magdalena, in Holz, von der Hand Donatos; sie ist sehr schön und vortrefflich dargestellt, durch Fasten und Entbehrungen abgezehrt, und in allen Teilen erscheint die Anatomie aufs Beste verstanden. [...]

In jungen Jahren machte er für die Fassade von S. Maria del Fiore einen Propheten Daniel in Marmor[195] und nachher einen sitzenden Johannes den Evangelisten von vier Ellen Höhe, in schlichtem Gewand; ein viel gelobtes Werk.[196] An derselben Stelle sieht man an der Ecke, auf der Seite gegenüber der Via del Cocomero, zwischen zwei Säulen die Gestalt eines alten Mannes, die mehr als alles, was es von Donato gibt, antiker Art sich nähert; in seinem Antlitz nimmt man die Gedanken wahr, die die Jahre jenen bringen, die von der Zeit und den Mühsalen verbraucht sind.[197] Im Innenraum derselben Kirche machte er ferner die Orgelschranken über der Tür zur alten Sakristei mit jenen skizzenhaft gehaltenen Figuren, die dem Beschauer, wie gesagt wurde, wie lebendig erscheinen.[198] Man kann daher von Donato sagen, dass er sowohl mit dem Verstand als auch mit den Händen arbeitete; bedenke man doch, dass viele Dinge ausgeführt werden und schön erscheinen in den Werkstätten, wo sie hergestellt werden, dass sie dann aber, wenn sie dort weggetragen und anderswo aufgestellt sind, in einer anderen Beleuchtung oder mit einem höheren Standpunkt, ihren Anblick verändern und als das Gegenteil sich von dem erweisen, als was sie anmuteten. Donato hingegen führte seine Figuren in solcher Weise aus, dass sie an dem Ort, wo er arbeitete, nicht halb so schön zur Geltung kamen wie an ihrem Aufstellungsort. [...]

In S. Michele in Orto zu Florenz arbeitete er in Marmor, für die Zunft der Metzger, die Statue des heiligen Petrus, die dort zu sehen ist, eine wunderbare, gedankenvoll weise Gestalt, und, für die Zunft der Leinenhändler, Markus den Evangelisten, den er gemeinsam mit Filippo Brunelleschi in Auftrag genommen hatte, dann aber, im Einverständnis mit Filippo, allein zu Ende brachte. Diese Gestalt war von Donatello mit solcher Überlegung geschaffen, dass sie in ihrer Vollkommenheit, als sie zu ebener Erde stand, von den Nichtkennern nicht erfasst wurde und die Konsuln der Zunft im Begriff waren, die Aufstellung abzulehnen. Daraufhin sagte Donato, man solle ihm erlauben, dass er sie oben aufstelle; er wolle beweisen, dass eine andere Figur zum Vorschein käme, wenn er noch daran arbeite, und dass sich nicht mehr die jetzige dort zeigen werde. So geschah es denn; vierzehn Tage lang hielt er sie verschlossen und enthüllte sie dann, ohne sie auch nur berührt zu haben, und erfüllte alle mit Staunen.

Für die Zunft der Harnischmacher schuf er die Gestalt eines gewappneten heiligen Georg von größter Lebendigkeit; an seinem Kopf erkennt man die Schönheit der Jugend, den Mut und die Tapferkeit im Kampf, eine ungestüm erschreckende Glut und eine herrliche Gebärde, wie er sich im Stein bewegt. Gewiss hat man in den modernen Statuen bisher nie solche Lebendigkeit und so viel Geist im Marmor gesehen, wie Natur und Kunst durch die Hand Donatos in diesem Werk hervorbrachten. An der Basis, die das dazugehörige Tabernakel trägt, arbeitete er in Marmor als Flachrelief den heiligen Georg, wie er den Drachen tötet; darauf ist ein Pferd, das hochgeschätzt und gepriesen wird.[199] Im Giebel bildete er im Flachrelief einen Gottvater in halber Figur; und gegenüber der zum Oratorium gehörigen Kirche arbeitete er in Marmor in antiker, sogenannt korinthischer Ordnung, ohne jede Anlehnung an die deutsche Manier, das Tabernakel für das Handelsgericht, um darin zwei Statuen aufzustellen; die Statuen selbst wollte er nicht ausführen, weil er mit dem Preis nicht einverstanden war. Diese Figuren machte dann nach seinem Tod Andrea Verrocchio in Bronze.

Donato arbeitete in Marmor an der Vorderfassade des Glockenturms von S. Maria del Fiore vier fünf Ellen hohe Figuren.[200] Davon sind zwei in der Mitte nach der Natur gebildet: Die eine stellt Francesco Soderini als jungen Mann vor, die andere Giovanni di Barduccio Cherichini, dessen Statue heute Zuccone genannt wird, Kürbiskopf. Da diese Statue für ein so ungewöhnliches und schönes Werk gehalten wurde, wie Donato sie nie schöner machte, so pflegte er zu sagen, wenn er etwas beschwören wollte, um sich Glauben zu verschaffen: «Das ist so wahr, wie ich an meinen Zuccone glaube» – und während er daran arbeitete, schaute er ihn an und rief ihm in einem fort zu: «So sprich doch, sprich doch, sonst sollst du den Blutschiss bekommen!» Auf der Seite zum Domherrenhaus hin, über dem Eingang des Campanile, machte er einen Abraham, der den Isaak opfern will, und einen anderen Propheten; diese beiden Statuen wurden zwischen zwei weiteren aufgestellt.[201] Für die Signoria der Stadt lieferte er einen Erzguss, der in der Arkade der Loggia auf dem Platz aufgestellt wurde und Judith darstellt, wie sie dem Holofernes den Kopf abschlägt, ein Werk von größter Vortrefflichkeit und Meisterschaft; wer die äußere Schlichtheit im Gewand und im Ausdruck der Judith betrachtet, dem wird der große Mut, der dieser Frau innewohnt, und der Beistand Gottes deutlich und klar zuteil, so wie im Ausdruck des Holofernes sich ihm der Wein und der Schlaf und der Tod seiner Glieder offenbaren, die die Lebensgeister verloren haben und darum kalt und schlaff erscheinen. Diese Arbeit wurde von Donato so ausgeführt, dass der Guss dünn und sehr schön herauskam, und darauf wurde es so vortrefflich ziseliert, dass sein Anblick ein Wunder ist. In gleicher Weise ist der Sockel, eine Granitsäule in einfacher Ordnung, voller Anmut und den Augen ein erfreulicher Anblick; er war von diesem Werk so befriedigt, dass er, was er bei den übrigen nicht getan hatte, seinen Namen daruntersetzte: *«Donatelli opus»*.[202]

Im Hof des Palastes der Signoria ist von ihm lebensgroß in Bronze gearbeitet die nackte Gestalt eines David, der dem Goliath den Kopf abgehauen hat, den Fuß erhebt und auf ihn setzt; in der rechten Hand hält er ein Schwert. Diese Figur ist derart naturgetreu in der Lebendigkeit und Weichheit, dass es den Künstlern nicht anders denkbar erscheint, als dass sie nach dem Leben geformt wäre.[203] [...] So groß war die Zuneigung, die Cosimo de' Medici wegen seiner Tüchtigkeit für Donato hegte, dass er ihn ohne Unterbruch beschäftigte; und andererseits hatte auch Donato so viel Liebe zu Cosimo, dass er aus jedem geringsten Wink seine Wünsche erriet und ihm stets folgte. Man erzählt, ein genuesischer Kaufmann habe bei Donato einen sehr schönen, lebensgroßen Bronzekopf bestellt, der sehr dünn gearbeitet war, damit er weit verschickt werden konnte. Dieser Auftrag war Donato durch Cosimos Vermittlung übertragen worden. Als er damit fertig war und der Kaufmann ihn entlohnen wollte, kam es ihm vor, Donato verlange zu viel; so wurde bestimmt, dass Cosimo den Handel schlichte, und dieser ließ den Kopf zum oberen Hof seines Palastes schaffen, wo er zur besseren Ansicht zwischen den Zinnen zur Straße hin aufgestellt wurde. Cosimo wollte also den Streitfall beilegen und fand, der Kaufmann bleibe weit hinter der Forderung Donatos zurück. Er wendete sich zu ihm hin und sagte, es sei zu wenig. Darauf erwiderte der Kaufmann, dem es zu viel zu sein schien, Donato habe nur einen Monat oder wenig mehr daran gearbeitet, und es entfiele für ihn mehr als ein halber Gulden am Tag. Da wandte sich Donato zornig zum Kaufmann und sagte ihm, im hundertsten Teil einer Stunde bringe er es fertig, den Fleiß und den Preis eines Jahres zunichtezumachen; und er gab dem Kopf einen Stoß, dass er auf die Straße stürzte und in viele Stücke zerschellte. Man sehe wohl, setzte er hinzu, dass er sich darauf verstehe, mit Bohnen zu handeln und nicht mit Statuen. Der Kaufmann bereute es und wollte ihm das Doppelte geben, wenn er den Kopf noch einmal machte, aber trotz seiner Versprechungen und der Bitten Cosimos wollte Donato ihn nicht wiederholen.

In den Häusern der Martelli befinden sich viele Szenen in Marmor und in Bronze, darunter auch ein David von drei Ellen Höhe, und sonst noch viele Dinge, die er als Zeichen seiner Anhänglichkeit und Liebe dieser Familie überaus freigebig geschenkt hat, unter anderem besonders ein heiliger Johannes, eine drei Ellen hohe frei stehende Figur in Marmor, die er selbst fertiggestellt hat, ein auserlesenes Stück.[204] [...] Er machte ferner ein Marmorgrabmal für einen Erzbischof, das nach Neapel gesandt wurde und sich in S. Angelo di Seggio di Nido befindet.[205] Daran sind drei frei stehende Figuren, die den Sarg mit dem Kopf stützen, und auf dem Sarg ist eine Szene in Flachrelief, die wegen ihrer Schönheit ungemessenes Lob verdient. Im Haus des Grafen Matalone in derselben Stadt befindet sich ein Pferdekopf von Donatos Hand, der so schön ist, dass viele ihn für antik halten. In Prato schuf er die Marmorkanzel, von der aus der Gürtel der Madonna gezeigt wird; in den einzelnen Feldern der Kanzel meißelte er so prächtige tanzende Kinder, dass man behaupten darf, es beweise nicht minder als andere Werke die Vollkommenheit seiner Kunst. Ferner machte er, als Stütze dafür, zwei Bronzekapitelle, von denen das eine noch dort steht, während das andere von den Spaniern, die jene Gegend plünderten, fortgeschleppt wurde.[206]

Zu jener Zeit geschah es, dass die Signoria von Venedig, die von seinem Ruhm vernommen hatte, ihn zu sich bat, damit er das Denkmal des Gattamelata in der Stadt Padua ausführe; er begab sich sehr gern dorthin und machte das Bronzepferd, das sich auf der Piazza S. Antonio befindet; das Schnauben und Beben des Pferdes, der hohe Mut und der Stolz des Reiters gelangen höchst lebendig durch die Kunst zum Ausdruck.[207] Bei der Größe des Gusses bewies Donato ein derart wunderbares Können, dass das Werk in den Proportionen und in der Vollkommenheit sich mit jeglichem Werk eines antiken Künstlers vergleichen lässt, was Bewegung, Zeichnung, Kunstgeschick, Ebenmaß und Sorgfalt betrifft. Nicht nur damals brachte er damit jedermann zum Staunen, sondern auch heute noch wirkt es so auf jeden, der die Arbeit sieht. Deswegen versuchten die Paduaner mit allen Mitteln, ihn zu ihrem Mitbürger zu machen und mit allen möglichen Freundlichkeiten zurückzuhalten; um ihn dort festzubinden, übertrugen sie ihm die Ausführung der Legenden des heiligen Antonius von Padua als Predellenstück des Hauptaltars der Minoritenbrüder; sie sind in Flachrelief und mit solchem Kunstverstand dargestellt, dass die besten Kenner voll Staunen und Bewunderung sind, wenn sie die vielfältigen Kompositionen mit ihrer Fülle von ungewöhnlichen Figuren und perspektivischen Verkürzungen betrachten.[208] [...]

Überall sind in jener Stadt Werke von ihm verstreut. Als er nun dort wie ein Wunder angesehen und von jedem Kenner gepriesen wurde, entschloss er sich, nach Florenz zurückzukehren, weil er sich sagte, bliebe er noch länger, so würde er alles vergessen haben, da er von jedermann dermaßen mit Lob überschüttet wurde; daher kehre er gern in seine Vaterstadt zurück, damit er dort stets getadelt werde: Dieser Tadel treibe ihn zum Studieren an und infolgedessen zu höherem Ruhm. So brach er von Padua auf und hinterließ unterwegs auf der Heimreise in Venedig der Florentiner Kolonie, für ihre Kapelle bei den Minoritenbrüdern, zum Andenken seiner Güte eine hölzerne Figur, Johannes den Täufer darstellend, die er mit Sorgfalt und höchstem Geschick ausarbeitete.[209] [...] In Florenz führte er in der Sakristei von S. Lorenzo ein marmornes Waschbecken aus, an dem auch Andrea Verrocchio arbeitete[210]; im Haus des Lorenzo della Stufa fertigte er Köpfe und Figuren von höchster Lebendigkeit an.

Darauf verließ er Florenz und begab sich nach Rom, um zu versuchen, die Arbeiten der Alten nachzuahmen, soviel er nur konnte; und während er diese antiken Stücke studierte, schuf er in Stein ein Sakramentshäuschen, das sich heute in der Peterskirche befindet.[211] Auf der Rückreise nach Florenz übernahm er unterwegs in Siena den Auftrag zu einer Bronzetür für die Taufkirche S. Giovanni[212]; er hatte bereits das Holzmodell dazu und die Wachsformen fast beendet, den Mantel für den Guss schon weit gefördert, als sein Freund und Hausgenosse Bernadetto di Mona Papera, ein Florentiner Goldschmied, zufällig dorthin kam; dieser war auf der Rückreise von Rom und wusste so viel zu tun und zu sagen, dass er, sei es in seinem eigenen Interesse oder aus welchen Gründen auch immer, Donato nach Florenz zurückbrachte und das Werk unvollendet oder vielmehr gar nicht erst begonnen wurde. Einzig ein Johannes der Täufer in Erz blieb von Donatos Hand in der Bauhütte jener Stadt, ihm fehlt der rechte Arm vom Ellbogen an[213]; und das habe, so wird behauptet, Donato getan, weil ihm nicht die ganze Bezahlung entrichtet worden sei.

Nach seiner Rückkehr schmückte Donato in Florenz für Cosimo de' Medici die Sakristei von S. Lorenzo mit Stuckaturen aus; in Zwickeln der Wölbung sind da vier runde Reliefs mit Szenen aus dem Leben der Evangelisten, und der perspektivische Hintergrund ist teils gemalt, teils in Flachrelief ausgeführt. Am gleichen Ort machte er zwei sehr schöne kleine Bronzetüren in Flachrelief mit Aposteln, Märtyrern und Glaubenszeugen; darüber sind flache Nischen, wovon die eine die Heiligen Laurentius und Stephanus, die andere die Heiligen Cosmas und Damianus birgt.[214] [...] Im Haus des Giovan Battista di Agnol' Doni, eines Florentiner Edelmanns, befindet sich ein Merkur aus Erz von Donatos Hand, eine anderthalb Ellen hohe frei stehende Figur, die eigentümlich bizarr gekleidet ist.[215] [...]

Wer Donatos Leben und Werk vollständig schildern wollte, würde sich eine viel zu lange Geschichte vornehmen, wie wir sie bei den Lebensbeschreibungen unserer Künstler nicht beabsichtigen, denn nicht nur mit den großen Werken, sondern auch mit äußerst geringen

Arbeiten der Kunst befasste sich Donato und machte unter anderem Familienwappen für die Kamine und Fassaden der Bürgerhäuser: Ein sehr schönes Wappen sieht man zum Beispiel am Haus gegenüber dem Bäcker della Vacca. Für die Familie de' Martelli lieferte er einen Sargschrein in der Art einer aus Weidenruten geflochtenen Wiege, der als Grab dienen sollte; er ist in der Unterkirche von S. Lorenzo.[216] [...] Es wird erzählt, dass Simone, Donatos Bruder[217], als er das Modell für das Grabmal des Papstes Martin V. ausgearbeitet hatte, Donato holen ließ, damit er es vor dem Guss sehe; darauf begab sich Donato nach Rom und war dort gerade zu der Zeit, als Kaiser Sigismund sich in der Stadt aufhielt, um von Papst Eugen IV. die Krone zu empfangen; so sah sich Donato gezwungen, gemeinsam mit Simone an dem überaus ehrenvollen Festschmuck mitzuarbeiten, und er erwarb sich dabei Ruhm und größte Ehre[218] [...]

Donato war in allen seinen Betätigungen ein so bedeutender und bewunderungswürdiger Mann, dass man behaupten darf, er sei hinsichtlich der Technik, des Kunstverstandes und des Wissens einer der Ersten gewesen, die unter den Modernen die Bildhauerkunst und die der rechten Zeichnung zu Ehren brachten, und er verdient umso mehr gerühmt zu werden, als zu seiner Zeit die antiken Werke noch nicht aufgedeckt über der Erde waren, sieht man von den Säulen, Pilastern und Triumphbogen ab. Er ist hauptsächlich die Veranlassung gewesen, dass in Cosimo de' Medici das Verlangen erwachte, die antiken Werke nach Florenz zu bringen, die im Haus Medici sind und einstmals waren; alle diese restaurierte er eigenhändig.

Er war überaus freigebig, liebenswürdig und höflich und mehr für seine Freunde als für sich selbst bedacht; Geld achtete er jederzeit gering und bewahrte es in einem Marktkorb, der mit einem Strick an der Decke aufgehängt war, sodass jeder seiner Freunde und Gesellen davon nahm, was er brauchte, ohne ihm etwas zu sagen. Er verlebte die Jahre des Alters in größter Heiterkeit, und als er gebrechlich wurde, musste er von Cosimo und anderen Freunden unterstützt werden, da er nicht mehr arbeiten konnte. Man sagt, als Cosimo im Sterben lag, habe er ihn seinem Sohn Piero empfohlen; und dieser schenkte ihm in getreulicher Ausführung des Willens seines Vaters ein Landgut in Cafaggiuolo, das für ein bequemes Leben auskömmliche Rente abwarf. Donato freute sich sehr darüber, denn es schien ihm, damit sei er nun mehr als gesichert gegen den Hungertod. Aber kaum ein Jahr behielt er es; er kehrte zu Piero zurück und leistete auf das Gut förmlich und gerichtlich Verzicht, indem er versicherte, er wolle sich seine Ruhe nicht durch Gedanken an die Wirtschaft und durch die Belästigung vonseiten des Bauern rauben lassen, der ihm jeden dritten Tag auf den Hals komme, bald weil der Wind den Taubenschlag abgedeckt hatte, bald weil ihm das Vieh als Abgabe für die Gemeinde weggenommen wurde, bald weil das Unwetter Wein und Obst vernichtete. All diese Dinge habe er satt bis zum Überdruss, und lieber wolle er vor Hunger sterben, als sich um so vieles bekümmern. Piero lachte über die Einfalt Donatos; um ihn von dieser Plage zu befreien, nahm er das Landgut zurück und überwies ihm auf seine Bank eine Summe als Rente, von der gleichen Höhe oder mehr, aber in barem Geld, von dem ihm allwöchentlich der entsprechende Betrag ausbezahlt wurde. Donato verbrachte, mit dieser Anordnung sehr zufrieden, als Diener und Freund des Hauses Medici froh und ohne Sorgen den Rest seines Lebens, bis er, im dreiundachtzigsten Jahre angelangt, so tatterig geworden war, dass er sich in keinerlei Weise mehr betätigen konnte und ununterbrochen das Bett hüten musste, in einem armseligen Häuschen, das er in der Via del Cocomero in der Nähe der Nonnen von S. Niccolò hatte. Dort wurde sein Zustand von Tag zu Tag schlechter, und er zehrte sich allmählich ab und starb am 13. Dezember 1466. Er wurde in der Kirche S. Lorenzo neben dem Grab Cosimos bestattet, wie er es selber angeordnet, damit der tote Leib sich in seiner Nähe befinde, bei dem der Geist im Leben stets verweilt hatte.

Sein Tod betrübte mit tiefem Schmerz die Mitbürger, die Künstler und alle, die ihn im Leben gekannt hatten. Es wurde, um ihn im Tod mehr zu ehren, als es zu seinen Lebzeiten geschehen, eine überaus ehrenvolle Leichenfeier in der besagten Kirche bereitet, und alle Maler, Architekten, Bildhauer, Goldschmiede und fast die ganze Bevölkerung der Stadt gaben ihm das Geleit. Lange Zeit wurden in verschiedenen Sprachen immer wieder Verse zu seinem Lob gedichtet. [...]

Piero della Francesca

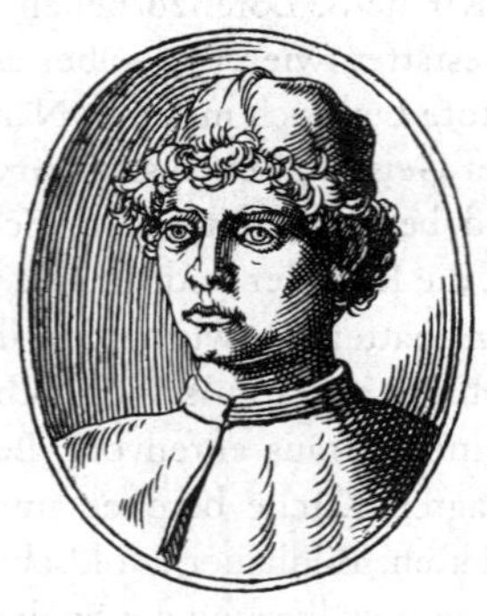

Unglücklich sind wahrlich die, die sich in Studien mühen, um anderen zu nützen und einen berühmten Namen zu hinterlassen, dann aber durch Krankheit oder durch den Tod verhindert werden, die begonnenen Werke zur Vollendung zu bringen. Und oft geschieht es, dass sie diese fast beendet und auf dem Weg zur Vollkommenheit hinterlassen, dass sie dann aber von der Anmaßung solcher usurpiert werden, die ihr Eselsfell mit dem ehrwürdigen Gewand des Löwen zu bedecken suchen. Die Zeit zwar, die man die Mutter der Wahrheit nennt, bringt sie später oder früher an den Tag; doch wird eine Zeitlang der Künstler um die Ehre beraubt, die seinen Mühen gebührt, wie es bei Piero della Francesca von Borgo San Sepolcro geschah.[219] Er wurde als vortrefflicher Meister in der Darstellung regelmäßiger Körper, in der Arithmetik und der Geometrie angesehen; er vermochte nicht, als er im Alter von Blindheit heimgesucht wurde und das drohende Ende nahte, seine wertvollen Arbeiten und die vielen Bücher, die er geschrieben hatte und die in seiner Heimat Borgo noch aufbewahrt werden, zu veröffentlichen.[220] Derjenige aber, der mit allen seinen Kräften sich hätte anstrengen sollen, Pieros Ruhm zu mehren, nachdem er alles, was er wusste, gerade von ihm gelernt hatte, versuchte in seiner Ruchlosigkeit, den Namen seines Lehrers zunichtezumachen und die Ehre, die einzig Piero gebührte, sich unrechtmäßig anzueignen, indem er unter dem eigenen Namen, Fra Luca aus Borgo[221], alle Forschungen jenes guten Greises veröffentlichte, der nicht nur in den gesamten Wissenschaften, sondern auch in der Malerei vortrefflich war.

Piero wurde in Borgo San Sepolcro geboren, das damals noch nicht wie heute eine Stadt war, und wurde nach dem Namen der Mutter *«della Francesca»* genannt; diese war schwanger, als ihr Gatte starb, und von ihr wurde Piero also aufgezogen und auf dem Weg gefördert, die Stufe zu erreichen, zu der sein günstiges Los ihn ermächtigte. In seiner Jugend befasste sich Piero mit mathematischen Studien, und obwohl er mit fünfzehn Jahren zum Malerberuf bestimmt wurde, gab er sie dennoch niemals auf; vielmehr wurde er, als er in der Mathematik sowohl wie in der Malerei wunderbare Erfolge hatte, von Guidobaldo Feltro[222], dem alten Herzog von Urbino, beschäftigt, für den er viele herrliche Bilder mit kleinen Figuren malte, die großenteils verloren gegangen sind, als jener Staat mehrmals von Kriegen heimgesucht wurde. Doch erhielten sich dort einige seiner Schriften über Geometrie und Perspektive; in diesen Fächern stand er hinter keinem in seiner Zeit und vielleicht hinter niemandem überhaupt, wie es alle seine Werke beweisen, die voll von Perspektiven sind – insbesondere eine Vase, die derart in Quadraten und Seiten aufgezeichnet ist, dass man von vorn, von hinten und von den Seiten den Boden und die Öffnung sieht: Gewiss etwas Wunderbares, denn er hatte darin jede Einzelheit auf das Feinste gestaltet und die Schwingung aller Kreislinien mit viel Anmut verkürzt wiedergegeben. Nachdem er sich an jenem Hof Ansehen und Namen erworben hatte, wollte er sich auch an anderen Orten bekannt machen und ging deshalb nach Pesaro und Ancona. Mitten im besten Arbeiten wurde er von Herzog Borso nach Ferrara gerufen, wo er im Palast viele Zimmer ausmalte, die später durch Herzog Ercole den Älteren zerstört wurden, weil man den Palast modern umbaute, sodass in Ferrara nichts übrig geblieben ist von Pieros Hand außer einer in Fresko geschmückten Kapelle in S. Agostino; aber auch diese ist durch Feuchtigkeit übel zugerichtet. Der Papst Nikolaus V. holte ihn nach Rom; in den oberen Gemächern des Palastes malte er zwei Szenen im Wettbewerb mit Bramante aus Mailand, die gleichermaßen durch Papst Julius II. zerstört wurden, damit Raffael von Urbino dort die Gefangenschaft Petri und das Hostienwunder von Bolsena malen könne; mitzerstört wurden einige andere Werke, die Bramantino geschaffen hatte, ein ausgezeichneter Maler seiner Zeit. [...]

Nach Vollendung seines Werks kehrte Piero aus Rom nach Borgo zurück, da seine Mutter gestorben war; in der Pieve malte er im Innern über dem mittleren Portal zwei Heilige in Fresko, die als ein sehr schönes Werk gelten.[223] Im

Kloster der Mönche von S. Agostino malte er die sehr gerühmte Tafel des Hauptaltars[224] und in Fresko eine barmherzige Jungfrau in einer Bruderschaft.[225] Im Konservatorenpalast führte er eine Auferstehung Christi aus, die unter den in jener Stadt befindlichen, und überhaupt unter allen seinen Arbeiten, als die beste angesehen wird.[226] In S. Maria zu Loreto[227] begann er in Gemeinschaft mit Domenico Veneziano die Decke der Sakristei auszumalen; sie ließen dieses Werk aus Furcht vor der Pest unvollendet, und es wurde dann von Pieros Schüler Luca da Cortona vollendet. Von Loreto begab sich Piero nach Arezzo und malte für Luigi Bacci, einen aretinischen Bürger, in S. Francesco die Kapelle am Hochaltar, deren Decke schon von Lorenzo di Bicci begonnen worden war.[228]

Dieses Werk umfasst Geschichten des Kreuzes, von da an, wo die Söhne Adams ihren Vater bestatten und ihm den Samen des Baumes, aus dem dann jener Stamm emporwuchs, unter die Zunge legen, bis zur Aufrichtung des Kreuzes, die durch den Kaiser Heraklios geschah, der mit dem Kreuz auf der Schulter barfuß in Jerusalem einzieht. Man sieht in diesem Werk viele schöne Beobachtungen und Stellungen, die Lob verdienen, wie zum Beispiel die Gewänder der Frauen im Gefolge der Königin von Saba, die in einem anmutigen und neuen Stil ausgeführt sind, viele äußerst lebendige altertümliche Bildnisse, eine Folge korinthischer Säulen in göttlich gemessenen Proportionen, einen Bauern, der die Hände auf den Spaten stützt und in lebendig wacher Haltung der heiligen Helena lauscht, während man die drei Kreuze ausgräbt, dass es nicht besser gemalt werden könnte. Vorzüglich ist auch der Tote ausgeführt, der bei der Berührung mit dem Kreuz wieder auflebt, ebenso die Freude der heiligen Helena sowie das Staunen der Umstehenden, die im Gebet niederknien. Vor allem aber zeigen sich Geist und Kunst darin, wie er die Nacht und einen Engel in Verkürzung gemalt hat, der herabkommt, das Haupt niederwärts, um Konstantin das Zeichen des Sieges zu bringen. Dieser schläft in einem Zelt, von einem Diener und einigen Bewaffneten bewacht, die die Dunkelheit der Nacht umhüllt; das Licht, das von dem Engel ausströmt, erleuchtet mit größter Zartheit das Zelt, die Bewaffneten und die Umgebung. Bei dieser Darstellung der Dunkelheit zeigte Piero, wie wichtig es ist, die Gegenstände der Wirklichkeit nachzuahmen und sie aus ihr zu schöpfen; und weil er es aufs Beste getan, hat dies die neueren Künstler veranlasst, ihm zu folgen und jene Höhe zu erklimmen, auf der man zu unserer Zeit die Malerei angelangt sieht. In demselben Zyklus von Szenen brachte er in einem Schlachtenbild die Angst, die Kühnheit, die Gewandtheit, die Kraft und alle anderen Regungen wirksam zum Ausdruck, die man an Kämpfenden beobachten kann, gleichermaßen die Geschehnisse des Krieges und ein fast unglaubliches Gemetzel mit Verwundeten, Gefallenen und Toten. Dass er hier die schimmernden Waffen in Fresko dargestellt hat, dafür verdient er höchstes Lob, ebenso, weil er auf der anderen Seite, wo man die Flucht und den Untergang des Maxentius sieht, eine Gruppe von Pferden so wunderbar in der Verkürzung wiedergegeben hat, dass man sie, mit Rücksicht auf jene Zeiten, geradezu als allzu schön und allzu vortrefflich bezeichnen kann. In der gleichen Szene malte er eine halb nackte, halb in sarazenischem Gewand gekleidete Gestalt auf einem mageren Pferd, das in der damals noch wenig erforschten Anatomie vortrefflich zu nennen ist. So verdiente er, dass er für dieses Werk von Luigi Bacci (den er zusammen mit Carlo, seinen anderen Brüdern und vielen Aretinern, die sich damals in Wissenschaft und Literatur hervortaten, daselbst als Zuschauer bei der Enthauptung eines Königs porträtierte) reichlich belohnt wurde, und man brachte ihm in jener Stadt, die er mit seinen Werken so geschmückt hatte, fortan immer Liebe und Verehrung entgegen.

Im Dom von Arezzo malte er in Fresko eine heilige Maria Magdalena[229] und neben der Sakristeitür für die Bruderschaft der Nunziata das Banner[230], das sie bei Prozessionen herumtragen. [...] Ferner schuf er vieles in Perugia, das man in jener Stadt noch sieht, so in der Kirche der Nonnen des heiligen Antonius von Padua ein Temperabild mit der Madonna[231], das Kind auf dem Schoß, die Heiligen Franziskus, Elisabeth, Johannes den Täufer und Antonius von Padua; darüber eine prächtige Verkündigung mit einem Engel, der wirklich vom Himmel zu kommen scheint, und eine sehr schön perspektivisch sich verkürzende Säulenreihe. Auf der Predella sieht man in kleinfigurigen Szenen, wie der heilige Antonius ein Kind auferweckt, die heilige Elisabeth ein Kind rettet, das in einen Brunnen gefallen ist, und den heiligen Franziskus, der die Wundmale empfängt. In S. Ciriaco zu Ancona malte er auf dem Altar des heiligen Joseph eine wunderbare Darstellung von Mariä Vermählung.

Piero war, wie gesagt, überaus eifrig im Studium der Kunst, übte sich fleißig in der Perspektive und war sehr bewandert im Euklid, sodass er die besten Linien an den regelmäßigen Körpern kundiger als andere Geometer beherrschte; das eindringlichste Wissen, das es darüber gibt, stammt von ihm. [...] Er pflegte oft Modelle aus Ton zu formen und darüber weiche Tücher mit vielen Falten zu legen, sie zu kopieren und zu verwenden. Ein Schüler Pieros war der Aretiner Lorentino d'Angelo, der in Nachahmung seiner Manier viele Malereien in Arezzo ausführte und diejenigen, die Piero bei seinem Tod angefangen hinterließ, vollendete. [...] Piero aus Borgo erblindete im Alter von sechzig Jahren infolge eines Katarrhs und lebte so noch bis zu seinem sechsundachtzigsten Lebensjahr.[232] Er hinterließ in Borgo ein ziemliches Vermögen und einige Häuser, die er sich selbst gebaut hatte, die 1536 verbrannten und zerstört wurden. Er wurde von seinen Mitbürgern ehrenvoll in der Hauptkirche bestattet, die einst dem Orden der Kamaldulenser gehörte und heutzutage der Dom ist. Die Schriften Pieros befinden sich größtenteils in der Bibliothek Herzog Federigos II. von Urbino; sie haben ihm verdientermaßen den Ruhm des besten Geometers seiner Zeit eingebracht.

Fra Filippo Lippi

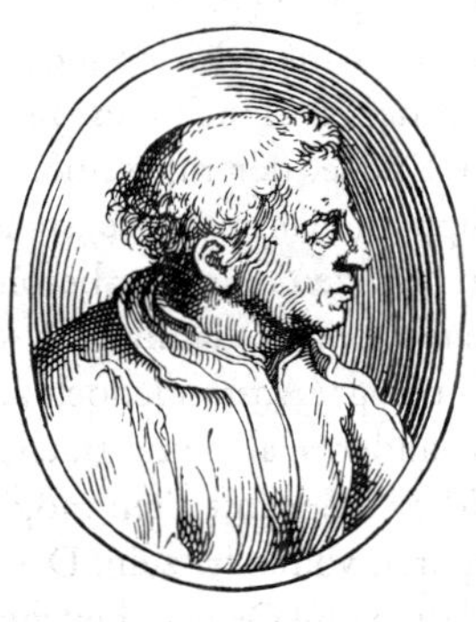

Der Karmelitermönch Fra Filippo di Tommaso Lippi wurde im Viertel Ardiglione von Florenz, im sogenannten Canto alla Cuculia, geboren, welcher Winkel hinter dem Karmeliterkloster liegt.[233] Nach dem Tod seines Vaters Tommaso blieb er im Alter von zwei Jahren als arme, schutzlose Waise zurück, denn auch seine Mutter war bald nach seiner Geburt gestorben. Eine Schwester seines Vaters, Mona Lapaccia, nahm ihn in ihre Obhut und zog ihn unter großen

Entbehrungen auf. Als er aber acht Jahre alt war, vermochte sie ihn nicht weiter zu erhalten und ließ ihn als künftigen Mönch in das genannte Kloster del Carmine eintreten. So geschickt er sich dort in allen Handfertigkeiten zeigte, so unbegabt und unwillig erwies er sich beim Studium der Grammatik wie der anderen Wissenschaften, mit denen er sich niemals befreunden wollte. Der Knabe, der mit seinem weltlichen Namen Filippo genannt wurde, stand gleich allen anderen Novizen unter der besonderen Aufsicht des Lateinlehrers, damit man sehe, was er zu leisten vermöge. Anstatt jedoch zu studieren, tat er nichts anderes, als seine Bücher wie auch die seiner Mitschüler mit allen möglichen Fratzen und Figuren vollzukritzeln. Das bewog den Prior, ihm Muße und Gelegenheit zum Erlernen der Malerei zu verschaffen.

Zu jener Zeit hatte gerade Masaccio die Kapelle des Klosters del Carmine neu ausgemalt, die dem jungen Filippo wegen ihrer Schönheit über die Maßen gut gefiel.[234] Er ging jeden Morgen mit großem Vergnügen hin, um sich dort gleich vielen anderen Jünglingen im Zeichnen zu üben, und übertraf alle so weit an Geschick und Verständnis, dass man sicher glaubte, er werde mit der Zeit Großes leisten. Doch nicht erst in reiferen Jahren, sondern schon in seiner frühen Jugend vollbrachte er so vorzügliche Werke, dass es wie ein Wunder schien. Schon nach kurzer Zeit malte er im Kreuzgang, neben dem Bild der Kircheneinweihung von Masaccio, mit grüner Erde einen Papst, der die Ordensregel der Karmeliter bestätigt.[235] Auch an anderen Stellen der Kirche malte er vieles in Fresko, unter anderem Johannes den Täufer samt einigen Begebenheiten aus dessen Leben. Von Tag zu Tag fortschreitend, eignete er sich die Manier des Masaccio immer mehr an, sodass viele sagten, der Geist dieses trefflichen Künstlers habe sich in Fra Filippo niedergelassen. Vornehmlich ein heiliger Martialis, den er an einen Pfeiler neben der Orgel malte, trug ihm großes Lob ein, weil dieses Bild durchaus dem Vergleich mit den Arbeiten Masaccios standhielt.

Da sich Filippo also von jedermann gepriesen hörte, legte er mutig mit siebzehn Jahren die Kutte ab.[236] Als er bald darauf in der Mark Ancona weilte und dort eines Tages mit mehreren Freunden eine Bootsfahrt auf dem Meer unternahm, wurden sie alle miteinander von einem in jener Gegend kreuzenden maurischen Kaperschiff aufgegriffen und ins Berberland verschleppt, wo man sie als Sklaven in Ketten legte.

Achtzehn Monate hatte Filippo bereits in diesem unglücklichen Zustand verbracht, als ihn eines Tages die Lust anwandelte, seinen Herrn, den er oft vor Augen hatte, zu zeichnen; er nahm ein Stück Holzkohle aus dem Feuer und stellte ihn in seiner maurischen Kleidung auf einer weiß getünchten Wand völlig lebenstreu dar. Dies wurde dem Herrn von den anderen Sklaven berichtet, da es in jener Gegend, wo man nichts vom Zeichnen und Malen wusste, allen wie ein Wunder erschien. Filippo wurde alsbald von den Ketten befreit. Es gereicht der herrlichen Kunst wahrhaftig zu höchstem Ruhm, dass sie selbst dort, wo rohe Macht herrschte, Strafe und Verdammnis in ihr Gegenteil umzuwandeln vermochte und dem Filippo statt Verfolgung und Tod große Gunst und das Geschenk der Freiheit eintrug; denn nachdem er seinem Herrn einige Bilder in Farbe gemalt hatte, ließ dieser ihn unter sicherem Geleit nach Neapel zurückbringen.[237] Dort verfertigte er im Auftrag des Königs Alfons, der damals Herzog von Kalabrien war, für die Schlosskapelle, da, wo heutzutage die Wachstube ist, ein Temperagemälde auf Holz.

Bald danach verlangte es ihn, nach Florenz zurückzukehren, wo er einige Monate verweilte und für die Nonnen von S. Ambrogio ein treffliches Altarbild malte.[238] Dadurch erwarb er sich die Gunst von Cosimo de' Medici, der ihm fortan der beste Freund war. Ferner malte er noch eine Altartafel in S. Croce und eine Geburt Christi für die Kapelle im Haus der Medici. Eine weitere Tafel mit der Geburt Christi und Johannes dem Täufer verfertigte er im Auftrag der Gemahlin Cosimos für die Einsiedelei von Camaldoli, die sie in ihrer Frömmigkeit erbaut und Johannes dem Täufer geweiht hatte; das Werk wurde dort in einer der Zellen aufgestellt.[239] Einige kleinere Bilder des Künstlers sandte Cosimo als Geschenk an Papst Eugen IV., sodass er auch bei diesem großes Ansehen gewann.

Man erzählt, Filippo sei so von der Liebe besessen gewesen, dass er alles hingegeben habe, um eine Frau, die ihm gerade gefiel, zu besitzen; und konnte er sie nicht erringen, so versuchte er seine Glut zu kühlen, indem er ihr Bildnis malte und ständig von ihr sprach. So mächtig pflegte ihn die Begierde zu packen, dass er in einer solchen Stimmung seine begonnenen Arbeiten völlig vernachlässigte. Als er einmal einen Auftrag für Cosimo de' Medici ausführen sollte, sperrte dieser ihn in sein Haus ein, damit er nicht draußen seine Zeit vergeude. Dies hatte zwei Tage gedauert, als Filippo, von Liebeswut, ja von tierischer Begierde getrieben, sich des Abends an einem Seil aus zerschnittenen Betttüchern aus dem Fenster hinabließ, davonlief und sich ein paar Tage nur seinem Vergnügen hingab. Cosimo befahl, ihn zu suchen, und als man ihn schließlich zurückbrachte, bereute er, den Künstler eingeschlossen zu haben, da er erkannte, dass Filippo in solchen Augenblicken wie von einem Wahn erfasst war und dabei keine Gefahr scheute. Von da an suchte er ihn einzig durch Freundlichkeit bei der Arbeit festzuhalten und hatte damit auch Erfolg. Deshalb pflegte er zu sagen, große Genies seien himmlische Wesen und keine Lastesel.

Filippo malte in der Kirche S. Maria Primerana auf der Piazza von Fiesole eine Verkündigung; das ganze Bild ist mit unendlicher Sorgfalt ausgeführt und die Gestalt des Engels so schön, dass er wahrhaftig aus dem Himmel herabgestiegen zu sein scheint.[240] Im Auftrag der Nonnen des Klosters delle Murate verfertigte er zwei Gemälde, eines für den Hauptaltar mit der Verkündigung, das andere für einen anderen Altar, das Szenen aus dem Leben der Heiligen Benedikt und Bernhard darstellt. Im Palast der Signoria malte er über einer Tür ebenfalls eine Verkündigung und über einer anderen Tür einen heiligen Bernhard; ferner in der Sakristei von S. Spirito zu Florenz die Madonna, von Engeln und Heiligen umgeben, ein besonders schönes Bild, das unsere großen Meister stets aufs Höchste schätzten.

Für die Kapelle der Kirchenverwalter von S. Lorenzo malte Filippo eine Verkündigung auf Holz, desgleichen eine für die Kapelle della Stufa, die aber nicht vollendet wurde, und für eine Kapelle von SS. Apostoli zu Florenz eine Tafel mit der Madonna zwischen mehreren Figuren. Im Mönchskloster Monte Oliveto zu Arezzo verfertigte er im Auftrag von Carlo Marsuppini die Altartafel mit einer Krönung Mariä und vielen Heiligen ringsum, ein Werk, das sich so frisch erhalten hat, als hätte der Künstler es soeben vollendet.[241] Hierbei war er von Messer Carlo ermahnt worden, darauf zu achten, wie er die Hände male, denn in diesem Punkt würden seine Arbeiten häufig getadelt. Um solchen Tadel zu vermeiden, verhüllte Fra Filippo von da an die Hände durch Gewänder oder irgendeine andere schickliche Erfindung. Auf diesem Gemälde sieht man auch Messer Carlo selbst nach dem Leben abgebildet. Für die Nonnen von Annalena zu Florenz malte er eine Tafel mit der Geburt Christi. Einige Arbeiten von ihm befinden sich in Padua, und nach Rom sandte er dem Kardinal Barbo zwei Bilder mit kleinen Figuren, die vortrefflich ausgeführt sind. Alle seine Arbeiten waren von besonderer Anmut und zeigten die zartesten Farbtöne; ihretwegen wurde er von den Künstlern seit jeher sehr wertgeschätzt, und auch die neueren Meister spenden ihm hohes Lob. Solange seine herrlichen Werke von den Zerstörungen der Zeit bewahrt bleiben, wird jedes Jahrhundert ihn verehren.

Zusammen mit dem Karmeliter Fra Diamante, der im Noviziat sein Freund und Gefährte gewesen war, hielt sich Filippo monatelang in Prato auf, wo er einige Verwandte hatte, und malte in der ganzen Umgegend viele Bilder.[242] Dort führte er auch im Auftrag der Nonnen von S. Margherita die Tafel für ihren Hauptaltar aus, und während er daran arbeitete, erblickte er eines Tages die Tochter des Florentiners Francesco Buti, die entweder zu ihrer Erziehung oder als Novizin in diesem Kloster weilte. Da Lucrezia, so hieß das Mädchen, ungemein schön und von großer Anmut war, wusste Fra Filippo von den Nonnen die Erlaubnis zu erwirken, ein Bildnis von ihr für eine Darstellung der Mutter Gottes zu malen. Bei dieser Gelegenheit verliebte er sich immer heftiger in sie und fand schließlich Mittel und Wege, sie aus dem Kloster zu entführen, als sie eines Tages ausgehen durfte, um den Gürtel der Heiligen Jungfrau zu besichtigen, der als kostbare Reliquie im Kastell von Prato aufbewahrt wird. Dem Kloster gereichte dieses Vorkommnis zur großen Schande, und Francesco, der Vater des Mädchens, konnte seines Lebens nie mehr froh werden; er versuchte alles, um sie wiederzuerlangen, doch sie wollte nicht mehr heimkehren, sei es aus Furcht oder aus einem anderen Grund. So blieb sie bei Filippo und gebar ihm einen Sohn, der ebenfalls Filippo genannt und später ein ebenso trefflicher und berühmter Maler wurde wie sein Vater.[243]

Zwei Altarbilder von Fra Filippo befinden sich in der Kirche S. Domenico zu Prato, und im Querschiff von S. Francesco malte er eine Mutter Gottes in Fresko an der Mauer zum Kreuzgang hin. Als man später diesen Teil der Kirche abtrug, verschonte man das Bild, indem das betreffende Mauerstück herausgesägt, mit Bohlen zusammengehalten und an einen anderen Platz in der Kirche verbracht wurde, wo es noch heute zu sehen ist. In einem Hof des Ceppo, einem Hospital, das von Francesco di Marco gestiftet und gegründet wurde, befindet sich über dem Brunnen eine Bildtafel mit einem Porträt dieses frommen Mannes von der Hand Fra Filippos[244], desgleichen in der dortigen Dechanei über der Seitentür zur Treppe ein kleines Bild mit dem Tod des heiligen Bernhard; man sieht darauf viele Krüppel, die durch die Berührung des Sarges den Gebrauch ihrer Glieder wiedererlangen, sowie Mönche, die den Tod ihres Meisters beweinen, wobei der Ausdruck der Trauer in den verschiedenen Gesichtern mit bewundernswerter Naturtreue gemalt ist. Einige der Mönchskutten haben außerordentlich schöne Faltenwürfe. Zeichnung, Farbgebung, Komposition, Anmut und Proportion der Figuren auf diesem von der zarten Hand Filippos ausgeführten Bild verdienen höchstes Lob.

Um ein bleibendes Werk von Filippo zu besitzen, beauftragten ihn die Verwalter der Dechanei, die Kapelle des Hauptaltars auszumalen. Auf diese Arbeit verwandte er die größte Kunstfertigkeit, führte Köpfe und Gewänder bewundernswert schön aus und stellte die Figuren überlebensgroß dar, wodurch er den neueren Künstlern den Weg wies, ihren Werken jene Größe zu verleihen, die der modernen Manier eigentümlich ist. Auch tragen einige Gestalten Gewänder, wie sie zu jener Zeit nicht üblich waren; damit gab Filippo der Kunst den ersten

Anstoß, sich von jener hergebrachten Einförmigkeit zu lösen, die eher veraltet als antik genannt werden könnte. Die Malereien auf der rechten Wand der Kapelle zeigen Szenen aus dem Leben des heiligen Stephanus, des Patrons der Kirche, und zwar die Disputation, die Steinigung und den Tod dieses großen Märtyrers. Bei seinem Wortstreit mit den Juden strahlt das Antlitz des Heiligen so viel Glaubenseifer und Inbrunst aus, wie man es kaum ausdenken, geschweige denn beschreiben kann, während die Mienen und Gesten der Juden Hass, Zorn und Erbitterung über ihre Niederlage ausdrücken. Noch deutlicher ist die Grausamkeit jener dargestellt, die ihn steinigen, wobei sie mit grässlich gefletschten Zähnen und allen anderen Anzeichen rasender Wut wahllos große und kleine Steine aufraffen, um sie gegen ihn zu schleudern; der heilige Stephanus bleibt unter diesem schrecklichen Ansturm ruhig und unbewegt. Mit zum Himmel erhobenem Antlitz scheint er voll frommer Inbrunst für die zu beten, die ihn töten: lauter großartige Ideen, die zeigen, wie sehr es in der Malerei auf Erfindungsgabe und auf das Vermögen ankommt, die mannigfaltigsten Affekte auszudrücken. Fra Filippo, der dies wohl beachtete, gab auch denen, die den heiligen Stephanus zu Grabe tragen, den Ausdruck so großer Betrübnis, dass man sie kaum betrachten kann, ohne ihre Trauer mitzufühlen.[245]

Auf der linken Seitenwand stellte er die Geschichte Johannis des Täufers dar, nämlich seine Geburt, Predigt und Taufe, das Gastmahl des Herodes und die Enthauptung. Im Gesicht des predigenden Heiligen erkennt man den göttlichen Geist, der aus ihm spricht, während die ihn in großer Menge umringenden Männer und Frauen, die hingerissen seinen Belehrungen lauschen, die verschiedensten freudigen und schmerzlichen Empfindungen zum Ausdruck bringen. Im Bild der Taufe sind Schönheit und Güte dargestellt, im Gastmahl des Herodes hingegen die Pracht des Gelages, die Verschlagenheit der tanzenden Herodias, das verblüffte Staunen der Gäste und ihre unsägliche Betrübnis, als das abgehauene Haupt des Täufers auf einer Schüssel gebracht wird. Ringsum sieht man zahllose Figuren in den schönsten Stellungen und mit trefflich ausgeführten Gewändern und Köpfen, worunter Filippo sich selber, nach seinem Spiegelbild, im schwarzen Prälatengewand malte; seinen Freund und Schüler Fra Diamante findet man unter den Gestalten, die den heiligen Stephanus betrauern. Das ganze Werk ist tatsächlich die trefflichste von allen seinen Arbeiten, sowohl wegen der hier beschriebenen Vorzüge als auch, weil er die Figuren mehr als lebensgroß darstellte, wodurch er seine Nachfolger zu einer großzügigeren Malweise anregte. Für all diese Vorzüge wurde Fra Filippo als Künstler so sehr geschätzt, dass man ihm darüber vieles verzieh, was an seiner Lebensweise zu tadeln war. Auf dem genannten Wandbild porträtierte er auch Messer Carlo, den natürlichen Sohn des Herzogs Cosimo de' Medici, der damals Propst dieser Kirche war.

Dieses Werk beendete Fra Filippo im Jahre 1463 und malte hierauf für die Kirche S. Jacopo zu Pistoia eine sehr schöne Verkündigung in Tempera, worin er Jacopo Bellucci, der ihm den Auftrag erteilt hatte, mit großer Lebendigkeit nach der Natur abbildete. Im Haus von Polidoro Bracciolini befindet sich ebenfalls ein Gemälde von Filippo, das die Geburt Mariä darstellt, desgleichen im Ratssaal der Acht zu Florenz ein halbkreisförmiges Temperabild der Madonna mit dem Kind auf dem Arm. Eine andere wunderschöne Madonna sieht man im Haus des Lodovico Capponi sowie bei dem durch seine Tapferkeit und Güte hervorragenden Florentiner Edelmann Bernardo Vecchietto ein kleines, besonders schönes Bild des heiligen Augustinus, der in seine Studien versunken ist. Weit besser noch ist ein büßender heiliger Hieronymus von der gleichen Größe in der Garderobe des Herzogs Cosimo. Denn wenn auch Fra Filippo in allen seinen Werken vortrefflich war, so übertraf er sich doch selber in den Bildern kleineren Formats; diese führte er so schön und anmutig aus, dass man es unmöglich besser machen könnte, wie das auch die Malereien auf den Predellen all seiner Altarbilder bezeugen. Kurz, er war ein so außergewöhnlicher Künstler, dass er zu seiner Zeit von keinem anderen und in der unsrigen nur von ganz wenigen übertroffen wurde. Michelangelo hat ihn nicht nur stets sehr gerühmt, sondern ihn auch in vielem nachgeahmt.

Für die Kirche S. Domenico Vecchio zu Perugia malte er ein Bild, das später über den Hauptaltar kam; man sieht darauf die Madonna, die Heiligen Petrus, Paulus, Ludwig und den Abt Antonius. Im Auftrag von Alessandro degli Alessandri, der damals sein Freund und Beschützer war, verfertigte er für die Kirche von dessen Landhaus zu Vincigliata auf der Höhe von Fiesole ein Gemälde, worauf Laurentius und andere Heilige sowie jener Ritter selbst mit zweien seiner Söhne dargestellt sind.[246]

Fra Filippo liebte fidele Menschen und ein fideles Leben. Seinen Freund Fra Diamante unterwies er in der Malkunst, und dieser schuf in der Karmeliterkirche zu Prato viele Bilder und erwarb sich Ehre, indem er in der Manier seines Meisters große Fertigkeit erlangte. Bei Fra Filippo arbeitete in seiner Jugend auch Botticelli, ferner Pesello und der Florentiner Jacopo del Sellaio, der für S. Frediano zwei Altartafeln und für das Kloster del Carmine ein Temperabild malte; ferner verkehrte Fra Filippo mit vielen anderen Meistern, die er stets voller Liebenswürdigkeit in seiner Kunst unterwies. Er vermochte von seiner Arbeit ganz gut zu leben, obwohl er immer außerordentlich viel Geld für die zahllosen Liebesabenteuer brauchte, an denen er sich bis zu seinem Tod ergötzte.

Durch die Vermittlung von Herzog Cosimo wurde Fra Filippo von der Gemeinde Spoleto berufen, um die Kapelle ihrer Hauptkirche auszumalen, die der Heiligen Jungfrau geweiht war. Gemeinsam mit Fra Diamante förderte er diese Arbeit ziemlich weit, konnte sie aber infolge seines jähen Todes nicht vollenden.[247] Man munkelt, die Verwandten einer seiner Geliebten hätten ihn, der allzu sehr zu Liebesabenteuern neigte, vergiften lassen.

Fra Filippo starb im Jahre 1438 im Alter von siebenundfünfzig Jahren.[248] In seinem Testament übertrug er Fra Diamante die Vormundschaft über seinen Sohn Filippo. Der Junge, der damals zehn Jahre alt war, erlernte die Malkunst bei Fra Diamante und kehrte mit ihm nach Florenz zurück. Als Restzahlung für die in Spoleto ausgeführten Arbeiten hatte Fra Diamante dreihundert Dukaten erhalten, die er aber größtenteils dazu verwendete, sich einigen Grundbesitz zu kaufen, sodass der Knabe nur sehr wenig davon erhielt; Filippino kam zu Sandro Botticelli in die Lehre, der damals als der vortrefflichste Meister galt.

Sein Vater Filippo aber wurde in der von ihm ausgemalten Kirche beigesetzt, und die Spoletiner errichteten ihm ein Grabmal aus rotem und weißem Marmor. Viele Freunde betrauerten seinen Tod, vor allen Herzog Cosimo de' Medici und Papst Eugen, welch Letzterer bereit gewesen war, ihm Dispens zu erteilen, damit er Lucrezia di Francesco Buti zu seiner rechtmäßigen Gattin machen könne; Filippo aber wollte davon nichts wissen, da er es vorzog, seinen ständig wechselnden Neigungen zu leben.[249]

Unter der Regierung von Papst Sixtus IV. begab sich Lorenzo de' Medici als Abgesandter von Florenz eigens nach Spoleto, um von der dortigen Gemeinde den Leichnam des Fra Filippo zu erbitten, den man in S. Maria del Fiore zu Florenz beisetzen wollte. Er erhielt jedoch die Antwort: Da es der Stadt Spoleto an manchem Schmuck, vorzüglich aber an der Zierde ausgezeichneter Männer mangle, bäte man ihn, sie dieser Ehre nicht zu berauben; in Florenz herrsche beinahe ein Überfluss an hochberühmten Bürgern, sodass man wohl auf diesen einen verzichten könne. So vermochte Lorenzo also nichts zu erlangen. Er gab jedoch den Wunsch nicht auf, Filippo nach besten Kräften zu ehren; als er darum dessen Sohn Filippino nach Rom sandte, wo er für den Kardinal von Neapel eine Kapelle malen sollte, ließ er ihn den Weg über Spoleto nehmen, um dort in seinem Auftrag dem Filippo unter der Orgel und über der Sakristeitür ein Marmordenkmal zu errichten. Lorenzo verwandte darauf hundert Golddukaten, die von Nofri Tornabuoni, dem Vorsteher des Bankhauses Medici, ausbezahlt wurden, und von Angelo Poliziano ließ er ein Epigramm dichten, das in antiken Lettern auf dem Grabmal zu lesen ist.[250] [...]

Jacopo, Giovanni und Gentile Bellini

Giovanni Bellini

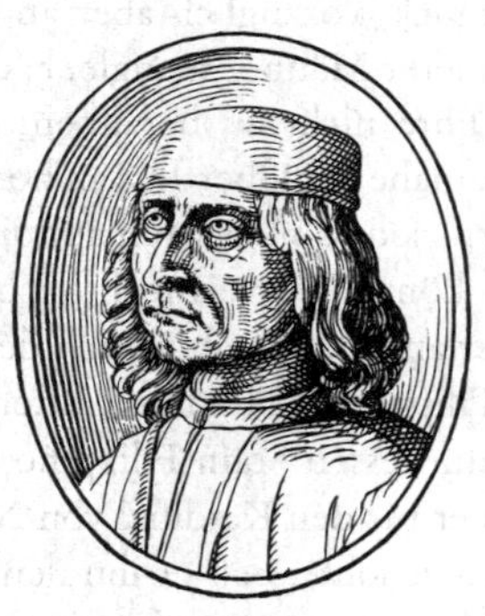

Ein Künstler, dessen Schaffen sich auf echte Begabung gründet, mag noch so klein und unbedeutend beginnen, er gelangt durch unablässiges Bemühen zu immer größerer Bedeutung, bis er schließlich den höchsten Gipfel des Ruhmes erreicht; dies zeigt sich deutlich an der Familie Bellini, die aus geringen Anfängen zur Höhe der damaligen Malerei aufstieg.

Der venezianische Maler Jacopo Bellini war ein Schüler von Gentile da Fabriano.[251] Obwohl er sich redlich mühte, in seiner Kunst Vortreffliches zu leisten, vermochte er im Wettbewerb mit jenem Domenico nicht zu bestehen, der Andrea del Castagno in der Ölmalerei unterwies. Erst als Domenico Venedig verlassen hatte, erlangte er selbst Ruhm und Ansehen. Da er nun keinen gleichwertigen Nebenbuhler mehr hatte, galt er verdientermaßen bald als der größte und berühmteste Maler der Stadt. Dieser gute Name blieb seinem Haus nicht nur erhalten, er gewann durch seine beiden hochbegabten Söhne, die sich gleichfalls der Kunst zuwandten, noch an Glanz. Der eine war Giovanni, der andere Gentile, den Jacopo in liebevollem Andenken an seinen väterlichen Freund und Meister Gentile da Fabriano so genannt hatte.[252] Sobald die Knaben etwas heranwuchsen, unterrichtete Jacopo sie mit großem Fleiß in den Grundbegriffen seiner Kunst. Bald übertrafen sie darin ihren Vater, was diesem große Freude machte. Er ermunterte sie auf alle Weise und sagte, er wünsche, man möge an ihnen dereinst das Gleiche rühmen wie an den Toskanern: dass sie nämlich ihre ganze Kraft aufgeboten hätten, um einer den anderen zu überflügeln. So kam es; Giovanni sollte bald ihn selber übertreffen, Gentile aber sie beide besiegen.

Die ersten Arbeiten, durch die sich Jacopo Ruhm erwarb, waren die Bildnisse des Giorgio Cornaro und der Caterina, Königin von Zypern[253], sowie eine Tafel, die er nach Verona schickte, worauf er die Passion Christi mit vielen kleinen Figuren, darunter sich selber, dargestellt hatte; ferner die Geschichte vom Wunder des Heiligen Kreuzes, das, wie man sagt, in der Scuola di S. Giovanni Evangelista verwahrt wird. Diese wie auch viele andere Werke schuf Jacopo mithilfe seiner Söhne. Das letztgenannte Bild ist auf Leinwand gemalt, wie es in Venedig von jeher der Brauch war, da man dort im Gegensatz zu anderen Gegenden nur selten auf Pappel- oder Espentafeln arbeitete. Das Holz dieser Bäume, die meist an Flüssen oder anderen Gewässern wachsen, ist überaus fein und eignet sich vorzüglich für die Malerei, weil es, mit Harzkitt zusammengefügt, sehr fest hält. Wenn die Venezianer je einmal auf Holztafeln arbeiten, pflegen sie jedoch Tannenholz zu nehmen. Daran ist ihre Gegend sehr reich, da es auf dem Etschfluss in großen Mengen aus Deutschland herangeführt wird, ganz abgesehen davon, dass auch viele Hölzer aus Slawonien kommen.

Ob es nun in Venedig üblich war, auf Leinwand zu malen, weil sie weder Risse bekommt noch fault, oder weil man die Bilder beliebig groß machen und sie ohne besondere Kosten und Mühe an andere Orte versenden kann, oder aus sonst einem Grund, jedenfalls wurden die ersten Arbeiten von Jacopo und Gentile auf Leinwand ausgeführt; Gentile malte dann allein weitere sieben oder eigentlich acht Bilder zu der oben genannten Geschichte vom Heiligen Kreuz. Diese Reliquie wird in der erwähnten frommen Bruderschaft in hohen Ehren gehalten, und das Wunder soll sich folgendermaßen zugetragen haben: Das Kreuz war, ich weiß nicht durch welchen Zufall, von der Porta della Paglia in den Kanal gefallen, und in ihrer Verehrung für das heilige Holz vom Kreuz Christi stürzten sich viele Menschen ins Wasser, um es wiederzufinden; nach dem Willen Gottes wurde aber kein anderer als der Vorsteher der Bruderschaft für würdig befunden, es zu erretten. Gentile, der diese Begebenheit darstellte, zeichnete perspektivisch viele Häuser am Canal Grande, die Porta della Paglia, den Markusplatz und endlich eine lange Prozession von Männern und Frauen, die der Geistlichkeit folgen. Viele sind bereits ins Wasser gesprungen, andere im Begriff, es zu tun, manche halb untergetaucht oder in mannigfaltigen lebhaften Stellungen abgebildet, und schließlich sieht man, wie der Guardian die Reliquie wiederbringt. Auf dieses Werk verwandte Gentile unendliche Sorgfalt, wie es die zahllosen, gegen den Hintergrund zu sich verjüngenden Figuren bezeugen, von denen viele nach der Natur abgebildet sind, sodass man fast alle damaligen Mitglieder der Bruderschaft zu erkennen vermag. Auch ist die Wiederaufrichtung des Kreuzes sehr sinnreich dargestellt, sodass Gentile sich mit allen diesen auf Leinwand gemalten Bildern großen Ruhm erwarb.[254]

Jacopo zog sich mit den Jahren ganz zurück, und auch jeder der Söhne übte seine Kunst für sich allein. Von Jacopo werde ich nichts mehr erwähnen. Da seine Arbeiten im Vergleich mit denen der Söhne nicht hervorragend sind und er auch, bald nachdem sie selbstständig geworden, starb, halte ich es für besser, nur von Gentile und Giovanni ausführlich zu berichten. Obschon jeder der Brüder für sich wohnte und schaffte, hegten beide die größte Achtung voreinander wie auch vor dem Vater; sie priesen sich gegenseitig, jeder ordnete voller Bescheidenheit sein Verdienst dem des anderen unter, und sie suchten einander nicht minder an Güte und Freundlichkeit als in der Großartigkeit ihrer Kunst zu übertreffen.

Die ersten Arbeiten Giovannis waren einige Porträts, die viel Beifall fanden, vornehmlich eines, das den Dogen Loredano oder, nach der Meinung anderer, Giovanni Mocenigo, den Bruder des Piero, darstellt, der lange vor Loredano Doge von Venedig war.[255] Giovanni malte auch für den Altar der heiligen Katharina von Siena in der Kirche S. Giovanni ein ziemlich großes Bild: die Madonna in sitzender Stellung mit dem Kind auf dem Arm, umgeben von den Heiligen Dominikus, Hieronymus, Katharina, Ursula und zwei anderen Jungfrauen; zu Füßen der Madonna stehen drei reizende Putten, die aus einem Buch singen, und über ihr sieht man die Wölbung des Gebäudes in perspektivischer Vertiefung dargestellt. Dieses Werk gehört zu den besten, die bis dahin in Venedig geschaffen worden waren. In der Kirche S. Giobbe malte er für den Altar dieses Heiligen eine sehr gut komponierte, in den schönsten Farben ausgeführte Tafel; in der Mitte sitzt etwas erhöht die Madonna mit dem Kind zwischen den nackten Gestalten von Hiob und Sebastian; daneben sieht man die Heiligen Dominikus, Franziskus, Johannes und Augustinus und schließlich zu ihren Füßen drei Putten, die mit vieler Anmut musizieren. Dieses Bild wurde nicht nur damals, als es neu war, sondern auch später immer als ein besonders schönes Werk gepriesen.[256]

Aufgrund dieser bewundernswerten Bilder kamen einige der regierenden Herren zu dem Beschluss, da gerade jetzt so vorzügliche Meister zur Verfügung stünden, täte man gut daran, den Saal des Großen Rates mit Malereien auszuschmücken und darin alle Herrlichkeiten ihrer Stadt, die Kriegstaten wie die sonstigen großen Leistungen, kurz alles, was des Gedenkens würdig wäre, zur Erinnerung für die Nachgeborenen festzuhalten. Außer dem Nutzen und Vergnügen, die man aus der Lektüre geschichtlicher Ereignisse gewinne, würden so auch Auge und Gemüt durch den Anblick der kunstreich gemalten Bildnisse berühmter Männer und der hervorragenden Taten venezianischer Edelleute ergötzt, die eines ewigen ruhmreichen Andenkens würdig wären. So erhielten Giovanni und Gentile, deren Ruf täglich wuchs, den Auftrag, dieses Werk auszuführen und sobald wie möglich damit anzufangen.[257] [...]

Gentile, der entweder eine besondere Methode oder größere Übung in dieser Malweise besaß oder sonst einen Grund dafür hatte, erlangte leicht die Erlaubnis, das Werk nicht als Fresko, sondern auf Leinwand auszuführen. Er machte sich gleich an die Arbeit und stellte im ersten Bild den Papst dar, wie er dem Dogen eine Kerze überreicht, die von nun an allen feierlichen Prozessionen vorangetragen werden soll. Hierbei zeichnete er die ganze Ansicht des Markusplatzes nach der Natur, den Papst stehend im vollen Ornat, hinter ihm eine Schar von Prälaten, ihm gegenüber den Dogen, gefolgt von einer Menge Senatoren. Das zweite Bild zeigt Kaiser Barbarossa, der die venezianischen Gesandten gnädig empfängt; aber gleich daneben sieht man, wie er sich zornerfüllt zum Krieg rüstet. Dieses Gemälde zeichnet sich durch seine schönen Ansichten und eine Fülle von Gestalten aus, von denen sehr viele aufs Feinste nach der Natur gezeichnet sind. Im nächsten Feld fordert der Papst den Dogen und die Senatoren von Venedig auf, dreißig Galeeren auszurüsten, um gegen Kaiser Friedrich Barbarossa in den Kampf zu ziehen. Er sitzt, mit dem Chorhemd bekleidet, auf dem Thron, neben ihm steht der Doge, begleitet von einer Anzahl Senatoren; auch hier stellte Gentile, wenn auch von einem anderen Blickpunkt aus, den Markusplatz dar, die Fassade der Kirche und das Meer, dazu eine solche Überfülle an einzelnen Figuren, dass es bewundernswert erscheint. Auf dem vierten Bild sieht man wiederum den Papst, diesmal stehend und in vollem Ornat, wie er dem Dogen, der, gewappnet und von vielen Kriegern begleitet, in den Kampf zieht, seinen Segen erteilt; dem Dogen folgt ein langer Zug von Edelleuten, der Markusplatz mit dem Palast bildet den perspektivischen Hintergrund. Dieses Bild gehört zu den besten Arbeiten Gentiles. Erfindungsreicher ist jedoch das fünfte Feld, auf dem eine Seeschlacht dargestellt ist. Man sieht hier eine Menge im Kampf begriffener Galeeren, und die vorzügliche Anordnung und Darstellung der zahlreichen kämpfenden Gestalten beweist, dass Gentile im Seekrieg keine geringeren Kenntnisse besaß als in der Malerei. Die vielen Schiffe und Barken, die sich in der richtigen Perspektive verjüngen, die verschiedenen wohlkomponierten Kampfhandlungen, die Soldaten, die man in den mannigfaltigsten Stellungen vorstürmen, sich verteidigen oder verwundet hinsinken sieht, die Bewegung der von den Schiffen durchschnittenen Wellen, das vielfältige Gepränge der verschiedenen für den Seedienst erforderlichen Waffen und Werkzeuge – das alles zeugt fürwahr von dem gewaltigen Talent Gentiles, denn jede Einzelheit ist trefflich ausgeführt und das Ganze aufs Schönste zusammengestellt. Auf dem folgenden Bild kehrt der

Doge als Sieger heim und wird vom Papst liebevoll empfangen; dieser überreicht ihm einen goldenen Ring, durch den er sich dem Meer vermählen soll. Dieser Brauch wird zum Zeichen der tatsächlichen, immerwährenden Herrschaft, die Venedig verdientermaßen auf den Meeren ausübt, bis zum heutigen Tag alljährlich vom jeweiligen Dogen vollzogen. Hier sieht man auch Otto, den Sohn von Friedrich Barbarossa, in einem Bildnis nach der Natur. Er kniet vor dem Papst; und wie hinter dem Dogen eine große Schar gewappneter Krieger folgt, so stehen hinter dem Papst viele Kardinäle und Edelleute. Von den Schiffen sind nur die Kiele sichtbar. Auf der Hauptgaleere erkennt man eine sitzende Siegesgöttin, scheinbar aus purem Gold, mit der Krone auf dem Haupt und dem Zepter in der Hand.

Die Ausmalung der anderen Seite des Saales wurde Gentiles Bruder Giovanni übertragen. Weil aber die Folge der Begebenheiten, die er darstellte, von denen abhängt, die der Vivarino zum großen Teil gemalt, aber nicht ganz vollendet hatte, ist vorher noch einiges von diesem Künstler zu sagen.[258] Die Wände des Saales also, die nicht der Gentile ausschmückte, wurden teils dem Giovanni, teils dem Vivarino übergeben, damit in diesem Wettbewerb alle sich wechselseitig zu schöneren Leistungen anspornen möchten. Vivarino machte sich an die ihm zugewiesene Arbeit und stellte neben dem letzten Bild des Gentile die Szene dar, wie Otto, der Sohn Barbarossas, sich dem Papst und den Venezianern gegenüber anbietet, zwischen ihnen und seinem Vater, Kaiser Friedrich, Frieden zu stiften, ihre Zustimmung erlangt und im Vertrauen auf sein Wort entlassen wird. Auf diesem Bild malte Vivarino unter anderen bemerkenswerten Dingen einen perspektivisch gezeichneten offenen Tempel mit Treppen und vielen verschiedenen Gestalten; der Papst sitzt, umgeben von vielen Senatoren, auf dem Thron, vor ihm kniet Otto, der mit erhobener Hand seine Treue beschwört.

Das nächste Gemälde zeigt, wie Otto zu seinem Vater heimkehrt und von ihm freudig empfangen wird. Den Hintergrund bilden schöne Gebäude in kunstvoller Perspektive. Barbarossa sitzt auf dem Thron, der vor ihm kniende Sohn ergreift lebhaft seine Hand. Unter dem Gefolge erkennt man viele venezianische Edelleute, die so gut getroffen sind, dass sich schon daran die Naturtreue von Vivarinos Kunst erweist. Der arme Vivarino hätte seine Arbeit sicher höchst ehrenvoll fortgesetzt. Er war jedoch von schwacher Gesundheit, seine Kräfte erschöpften sich, und es gefiel Gott, ihn in ein anderes Leben übergehen zu lassen. So vermochte er sein Werk nicht weiterzuführen, ja nicht einmal das Angefangene ganz zu vollenden, und Giovanni Bellini musste es stellenweise überarbeiten.

Dieser hatte unterdessen vier eigene Gemälde in Angriff genommen, die den eben genannten der Ordnung nach folgen. Auf dem ersten ist das Innere der Markuskirche naturgetreu dargestellt, und man sieht den Papst, der dem Kaiser Friedrich Barbarossa den Pantoffel zum Kuss reicht; dieses Bild wurde, ich weiß nicht aus welchem Grund, durch den glorreichen Tizian überarbeitet und dabei unvergleichlich lebendiger und eindrucksvoller gestaltet. Anschließend malte Giovanni den Papst, wie er, zwischen dem Kaiser und dem Dogen stehend, in S. Marco die Messe zelebriert und damit allen, die diese Kirche zu bestimmten Zeiten, vornehmlich am Tag der Himmelfahrt, besuchen, vollen und immerwährenden Ablass erteilt. Auch hier sieht man das Innere der Kirche und den Papst in reichem Ornat, von vielen Kardinälen und Edelleuten umgeben, auf den vom Chor herunterführenden Stufen, was alles zusammen ein reiches, schönes Bild ergibt. Das nächstfolgende Gemälde befindet sich unter diesem und zeigt den Papst, mit dem Chorhemd bekleidet, wie er dem Dogen und dem Kaiser je einen Sonnenschirm übergibt, während er zwei für sich behält. Im letzten Bild Giovannis sieht man Papst Alexander, der mit dem Kaiser und dem Dogen nach Rom gelangt; vor den Toren der Stadt werden ihm von der Geistlichkeit und den römischen Bürgern acht verschiedenfarbige Fahnen und acht silberne Trompeten überreicht, die er dem Dogen als Kriegs- und Wappenzeichen für diesen und seine Nachkommen übergibt. Die Stadt Rom stellte Giovanni in ziemlicher Entfernung im Hintergrund dar, dazu eine Menge Soldaten zu Ross und zu Fuß, sowie das Kastell S. Angelo mit Fahnen und anderen Freudenzeichen. Da diese Arbeiten Giovannis, die tatsächlich sehr schön sind, großen Beifall fanden, erhielt er den Auftrag, alles, was in jenem Saal noch fehlte, zu vollenden, doch vermochte er das erst im Alter, kurz vor seinem Tod, zu tun.

Wir haben bisher allein von diesem Saal gesprochen, um nicht die Schilderung des gesamten Werks auseinanderzureißen, wollen nunmehr jedoch ein wenig zurückgehen und berichten, dass es noch viele andere Werke von der Hand Giovannis gibt. Eine Tafel steht heute auf dem

Hauptaltar von S. Domenico zu Pesaro.[259] Eine andere, die Madonna samt vielen Heiligen vor einem vortrefflich gemalten Gebäude darstellend, befindet sich in der Kapelle des heiligen Hieronymus in der Kirche S. Zaccaria zu Venedig, ferner ein weiteres, vorzüglich ausgeführtes Gemälde daselbst, in der Cà Grande genannten Sakristei der Minoriten. Ein weiteres Werk besitzt das Kamaldulenserkloster S. Michele zu Murano[260]; und in S. Francesco della Vigna, wo die Barfüßermönche hausen, gab es eine herrlich gemalte Altartafel, eine Darstellung des toten Heilands, die von König Ludwig XI. von Frankreich so heftig begehrt wurde, dass die Herren des Klosters sich gezwungen sahen, sie ihm gegen ihren Willen zu überlassen.[261] An ihrer Stelle wurde ein anderes Bild mit dem Namen des Meisters aufgehängt, das aber längst nicht so schön und gut gemalt ist wie das erste, sodass manche meinen, es sei zur Hauptsache von Girolamo Mocetto, einem Schüler Giovannis, ausgeführt. Von Giovanni stammt auch ein Bild mit kleinen, trefflich gezeichneten Figuren bei der Bruderschaft des heiligen Hieronymus, ferner ein weiteres im Haus von Giorgio Cornaro, auf dem Christus, Kleophas und Lukas dargestellt sind. In dem oben genannten Saal des Großen

Rates malte er auch, jedoch zu einem anderen Zeitpunkt, die Geschichte, wie die Venezianer den Papst (ich weiß nicht mehr welchen) aus dem Kloster della Carità herausholten, der sich nach Venedig geflüchtet und den Mönchen lange unerkannt als Koch gedient hatte, mit vielen nach der Natur gezeichneten und anderen schönen Gestalten.

Zu dieser Zeit begab es sich, dass ein Gesandter mehrere Gemälde Giovannis in die Türkei brachte und dem Sultan vorlegte. Sie erregten bei ihm so viel Staunen und Bewunderung, dass er sie gerne annahm, obwohl nach dem mohammedanischen Gesetz Bilder verboten sind. Er lobte die Meisterschaft des Künstlers über die Maßen, ja er verlangte sogar, dass dieser zu ihm gesandt werde. Der Senat von Venedig befand jedoch, Giovanni sei zu alt, um so große Mühseligkeiten auf sich zu nehmen. Außerdem wollten die Senatoren die Stadt nicht eines solchen Mannes berauben, umso weniger, als er gerade mit der Ausmalung des großen Ratssaales alle Hände voll zu tun hatte. So beschlossen sie, seinen Bruder Gentile hinzuschicken, der ja dasselbe zu leisten vermöchte. Gentile rüstete sich also zur Reise und wurde von einem venezianischen Schiff heil nach Konstantinopel gebracht, wo ihn der Sachwalter der Signoria dem Sultan vorstellte.[262] Dieser empfing ihn gnädig und erwies ihm als einer neuartigen Erscheinung große Gunst, besonders nachdem Gentile dem Fürsten ein höchst anmutiges Gemälde überreicht hatte, das von diesem sehr bewundert wurde. Er konnte es fast nicht begreifen, dass ein Sterblicher die gleichsam göttliche Fähigkeit besäße, die Natur mit solcher Lebendigkeit nachzuahmen. Gentile war noch nicht lange in Konstantinopel, als er den Sultan Mohammed so ähnlich porträtierte, dass man es dort für ein Wunder hielt.[263] Nachdem der Herrscher viele Proben von Gentiles Kunst gesehen, fragte er ihn eines Tages, ob er es wagen würde, sich selber zu malen. Gentile bejahte und verfertigte im Verlauf von wenigen Tagen vor dem Spiegel ein so naturgetreues Selbstbildnis, dass es zu leben schien. Er brachte es dem Sultan, der sich darüber sehr wunderte und nichts anderes glauben konnte, als dass jenem irgendein göttlicher Geist zur Seite stünde. Wäre nicht, wie ich schon sagte, den Türken die Malkunst durch ihr Gesetz verboten, so hätte der Sultan den Gentile wohl niemals wieder entlassen. Jedoch aus Furcht, man könne über die Sache murren, oder aus sonst einem Grund, ließ er ihn eines Tages zu sich rufen, dankte ihm zunächst für alle erwiesenen Freundlichkeiten und lobte ihn als einen ganz hervorragenden Mann; schließlich sagte er ihm, er möge sich eine Gnade ausbitten; was immer es sei, würde ihm unverzüglich gewährt werden. Bescheiden und rechtschaffen, wie er war, verlangte Gentile nichts anderes als einen Gnadenbrief, worin er dem ehrwürdigen Senat und der erlauchten Signoria seiner Vaterstadt Venedig empfohlen würde. Dies tat der Sultan mit so viel Wärme, wie nur möglich war, und entließ ihn hierauf, reich beschenkt und mit der Ritterwürde bekleidet.[264] Unter den vielen Abschiedsgaben des Herrschers befand sich auch eine nach türkischer Weise gearbeitete Kette, zweihundertfünfzig Scudi in purem Gold schwer, die ihm um den Hals gehängt wurde und noch jetzt von seinen Erben in Venedig aufbewahrt wird.

Gentile verließ Konstantinopel und kehrte glücklich nach Venedig zurück, wo er nicht nur von seinem Bruder Giovanni, sondern sozusagen von der ganzen Stadt mit Jubel empfangen wurde, denn alle freuten sich der Ehren, die Sultan Mohammed seinem Genie erwiesen hatte. Als er dann dem Dogen und der Signoria seine Reverenz erwies, wurde er sehr freundlich empfangen und gelobt, weil er den Sultan so zufriedengestellt hatte, wie sie es nicht besser hätten wünschen können. Damit er sähe, welch großes Gewicht sie dem Brief des Sultans beimaßen, der ihn so eindringlich empfohlen hatte, setzten sie ihm ein Jahresgehalt von zweihundert Scudi aus, das ihm auch wirklich bis zu seinem Lebensende ausbezahlt wurde.

Nach seiner Rückkehr führte Gentile nur noch wenige Arbeiten aus. Im Jahre 1501, da er schon beinahe achtzig Jahre alt war, ging er zu einem besseren Leben über und wurde von seinem Bruder Giovanni in der Kirche SS. Giovanni e Paolo ehrenvoll begraben.[265] Dieser blieb nach dem Tod Gentiles, den er immer zärtlich geliebt hatte, verwaist zurück. Obschon hoch an Jahren, arbeitete er doch noch einiges zum Zeitvertreib. Da er sich vor allem mit dem Malen von Bildnissen befasste, führte er in Venedig die Sitte ein, dass jeder, der irgendeinen Rang einnahm, sich von ihm oder einem anderen porträtieren ließ.[266] Daher gibt es in allen venezianischen Häusern eine große Zahl von Bildnissen, und man findet bei vielen adligen Familien die Vorfahren bis ins vierte Glied, bei hochadligen sogar noch weiter zurück – ein Brauch, der schon bei den Alten geübt wurde und stets lobenswert ist. Wem sollte es, vom Schmuck der Wände ganz abgesehen, nicht unendliches Vergnügen bereiten, die Bildnisse seiner Ahnen zu betrachten? Insbesondere, wenn sie sich in höchsten Staatsämtern, durch große Taten in Krieg und Frieden, durch Gelehrsamkeit oder andere denkwürdige Leistungen ausgezeichnet haben. Aus keinem anderen Grund, als um die Nachgeborenen für Tugend und Ruhm zu begeistern, pflegten die Alten die Büsten großer Männer, mit ehrenvollen Inschriften versehen, auf öffentlichen Plätzen aufzustellen.

Zu den Bildnissen, die Giovanni malte, gehört auch das einer Geliebten von Pietro Bembo, das er fertigstellte, bevor Bembo von Papst Leo X. nach Rom berufen wurde.[267] Es ist mit viel Frische und Lebendigkeit ausgeführt; und so wie der große Florentiner Petrarca den Simone Martini aus Siena in seinen Gedichten gefeiert hat, wurde auch Giovanni von dem großen Venezianer in einem Sonett gepriesen. [...] Welch größere Belohnung könnten unsere Künstler für ihre Mühen wünschen, als durch die Worte unserer großen Dichter gefeiert zu werden? Wurde Bellini nicht auch von dem berühmten Ariost zu Anfang des dreißigsten Buches seines «Rasenden Roland» unter den besten Malern seines Zeitalters aufgezählt?[268] [...]

Doch kehren wir zu Giovannis Werken zurück, das heißt zu den vorzüglichsten; denn von seiner Hand stammt eine so große Zahl von Gemälden und Bildnissen, die in den Häusern der Edelherren von Venedig und an anderen Orten jenes Staates verstreut sind, dass es zu weit führen würde, sie alle zu nennen. Zu Rimini malte er im Auftrag von Sigismondo Malatesta einen toten Christus, von zwei Engeln getragen, ein sehr großes Bild, das sich heutzutage in der Kirche S. Francesco befindet.[269] Von den Bildnissen wollen wir dasjenige des Bartolomeo da Liviano, eines venezianischen Feldhauptmanns, erwähnen.

Giovanni hatte viele Schüler, weil er jeden mit großer Liebe zu unterrichten pflegte. Zu diesen gehörte, vor jetzt sechzig Jahren, Jacopo da Montagna, der die Manier seines Meisters sehr getreu nachahmte, wie seine Werke in Padua und Venedig bezeugen. Auch Rondinello aus Ravenna, von dem sich Giovanni bei vielen seiner Arbeiten helfen ließ, folgte seiner Methode und machte seinem Meister Ehre. Von ihm stammt eine Tafel in S. Domenico zu Ravenna und eine andere im dortigen Dom, die beide in ihrer Art als sehr gut gelten können. Doch das beste Werk schuf er für die Kirche S. Giovanni Battista zu

Ravenna, die den Karmelitern gehört; darauf stellte er die Madonna und den heiligen Albertus, einen Bruder jenes Ordens, sehr schön dar. Zur Schule des Giovanni gehört auch Benedetto Coda aus Ferrara, der in Rimini lebte und dort viele Arbeiten ausführte. Er hinterließ einen Sohn, Bartolomeo, der gleichfalls Maler war. Es heißt auch, Giorgione da Castelfranco hätte in seiner frühesten Jugend bei Giovanni gelernt, desgleichen viele andere Trevisaner und Lombarden, derer zu gedenken nicht notwendig ist.[270]

Giovanni starb in seinem neunzigsten Jahr an Altersschwäche.[271] Dank den schönen Werken, die er in seiner Vaterstadt Venedig und an anderen Orten schuf, hinterließ er einen unsterblichen Namen und wurde ehrenvoll in der gleichen Gruft beigesetzt, in der er seinen Bruder Gentile bestattet hatte. Es gab in Venedig viele, die ihn noch nach seinem Tod durch Sonette und Epigramme zu ehren suchten, wie er bereits zu Lebzeiten für sich und seine Vaterstadt reichen Ruhm geerntet hatte. [...]

Antonio und Piero Pollaiuolo

Antonio Pollaiuolo

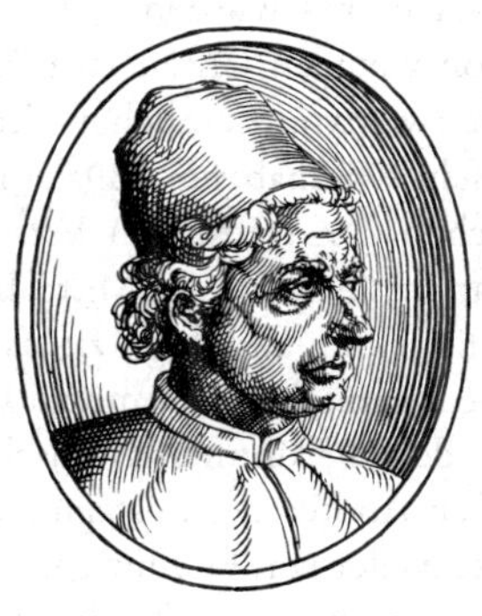

Manche Künstler, die zaghaften Gemüts sind, beginnen mit geringfügigen Werken; wächst aber mit der Fertigkeit ihr Mut, so wachsen auch Kraft und Fähigkeit; sie wagen sich an immer höhere Aufgaben heran und erreichen mit ihren herrlichen Gedanken fast den Himmel. Ist das Glück ihnen hold, so finden sie dann wohl einen guten Fürsten, der ihren Fleiß so reichlich belohnt, dass noch ihren Nachkommen daraus große Vorteile erwachsen. So gelangen solche

Meister rühmlich zum Ziel und hinterlassen der Welt viel bewunderte Werke, wie es auch Antonio und Piero del Pollaiuolo taten, die schon zu ihren Lebzeiten ob der Kunstfertigkeit, die sie sich durch angestrengtes Bemühen erworben hatten, hochverehrt wurden.[272] Beide sind im Abstand von wenigen Jahren zu Florenz geboren; ihr Vater war von ziemlich niedrigem Stand und nicht sehr wohlhabend.[273] Da er nun an vielen Anzeichen den trefflichen Verstand seiner Söhne erkannte und nicht die Mittel besaß, sie in den Wissenschaften ausbilden zu lassen, gab er beide in die Lehre: den Antonio zu Bartoluccio Ghiberti[274], dem berühmten Goldschmied, den Piero aber zu Andrea del Castagno, der damals als der beste Maler von Florenz galt.

Antonio, der von Bartoluccio zu allen Arbeiten herangezogen wurde, lernte nicht nur, Edelsteine zu fassen und Emailarbeiten im Schmelzofen herzustellen, sondern war bald in allen Zweigen seiner Kunst der Tüchtigste. So kam es, dass Lorenzo Ghiberti, der damals an den Türen von S. Giovanni arbeitete, auf sein Talent aufmerksam wurde und ihn mit anderen jungen Künstlern dabei beschäftigte. Er ließ ihn an einem Fruchtgehänge arbeiten, und Antonio machte darin eine Wachtel, die noch heute so schön und vollkommen ist, dass ihr nur die Fähigkeit des Fliegens zu fehlen scheint.[275] Nach wenigen Wochen hatte er in dieser Kunst eine solche Übung erlangt, dass er im Entwerfen wie im Ausführen alle anderen übertraf und überhaupt als der Fleißigste und Tüchtigste unter ihnen galt. Mit seiner Kunstfertigkeit wuchs auch sein Ruhm, sodass er sich schließlich von Bartoluccio und Lorenzo trennte und auf dem Neuen Markt der Stadt eine eigene, gut eingerichtete Goldschmiedewerkstatt eröffnete, die sich großes Ansehen erwarb. Dort übte er viele Jahre lang sein Handwerk aus; und da er ständig neue Entwürfe zeichnete oder in Wachs modellierte, galt er verdientermaßen bald als der führende Mann in seinem Gewerbe.[276]

Damals gab es in Florenz noch einen anderen, mit Recht hochgerühmten Goldschmied namens Maso Finiguerra, der in Gravier- und Niello-Arbeiten so geübt war, dass kein anderer auf kleinem oder großem Raum so viele Figuren anzubringen wusste wie er. Dies bezeugen noch heute einige Kusstafeln in S. Giovanni zu Florenz, auf denen die Passion Christi in winzigsten Miniaturbildern dargestellt ist.[277] [...] Im Wettbewerb mit diesem Meister stellte Antonio einige Szenen dar, wobei er ihm an Fleiß nicht nachstand, ihn aber an Fantasie übertraf. Als die künstlerischen Berater der Zunft der Kaufleute die Kunstfertigkeit Antonios erkannten, und da für den Altar von S. Giovanni einige Silberreliefs ausgeführt werden sollten, beschlossen sie, die Arbeit diesmal dem Antonio zu übertragen.[278] Diese Werke gelangen ihm so herrlich, dass sie noch jetzt unter allen anderen hervorragen: Es ist das Gastmahl des Herodes und der Tanz der Herodias und als allerschönstes ein heiliger Johannes in der Mitte des Altars in feinster Ziselierarbeit, der das höchste Lob errang.[279] Darum erhielt er den weiteren Auftrag, auch die silbernen Leuchter anzufertigen, jeden drei Ellen hoch, sowie das dazugehörige Kreuz in entsprechender Größe[280], was Antonio alles so reich verziert und vollendet ausführte, dass es von Einheimischen wie von Fremden stets aufs Höchste bewundert wurde. Überhaupt verwandte er auf jede seiner Arbeiten, ob er sie nun in Gold oder Silber oder Email gestaltete, unendliche Sorgfalt. So sieht man in S. Giovanni einige sehr schöne Kusstafeln von seiner Hand, die im Feuer so herrlich koloriert sind, dass man es mit dem Pinsel kaum besser malen könnte.[281] Andere seiner bewundernswerten Emailarbeiten befinden sich in verschiedenen Kirchen von Florenz und Rom sowie an anderen Orten Italiens. [...] Leider wurde in Kriegszeiten gewöhnlich ein großer Teil von Silbergegenständen eingeschmolzen, um den Bedürfnissen der Stadt zu genügen; und Antonio, der erkannte, dass in diesem Handwerk die große Mühe des Künstlers nicht durch langlebige Werke belohnt wird, beschloss, sich nicht weiter damit zu befassen, weil ihn nach dauerhafterem Ruhm verlangte.

Da sein Bruder Piero die Malkunst ausübte, schloss er sich diesem an, um von ihm die Behandlung und Anwendung der Farben zu erlernen. Er merkte bald, dass die Malerei sich sehr von der Goldschmiedekunst unterscheidet, sodass er wohl manchmal wünschen mochte, er hätte seinen früheren Beruf nicht so rasch aufgegeben. Doch er schämte sich, diesen Entschluss rückgängig zu machen; und mehr von diesem Gefühl als von der Hoffnung auf größeren Nutzen getrieben, erlernte er in wenigen Monaten den Gebrauch der Farben und wurde ein vortrefflicher Meister. Er tat sich ganz mit Piero zusammen, und sie schufen gemeinsam viele Bilder. Da sie sich besonders an schönen Farben erfreuten, malten sie unter anderem im Auftrag des Kardinals von Portugal ein Ölgemälde für dessen Kapelle in S. Miniato al Monte, außerhalb von Florenz, worin sie den Apostel Jakobus mit den Heiligen Eustachius und Vinzenz darstellten[282]; dieses Werk wurde sehr gerühmt. Piero insbesondere malte in den Ecken unter dem Architrav, die von den Halbkreisen der Bogen begrenzt werden, einige Propheten in Öl auf die Mauer, wie er es von Andrea del Castagno gelernt hatte, dazu in einem Halbkreis eine Verkündigung mit drei Figuren. Für die Capitani di Parte schuf er ein halbkreisförmiges Ölbild, die Madonna mit dem Kind auf dem Arm, und einen Fries, ringsherum mit Seraphen, gleichfalls in Öl. An einem Pfeiler in S. Michele in Orto malten beide Brüder in Öl auf Leinwand den Engel Raphael mit Tobias und im Handelsgericht von Florenz, in dem Saal, wo das Tribunal tagt, einige Tugenden.[283] [...]

Für die Kapelle der Pucci in S. Sebastiano de' Servi verfertigte er das Altarbild, ein Werk von seltener Schönheit; man sieht darauf herrliche Pferde sowie nackte und bekleidete Gestalten in schönen Verkürzungen, darunter einen heiligen Sebastian, zu dem Gino, der Sohn des Lodovico Capponi, Modell stand.[284] Dieses Bild wurde von allen Arbeiten, die Antonio je ausführte, am meisten gerühmt, denn er ahmte darin die Natur so getreu wie nur möglich nach. So zeigte er in einem der Schützen, der den Bogen gegen die Brust drückt und sich tief vorbeugt, um ihn zu spannen, die ganze Kraftanstrengung, die es zur Handhabung dieser Waffe braucht; man sieht, wie seine Adern anschwellen, wie die Muskeln hervortreten und wie er mit angehaltenem Atem die Brust aufbläht, um alle Kraft zusammenzunehmen. Doch nicht nur diese eine Gestalt, auch alle übrigen sind in den mannigfaltigsten Stellungen sehr sinnreich ausgeführt und zeugen von dem Fleiß und der Überlegung, die der Künstler auf dieses Werk verwandte. Antonio Pucci erkannte das auch an, als er ihm dreihundert Scudi dafür gab und dabei versicherte, dass damit kaum die Farben bezahlt wären.

Dieses Gemälde vollendete Antonio Pollaiuolo im Jahre 1475. Daraus wuchs ihm noch mehr Mut zu, und er malte in S. Miniato fra le Torri, außerhalb der Stadt, einen zehn Ellen hohen heiligen Christophorus, ein sehr schönes Werk in moderner Manier und die am richtigsten proportionierte Figur, die bis dahin in dieser Größe jemals ausgeführt wurde.[285] Bald darauf malte er auf Leinwand eine Kreuzigung mit dem heiligen Antonius für die Kapelle dieses Heiligen in S. Marco[286] und einen Johannes den Täufer für die Tür mit der Kette[287] im Palast der Signoria von Florenz; ferner im Haus der Medici, im Auftrag von Lorenzo dem Älteren, drei Bilder des Herkules, jedes fünf Ellen hoch.[288] Auf dem ersten sieht man, wie Herkules den Antäus erdrückt. Seine schöne Gestalt zeigt die Riesenkraft des Helden, der jeden Muskel und Nerv seines Körpers anspannt, um den Gegner zu überwinden; er beißt die Zähne zusammen, und sogar seine Zehen spreizen sich vor Anstrengung, so gut stimmen die Bewegungen aller Körperteile zusammen. Nicht geringere Kunst bewies Antonio bei der Darstellung des Antäus; in der eisernen Umschlingung des Herkules schwinden ihm die Sinne, und er haucht, aller Kraft beraubt, mit geöffnetem Mund den Geist aus. Auf dem zweiten Bild tötet Herkules den Löwen. Er hat ihm das linke Knie auf die Brust gesetzt und mit beiden Händen das Maul des Löwen gepackt; nun beißt er die Zähne zusammen, breitet die Arme aus und reißt so mit seiner ganzen Kraft den Rachen des Untiers auseinander, obwohl sich dieses seines Lebens zu wehren sucht, indem es mit den Pranken den Arm des Helden umklammert. Das dritte Bild, auf dem Herkules die Hydra erlegt, ist wahrhaft bewundernswert. Insbesondere ist die Schlange in so lebendigen, eigentümlichen Farben gemalt, dass man sich nichts Besseres denken kann; Gift und Feuer, Wildheit und Zorn sind hier mit so großer Kunst anschaulich gemacht, dass der Maler das höchste Lob verdient und von allen guten Künstlern zum Vorbild genommen werden sollte.

Für die Bruderschaft von S. Angelo in Arezzo malte Antonio ein Banner: Auf der einen Seite ist ein Kruzifix zu sehen, auf der anderen der heilige Michael mit der Schlange[289], so schön als irgendein Werk, das aus seiner Hand hervorging. Der heilige Michael greift das Ungeheuer mit zusammengebissenen Zähnen und gerunzelten Brauen an und erscheint in seinem kühnen Zorn so herrlich, als wäre er wirklich geradewegs vom Himmel herabgestiegen, um den Hochmut Luzifers zu bestrafen.

Antonio malte nackte Gestalten auf modernere Art als die Meister vor ihm. Er sezierte viele Leichen, um die menschliche Anatomie kennenzulernen, und war der Erste, der den Verlauf der Muskeln zu verfolgen suchte, um sie in seinen Figuren ihrer richtigen Form und Ordnung nach darzustellen. Eine Gruppe von aneinandergeketteten, kämpfenden Gestalten stach er in Kupfer[290] und machte auch noch andere Kupferstiche, weit besser als alle früheren Meister. Hierdurch erwarb er sich unter den Künstlern großen Ruhm und wurde nach dem Tod von Papst Sixtus IV. von dessen Nachfolger Innozenz nach Rom berufen, um für diesen letzteren ein erzenes Grabmal zu schaffen. Er bildete darauf den Papst in sitzender Stellung ab, wie er den Segen erteilt. Dieses Werk wurde in St. Peter neben der Kapelle aufgestellt, in der man die Lanze Christi bewahrt.[291] Hierauf verfertigte Antonio auch ein Grabmal für Papst Sixtus, reich verziert und mit großem Kostenaufwand, worauf der Papst liegend dargestellt ist; es wurde, ganz für sich allein, in der Kapelle aufgestellt, die nach jenem Papst benannt ist.[292] Es heißt, Antonio hätte für Papst Innozenz auch den Plan zum Palast von Belvedere gezeichnet, doch der Bau wurde von anderen Meistern ausgeführt, da er hierin keine Übung besaß.

Beide Brüder gelangten zu Reichtum und starben schließlich kurz nacheinander im Jahre 1498. Ihre Angehörigen ließen sie in S. Pietro in Vincoli beisetzen. Zum bleibenden Gedenken wurden neben der Mitteltür, links, wenn man die Kirche betritt, zwei runde Marmorplatten mit ihren Bildnissen angebracht. [...]

Von Antonio stammt auch ein sehr schönes Relief in Bronze, eine Kampfszene nackter Gestalten, das nach Spanien gesandt wurde; Gipsabgüsse davon finden sich bei allen Künstlern von Florenz. Nach seinem Tod fand man die Zeichnung und das Modell zum Reiterstandbild des Herzogs von Mailand, Francesco Sforza, die er im Auftrag von Lodovico Sforza gemacht hatte.[293] Von diesem Entwurf besitze ich in meiner Sammlung zwei verschiedene Fassungen; in der einen sieht man Verona zu Füßen des Fürsten liegen, in der anderen steht er in voller Kriegsrüstung auf einem mit Schlachtszenen geschmückten Postament, und sein Ross tritt auf den Rücken eines Geharnischten. Warum diese Entwürfe nicht ausgeführt wurden, konnte ich nicht erfahren. Antonio machte zudem einige schöne Medaillen, auch von mehreren Päpsten. Auf der Medaille von der Verschwörung der Pazzi sieht man die Köpfe von Giuliano und Lorenzo de' Medici und auf der Rückseite den Chor von S. Maria del Fiore und das ganze Ereignis, so wie es geschah.[294] [...]

Antonio starb mit zweiundsiebzig, Piero mit fünfundsechzig Jahren. Antonio hinterließ viele Schüler, darunter Andrea Sansovino. Sein Leben verlief sehr glücklich, denn er fand in den Päpsten reiche Gönner, und seine Vaterstadt stand auf dem Gipfel ihrer Macht und förderte die Künste. So wurde er hochgeehrt, während er in ungünstigeren Zeiten vielleicht nicht so reiche Früchte seiner Mühen geerntet hätte, denn Not und Unruhen sind die größten Feinde von Kunst und Wissenschaft.

Es ist noch zu erwähnen, dass nach der Zeichnung des Meisters für die Kirche S. Giovanni zu Florenz zwei Dalmatiken, ein Messgewand und ein Pluviale aus dem reichsten Brokat in einem Stück ganz ohne Naht gewebt wurden; die Borten zu ihrem Schmuck stellen Ereignisse aus dem Leben des heiligen Johannes in feinster Stickerei dar[295], wie Paolo aus Verona sie mit unvergleichlicher Meisterschaft auszuführen verstand.[296] Er zeichnete die Gestalten mit seiner Nadel nicht minder zart und schön, als Antonio sie mit dem Pinsel gemalt hätte, sodass die Zeichenkunst des einen ebenso bewundernswert erscheint wie die Geduld des anderen, der sechsundzwanzig Jahre brauchte, um das Werk auszuführen. Paolo stickte mit den kleinsten Stichen, wodurch die Arbeit nicht nur dauerhafter wurde, sondern tatsächlich einem Gemälde glich. Diese Kunst ist fast ganz verloren gegangen, denn heutzutage stickt man mit gröberen, größeren Stichen, was minder haltbar ist und keine so schöne Wirkung erzielt.

Botticelli

Sandro Botticelli

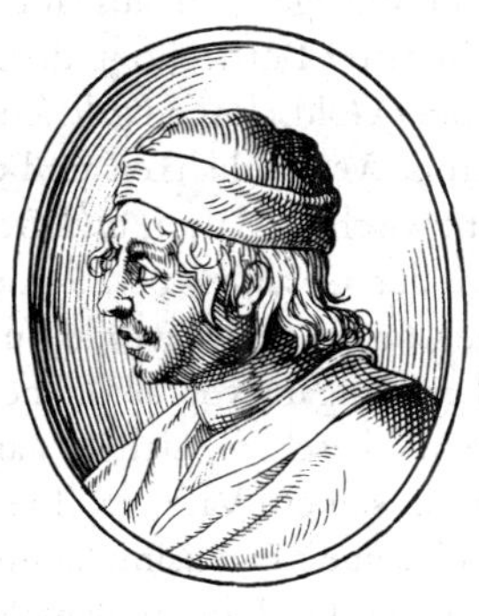

Zur Zeit des erlauchten Lorenzo de' Medici des Älteren, die für Menschen von Geist und Talent wahrlich ein goldenes Zeitalter gewesen ist, lebte auch Alessandro, nach unserem Brauch Sandro genannt, der aus Gründen, die wir bald hören werden, den Beinamen Botticelli erhielt.[297] Sein Vater, Mariano Filipepi, ein florentinischer Bürger, erzog ihn mit großer Sorgfalt und ließ ihn in allen Dingen unterweisen, die man Kinder lernen lässt, ehe sie zu einem Beruf bestimmt werden. Obwohl nun der Knabe alles, was er wollte, leicht begriff, war er doch stets unzufrieden und fand an keinem Unterricht Gefallen, weder am Lesen noch Schreiben noch Rechnen, sodass der Vater, durch diesen absonderlichen Sinn verärgert, ihn aus lauter Verdruss zu seinem Gevatter Botticello in die Lehre gab, der als tüchtiger Goldschmied galt. Zu jener Zeit herrschte große Vertraulichkeit und ein ständiger Verkehr zwischen Malern und Goldschmieden. Sandro, der Geschick besaß und sich viel mit Zeichnen beschäftigte, wurde durch diesen künstlerischen Umgang von der Liebe zur Malerei ergriffen und beschloss, sich ihr ganz zu widmen. Als er das seinem Vater eröffnete, brachte ihn dieser, der seinen Eigensinn kannte, zu dem Karmelitermönch Fra Filippo, damals einer der trefflichsten Meister, damit Sandro nach seinem Wunsch in der Malerei ausgebildet würde.[298] Er widmete sich nun ganz der Kunst und folgte den Anweisungen und dem Beispiel seines Lehrmeisters so getreulich, dass dieser ihn sehr lieb gewann und ihn durch seinen Unterricht bald so weit brachte, wie niemand es erwartet hätte.

So fügte der junge Sandro den Bildern einiger Tugenden, die Antonio und Piero del Pollaiuolo im Handelsgericht gemalt hatten, die

Gestalt der Standhaftigkeit hinzu[299] und malte eine Tafel für die Kapelle der Bardi in S. Spirito zu Florenz[300]; diese vollendete er mit großer Sorgfalt und brachte darin einige Ölbäume und Palmen an, die vorzüglich gearbeitet sind. Eine weitere Tafel verfertigte er für die Nonnen der Konvertiten und noch eine andere für die Nonnen von S. Barnabà. Im Auftrag der Vespucci malte er in der Kirche Ognissanti ein Fresko des heiligen Augustinus[301]; hierbei gab er sich die größte Mühe, um alle Meister seiner Zeit zu übertreffen, vornehmlich aber den Domenico Ghirlandaio, der auf der gegenüberliegenden Wand den heiligen Hieronymus dargestellt hatte. Die Arbeit geriet aufs Beste, denn es war ihm gelungen, dem Angesicht des Heiligen den Ausdruck tiefen Denkens und feinsten Scharfsinns zu verleihen, wie er Menschen zu eigen ist, die ständig den höchsten und schwierigsten Dingen nachforschen. [...]

Da Sandro sich durch dies alles einen guten Ruf erworben hatte, beauftragte ihn die Handwerkszunft von Porta S. Maria, in der Kirche S. Marco eine Krönung der Madonna und einen Engelschor zu malen, was er aufs Beste entwarf und ausführte.[302] Für Lorenzo den Älteren malte er viele Bilder im Haus der Medici, darunter eine lebensgroße Pallas Athene, auf einem brennenden Schild stehend, und einen heiligen Sebastian.[303] In S. Maria Maggiore zu Florenz sieht man neben der Kapelle der Panciatichi eine Pietà mit sehr schön ausgeführten kleinen Figuren von seiner Hand[304], und für viele Häuser der Stadt malte er verschiedene Bilder, auch zahlreiche Darstellungen mit nackten weiblichen Gestalten. In Castello, dem Landhaus des Herzogs Cosimo, sind heute noch zwei besonders liebliche Gemälde dieser Art zu sehen: Das eine zeigt die Geburt der Venus, umspielt von den zarten Lüften und Winden, die sie mitsamt ihrem Gefolge von Amoretten ins Leben rufen, das andere Venus, die von den Grazien mit Frühlingsblumen bekränzt wird.[305] Im Haus des Giovanni Vespucci in der Via dei Servi malte er zahlreiche Tafeln mit schönen, lebensvollen Gestalten, die in eine Nussbaum-Wandtäfelung eingefügt sind; im Haus der Pucci stellte er Boccaccios Novelle über den Nastagio degli Onesti in vier anmutigen Bildern dar[306] und in einem Rundbild die Anbetung der Könige.[307] Für eine Kapelle der Mönche von Cestello verfertigte er eine Verkündigung.[308] Im Auftrag von Matteo Palmieri malte er für die Kirche S. Pietro Maggiore eine Himmelfahrt Mariä mit unendlich vielen Gestalten; man sieht hier die verschiedenen Himmelskreise und darin der Ordnung nach die Patriarchen, Propheten, Apostel, Evangelisten und Märtyrer sowie die Bekenner und Lehrer der Kirche, die heiligen Jungfrauen und die Hierarchien der Engel – alles nach den Angaben des Matteo, der ein hochgebildeter Mann war, mit der größten Meisterschaft und Vollendung ausgeführt.[309] Auch Matteo und seine Gattin sind unten kniend abgebildet. Doch obwohl diese Arbeit so schön war, dass sie jede Missgunst hätte besiegen sollen, fanden sich doch einige Übelwollende, die sie schlechtzumachen suchten; und da sie sonst nichts daran zu tadeln fanden, behaupteten sie, Matteo und Sandro hätten sich mit diesem Bild arger Ketzerei schuldig gemacht. Ob dies wahr sei oder nicht, darüber erwarte niemand ein Urteil von mir; mir genügt es, dass Sandro wahrhaft schöne Gestalten zeichnete und sich mit der Einteilung der Himmelskreise und der sinnreichen Anordnung der verschiedenen Figuren und Engel, die in den mannigfachsten Stellungen und Verkürzungen dargestellt sind, die größte Mühe gab und alles mit großer Kunst vollendete.

Zu jener Zeit erhielt er auch den Auftrag, eine Anbetung der Könige in kleinem Format, mit dreiviertel Ellen langen Figuren zu malen, die ihren Platz zwischen zwei Türen der Fassade von S. Maria Novella, linkerhand von der Mitteltür, fand.[310] Wunderbar ist darin die Gemütsbewegung des ältesten Königs ausgedrückt, der endlich am Ziel seiner langen Reise angelangt ist und nun voller Zärtlichkeit und freudiger Andacht die Füße des Christuskindes küsst; in seiner Gestalt ist Cosimo der Ältere dargestellt, das natürlichste und lebendigste Bildnis, das wir heute von ihm besitzen. Der zweite König, der dem Kind in tiefer Demut und Frömmigkeit seine Gaben überreicht, ist Giuliano de' Medici, der Vater von Papst Clemens VII. Der dritte, Cosimos Sohn Giovanni, kniet anbetend vor dem Kind, in dem er den wahren Messias erkennt. Es lässt sich mit Worten nicht schildern, wie viel Schönheit Sandro allen Gestalten dieses Bildes verlieh, die in den mannigfaltigsten Stellungen, die einen von vorn, die anderen im Profil oder halb abgewandt, gezeichnet sind und sich nicht nur durch ihr Alter, sondern auch durch vielfache Eigentümlichkeiten voneinander unterscheiden, die von der vollendeten Meisterschaft des Künstlers zeugen. So wusste er zum Beispiel die Gefolgsleute der drei Könige so darzustellen, dass man sofort erkennt, zu welchem

Hofstaat jeder gehört. Kurz, das ganze Werk ist in Entwurf, Komposition und Ausführung so vollkommen, dass es heute noch jeden Künstler zu Bewunderung hinreißt und damals seinem Schöpfer sowohl in Florenz wie an allen anderen Orten großen Ruhm eintrug.

Daher ernannte Papst Sixtus, der die Kapelle in seinem Palast zu Rom erbaut hatte und sie nun mit Malereien ausschmücken wollte, Sandro zum obersten Aufseher des Unternehmens. Dieser malte dort mehrere Bilder[311]: wie Christus vom Teufel versucht wird, wie Moses den Ägypter erschlägt und von den Töchtern Jethros, des Midianiters, zu trinken bekommt, endlich wie Feuer vom Himmel fällt, als die Söhne Aarons ihr Opfer darbringen. In den Nischen oberhalb der Bilder stellte er einige heiliggesprochene Päpste dar. So gewann Sandro von allen Künstlern, Florentinern und anderen, die an diesem Werk mitarbeiteten, den höchsten Ruhm und wurde vom Papst mit einer ansehnlichen Summe Geldes belohnt, die er aber während seines Aufenthalts in Rom verbrauchte, da er auch dort, wie er es zu tun pflegte, nach Lust und Laune lebte. Sobald er die ihm übertragene Arbeit vollendet hatte, kehrte er rasch nach Florenz zurück.

Als ein Mann von grüblerischem Verstand,

begann er dort einen Kommentar zu Dantes Dichtungen zu verfassen und stellte einen Plan der Hölle dar, den er in Kupfer stach.[312] Darüber verlor er viel Zeit, und da er sich keine andere Tätigkeit mehr vornahm, geriet sein Leben in große Unordnung. Er bemühte sich auch, noch andere seiner Bilder in Kupfer zu stechen, doch darauf verstand er sich nicht gut. Die beste derartige Arbeit, die man von seiner Hand kennt, ist der Triumph des Glaubens des Fra Girolamo Savonarola aus Ferrara. Sandro wurde ein so fanatischer Anhänger der Lehre Savonarolas, dass er die Malerei gänzlich vernachlässigte und, da er dadurch alle Einkünfte verlor, in arge Verlegenheit kam. Ja, da er sich schließlich ganz der Sekte der sogenannten Piagnoni oder Klagebrüder anschloss[313], entfremdete er sich der Arbeit und sah sich im Alter so verarmt, dass er fast Hungers gestorben wäre, hätte nicht Lorenzo de' Medici ihm, solange er lebte, eine regelmäßige Unterstützung zukommen lassen, die dann nach Lorenzos Tod von einigen Freunden und wohlhabenden Leuten, die Sandros Kunst verehrten, weiter ausbezahlt wurde.

Sandro hatte für die Kirche S. Francesco außerhalb von S. Miniato eine Madonna, von Engeln umgeben, in einem runden Rahmen gemalt. Biagio[314], einer seiner Schüler, verfertigte nach diesem Muster ein ähnliches Rundbild, das er gern verkaufen wollte. Sandro veräußerte es für den Preis von sechs Golddukaten an einen Bürger, und da er fröhlicher Natur war und mit seinen Schülern und Freunden gern Scherz trieb, sagte er zu Biagio: «Endlich konnte ich dein Bild verkaufen. Wir müssen es diesen Abend hoch an der Wand aufhängen, weil es dadurch ein besseres Ansehen gewinnt. Geh morgen früh zu dem Bürger und bringe ihn her, damit er dein Bild am günstigsten Ort betrachtet und du dein Geld bekommst.» – «O Meister!», rief Biagio. «Wie wohl habt Ihr getan!» Er lief in die Werkstatt, brachte das Bild in ziemlich großer Höhe an und ging von dannen. Unterdessen verfertigte Sandro mit Jacopo, einem anderen Schüler, aus Papier acht Mützen, wie sie die florentinischen Bürger zu tragen pflegten, und befestigte sie mit weißem Wachs auf den Häuptern der acht Engel, die auf dem Bild die Madonna umgeben. Der Morgen kam, und mit ihm Biagio in Begleitung des Käufers, der in den Scherz eingeweiht war. Sie traten in die Werkstatt. Biagio wendete seine Augen empor und erblickte seine Madonna nicht mehr im Kreis der Engel thronend, sondern inmitten von florentinischen Senatoren mit ihren seltsamen Kapuzen. Schon wollte er anfangen zu schelten und sich bei dem Käufer entschuldigen. Da dieser aber nichts erwähnte, sondern das Bild sogar sehr lobte, schwieg er still und ging mit dem Bürger in dessen Wohnung, erhielt die sechs Dukaten, wie es ausgemacht war, und kehrte in die Werkstatt zurück. Inzwischen hatten Sandro und Jacopo die Papiermützen weggenommen; nun erschienen ihm seine Engel wieder als Engelsgestalten und nicht als bemützte Bürger. Er staunte, wusste nicht, was er sagen sollte, und sprach endlich zu Sandro: «Meister, ich weiß nicht, ob ich träume oder wache. Als ich vorhin kam, hatten diese Engel rote Mützen auf, und jetzt ist nichts davon zu sehen. Wie geht das zu?» – «Du bist nicht recht bei Trost, Biagio», versetzte Sandro. «Das Geld hat dir wohl den Kopf verdreht. Glaubst du denn, wenn dem so wäre, hätte der Bürger dein Bild gekauft?» – «Dass er nichts darüber sagte, stimmt freilich», meinte Biagio. «Bei alledem schien es mir trotzdem seltsam.» Bald standen alle anderen Malerjungen um ihn herum und redeten so lange, bis er schließlich selbst glaubte, er hätte sich alles eingebildet.

Einmal zog in das Haus neben Sandros Wohnung ein Tuchweber ein, der wohl an die acht

Webstühle aufstellte. Waren sie alle in Betrieb, so machten sie einen solchen Lärm, dass nicht nur der arme Sandro taub zu werden glaubte, sondern auch das ganze Haus, das nicht mehr sonderlich stabil war, in seinen Grundfesten zitterte und bebte, sodass er weder arbeiten noch überhaupt dort verweilen konnte. Mehrmals bat er den Nachbarn, dieser Belästigung ein Ende zu machen; doch dieser antwortete, in seinem eigenen Haus könne und wolle er tun, was ihm passe. Darüber aufgebracht, ließ Sandro auf seine Mauer, die höher als jene des Nachbarn und nicht sehr stark gebaut war, einen großen, mehr als ein Fuder schweren Stein hissen, der gerade in der Schwebe ruhte und bei der schwächsten Bewegung herabzufallen und Dach, Gewölbe, Weber und Webstühle des Nachbarn zu zerschmettern drohte. Dieser kam erschrocken zu Sandro gelaufen und bat ihn, die Gefahr abzuwenden, musste jedoch als Antwort seine eigenen Worte vernehmen: In seinem Haus könne und wolle er tun, was ihm passe. So sah sich der Weber genötigt, zu einem vernünftigen Vergleich zu kommen und fortan mit Sandro gute Nachbarschaft zu halten.

Man erzählt auch, Sandro hätte spaßeshalber einen seiner Freunde der Ketzerei angeklagt.

Dieser erschien auf eine Vorladung hin vor Gericht, fragte, von wem und wessen er angeklagt sei, und erhielt zur Antwort: Sandro behaupte von ihm, er huldige den Grundsätzen der Epikureer und glaube, dass die Seele mit dem Leib sterbe. Der Beschuldigte verlangte, man möge den Kläger vorladen, und als Sandro vor dem Richter erschien, sagte er: «Es ist wahr, dass ich dies von der Seele dieses Menschen glaube, denn er ist nicht besser als ein Tier. Und scheint er Euch nicht ein Ketzer, da er, ohne gelehrt zu sein, ja fast ohne lesen zu können, den Dante erklärt und dessen Namen sinnlos im Mund führt?»

Sandro liebte über die Maßen alle, die sich ernsthaft mit der Kunst befassten. Er verdiente recht viel Geld, doch weil er schlecht wirtschaftete und zu nichts Sorge trug, ging es ihm dementsprechend. So wurde er alt und vermochte nicht mehr zu arbeiten, da er so hilflos geworden war, dass er an zwei Stöcken gehen musste. Er starb krank und elend im Alter von achtundsiebzig Jahren und wurde 1515 in Ognissanti zu Florenz beigesetzt.

In der Garderobe des Herzogs Cosimo sieht man zwei sehr schöne weibliche Profilbilder von seiner Hand. Das eine soll die Geliebte von Lorenzos Bruder, Giuliano de' Medici, darstellen[315], das andere Madonna Lucrezia de' Tornabuoni, Lorenzos Gemahlin.[316] An dem gleichen Ort befindet sich ein weiteres Bild von Sandro: Bacchus, der mit beiden Händen eine Weinflasche an die Lippen führt. In der Kapelle der Impagliata im Dom zu Pisa hatte Botticelli begonnen, eine Himmelfahrt Mariä mit einem Chor von Engeln zu malen, ließ die Arbeit jedoch unvollendet, weil sie ihm nicht mehr gefiel. In S. Francesco zu Montevarchi malte er die Tafel für den Hauptaltar und in der Pfarrkirche von Empoli, neben dem Bild des heiligen Sebastian von Rossellino, zwei Engel.

Sandro erfand als einer der Ersten ein Verfahren, Fahnen und andere Draperien so zu bemalen, dass die Farben nicht verlaufen und jede Seite des Tuches mit einem eigenen Bild geziert werden kann. Man nennt dies *«lavoro di commesso»*. So finden sich mehrere schöne Madonnen von seiner Hand auf dem Baldachin von Or San Michele. Man erkennt daran, wie viel besser diese Methode den Stoff bewahrt als Firnisfarben, die ihn rasch zerfressen, obschon heutzutage die Firnisse der geringeren Kosten wegen mehr verwendet werden.

Sandro zeichnete besonders schön und sehr viel, sodass die Künstler nach seinem Tod sich mit allen Mitteln Zeichnungen von ihm zu verschaffen suchten. In meiner Sammlung befinden sich einige, die mit großer Übung und Kunstfertigkeit ausgeführt sind. Seine Kompositionen waren reich an Gestalten; dies sieht man auch an den Stickereien zum Schmuck des Kreuzes, das die Mönche von S. Maria Novella bei ihren Prozessionen einhertragen, die ganz nach seinen Entwürfen gefertigt sind. Kurz, er verdient für alle Arbeiten, die er sich mit Fleiß zu vollenden vornahm, das höchste Lob. Dies gilt auch für das Gemälde der drei Könige in S. Maria Novella sowie für ein kleines Rundbild im Zimmer des Priors vom Kloster degli Angeli zu Florenz, das eine Menge von kleinen, aber äußerst anmutig und zierlich gemalten Figuren zeigt. Außerdem besitzt der florentinische Edelmann Fabio Segni ein Bild, das ihm Sandro schenkte, auf dem die Verleumdung des Apelles aufs Allerschönste dargestellt ist.[317] [...]

Verrocchio

Andrea del Verrocchio

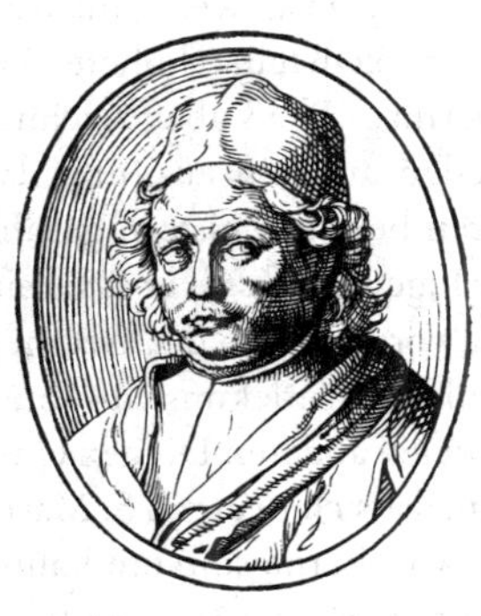

Der Florentiner Andrea del Verrocchio[318] war zu seiner Zeit Goldschmied, Perspektivzeichner, Bildhauer, Holzschnitzer, Maler und Musikus. In der Mal- und Bildhauerkunst eignete ihm allerdings eine etwas harte und schroffe Manier, die eher von seinem unendlichen Fleiß zeugt als von der Leichtigkeit, die eine glückliche Veranlagung gewährt. Hätte ihm von dieser natürlichen Begabung nicht mehr gemangelt, als man auch durch außerordentliche Bemühungen zu ersetzen vermag, hätte er in diesen Künsten Überragendes geleistet. Doch zur höchsten Vollendung braucht es sowohl unablässige Arbeit als auch ein glückliches Naturtalent; wo eines von beiden fehlt, gelangt man selten auf den höchsten Gipfel der Kunst, wenn man auch durch angestrengten Fleiß eine höhere Stufe zu erklimmen vermag. Fleiß aber zeichnete Andrea mehr als jeden anderen aus, und darum kann er zu unseren besten Meistern gezählt werden.

In seiner Jugend befasste er sich mit den Wissenschaften, vornehmlich der Geometrie. Als er dann die Goldschmiedekunst ausübte, verfertigte er nebst vielen anderen Dingen einige Knöpfe zu Pluvialen, die sich heute in S. Maria del Fiore befinden, sowie ein ringsum mit Laubwerk, Tieren und fantastischen Ornamenten verziertes Becken, das ob seiner besonderen Schönheit von allen Goldhandwerkern sehr bewundert wird; ein anderes Becken schmückte er aufs Anmutigste mit einem Reigen tanzender Putten. Da er durch diese Arbeiten seine große Kunstfertigkeit erwiesen hatte, erteilte ihm die Zunft der Kaufleute den Auftrag, für den Altar von S. Giovanni zwei Reliefs in Silber herzustellen, deren vollendete Ausführung ihm großes Lob eintrug.[319]

Zu jener Zeit fehlten einige der großen silbernen Apostelfiguren, die gewöhnlich den Altar der päpstlichen Kapelle zu Rom schmücken, da man sie gleich anderen Silberzierraten eingeschmolzen hatte. Papst Sixtus IV. berief darum den Andrea und erteilte ihm aus großer Gunst den Auftrag, alles anzufertigen, was zum Schmuck des Altars mangelte. Diese Aufgabe erfüllte Andrea mit vielem Fleiß und Geschmack. Bei seinem Aufenthalt in Rom erfuhr er, welcher Hochschätzung sich die dort aufgefundenen antiken Statuen und andere Altertümer erfreuten. Er war mit dabei, als der Papst das berühmte bronzene Reiterstandbild in S. Giovanni in Laterano aufstellen ließ[320], und sah, dass man von den Fragmenten, die täglich ausgegraben wurden, nicht minder Wesens machte als von vollständig erhaltenen Kunstwerken. Deshalb beschloss er nun, die Goldschmiedekunst ganz aufzugeben und sich der Bildhauerei zuzuwenden. Zur Probe goss er einige kleine Bronzefiguren, und da diese sehr gepriesen wurden, fasste er Mut und begann auch in Marmor zu arbeiten. Damals war gerade die Gattin des Francesco Tornabuoni im Wochenbett gestorben, und ihr Mann, der sie sehr geliebt hatte und ihr auch im Tod jede Ehre zu erweisen wünschte, beauftragte Andrea, ein

Grabmal für sie zu errichten. Dieser stellte einen Marmorsarg mit dem Reliefbild der Verstorbenen dar, dazu Geburt und Tod und dahinter drei Gestalten, die drei Tugenden versinnbildlichen. Das ganze Werk, das erste, das er in Marmor schuf, erntete hohes Lob und wurde in der Minerva aufgestellt.[321]

Reich an Geld, Ruhm und Ehren kehrte er nach Florenz zurück, wo ihm der Auftrag erteilt wurde, eine zweieinhalb Ellen hohe Bronzestatue des David zu schaffen[322]; diese wurde nach ihrer Vollendung sehr gepriesen und oben an der Treppe aufgestellt, wo sich damals die Kette befand. Gleichzeitig beendete Andrea die Marmorfigur der Madonna für das Grabmal des Aretiners Leonardo Bruni in S. Croce; diese Arbeit hatte er noch in früher Jugend vom Bildhauer Bernardo Rossellino übernommen, der das ganze Werk in Marmor ausführte.[323] Daneben verfertigte Andrea ein Brustbild der Madonna mit dem Kind auf dem Arm in Halbrelief, das ursprünglich für das Haus der Medici bestimmt war, jetzt aber wegen seiner großen Schönheit im Zimmer der Herzogin von Florenz über einer Tür angebracht ist. Aus dieser Zeit stammen auch zwei Bronzeköpfe, ebenfalls in Halbrelief; der eine stellt Alexander den Großen im

Profil dar, der andere den Perserkönig Darius, beide nach der Fantasie des Künstlers durch Helmschmuck, Rüstung und allerhand Beiwerk sehr verschieden gestaltet. Diese Bilder wurden mit vielen anderen Geschenken von Lorenzo dem Älteren dem König Matthias Corvinus nach Ungarn gesandt.

Durch alle diese Werke hatte sich Andrea einen ausgezeichneten Namen erworben, vorzüglich, was Bronzearbeiten betraf, die er auch am liebsten machte. So wurde er mit der Ausführung des Grabmals von Giovanni und Piero de' Medici, den Söhnen des erlauchten Cosimo, betraut, das in S. Lorenzo zu sehen ist[324]; es ist ein Porphyrsarg, auf vier mit Laubwerk reich verzierten und vollendet ausgeführten Ecksockeln ruhend, das Schönste, was man sich an Guss- und Ziselierarbeit vorstellen kann. Das Denkmal wurde zwischen der Kapelle des Sakraments und der Sakristei errichtet, wobei Andrea gleichfalls seinen hervorragenden Sinn für architektonische Wirkung bewies, denn er stellte es in einer Fensternische von etwa fünf Ellen Breite und zehn Ellen Höhe auf ein Postament, das die Sakramentskapelle von der alten Sakristei trennt, und füllte den Raum bis zur Fensterwölbung mit einem Bronzegitter aus, das einem aus Bronzestricken geknüpften Netz mit mandelförmigen Öffnungen gleicht und stellenweise mit kunstvollen Verknotungen und anderen schönen Ornamenten verziert und mit ebenso viel Fantasie wie Geschmack ausgeführt ist.

Wie schon früher erzählt, hatte der Bildhauer Donatello für den Rat der Sechs das Marmortabernakel geschaffen, das heutzutage im Oratorium von Or San Michele gegenüber dem Standbild des heiligen Michael steht. Darauf sollte noch ein heiliger Thomas angebracht werden, der die Hand in Jesu Wunde legt. Diese beiden Figuren wurden jedoch vorläufig nicht ausgeführt, weil die maßgeblichen Kunstverständigen sich nicht darüber einigen konnten, ob man damit Donatello oder Lorenzo Ghiberti beauftragen sollte. Solange diese beiden lebten, war die Sache unentschieden geblieben, doch nun wurde Andrea mit der Ausführung des Werks betraut.[325] Nachdem er das Modell und die Gussformen verfertigt hatte, machte er sich an den Guss, der aufs Beste gelang; und indem er die Figuren ausfeilte und glättete, brachte er sie zu hoher Vollendung. [...] Andrea hatte die Gestalten mit schön drapierten Gewändern bekleidet und dadurch gezeigt, dass er sich auch auf diese Kunst nicht minder wohl verstand als Donato,

Lorenzo und die übrigen Meister, die vor ihm gewirkt hatten. Er verdiente es wahrlich, dass sein Werk einem Tabernakel von Donato eingefügt und stets hoch in Ehren gehalten wurde.

In diesem Kunstzweig konnte sich Andreas Ruhm nicht mehr erhöhen, und weil er zu den Menschen gehörte, denen es nicht genügt, sich auf einem einzigen Gebiet auszuzeichnen, sondern die sich überall hervorzutun suchen, wandte er sich der Malerei zu. So zeichnete er mit der Feder den Karton zu einer Schlachtszene mit nackten Gestalten, die er in Farben als Wandmalerei auszuführen gedachte. Er verfertigte auch noch Entwürfe für andere historische Szenen, die er zu malen anfing, aber dann aus irgendeinem Grund nicht vollendete. In meiner Sammlung befinden sich ebenfalls einige Zeichnungen von seiner Hand, die mit großer Sorgfalt und richtigem Urteil ausgeführt sind, darunter einige weibliche Köpfe mit lieblichen Gesichtszügen und schönen Haartrachten, wie sie später Leonardo da Vinci gern nachzuahmen pflegte; ferner zwei Pferde in einem Netz von Quadraten, mit Angabe der genauen Maße, sodass sie jederzeit im richtigen Verhältnis vergrößert werden können. Ebenso besitze ich eine sehr schöne Abbildung eines antiken Pferdekopfs aus Ton. Mehrere andere Blätter Andreas finden sich in dem Buch des ehrwürdigen Don Vincenzo Borghini, darunter die Ansicht eines Grabmals, das Andrea für einen Dogen von Venedig entwarf, eine Anbetung der Könige und ein weiblicher Kopf von unendlicher Zartheit. Im Auftrag von Lorenzo de' Medici verfertigte er eine bronzene Brunnenstatue für die Villa Careggi: ein Kind, das einen zappelnden Fisch würgt; dieses wahrhaft entzückende Werk ließ Herzog Cosimo auf dem Brunnen im Hof seines Palastes aufstellen.[326]

Da man zu dieser Zeit endlich die Kuppel von S. Maria del Fiore vollendet hatte, wurde nach langen Beratungen beschlossen, nun auch die Kupferkugel zu verfertigen, womit das Gebäude gemäß den Bestimmungen des Filippo Brunelleschi gekrönt werden sollte. Diese Aufgabe wurde Andrea anvertraut. Er machte die Kugel vier Ellen hoch und wusste sie so fest zu verankern, dass man darauf das Kreuz sicher anbringen konnte. Als das Ganze fertig war, wurde es unter großen Festlichkeiten und Freudenkundgebungen des Volkes oben auf die Kuppel gesetzt. Das musste mit großer Sorgfalt und Überlegung geschehen, damit man notfalls von unten hineingelangen könne und die Kugel mitsamt dem Kreuz so sicher befestigt wäre, dass weder Wind noch Wetter ihr etwas antun konnten.[327]

Da Andrea sich niemals Ruhe gönnte und stets mit irgendeiner Malerei oder Skulptur beschäftigt war, bisweilen auch an zwei Werken abwechselnd arbeitete, wie viele es tun, um der einen Sache nicht überdrüssig zu werden, unternahm er es, noch einige Bilder zu malen, obwohl er die genannten Kartons nicht ausgeführt hatte; darunter war eines für die Nonnen von S. Domenico zu Florenz, das ihm sehr wohlgelungen schien.[328] So begann er bald darauf ein anderes für die Mönche von Vallombrosa, worauf er die Taufe Christi darstellte. Hierbei half ihm Leonardo da Vinci, der damals noch sehr jung und sein Schüler war, und malte darin einen Engel, der viel besser wurde als die Gestalten seines Meisters.[329] Andrea beschloss daraufhin, keinen Pinsel mehr anzurühren, da Leonardo, der fast noch ein Knabe war, ihn in dieser Kunst so weit übertraf.

Cosimo de' Medici, der in Rom viele Altertümer erworben, hatte in seinem Garten oder Hof, auf der Seite der Via Ginori, einen schönen Marsyas aus weißem Marmor aufgestellt. Als passendes Gegenstück hierzu fiel dem Lorenzo, Cosimos Neffen, der Torso eines noch viel schöneren antiken Marsyas aus rotem Marmor in die

Hände.[330] So unvollständig, wie er war, konnte man ihn nicht dem ersten zugesellen; daher erhielt Andrea den Auftrag, ihn zu ergänzen. Mit viel Geschick verfertigte er aus rotem Marmor die Arme und Beine, die gänzlich gefehlt hatten, und setzte sie der Statue ein, die Lorenzo nun sehr befriedigt der ersten gegenüber aufstellen ließ. Der antike Rumpf des Bildwerks war mit so großer Meisterschaft gearbeitet, dass der Künstler einige zarte weiße Adern in dem rötlichen Stein gerade an der Stelle ausgehauen hatte, wo an einem menschlichen Körper, dem die Haut abgezogen würde, kleine Nerven sichtbar wären. Dadurch gewann die Statue, der man ihre ursprüngliche Politur wiedergegeben hatte, ein sehr natürliches Aussehen.

Unterdessen hatten nun die Venezianer beschlossen, die großen Verdienste des Bartolomeo aus Bergamo, der für sie viele Siege errungen hatte, durch ein Denkmal zu ehren, um damit auch andere zu mutigen Taten anzuspornen, und da der Ruf Andreas zu ihnen gedrungen war, beriefen sie ihn nach Venedig und trugen ihm auf, ein Reiterstandbild des Feldherrn zu verfertigen, das auf dem Platz SS. Giovanni e Paolo aufgestellt werden sollte. Andrea hatte bereits das Modell des Pferdes vollendet und angefangen, es zum Guss auszurüsten, als aufgrund der Begünstigung einiger Edelleute beschlossen wurde, Vellano aus Padua solle die Gestalt des Reiters, Andrea aber nur das Pferd machen. Als er dies vernahm, zerbrach er zornerfüllt Kopf und Beine seines Modells und kehrte, ohne ein Wort zu sagen, nach Florenz zurück. Daraufhin ließ ihm die Signoria von Venedig mitteilen, er solle es nie mehr wagen, ihre Stadt zu betreten, wenn er nicht seinen Kopf einbüßen wolle. Andrea schrieb ihnen zur Antwort: Er werde sich wohl hüten, denn es stünde nicht in ihrer Macht, den Menschen für abgehauene Köpfe neue aufzusetzen, noch auch seinem Pferd einen anderen Kopf zu machen, der so schön wäre wie der, den er ihm statt des zerbrochenen wieder aufsetzen könnte. Diese Antwort gefiel den Herren so, dass sie Andrea mit verdoppeltem Gehalt nach Venedig zurückriefen. Er kam, stellte sein Modell wieder her und goss es in Bronze; er konnte es jedoch nicht ganz vollenden, da er sich beim Gießen so stark erhitzte und hierauf erkältete, dass er innerhalb von wenigen Tagen starb. An dem Werk war nur noch wenig auszuputzen, sodass es bald an dem dafür bestimmten Platz aufgestellt werden konnte.[331] Hingegen ließ er ein anderes unvollendet, das er zu Pistoia begonnen hatte: das Grabmal des Kardinals Forteguerra, auf dem er die drei theologischen Tugenden und darüber einen Gottvater dargestellt hatte und das später von dem Florentiner Bildhauer Lorenzetto zu Ende geführt wurde.

Andrea war, als er starb, sechsundfünfzig Jahre alt, und sein Tod wurde von seinen vielen Freunden und Schülern tief betrauert; am meisten von dem Bildhauer Nanni Grosso, einem Mann, der in seiner Kunst wie im Leben ein großer Sonderling war. Man erzählt, wenn Nanni außerhalb seiner Werkstatt zu arbeiten hatte, insbesondere bei Mönchen oder Ordensbrüdern, hätte er stets die Bedingung gestellt, dass ihm die Tür zum Keller jederzeit offen stehe, sodass er trinken könne, wann er Lust hätte, ohne vorher um Erlaubnis zu fragen. Einmal sei er, von einer Krankheit völlig genesen, aus dem Hospital von S. Maria Nuova zurückgekommen. Seine Freunde besuchten ihn und fragten, wie es ihm ginge. «Schlecht», war seine Antwort. «Wie!», riefen sie. «Du bist doch ganz wiederhergestellt!» – «Das ist es ja eben», sagte er. «Mir täte ein wenig Fieber not, damit ich bequem und gut versorgt im Spital bleiben könnte.» Ein anderes Mal lag Nanni wieder krank im Spital, und da endlich seine Todesstunde nahte, hielt man ihm ein hölzernes Kruzifix vor, das aber grob und schlecht gearbeitet war. Als er es sah, bat er flehentlich, es wegzunehmen und ein anderes zu bringen, das Donato verfertigt hatte, da er sonst in Verzweiflung sterben müsse; so großes Missfallen erregten ihm schlechte Kunstwerke.

Zu den Schülern Andreas gehörten Pietro Perugino und Leonardo da Vinci; außerdem der Florentiner Francesco di Simone, der in der Kirche S. Domenico zu Bologna ein Marmorgrabmal mit vielen kleinen Figuren verfertigte, das von Andrea stammen könnte, so sehr ist es nach seiner Manier gearbeitet. Dieses schuf er im Auftrag des Alessandro Tartaglia, Doktor aus Imola, und ein anderes in der Kirche S. Pancrazio zu Florenz für den Ritter Pier Minerbetti. Ein weiterer Schüler des Meisters war Agnolo di Polo, der in Arbeiten mit Erdfarben sehr geübt war; die Stadt ist voll von seinen Erzeugnissen, und er hätte herrliche Dinge vollbracht, wenn er seine Kunst mit wahrem Ernst betrieben hätte. Doch von allen seinen Schülern war Andrea am meisten Lorenzo di Credi zugetan. Dieser brachte auch seine sterblichen Überreste von Venedig nach Florenz zurück und bestattete sie in der Gruft von Ser Michele di Cione in der Kirche S. Ambrogio.[332] [...]

Andrea ergötzte sich gern daran, aus Gips Figuren herzustellen und Abgüsse zu machen. Diesen Gips pflegt man aus einem sehr weichen Stein zu bereiten, den man in Volterra, Siena und vielen anderen Orten Italiens findet; im Feuer gebrannt, fein gestoßen und mit lauwarmem Wasser angerührt, wird er so geschmeidig, dass man ihn formen kann, wie man will; er verdichtet und verhärtet sich dann aber, sodass er sich zum Ausgießen ganzer Figuren eignet. Andrea benützte diese Maße, um natürliche Gegenstände, wie Hände, Füße, Knie, Beine, Arme und Rümpfe, abzubilden, sodass er sie zu seiner Bequemlichkeit stets vor Augen hatte und als Modell gebrauchen konnte. Zu seiner Zeit begann man auch, die Gesichter Verstorbener in Gips abzuformen, was nur geringe Kosten verursachte; darum sieht man nun in allen Häusern von Florenz über Kaminen, Türen, Fenstern und anderen Gesimsen eine große Zahl von solchen Bildnissen, die so gut und natürlich ausgeführt sind, dass sie zu leben scheinen. Dieser Brauch, der sich von da an immer mehr einbürgerte, gereichte mir zu großem Nutzen, da ich mir auf diese Weise die Porträts vieler Menschen verschaffte, die ich dann in den Gemälden im Palast des Herzogs Cosimo anbrachte.[333] Auch für dieses Verfahren, das Andrea als einer der Ersten einführte, sind wir ihm zu großem Dank verpflichtet.[334]

Bald gelangte man dazu, vollendetere Bildnisse anzufertigen, und zwar nicht nur in Florenz, sondern an allen Andachtsorten, wo viele Menschen zusammenströmen und für irgendeine empfangene Gnade Votivbilder oder, wie man sagt, «miracoli», Wunderbilder, darbringen. Während man früher dazu plumpe und grobe aus Wachs oder Silber benützte, fing man zur Zeit Andreas an, viel feiner gearbeitete Figuren zu verwenden. Da Andrea in vertrautem Umgang mit dem geschickten Wachsgießer Orsino stand, unterwies ihn dieser, wie er es darin zur Vollendung bringen konnte. Die Veranlassung dazu ergab sich durch die Ermordung des Giuliano de' Medici und die lebensgefährliche Verwundung seines Bruders Lorenzo in S. Maria del Fiore, denn damals ließen die Freunde und Verwandten Lorenzos zum Dank für seine Errettung an vielen Orten solche Bilder stiften.[335] Mit Rat und Hilfe Andreas verfertigte Orsino unter anderem drei lebensgroße Wachsfiguren dieser Art; sie bestanden zur Hauptsache aus einem Holzgerüst, das mit gespaltenem Rohr durchflochten und mit wachsgetränkten, schön drapierten Stoffen so verhüllt war, dass man nicht leicht etwas Besseres und Naturgetreueres sehen konnte. Die Köpfe, Hände und Füße wurden aus stärkerem Wachs hohl nach der Natur geformt und mit Ölfarben bemalt, auch mit echten Haaren und anderem erforderlichen Schmuck versehen, und alles war so natürlich gemacht und gut zusammengefügt, dass es nicht Wachsfiguren, sondern lebende Menschen zu sein schienen. Dies ist noch an allen drei Gestalten zu sehen. Die eine steht in der Kirche der Nonnen von Chiarito, in der Via S. Gallo, vor dem wundertätigen Kruzifix, und ist in das gleiche Gewand gekleidet, das Lorenzo trug, als er am Hals verwundet wurde und sich dann mit seinen Verbänden am Fenster seines Hauses dem Volk zeigte, das zusammengeströmt war, um zu erfahren, ob er lebe oder tot sei, ob es jubeln oder Rache nehmen solle. Die zweite Figur, mit dem *«lucco»*, dem gewöhnlichen florentinischen Bürgerkleid, befindet sich in der Kirche SS. Annunziata über dem Türchen neben dem Tisch, an dem die Wachskerzen verkauft werden. Die dritte wurde vor der Madonna in S. Maria degli Angeli zu Assisi aufgestellt, wo Lorenzo de' Medici den ganzen Weg, der von der Kirche bis zum Stadttor nach S. Francesco führt, mit

Backsteinen hatte pflastern lassen und auch die Quellen wiederherstellte, die man unter seinem Ahnen Cosimo dorthin geleitet hatte. [...]

Um aber nochmals auf Verrocchio zurückzukommen, so verfertigte er außer den schon erwähnten Dingen auch hölzerne Kruzifixe und einige Arbeiten aus gebranntem Ton, wobei er sich besonders auszeichnete. Davon zeugen die Modelle zu den Reliefs am Altar von S. Giovanni sowie einige reizende Putten und ein wunderbarer Kopf des heiligen Hieronymus. Von seiner Hand stammt auch der Putto auf der Uhr am Neuen Markt, dessen Arme so eingefügt sind, dass er sie ausstreckt und mit einem Hammer die Stunden schlägt, was damals als eine großartige und wunderliche Erfindung galt. [...]

Mantegna
Andrea Mantegna

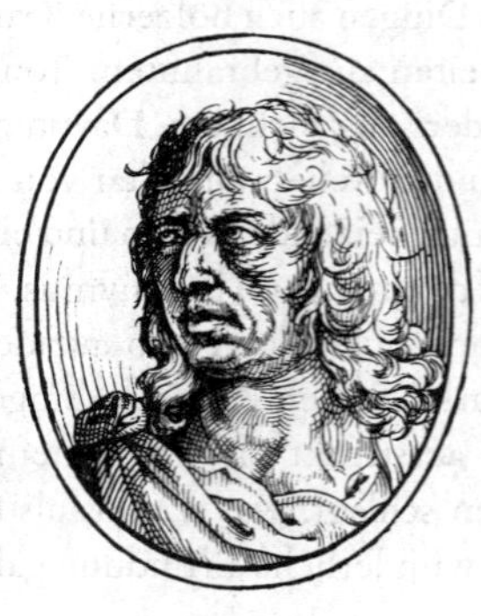

Wie förderlich dem Talent Anerkennung ist, weiß jeder, der sich schöpferisch betätigt und dabei einigen Erfolg erntet; denn wer für seine Mühen Ehre und Lohn erhoffen darf, empfindet ihre Last nicht, ja er fühlt mit jedem Tag, an dem seine Kunst strahlender hervortritt, seinen Mut und seine Kräfte wachsen. Doch geschieht es wahrlich selten, dass künstlerisches Verdienst in so hohem Maß gewürdigt und belohnt wird, wie dies bei Andrea Mantegna der Fall war. Obwohl er, von niedrigster Herkunft in der Umgebung von Mantua geboren, als Knabe die Herden hütete, wurde er durch die Gunst des Schicksals und seine eigenen großen Fähigkeiten so hoch erhoben, dass er sogar die Ritterwürde erhielt.

Er begann schon zum Jüngling heranzuwachsen, als er in die Stadt kam und sich bei dem Paduaner Maler Jacopo Squarcione in der Malkunst ausbildete.[336] Aus einem lateinischen Brief, in dem Girolamo Campagnuola dem griechischen Philosophen Leonico Timeo über mehrere alte Maler berichtet, die zu Padua den Herren von Carrara dienten, geht auch hervor, dass dieser Jacopo den Mantegna in sein Haus aufnahm und ihn bald darauf, da er sein großes Talent erkannte, sogar an Sohnes Statt adoptierte. Da Squarcione wohl wusste, dass er selber nicht gerade der größte Maler der Welt sei, und wünschte, Andrea möge es weiterbringen als er, unterwies er ihn fleißig anhand von Gipsabgüssen nach der Antike sowie von guten Bildern, die er von allen möglichen Orten, vornehmlich aber aus der Toskana und von Rom kommen ließ. Auf diese Weise lernte Andrea schon in seiner Jugend ziemlich viel. Einen mächtigen Ansporn gab ihm auch der ständige Wettbewerb mit Marco Zoppo aus Bologna, Dario aus Treviso und Niccolò Pizzolo aus Padua, die ebenfalls Schüler seines Adoptivvaters und Meisters waren.

Andrea war erst siebzehn Jahre alt, als er das Bild für den Hauptaltar von S. Sofia zu Padua malte, das eher von einem erfahrenen alten Meister als von einem Jüngling zu stammen scheint. Squarcione, der den Auftrag erhalten hatte, die Kapelle des heiligen Christophorus in der Eremitanerkirche S. Agostino zu Padua auszumalen, übertrug diese Arbeit seinen beiden Schülern Niccolò Pizzolo und Andrea.[337] Der Erstere stellte Gottvater dar, der voller Majestät zwischen den Kirchenvätern thront; und die Bilder, die er in dieser Kapelle malte, wurden später nicht minder geschätzt als die von Andrea. Niccolò, der nur wenige, aber lauter gute Arbeiten ausführte, wäre sicher ein vortrefflicher Meister geworden, hätte er die Kunst so eifrig betrieben wie seine Waffenübungen; vielleicht hätte er dann auch länger gelebt. So aber saß ihm der Degen locker in der Scheide, er machte sich viele Feinde und wurde einstmals, als er von der Arbeit ging, meuchlings überfallen und getötet. Meines Wissens hat er keine anderen Werke als noch einen anderen Gottvater in der Kapelle des Urbano Perfetto hinterlassen.

Andrea, der nun die Kapelle allein vollendete, malte dort die vier Evangelisten, die sehr gelobt wurden. Aufgrund dieser und anderer Arbeiten wuchs seine Hoffnung, sein Ziel zu erreichen. Er schloss sich dem venezianischen Maler Jacopo Bellini an, dem Vater von Giovanni und Gentile, der ein Nebenbuhler des Squarcione war, und nahm eine seiner Töchter, eine Schwester des Gentile, zur Frau.[338] Darüber geriet Squarcione so sehr in Zorn, dass er und Andrea fortan verfeindet blieben; und wie Squarcione vordem die Arbeiten Andreas stets hoch gerühmt hatte, schmähte er sie nunmehr öffentlich und tadelte vor allem schonungslos die Malereien in der oben genannten Kapelle des heiligen Christophorus. Er sagte, sie taugten gar nichts, denn Andrea habe darin die antiken Marmorwerke nachgeahmt, an denen man die Malkunst niemals vollkommen erlernen könnte, weil der Stein immer die ihm eigentümliche Härte zeige und nicht die zarte Weichheit des Fleisches und die geschmeidige Beweglichkeit von Lebewesen; es wäre besser gewesen, Andrea hätte seinen Gestalten die Farbe des Marmors gegeben, anstatt sie in natürlichen Farben auszuführen, da sie ohnehin nicht lebenden Menschen, sondern antiken Marmorstatuen glichen.

Diese Vorwürfe kränkten Andrea tief, andererseits waren sie ihm aber von großem Nutzen, denn er sah ein, dass Squarcione in vielem recht hatte. So machte er sich eifrig daran, lebende Menschen abzubilden; dadurch erzielte er große Fortschritte, und an dem letzten Bild, das er noch in jener Kapelle zu malen hatte, bewies er deutlich, dass er nicht minder aus der Natur zu schöpfen verstand als aus Kunstwerken. Doch bei alledem blieb er stets der Meinung, die guten antiken Statuen wären schöner und hätten vollkommenere Formen, als man sie in der Natur finden könnte. Er glaubte nämlich, durch das Studium jener Statuen zu erkennen, dass ihre trefflichen Meister die Vollkommenheiten, die die Natur selten in einem einzigen Körper vereint, aus vielen lebenden Gestalten zusammengetragen hätten; denn die wahre Schönheit könne man nur darstellen, indem man den einen oder anderen Teil dieses oder jenes Menschen nachbilde. Abgesehen davon schienen ihm die Statuen deutlicher und bestimmter in der Darstellung von Muskeln, Adern, Sehnen und anderen Einzelheiten, die die Natur im Allgemeinen mit weichem Fleisch bedecke und dadurch manche Härten verhülle, außer an alten oder sehr mageren Körpern, die der Künstler aber aus anderen Gründen abzubilden vermeidet. Wie fest Andrea dieser Meinung anhing, erkennt man an seinen Werken, die tatsächlich eine gewisse Härte zeigen und zuweilen eher Standbildern als lebendigen Menschen gleichen. In jenem letzten Bild aber, das ausnehmend gut gefiel, stellte er seine Gestalten alle nach dem Leben dar; darunter den wohlbeleibten Maler Squarcione mit Schwert und Lanze in den Händen, ferner Noferi di Palla Strozzi aus Florenz, Girolamo della Valle, der ein vortrefflicher Arzt war, den Doktor der Rechte Bonifazio Fuzimeliga, Niccolò, den Goldschmied von Papst Innozenz VIII., und schließlich Baldassare da Leccio – alles gute Freunde von ihm, die er nun in glänzendem Waffenschmuck aufs Schönste und Naturgetreueste malte. Außerdem porträtierte er dort noch den Ritter Bonramino[339] sowie einen gewissen verblödeten ungarischen Bischof, der den ganzen Tag in Rom herumvagabundierte und nachts wie ein Tier in irgendeinem Stall schlief. In der Person des Henkers, der dem heiligen Jakobus das Haupt abschlägt, malte er den Marsilio Pazzo, und endlich brachte er auch noch sein eigenes Bildnis an.

Das ganze Werk trug ihm großen Ruhm ein. Zu jener Zeit, als er die Kapelle vollendete, malte Andrea eine Tafel für den Altar des heiligen Lukas in S. Justina[340] und ein Fresko in den Türbogen von S. Antonio; unter dieses letztere Werk setzte er seinen Namen.[341] In Verona machte er eine Tafel für den Altar der Heiligen Christophorus und Antonius und in einer Ecke der Piazza della Paglia einige Figuren. Im Auftrag der Mönche von Monte Oliveto zu Organo schuf er die schöne Tafel für den Hauptaltar der Kirche S. Maria[342], ebenso ein Altarbild für die Kirche S. Zeno.[343] Während seines Aufenthalts in Verona malte er auch Bilder für andere, darunter eines für seinen Freund und Verwandten, den Abt von Fiesoie, eine Madonna in halber Figur mit dem Kind auf dem Arm und einige singende Engelsköpfe. Dieses reizende Bild, das sich heute in der dortigen Bibliothek befindet, wurde von jeher für ein besonders schönes Werk gehalten. In Mantua stand Andrea im Dienst des Marchese Lodovico Gonzaga[344], und dieser, der die Fähigkeiten des Künstlers stets geschätzt und gefördert hatte, ließ ihn für die Schlosskapelle ein Bild mit ziemlich kleinen, aber sehr schön ausgeführten Figuren herstellen.[345] Dort malte er auch viele Gestalten, von unten gesehen, in kühnen Verkürzungen, die sehr gerühmt wurden, denn obwohl er den Faltenwurf der Gewänder in etwas harter, kleinlicher Art darstellte und seine ganze Manier etwas Trockenes hat, ist doch alles mit großer Kunst und Sorgfalt ausgeführt.[346]

Ebenfalls im Auftrag des Marchese Lodovico stellte Mantegna in einem Saal des Palastes S. Sebastiano zu Mantua den Triumphzug Cäsars dar, der zu seinem besten Werk wurde.[347] Hier sieht man in schön geordneter Folge: den prächtig geschmückten Triumphwagen; einen Mann, der den Sieger schmäht; dahinter die Verwandten, Diener mit Weihrauch, Priester, zum Opfer bekränzte Stiere und Gefangene; es folgen Elefanten, Wagen mit Siegesgöttinnen und eroberten Feldzeichen, dazu, auf Spießen und Stangen getragen, unzählige Trophäen, Waffen, Helme, Panzer und eine Unmenge von Geräten, Zierraten, Gefäßen und anderen erbeuteten Schätzen. In der Menge der Zuschauer bemerkt man auch eine Frau mit einem Knäblein an der Hand, das sich einen Dorn in den Fuß getreten hat und diesen mit einer reizend natürlichen Gebärde weinend der Mutter hinstreckt.

Bei diesem Bild hatte Andrea mit großer Überlegung ein Verfahren befolgt, das ich vielleicht schon früher hätte erwähnen sollen: Er legte nämlich den Boden, auf dem die Figuren stehen, höher als den Blickpunkt und stellte somit die Füße der Vordersten auf die erste Linie der Fläche und die folgenden immer tiefer, sodass Füße und Beine allmählich dem Auge entschwinden, wie es bei dem gewählten Standpunkt auch in Wirklichkeit der Fall wäre. So ist, den Regeln der Perspektive entsprechend, nur der untere Teil der Vasen, Waffen und anderen Beutestücke sichtbar, der obere aber entzieht sich dem Blick. Nach der gleichen Methode arbeitete auch Andrea degl'Impiccati bei der Darstellung des Abendmahls im Refektorium von S. Maria Novella, und man sieht hieraus, wie diese vortrefflichen Meister allmählich die richtigen perspektivischen Gesetze erkannten und die Gegenstände mit großer Sorgfalt so darzustellen suchten, wie sie dem Auge tatsächlich erscheinen. Das ganze Werk Mantegnas könnte, um es kurz zu sagen, nicht schöner und besser ausgeführt sein, und wenn der Marchese ihn schon vorher schätzte, so liebte und ehrte er ihn von da an noch weit mehr. Ja, Andreas Ruf verbreitete sich dermaßen, dass Papst Innozenz, der sein wunderbares Talent rühmen hörte, ihn nach Rom berief, damit er neben vielen anderen Meistern die Wände des soeben vollendeten Belvedere-Palastes durch seine Malereien zieren sollte. Versehen mit einer überaus herzlichen Empfehlung des Marchese, der ihn zu größerer Ehre auch in den Adelsstand erhob, begab sich Mantegna nach Rom[348], wo ihn der Papst huldvoll empfing und sogleich mit der Ausmalung einer kleinen Kapelle in besagtem Palast betraute. Diese Arbeit führte Andrea mit so viel Fleiß und Liebe aus, dass Wölbungen und Wände eher mit Miniaturen als mit Fresken geschmückt zu sein scheinen. Die Hauptfiguren über dem Altar, gleich allen übrigen in Fresko ausgeführt, sind Johannes und Christus, der von Ersterem die Taufe empfängt. Ringsum sieht man eine Menge Volkes die Kleider abwerfen, um sich gleichfalls taufen zu lassen. Unter ihnen bemerkt man auch, wie ein Mann sich mit seinem Strumpf abplagt, der an der schweißfeuchten Haut klebt; er hat ein Bein über das andere geschlagen und zerrt den umgestülpten Strumpf mit solcher Mühe und Anstrengung herunter, dass beides sich deutlich in seinem Gesicht ausdrückt. Dieser launische Einfall erregte damals bei allen Beschauern große Bewunderung.

Man erzählt, der Papst habe, von seinen vielen Geschäften in Anspruch genommen, Mantegna nicht so oft Geld gegeben, wie dieser gewünscht hätte.[349] Als er daher in der gleichen Kapelle auch einige Tugenden in grüner Erde[350] darstellte, malte er unter ihnen die Bescheidenheit. Bald darauf kam der Papst, um die Arbeit zu besichtigen, und fragte, was diese Figur vorstelle. «Es ist die Bescheidenheit», sagte Mantegna bedeutsam. «Falls du ihr eine gute Gefährtin geben willst», entgegnete der Papst, «dann male die Geduld dazu.» Der Künstler verstand, was der Heilige Vater meinte, und sprach nie mehr von seinen Forderungen. Als er aber seine Arbeit vollendet hatte, schickte ihn der Papst reich belohnt und mit Ehren zum Herzog zurück.[351]

In Rom malte Mantegna außer der genannten Kapelle ein kleines Bild der Madonna mit dem schlafenden Kindlein auf dem Arm; ringsumher ist eine Gebirgslandschaft mit Grotten, und darin sind Steinmetzen, die zu verschiedenen Zwecken den Fels brechen – alles so fein und sorgfältig ausgeführt, dass es kaum möglich scheint, solches mit dem Pinsel zu vollbringen.[352] Dieses Bild befindet sich heute beim erlauchten Fürsten Don Francesco Medici von Florenz, der es zu seinen kostbarsten Kunstschätzen zählt. [...]

Genau wie Pollaiuolo fand auch Andrea große Freude daran, in Kupfer zu stechen; unter anderem verfertigte er Stiche von seinem berühmten Triumphzug, die damals sehr gepriesen wurden, da man niemals bessere gesehen hatte. Zu seinen letzten Werken gehört ein Bild für S. Maria della Vittoria, eine Kirche, die der Marchese Francesco nach den Plänen und Angaben Andreas zum Andenken an den Sieg errichten ließ, den er als Feldherr der Venezianer am Flusse Taro über die Franzosen errungen hatte. Die in Tempera gemalte Tafel wurde auf dem Hauptaltar aufgestellt[353]; sie zeigt die Madonna mit dem Kind in sitzender Stellung auf einem Piedestal, ihr zu Füßen die Heiligen Michael, Anna und Joachim; Letzterer empfiehlt den sehr lebendig nach der Natur gezeichneten Marchese dem Schutz der Jungfrau, die ihm die Hand entgegenstreckt. Dieses Bild erregte damals, wie auch heute noch, allgemeines Entzücken und stellte den Marchese so zufrieden, dass er den Andrea aufs Freigebigste belohnte. Da seine Arbeiten auch noch von verschiedenen anderen Fürsten reichlich entgolten wurden, konnte er bis zu seinem Tod seinem adligen Stand gemäß in Ehren leben.

Ein Nebenbuhler Andreas war Lorenzo da Lendinara, der in Padua als trefflicher Maler galt. [...] Mit Dario aus Treviso und Marco Zoppo aus Bologna unterhielt er immer ein freundschaftliches Verhältnis, da sie bei Squarcione seine Mitschüler gewesen waren. Marco malte für die Minoritenbrüder zu Padua eine Loggia, die ihnen als Kapitel dient, und zu Pesaro eine Tafel, die sich heute in der neuen Kirche S. Giovanni Evangelista befindet[354]; außerdem porträtierte er Guido Baldo da Montefeltro, zur Zeit, als dieser Feldherr der Florentiner war. Zu den Freunden Andreas zählte auch der Maler Stefano aus Ferrara, der wenige, aber recht gute Arbeiten hinterließ; von seiner Hand stammt die Ausschmückung des Sarges des heiligen Antonius von Padua sowie ein Bild der Madonna, das unter dem Namen Madonna del Pilastro bekannt ist.

Andrea baute sich in Mantua ein schönes Haus, das er nach seinem Geschmack mit Malereien ausschmückte und bis zu seinem Tod bewohnte.[355] Er starb im Jahre 1517 im Alter von sechsundsechzig Jahren und wurde mit allen Ehren in S. Andrea beigesetzt. […]

In allem, was er tat, war Andrea von so edlen und vorbildlichen Sitten, dass man ihm nicht nur in seiner Heimat, sondern in der ganzen Welt stets ein ehrenvolles Andenken bewahren wird. Nicht minder um seiner Liebenswürdigkeit als um seiner vorzüglichen Malereien willen verdiente er es, von Ariost gerühmt zu werden, der ihn zu Anfang des dreiunddreißigsten Gesangs unter den berühmtesten Malern seines Jahrhunderts nennt: «Leonardo, Andrea Mantegna, Gian Bellino...»

Andrea zeigte, wie man von unten gesehene Figuren auf die richtige Art verkürzt, was für die Malerei einen großen Fortschritt bedeutete. Dass er gern in Kupfer stach, habe ich schon erwähnt; dies gereicht der Welt wahrlich zu Gewinn, da sie dadurch nicht nur die berühmtesten Werke Mantegnas, wie sein Bacchanal, die Schlacht der Meeresungeheuer, die Kreuzabnahme, die Grablegung und Auferstehung Christi mit den Heiligen Longinus und Andreas, zu Gesicht bekam, sondern auch die Manier vieler seiner Vorgänger kennenlernte.

Leonardo

Leonardo da Vinci

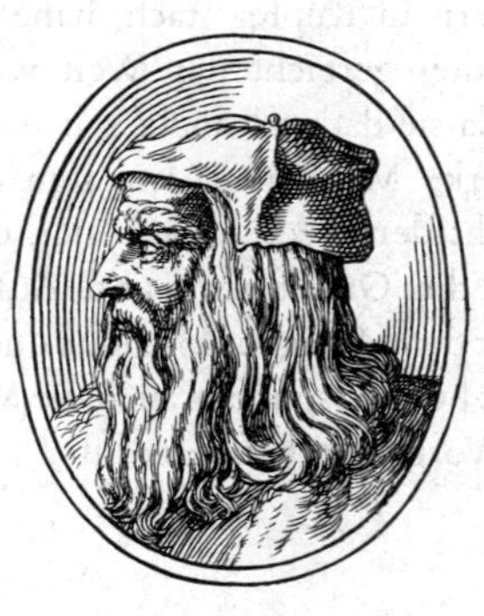

Dank dem Einfluss der Gestirne überschüttet die Natur die Sterblichen oft mit den reichsten Gaben; doch manchmal sehen wir in einem einzigen Menschen Schönheit und Talent und hohe Fähigkeiten in dermaßen verschwenderischer, schier übernatürlicher Fülle vereint, dass er auf jedem Gebiet, dem er sich zuwendet, Außerordentliches leistet und alle anderen weit übertrifft, sodass seine Werke nicht menschlicher Kunstfertigkeit, sondern einer unmittelbaren göttlichen Eingebung zu entspringen scheinen.

So war Leonardo da Vinci[356] nicht nur mit bewundernswerter körperlicher Schönheit begnadet, sondern zeichnete sich auch in allem, was er tat, durch unvergleichliche Begabung aus. Die größten Schwierigkeiten löste er spielend, sobald er nur seinen Sinn darauf richtete. In ihm verband sich seltene Kraft mit erstaunlicher Gewandtheit, ein wahrhaft erhabener Geist mit gewaltigem Mut. Der Ruhm seines Namens erhöhte sich ständig, sodass er nicht nur von seinen Zeitgenossen, sondern weit mehr noch von der Nachwelt aufs Höchste gepriesen wurde.

Leonardo, der Sohn von Ser Piero da Vinci, war tatsächlich ein wahres Wunder an Begabung. Auch in den gelehrten Wissenschaften und in der Literatur hätte er Großes geleistet, wären seine Interessen nicht allzu mannigfaltig und wechselhaft gewesen, wie er denn immer wieder etwas Neues zu lernen anfing, ohne es zu vollenden. Er machte in der Rechenkunst in wenigen Monaten erstaunliche Fortschritte und trug dem Meister, der ihn unterrichtete, ständig so wohlbegründete Zweifel und Einwendungen vor, dass er ihn oft in Verlegenheit setzte. Auch die Musik begann er zu studieren, entschloss sich aber bald, die Laute zupfen zu lernen, und da die Natur ihm einen ebenso erhabenen wie anmutigen Geist geschenkt hatte, improvisierte er zu seinem Spiel die herrlichsten Lieder. Doch so vielerlei Dinge er auch betrieb, vom Zeichnen und Modellieren ließ er niemals ab, da dies mehr als alles andere nach seinem Sinn war.

Ser Piero, der dies beobachtete und das große Talent seines Sohnes erkannte, nahm eines Tages einige seiner Zeichnungen und brachte sie Andrea del Verrocchio, mit dem er gut befreundet war, mit der dringenden Bitte, ihm zu sagen, ob Leonardo es in der Zeichenkunst zu etwas bringen könnte, falls er sich ihr widmete. Andrea staunte über die großartigen Anlagen des Knaben und riet Ser Piero, ihn in dieser Kunst ausbilden zu lassen. Da wurde vereinbart, dass Leonardo in die Werkstatt des Andrea eintreten sollte, was er über die Maßen gern tat;[357] und er übte sich nicht nur in einer Kunstgattung, sondern in allen, die etwas mit dem Zeichnen zu tun haben. Dank seiner vielfältigen Begabung versuchte er sich nicht nur als Bildhauer, indem er schon in früher Jugend einige lachende weibliche Köpfe aus Ton formte, die später gegossen wurden, desgleichen ein paar Putten- oder Kinderköpfchen, die aus der Hand eines Meisters zu stammen scheinen, sondern er wurde zudem ein vortrefflicher Geometer und Architekt, sodass er viele Grundrisse und Pläne zu Gebäuden entwarf und trotz seiner Jugend als Erster ein Projekt zur Kanalisierung des Arno zwischen Pisa und Florenz ausarbeitete. Er verfertigte auch Pläne für Mühlen, Walkwerke und andere Maschinerien, die durch Wasserkraft betrieben werden, doch da er sich die Malerei zum eigentlichen Beruf erwählt hatte, übte er sich vor allem im Zeichnen nach der Natur. Manchmal formte er Figuren aus Lehm, hüllte sie in weiche tongetränkte Lappen und bemühte sich dann mit großer Geduld, sie in Schwarz und Weiß auf die dünnste, schon gebrauchte Leinwand abzuzeichnen, wobei er nur mit der Spitze des Pinsels arbeitete und wahre Wunderwerke an Feinheit hervorbrachte. [...] Auch auf Papier zeichnete er mit vielem Fleiß und derart vortrefflich, dass ihn hierin kein anderer jemals an Zartheit erreichte; so besitze ich einen mit Silberstift abschattierten Kopf von unvergleichlicher Schönheit. Gott hatte seinem Geist so viel Anmut und eine gewaltige Ausdruckskraft verliehen, und er wusste dank seinem hohen Verstand und seinem treuen Gedächtnis seine Ideen so trefflich durch Zeichnungen darzustellen, dass er durch seine Argumente den stärksten Geist in Verwirrung zu bringen und zu besiegen vermochte.

Dazu entwarf er täglich neue Modelle und Zeichnungen, wie man mit Leichtigkeit Berge abtragen oder aber durchbohren könnte, um von einem ebenen Landstrich zum anderen zu gelangen, wie mithilfe von Hebeln, Winden und Schrauben große Lasten in die Höhe zu ziehen oder wegzuschleppen wären und auf welche Weise man Meereshäfen reinigen oder mittels Pumpen Wasser aus der Tiefe emporholen könnte. Mit solchen Fantasien und Denkaufgaben befasste sich sein Gehirn ununterbrochen. Davon zeugen viele hier und dort verstreute Zeichnungen, von denen ich eine Menge gesehen habe.[358]

Er verwandte seine Zeit sogar darauf, komplizierte Schnurgeflechte so abzubilden, dass man die kreisförmigen Figuren, die jeder Faden beschreibt, von einem Ende zum anderen verfolgen kann. Es existiert eine besonders kunstvolle und schöne Zeichnung dieser Art, in Kupfer gestochen, in deren Mitte man die Worte liest: «Leonardus Vinci Academia». Unter seinen Modellen und Skizzen gab es einen Entwurf, mit dem er verschiedenen geistreichen Bürgern, die damals Florenz verwalteten, darzutun suchte, wie man die Kirche S. Giovanni heben und ihr Treppen unterschieben könne, ohne sie zu zerstören; und er wusste sie mit so einleuchtenden Argumenten zu überzeugen, dass allen die Sache durchaus möglich schien, obwohl jeder, sobald Leonardo fort war, von selbst die Undurchführbarkeit eines solchen Unterfangens erkannte.

Seine Unterhaltung war so angenehm, dass er alle Menschen anzog; und obwohl er praktisch nichts besaß und nur wenig arbeitete, hielt er sich doch immer Diener und Pferde, welch Letztere er besonders liebte, wie er sich auch gern an allen anderen Tieren ergötzte und sie mit großer Liebe und Geduld abzurichten wusste. Wenn er irgendwo vorbeikam, wo man Vögel verkaufte, holte er sie oft mit eigener Hand aus dem Käfig, zahlte den geforderten Preis und ließ sie fliegen, um ihnen die Freiheit wiederzugeben. Wohin er nur seine Gedanken und seinen Sinn wandte, seine begnadete Natur verlieh allen seinen Handlungen und Werken eine so göttliche Vollkommenheit, dass ihm an raschem Erfassen, Lebhaftigkeit, Güte, Freundlichkeit und Geschick wohl niemals ein anderer Sterblicher gleichkam.

Man sieht, dass Leonardo, um die Kunst gründlich kennenzulernen, vielerlei anfing und nichts richtig beendete. Es schien ihm, die Hand könne der Vollkommenheit eines Werks, wie er es im Geist erschaute, nichts mehr hinzufügen, umso mehr, als seine Fantasie so subtile und wundersame Dinge zu ersinnen pflegte, dass sie sich selbst mit den geschicktesten Händen niemals hätten ausführen lassen. Seine Interessen waren derart mannigfaltig, dass er seine philosophischen Betrachtungen auch auf die Naturerscheinungen richtete, die Eigenschaften der verschiedenen Pflanzen zu erforschen suchte und regelmäßig die Bewegung des Sternenhimmels sowie den Lauf der Sonne und des Mondes beobachtete.

Wie gesagt, hatte sein Vater Ser Piero ihn schon in der Kindheit zu Andrea del Verrocchio in die Lehre gegeben. Dieser arbeitete an einem Gemälde, das die Taufe Christi darstellte, und Leonardo malte darin einen Engel, der einige Gewänder hält. Obwohl er noch jung war, führte er diese Gestalt so vollkommen aus, dass sie viel schöner wurde als die Figuren seines Meisters, und Andrea ärgerte sich dermaßen darüber, dass ein Knabe ihn an Kunstfertigkeit übertraf, dass er von da an keinen Pinsel mehr anrühren wollte.[359]

Leonardo erhielt den Auftrag, den Karton zu einem Türvorhang für den König von Portugal zu entwerfen, den Sündenfall von Adam und Eva im irdischen Paradies, der in Flandern in Gold und Seide gewebt werden sollte. Er malte mit dem Pinsel, mit Bleiweiß in Hell und Dunkel abschattiert, eine Wiese mit einer unendlichen Vielfalt an Pflanzen und Kräutern und dazwischen einige Tiere, alles so lebenswahr und natürlich, dass das göttlichste Genie der Welt es ihm nicht hätte gleichtun können. Man sieht darauf auch den Feigenbaum, der, ganz abgesehen von den trefflichen Verkürzungen der Blätter und Zweige, mit solcher Liebe ausgeführt ist, dass einem bei dem bloßen Gedanken schwindelt, wie viel Geduld ein Mensch aufbringen kann. Daneben sind noch an einem Palmenbaum die runden Blattfächer mit bewundernswerter Kunst gearbeitet, wie es einzig Leonardo mit seinem Fleiß und Talent zustande bringen konnte. Der Vorhang wurde indessen niemals ausgeführt. Der Karton befindet sich heute in dem gesegneten Haus des ruhmreichen Ottaviano de' Medici zu Florenz, der das Kunstwerk kürzlich von einem Oheim Leonardos zum Geschenk erhielt.[360]

Man erzählt, dass Piero da Vinci in seinem Landhaus einmal von einem ihm bekannten Bauern besucht wurde, der auf seinem kleinen Gut einen Feigenbaum gefällt und daraus einen Rundschild geschnitzt hatte. Nun bat er Ser Piero, diesen in Florenz schön bemalen zu lassen, und der entsprach bereitwillig der Bitte, da er den Mann als einen sehr geschickten Vogelsteller und Fischer schätzte und sich bei diesen Übungen gern seiner Hilfe bediente. Er ließ den Schild nach Florenz bringen und ersuchte Leonardo, etwas darauf zu malen, ohne ihm zu sagen, für wen er bestimmt wäre. Leonardo nahm sich den Schild eines Tages vor, und da er sah, dass er ganz krumm und schief ausgeführt war, brannte er ihn im Feuer zurecht und übergab ihn einem Drechsler, sodass aus dem unbeholfenen, groben Machwerk schließlich ein feines, ebenmäßiges Gebilde entstand. Nachdem er ihn nach seiner Methode grundiert und vorbereitet hatte, begann er zu überlegen, was er wohl darauf malen könnte, damit es auf einen heranstürmenden Feind die gleiche furchterregende Wirkung ausübe wie ehemals das Haupt der Medusa. Zu diesem Zweck sammelte er in einem Zimmer, das niemand außer ihm je betrat, allerlei Eidechsen, Grillen, Schlangen, Heuschrecken, Nachtfalter, Fledermäuse und ähnliche abstoßende Kreaturen und stellte aus dem ganzen Haufen ein wahrhaft grässliches Ungeheuer zusammen. Dieses malte er, wie es, aus Maul und Augen Gift und Feuer speiend, aus einer dunklen Felsspalte hervortritt, derart wunderbar, dass es tatsächlich den schrecklichsten Eindruck machte; und er versenkte sich so in diese Arbeit, dass er den scheußlichen Gestank, den die verwesenden Geschöpfe im Zimmer verbreiteten, vor lauter Kunsteifer gar nicht spürte. Als schließlich das Werk beendet war, dem weder der Bauer noch sein Vater weiter nachgefragt hatten, ließ er diesem sagen, er könne den Schild bei Gelegenheit abholen lassen; was ihn beträfe, sei er damit fertig. Darum begab sich Ser Piero eines Morgens in die Wohnung seines Sohnes, um sich die Arbeit anzuschauen. Leonardo öffnete ihm auf sein Klopfen die Tür und bat ihn, einen Augenblick zu warten. Er eilte in das betreffende Zimmer, verdunkelte das Fenster so, dass es nur einen matten Lichtschimmer einließ, und rückte die Staffelei mit dem Schild darauf in die richtige Beleuchtung. Dann erst ließ er seinen Vater eintreten. Ser Piero erschrak jedoch im ersten Augenblick gewaltig, denn er erkannte in dem schrecklichen Untier, das ihm entgegenzustürmen schien, weder den Schild noch überhaupt eine Malerei. Leonardo hielt ihn, da er schon fliehen wollte, zurück und sagte: «Dieses Werk erfüllt den

Zweck, zu dem es bestimmt ist. Nehmt es also und tragt es fort, denn es hat die erwartete Wirkung.» Dem Vater erschien dies alles überaus wunderlich. Er lobte zwar Leonardos seltsamen Einfall aufs Höchste; doch dann kaufte er heimlich bei einem Händler einen anderen Schild, worauf ein von einem Pfeil durchbohrtes Herz gemalt war, und brachte diesen dem Bauern, der ihm dafür zeitlebens dankbar war. Später verkaufte er Leonardos Schild in aller Stille für hundert Dukaten an einen Florentiner Kaufmann, der ihn bald für dreihundert Dukaten an den Herzog von Mailand weiterverhandelte.

Hierauf malte Leonardo ein vorzügliches Bild der Madonna, das in den Besitz von Papst Clemens VII. gelangte. Unter anderem sieht man darauf eine mit Wasser gefüllte Karaffe mit einigen Blumen darin, alles von solch bewundernswerter Naturtreue, dass sogar die zarte Betauung der Blätter völlig lebenswahr abgebildet erscheint. [...] Dann kam Leonardo der Einfall, in Öl ein Medusenhaupt mit einem Kopfputz aus ineinander verschlungenen Schlangen darzustellen; es war die seltsamste und absonderlichste Erfindung, die man sich denken konnte, doch da dieses Werk viel Zeit erforderte, ließ er es unvollendet stehen, wie es fast bei allen seinen

Arbeiten geschah. Heute gehört es zu den herrlichen Kunstschätzen im Palast des Herzogs Cosimo, zusammen mit dem Brustbild eines Engels, der mit dem einen, zwischen Schulter und Ellbogen stark verkürzten Arm nach oben weist, während er mit dem anderen auf seine eigene Brust deutet. Es ist merkwürdig, wie das Genie Leonardos, im Bestreben, seinen Bildern möglichst viel Relief zu verleihen, den dunklen Tönen immer noch dunklere Schattierungen zu verleihen trachtete und sogar ein Schwarz darzustellen suchte, das schwärzer als die übrigen wäre, sodass dadurch die hellen Stellen noch leuchtender wirkten, bis er endlich zu den ganz dunklen Tinten gelangte, die gar kein Licht mehr enthalten und die Nacht eher wiederzugeben vermögen als den schwächsten Tagesschimmer. Dies alles aber tat er, um seinen Bildern die größte Körperhaftigkeit zu verleihen und damit die Malkunst zur höchsten Vollendung zu führen.

Es freute Leonardo ganz besonders, wenn er Menschen mit ungewöhnlichen Gesichtszügen oder sonderbaren Bart- und Haartrachten begegnete. Wenn ihm jemand gefiel, hätte er ihm einen ganzen Tag lang nachgehen können, und er prägte sich seine Eigenheiten so gut ein, dass er ihn, zu Hause angelangt, aus dem Gedächtnis zeichnete, als hätte er das Modell vor sich. Auf diese Art skizzierte er viele männliche und weibliche Köpfe. Ich selbst besitze in meiner oft zitierten Sammlung mehrere solche Federzeichnungen von seiner Hand, darunter ein Bildnis von Amerigo Vespucci, einen wunderschönen, mit Kohle abschattierten Greisenkopf[361], sowie eine Skizze von Scaramuccia, dem Hauptmann der fahrenden Leute, die später Giambullari dem Kanonikus von S. Lorenzo, Donato Valdambrini aus Arezzo, hinterließ. Er begann darauf eine Anbetung der Heiligen Drei Könige zu malen, ein Bild, das viele schöne Einzelheiten sowie vorzüglich gelungene Köpfe enthält. Es hing im Haus von Amerigo Benci, gegenüber der Loge der Peruzzi, blieb aber wie auch andere Werke unvollendet.[362]

Im Jahr 1494 starb der Herzog von Mailand, Giovan Galeazzo, und Lodovico Sforza wurde zu seinem Nachfolger gewählt. Dieser fand großes Gefallen am Lautenspiel, und Leonardo wurde ehrenvoll zu ihm berufen, um ihm vorzuspielen.[363] Leonardo brachte sein Instrument mit, das er eigenhändig verfertigt hatte. Es bestand größtenteils aus Silber und besaß die Form eines Pferdeschädels – eine seltsame, ganz neue Erfindung, die bewirkte, dass der Ton voller und harmonischer klang. Dadurch übertraf Leonardo alle anderen Musiker, die zum Wettbewerb in Mailand zusammengeströmt waren, ganz abgesehen davon, dass zu jener Zeit niemand so gut wie er in Versen zu improvisieren verstand. Als der Herzog die wunderbaren Darbietungen Leonardos hörte, verliebte er sich geradezu in seine vielfachen Talente. So bewog er ihn auch, eine Altartafel mit der Geburt Christi zu malen, die er dann dem Kaiser zum Geschenk sandte.[364]

In Mailand machte Leonardo außerdem für die Dominikanermönche in S. Maria delle Grazie ein Abendmahl, das zu einem seiner wunderbarsten Werke wurde.[365] Die Köpfe der Apostel stattete er mit so viel Majestät und Schönheit aus, dass er schließlich das Haupt Christi unvollendet ließ, denn es schien ihm unmöglich, ihm jene überirdische Göttlichkeit zu verleihen, die das Bildnis des Heilands erfordert. Das somit als fertig geltende Werk wurde von den Mailändern wie von allen anderen von jeher aufs Höchste geschätzt, da es Leonardo vorzüglich gelungen war, den Argwohn, der die Gemüter der Jünger ergriffen hat, deutlich zu machen. In allen Gesichtern liest man die bange Frage, wer wohl den Meister verraten habe, und jedes drückt auf seine Weise die tiefe Liebe zu Jesu aus, dazu Angst, Zorn und auch Betrübnis, da sie seine Rede nicht begreifen können. Das ist nicht weniger bewundernswert dargestellt als im Gegensatz dazu der Ausdruck von Trotz, Hass und Tücke, der sich in den Zügen des Judas spiegelt. Auch ist die geringste Einzelheit des Werks mit unglaublichem Fleiß ausgearbeitet, sodass man noch im Tischtuch die Art des feinen Leinengewebes genau erkennt.

Man erzählt, dass der Prior des Klosters Leonardo auf die lästigste Art zur Eile antrieb. Es schien ihm ungehörig, den Künstler bisweilen halbe Tage lang in Betrachtung versunken zu sehen; so, wie er von den Tagelöhnern im Garten verlangte, dass sie ununterbrochen Harke und Schaufel handhabten, hätte er gewünscht, dass er keinen Augenblick den Pinsel aus der Hand legte. In seiner Unzufriedenheit ging er so weit, beim Herzog Klage zu führen, und setzte ihm derart zu, dass dieser sich gezwungen sah, Leonardo kommen zu lassen und ihn aufs Liebenswürdigste zur Vollendung des Werks zu drängen, wobei er in feiner Art durchblicken ließ, dass nur die Zudringlichkeit des Priors ihn zu diesem Schritt bewog. Da Leonardo den scharfen und klugen Verstand des Fürsten kannte, beschloss er, sich ausführlich zu rechtfertigen, wozu er sich dem Prior gegenüber niemals herabgelassen hätte. Er setzte dem Herzog das Wesen der Kunst auseinander und machte ihm begreiflich, dass erhabene Geister bisweilen umso mehr schaffen, je weniger sie zu arbeiten scheinen, nämlich dann, wenn sie ihr Werk im Geist konzipieren und sich eine genaue Vorstellung davon machen, sodass hernach die Hände nur nachzubilden und auszuführen haben, was in der Idee bereits vollendet dasteht. Er bekannte auch, dass ihm noch zwei Köpfe fehlten; zum Ersten der des Erlösers, den er auf Erden gar nicht suchen wolle; ja, er wage nicht einmal zu hoffen, in der Fantasie jene himmlische Grazie und Schönheit zu erschauen, die der Mensch gewordenen Gottheit eigen sein müsse. Ähnlich gehe es ihm mit dem Kopf des Judas, denn wie er sich auch bemühe, scheine es ihm unmöglich, sich das Gesicht des Jüngers vorzustellen, der imstande gewesen sei, seinen Herrn, den Schöpfer der Welt, der ihm so viel Gutes getan, zu verraten; nach diesem Modell halte er zwar noch Ausschau, und wenn er schließlich kein besseres fände, könne er immer noch den Kopf des lästigen, zudringlichen Priors dazu verwenden.

Diese Rede brachte den Herzog sehr zum Lachen, und er gab Leonardo in allem recht. Deshalb musste der arme Prior sich damit begnügen, die Tagelöhner im Garten anzutreiben, und er ließ Leonardo fortan in Ruhe. Dieser vollendete den Kopf des Judas so trefflich, dass er das wahrhaftige Abbild der Treulosigkeit und Verräterei zu sein scheint. Doch das Haupt Jesu blieb, wie gesagt, unvollendet.

Die Vollkommenheit dieses Gemäldes, das ebenso großartig komponiert wie mit unvergleichlicher Sorgfalt ausgeführt ist, erregte im König von Frankreich den Wunsch, es in sein Reich bringen zu lassen, und er trachtete mit allen Mitteln, Baumeister zu finden, die imstande wären, es mit Holz- oder Eisenbändern so fest zusammenzuhalten, dass man es unbeschädigt fortschaffen könnte. Sein Verlangen danach war derart heftig, dass er der etwaigen Kosten nicht achtete. Da es jedoch unmittelbar auf die Mauer gemalt war, musste Seine Majestät verzichten, und das Bild blieb in Mailand.

Während Leonardo an dem Abendmahl arbeitete, malte er daneben auf der Stirnwand des Refektoriums, wo eine Passion Christi in der alten Manier dargestellt ist[366], den Herzog Lodovico mit Maximilian, seinem Erstgeborenen, und auf der anderen Seite die Herzogin Beatrice mit ihrem zweiten Sohn Francesco; beide nachmalige Herzoge von Mailand, die hier aufs Trefflichste abgebildet sind. Noch ehe diese Arbeit beendet war, schlug Leonardo dem Herzog vor, als Erinnerung an den verstorbenen Vater ein Reiterstandbild von gewaltiger Größe zu errichten. Er verfertigte auch das Modell dazu, aber es war so groß angelegt, dass es niemals ausgeführt werden konnte. Es gab einige, die meinten (da ja die menschlichen Urteile verschieden sind und oftmals nur böswilliger Eifersucht entspringen), dass Leonardo es (wie andere Werke auch) absichtlich so begonnen hätte, um es nicht vollenden zu müssen, denn es schien von vornherein ausgeschlossen, eine Figur von derartiger Größe in einem Stück zu gießen; und man könnte wohl auch glauben, dass viele zu diesem Schluss gelangten, weil eben ein so großer Teil seiner Werke unvollendet blieb. Doch in Wirklichkeit darf man wohl annehmen, dass dieser überragende Geist gerade durch die Großartigkeit seiner Ideen an ihrer Ausführung verhindert wurde, da er nach immer höherer Vollkommenheit und Vortrefflichkeit strebte, sodass, wie unser Dichter Petrarca sagt, das Werk «durch allzu heftiges Verlangen gehemmt» wurde.[367] Diejenigen, die das von Leonardo geschaffene Tonmodell noch sahen, versichern, dass sie nie etwas Großartigeres und Schöneres erblickten. Es erhielt sich, bis die Franzosen unter ihrem König Ludwig in Mailand einzogen und es vollständig zertrümmerten.[368] Auch ein kleines, höchst vollendetes Wachsmodell des Werks sowie ein Buch mit Studien über die Anatomie der Pferde, das Leonardo im Verlauf dieser Arbeit gezeichnet hatte, sind verloren gegangen.[369]

Mit noch größerem Fleiß studierte er die menschliche Anatomie, wobei er und Marcantonio della Torre einander gegenseitig halfen.[370] Dieser Marcantonio, ein ausgezeichneter Gelehrter, der zu jener Zeit in Pavia Vorlesungen hielt, schrieb auch über diesen Gegenstand und war, wie ich sagen hörte, einer der Ersten, der die Lehren des Galenus in der medizinischen Wissenschaft anwandte und wahres Licht in das Gebiet der Anatomie zu bringen suchte, das damals noch von der Nacht tiefster Unwissenheit verdunkelt war. Hierbei kamen ihm der Geist und die Hand Leonardos aufs Beste zustatten. Dieser füllte ein ganzes Buch mit anatomischen Zeichnungen, die er mithilfe von Leichen, die er selbst sezierte, aufs Sorgfältigste in Rötel und mit Federschraffierungen ausführte. Darin stellte er das gesamte Knochengerüst dar, verband damit der Ordnung nach sämtliche Nerven und zeichnete die Muskeln, von denen die einen an den Knochen festsitzen, die anderen sie untereinander verbinden und die dritten ihnen Beweglichkeit verleihen. Zu jedem Teil schrieb er die betreffenden Erklärungen, die aber schwer lesbar sind, da sie mit der linken Hand von rechts nach links geschrieben sind und nur mithilfe eines Spiegels entziffert werden können, sodass, wer darin keine Übung hat, nichts davon begreift.

Ein großer Teil dieser anatomischen Zeichnungen befindet sich im Besitz von Francesco da Melzo, einem mailändischen Edelmann, der zur Zeit Leonardos ein schöner Jüngling und dem Meister besonders lieb war, wie er heute ein schöner, liebenswürdiger Greis ist.[371] Die genannten Blätter hält er zusammen mit dem Selbstbildnis Leonardos seligen Angedenkens so wert wie kostbare Reliquien. Beim Lesen dieser Abhandlungen scheint es unglaublich, dass jener hohe Geist über Muskeln, Nerven und Adern mit der größten Sachkenntnis und gleich trefflich wie über die Kunst zu reden verstand. Einige andere Schriften Leonardos, ebenfalls mit der linken Hand in Spiegelschrift, die sich mit den verschiedenen Methoden der Malerei und Zeichenkunst befassen, sind im Besitz eines mailändischen Malers, der mich erst kürzlich in

Florenz besuchte. Damals hatte er die Absicht, die Schriften im Druck herauszugeben, und reiste zu diesem Zweck nach Rom. Ich weiß aber nicht, was daraus geworden ist.

Doch wir wollen zu Leonardo zurückkehren. Als zu jener Zeit der König von Frankreich nach Mailand kam, bat man den Künstler, etwas Ausgefallenes zu erfinden. Leonardo verfertigte einen Löwen, der jeweils einige Schritte tat und sich hierauf die Brust öffnete, in der man lauter Lilien erblickte. Damals nahm er den Mailänder Salai als Lehrling an, einen anmutigen, schönen Jüngling mit üppigen Locken, an denen Leonardo besonderes Gefallen fand.[372] Diesen unterwies er in seiner Kunst. Mehrere Bilder, die in Mailand dem Salai zugeschrieben werden, sind von Leonardo überarbeitet.

Schließlich kehrte Leonardo nach Florenz zurück.[373] Dort erfuhr er, dass die Servitenbrüder dem Filippino das Bild für den Hauptaltar der Nunziata in Auftrag gegeben hätten, und äußerte, so etwas hätte er auch gern gemacht. Als Filippino dies vernahm, trat er, liebenswürdig wie er war, zurück, und die Mönche übertrugen die Arbeit Leonardo. Sie nahmen ihn bei sich auf und gewährten ihm und seiner ganzen Familie den Lebensunterhalt, was er lange Zeit geschehen ließ, ohne sich ans Werk zu machen. Endlich entwarf er den Karton für ein Bild der Jungfrau mit der heiligen Anna und dem Christuskind, das nicht nur alle Künstler entzückte, sondern von aller Welt bewundert wurde.[374] Als der Entwurf fertig war, sah man zwei Tage lang Jung und Alt, Männer und Frauen, wie zu einer großen Festlichkeit nach dem Zimmer pilgern, wo Leonardos Wunderwerk ausgestellt war. Das Antlitz der Madonna zeigte die ganze Einfalt und Schönheit, die der Mutter Gottes die höchste Anmut verleiht. Leonardo wollte in ihr die Bescheidenheit und Demut der Jungfrau darstellen, die glückstrahlend der Schönheit ihres Sohnes gewahr wird. Sie hält ihn zärtlich auf dem Schoß, während sie mit züchtig niedergeschlagenen Augen auf den kleinen heiligen Johannes blickt, der mit einem Lämmchen spielt, während die heilige Anna mit frohem Lächeln ihre irdische Nachkommenschaft anschaut, die zu einem himmlischen Geschlecht geworden ist – lauter Betrachtungen, die recht eigentlich dem Geist und dem Talent Leonardos entsprechen. Dieser Karton gelangte später nach Frankreich.

Leonardo malte auch das Bildnis der Ginevra, der Gattin von Amerigo Benci, ein sehr schönes Werk.[375] Den Auftrag für das Altarbild gab er den Mönchen zurück, die die Arbeit aufs Neue dem Filippino anvertrauten; doch dieser wurde vom Tod ereilt, ehe er sie vollenden konnte. Hierauf unternahm es Leonardo, für Francesco del Giocondo das Bildnis seiner Gattin, der Mona Lisa, zu malen. Nachdem er vier Jahre lang daran gearbeitet, ließ er es unvollendet. Es befindet sich heute im Besitz des Königs Franz von Frankreich in Fontainebleau.[376] Wer sehen wollte, wie weit die Kunst überhaupt imstande ist, die Natur nachzuahmen, konnte es an diesem schönen Kopf erkennen, denn hier fanden sich die winzigsten Einzelheiten aufs Sorgsamste nachgebildet. Die Augen zeigten den feuchten Glanz, den wir an Lebenden sehen, sowie ringsherum die zartvioletten Schatten und die Wimpern, wie sie nur der feinste Pinsel auszuführen vermag. Die Brauen, bei denen man deutlich erkennt, wie die einzelnen Haare den Poren entsprießen und, erst spärlich, dann immer voller werdend, die Wölbung des Knochens nachzeichnen, könnten nicht natürlicher sein, wie auch die Nase mit den zarten rosigen Pünktchen zu leben schien. Der Mund mit den fein geschwungenen Winkeln, wo das Rot der Lippen sich vom Fleischton der Wangen abhebt, könnte nicht gemalt, sondern aus Fleisch und Blut sein.

Wenn man das Halsgrübchen aufmerksam betrachtete, glaubte man, darin den Puls schlagen zu sehen. Kurz, man kann sagen, alles war so gemacht, dass auch der tüchtigste Künstler, sei er, wer er wolle, davor erblassen musste. Mona Lisa war sehr schön, und Leonardo gebrauchte noch die Vorsicht, dass er beim Malen ständig jemanden in der Nähe hielt, der sie durch Gesang oder Lautenspiel oder lustige Geschichten erheiterte, um so den melancholischen Zug zu verbannen, der sich allzu oft auf dem Antlitz von Porträtierten zeigt. Auf diesem Angesicht aber spielte ein so liebliches Lächeln, dass es eher himmlischer als irdischer Natur zu sein schien, und das Bildnis wurde wegen seiner Lebenswahrheit als etwas ganz Wunderbares gepriesen.

Die herrlichen Werke des Künstlers hatten seinen Ruhm so verbreitet, dass jeder, der die Kunst liebte, ja die ganze Stadt, danach verlangte, er möge daselbst ein bleibendes Andenken hinterlassen; und man beschloss, ihm irgendein großartiges Werk zu übertragen, damit das Talent und die Anmut, die Leonardos Arbeiten kennzeichneten, der ganzen Gemeinde zur Zierde und Ehre gereichen möchten. Zu jener Zeit wurde gerade der große Ratssaal neu errichtet, bei dessen Bau Giuliano Sangallo, Simone

Pollaiuolo mit dem Beinamen Cronaca, Michelangelo Buonarroti und Baccio d'Agnolo Pate gestanden hatten. Nun wurde der Bau mit großer Schnelligkeit beendet und durch öffentliches Dekret bestimmt, dass Leonardo ihn durch ein schönes Bild ausschmücken sollte. Piero Soderini, der damalige Gonfaloniere della Giustizia, erteilte ihm feierlich den Auftrag, den Leonardo in aller Form annahm. Er begann alsbald im sogenannten Papstsaal, einem Empfangsraum in S. Maria Novella, den Karton zu einem Gemälde, das die Geschichte von Niccolò Piccinino, dem Feldherrn des Herzogs Filippo von Mailand, zum Inhalt hatte.[377]

Leonardo stellte eine Schar von Reitern dar, die um eine Fahne kämpfen, und dank der bewundernswerten Kunst, mit der er diese stürmische Szene komponierte, wurde das Bild zu einem herrlichen Meisterwerk. Wut, Zorn und Rachsucht treten nicht nur bei den Menschen, sondern auch bei den Rossen zutage, unter denen zwei mit verschlungenen Vorderbeinen einander mit den gefletschten Gebissen nicht minder wütend anfallen als die Reiter auf ihrem Rücken. Einer der Soldaten, der mit beiden Händen die Fahnenstange umklammert, sucht sie, während er sein Ross zur Flucht wendet, mit einer kraftvollen Bewegung der Schultern den Händen von vier Kämpfenden zu entreißen. Zwei davon halten sie mit der einen Hand fest, und mit der anderen schwingen sie ihre Schwerter, den Schaft abzuschlagen, während ein alter Krieger mit rotem Barett diesen mit einer Hand ergreift und, vor Wut schreiend, mit der anderen den Krummsäbel erhebt, um den beiden, die ihr Banner verteidigen, mit einem Schlag die Hände abzuhauen. Daneben sieht man auf dem Boden, zwischen den Pferdebeinen, zwei stark verkürzte Figuren in wütendem Handgemenge; der eine liegt auf der Erde, der andere hat sich auf ihn geworfen und setzt ihm mit gewaltiger Kraft den Dolch an die Kehle, während jener sich mit Armen und Beinen seines Lebens zu wehren sucht. Es lässt sich mit Worten nicht beschreiben, wie trefflich und mannigfaltig Leonardo Kleidung und Helmschmuck der Soldaten sowie das ganze Waffengepränge zeichnete und mit welch unglaublicher Meisterschaft er die Leiber und Köpfe der Pferde gestaltete, denn er wusste besser als jeder andere Meister die Kraft und Schönheit ihres Muskelspiels wiederzugeben. Es heißt, dass er sich zur Ausführung dieses Kartons ein überaus kunstvolles Gerüst verfertigt hatte, das er durch Zusammen- und Auseinanderziehen beliebig höher oder niedriger machen konnte. Er wollte das Bild in Ölfarben auf die Wand malen, benützte aber zur Grundierung der Mauer eine zu grobe Mischung, die beim Malen nach kurzer Zeit durchschlug, und da er sah, dass die Arbeit bald verderben würde, gab er sie auf.

Leonardo war überaus großzügig, was sich in jeder seiner Handlungen zeigte. Als er einst auf die Bank ging, um den Lohn abzuholen, den Piero Soderini ihm jeden Monat auszahlen ließ, wollte der Kassier ihm einige Tüten mit Kupfermünzen geben, er aber wies sie mit den Worten zurück: «Ich bin kein Pfennigmaler.» Da er nun sein Bild nicht vollendete, munkelte man, er hätte Piero Soderini betrogen. Als Leonardo das hörte, ging er alle seine Freunde um Geld an, bis er die empfangene Summe beisammenhatte, und brachte sie Soderini zurück, doch der nahm sie nicht an.

Als Papst Leo gewählt wurde, der sich viel mit philosophischen Fragen und vor allem mit der Alchemie befasste, zog Leonardo mit dem Herzog Giuliano de' Medici nach Rom.[378] Dort vergnügte er sich damit, aus einer Wachspaste ganz leichte, hohle Tiere zu formen; blies er hinein, so flogen sie durch die Luft, doch sobald der Antrieb nachließ, fielen sie zu Boden. Einer sonderbaren Eidechse, die der Winzer vom Belvedere gefunden hatte, machte er aus der abgezogenen Haut anderer Eidechsen Flügel und füllte diese mit einem Gemisch von Quecksilber, sodass sie bei jeder Bewegung der kleinen Bestie zitterten; auch machte er ihr Augen, Hörner und einen Bart und hielt sie in einer Schachtel, um seine Freunde durch ihren Anblick in Schrecken zu versetzen. Oft ließ er die Gedärme eines Hammels so fein ausputzen, dass sie in der hohlen Hand Platz gefunden hätten. Dann verband er die Öffnung des Darms mit einem Paar großen Blasebälgen, die er im Nebenzimmer aufgestellt hatte, und blies ihn auf, bis er die ganze, sehr große Stube völlig ausfüllte, sodass die Anwesenden sich in eine Ecke flüchten mussten; und indem er so demonstrierte, wie dieses Gebilde, das anfänglich einen kaum nennenswerten Raum eingenommen hatte, allmählich durchsichtiger werdend, sich immer mehr ausbreitete, verglich er es mit dem menschlichen Genie. Dergleichen Tollheiten trieb er sehr viele, experimentierte auch mit Spiegeln und machte die sonderbarsten Versuche, um haltbare Ölfarben und Firnisse herzustellen. [...] Man erzählt, als Leonardo vom Papst den Auftrag für ein Bild erhielt, hätte er sich sogleich darangemacht, Öle und Kräuter für den Firnis zu destillieren, sodass der Papst ausrief: «O weh, der wird nichts Rechtes zustande bringen! Er denkt ans Ende, bevor er noch mit der Arbeit begonnen hat.»

Zwischen Michelangelo Buonarroti und Leonardo herrschte große Feindseligkeit – und diese Rivalität war auch der Grund, weshalb Michelangelo Florenz verließ, übrigens mit der Einwilligung des Herzogs Giuliano, da der Papst ihn wegen der Fassade von S. Lorenzo nach Rom berufen hatte. Als Leonardo das erfuhr, zog er ebenfalls davon und begab sich nach Frankreich, wo der König, der bereits einige Werke von ihm besaß, ihm sehr gewogen war. Der König wünschte, Leonardo möge den Karton für das Bild der heiligen Anna in Farben ausführen, doch dieser hielt ihn nach seiner Gewohnheit mit Worten hin.[379]

Mit der Zeit war Leonardo alt geworden und lag viele Monate krank darnieder. Da er sich dem Tod nahe fühlte, wandte er sich voller Eifer der katholischen Lehre zu und ließ sich in allen Punkten der heiligen christlichen Religion und eines rechten Lebenswandels unterweisen. Er legte voll tiefer Reue und unter vielen Tränen die Beichte ab, und obwohl er sich nicht mehr auf den Füßen halten konnte, wollte er in großer Frömmigkeit doch das allerheiligste Sakrament, auf die Arme seiner Freunde und Diener gestützt, nur außerhalb des Bettes in Empfang nehmen. Der König, der ihn oft liebevoll besuchte, kam bald darauf zu ihm. Aus Ehrerbietung setzte sich Leonardo im Bett auf und schilderte dem König sein Leiden mit allen üblen Zufällen; auch bekannte er, er hätte zeitlebens gegen Gott und die Menschen gefehlt, da er die Kunst nicht so betrieben habe, wie es seine Pflicht gewesen wäre. Darüber erfasste ihn ein Krampf, der schon der Vorbote des Todes war. Der König sprang auf und hielt ihm in seiner Huld das Haupt, um ihm Erleichterung zu bringen. Da erkannte Leonardo in seinem erhabenen Gemüt, dass ihm keine größere Ehre widerfahren könne, als in den Armen des Königs den Geist aufzugeben, und so verschied er in seinem fünfundsiebzigsten Altersjahr.

Alle, die ihn gekannt, betrauerten Leonardos Tod über die Maßen, denn niemals hatte ein Künstler der Malerei mehr Ehre gemacht. Der Glanz seines schönen Angesichts vermochte jedes traurige Gemüt zu erheitern und seine Rede auch den Hartnäckigsten umzustimmen. Er war so stark, dass er jeder Gewalt standhalten und mit der Rechten einen Türklopfer oder ein Hufeisen zusammenbiegen konnte, als ob es Blei wäre. Großzügig und freigebig, wie er war, gewährte er jedem, ob arm oder reich, Obdach und Bewirtung, wenn jener nur Geist und Fähigkeiten bewies. Ein Werk von seiner Hand vermochte das ärmlichste, hässlichste Gemach zu einem glanzvollen Raum zu machen. So bedeutete seine Geburt für seine Vaterstadt Florenz ein ebenso großes Geschenk, wie sie durch seinen Tod einen unersetzlichen Verlust erlitt.

Was die Kunst betrifft, führte er in die Ölmalerei die dunklen Töne ein, die den neueren Malern gestatten, ihren Gestalten mehr Kraft und Relief zu geben; und sein Talent als Bildhauer bewies er durch drei Bronzefiguren über der nördlichen Tür von S. Giovanni, die von Giovan Francesco Rustici gegossen, aber nach Angabe des Leonardo entworfen sind und in Form und Ausführung das schönste moderne Gusswerk darstellen.[380] Leonardo verdanken wir auch die Anatomie des Pferdes und die noch viel vollkommenere des menschlichen Körpers. Und obgleich er mehr durch Worte als durch Taten wirkte, wird doch um seiner vielen wunderbaren Fähigkeiten und Eigenschaften willen der Ruhm seines Namens niemals erlöschen. [...]

Giorgione
Giorgione da Castelfranco

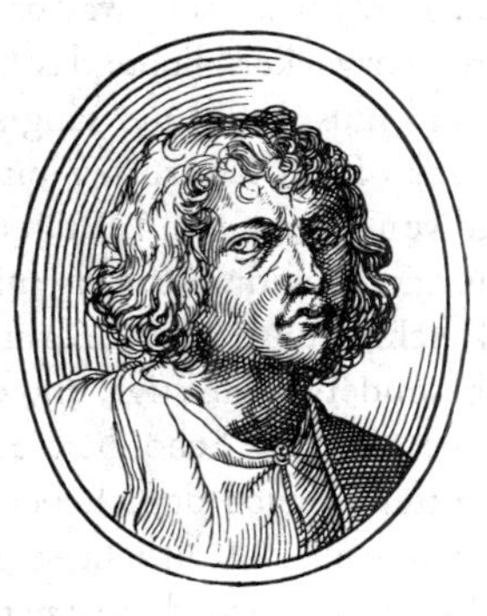

Zu jener Zeit, als die Werke Leonardos seiner Vaterstadt Florenz hohen Ruhm einbrachten, gelangte auch Venedig durch die Vortrefflichkeit eines seiner Mitbürger zu großen Ehren, der die hochgepriesenen Bellini sowie alle Meister, die bis dahin in jener Stadt gewirkt hatten, weit übertraf. Dies war Giorgio, der im Jahre 1478, als Giovan Mocenigo, der Bruder des Dogen Piero, das Dogenamt bekleidete, zu Castelfranco im Trevisaner Gebiet das Licht der Welt erblickte.[381]

Seiner mächtigen Gestalt wie seines großmütigen Wesens wegen wurde er später Giorgione genannt, und obwohl von niedriger Herkunft, zeichnete er sich doch immerdar durch Liebenswürdigkeit und edle Sitten aus.

In Venedig aufgewachsen, war er ständig in Liebesaffären verwickelt, liebte das Lautenspiel über alles und musizierte und sang so göttlich schön, dass er oft zu Konzerten und Vergnügungen und von vornehmen Leuten eingeladen wurde. Giorgione widmete sich mit großem Eifer der Zeichenkunst, denn hierin hatte ihn die Natur besonders begünstigt; und er war von solcher Liebe zu ihrer Schönheit erfüllt, dass er nur unmittelbar nach dem Leben zeichnen wollte. Er bildete alles Natürliche so getreu und geradezu ehrfürchtig nach, dass er sich nicht nur einen größeren Namen errang als Giovanni und Gentile Bellini, sondern sogar den toskanischen Meistern, den Schöpfern der neuzeitlichen Malkunst, gleichgestellt wurde.

Giorgione hatte einige Arbeiten von Leonardo gesehen, die im schönsten Helldunkel gemalt waren und durch äußerst dunkle Schatten sehr plastisch wirkten. Diese Manier gefiel ihm so ausnehmend, dass er sie sein Leben lang pflegte und ihr besonders in der Ölmalerei sehr nahekam. In seiner Liebe für gute Arbeit wählte er für seine Gemälde die schönsten und mannigfaltigsten Gegenstände, die nur zu finden waren. Die Natur hatte ihm das glücklichste Talent geschenkt, sodass er der Öl- wie der Freskomalerei größere Frische, andererseits aber auch mehr Weichheit, Schmelz und Duftigkeit in den dunklen Tönen verlieh; darum bekannten auch viele der trefflichsten Meister jener Zeit, er wäre dazu geboren, den Gestalten eine Seele einzuhauchen, und vermöchte den Glanz des lebendigen Fleisches besser als jeder andere darzustellen, nicht nur im Vergleich zu den venezianischen Malern, sondern überhaupt.

In seiner Jugend malte er in Venedig viele Madonnenbilder und andere sehr lebendige und schöne Gemälde nach der Natur, wie noch heute im Studierzimmer des hochwürdigen Patriarchen von Aquileia, Grimani, drei sehr schöne Köpfe in Öl von seiner Hand zu sehen sind. Der eine, angeblich ein Selbstbildnis des Künstlers, stellt einen David dar; sein Haar fällt nach der damaligen Mode bis auf die Schultern herab, das Gesicht atmet so viel Frische und Leben, dass es tatsächlich Fleisch zu sein scheint; die Brust sowie der Arm, mit dem er das abgehauene Haupt des Goliath in die Höhe hält, sind gepanzert. Der zweite, etwas größere Kopf ist das Bildnis eines Mannes, den man für einen Heerführer ansieht; er trägt einen Pelzmantel und darunter einen Rock nach altem Schnitt, das rote Feldherrenbarett hält er in der Hand. Das dritte Bild zeigt ein Kind mit dichtem Lockenhaar, so reizend, wie man es sich nur denken kann; und so wie diese drei Werke das große Können Giorgiones bekunden, ist die Liebe, mit der der edle Patriarch sie stets bewahrte, ein Beweis seiner Verehrung für die hohe Kunst des Meisters.

Im Haus der Söhne von Giovan Borgherini zu Florenz befindet sich ein Bildnis Giovannis, das Giorgione malte, als jener in sehr jungen Jahren noch in Venedig lebte; und daneben im gleichen Rahmen ist das Porträt seines Lehrers. Beide Köpfe sind in den Schattierungen der dunklen Töne und der glänzenden Fleischfarben so schön gemalt, wie man es nirgends besser sehen könnte. Im Haus des Antonio dei Nobili gibt es ein weiteres, äußerst lebendiges und kraftvolles Porträt eines gewappneten Feldherrn, der angeblich Consalvo Ferrante nach Venedig begleitete, als er dort dem Dogen Agostino Barberigo[382] einen Besuch abstattete. Es heißt auch, dass Giorgione damals den großen Consalvo selbst in voller Waffenpracht malte und dass dieses Bild, das Consalvo aber mit sich nahm, ein einzigartiges Kunstwerk gewesen sein soll.

Giorgione verfertigte noch viele andere sehr schöne Porträts, die an zahlreichen Orten in ganz Italien verstreut sind. Eines davon ist das Bildnis des Dogen Lionardo Loredano; ich sah es an einem Himmelfahrtsfest ausgestellt und glaubte wahrhaftig, jenen erlauchten Fürsten lebendig zu erblicken.[383] Ein anderes befindet sich zu Faenza im Haus des berühmten Stein- und Kristallschneiders Giovanni da Castel Bolognese; es wurde im Auftrag von dessen Schwiegervater gemalt und ist eine wahrhaft göttliche Arbeit, denn die Farben gehen so duftig und unmerklich abschattiert ineinander über, dass es eher einem Relief als einer Malerei gleicht.

Giorgione malte sehr gern Fresken. Neben vielen anderen Werken dieser Art unternahm er es, eine ganze Fassade der Cà Soranzo auf der Piazza S. Paolo mit einer Fülle von Bildern und Szenen nach seiner Fantasie auszuschmücken; darunter ist ein Ölbild, auf Kalk gemalt, das Regen, Sonne und Sturm getrotzt und sich bis heute frisch erhalten hat. Ein Bild des Frühlings auf derselben Wand scheint mir eine der schönsten Fresko-Arbeiten zu sein, die er jemals ausführte, und es ist jammerschade, dass diesem die Zeit so übel mitgespielt hat. Meiner Meinung nach ist den Fresken nichts schädlicher als die Scirocco-Winde, besonders in der Nähe des Meeres, wo sie stets salzige Feuchtigkeit mit sich bringen.

Im Jahre 1504 brach im Fondaco dei Tedeschi auf der Rialto-Brücke eine furchtbare Feuersbrunst aus, wobei das Gebäude mitsamt allen Waren vollständig zerstört wurde und den Kaufleuten ein ungeheurer Schaden entstand.[384] Die Signoria von Venedig ordnete an, es neu aufzubauen, und es wurde, bequemer in der Anlage und prächtiger ausgeschmückt als vorher, mit großer Schnelligkeit wieder errichtet. Da Giorgiones Ruf inzwischen schon groß war, wurde er dabei zurate gezogen und schließlich beauftragt, es mit farbigen Fresken nach seinem eigenen Geschmack zu bemalen und damit sein Talent zu beweisen, da es am schönsten und meistbesuchten Ort der Stadt stand. Er machte sich an die Arbeit und dachte dabei an nichts anderes, als Fantasiegestalten zu malen, die seine Kunst besonders hervorheben sollten; denn man findet in diesen Bildern weder eine zusammenhängende Geschichte noch einzelne Szenen aus dem Leben irgendwelcher bekannter antiker oder moderner Gestalten. Ich für meinen Teil habe den

Sinn des Ganzen nie verstanden und auch keinen gefunden, der ihn mir zu erklären gewusst hätte; denn man sieht bald einen Mann, bald eine Frau, in verschiedenen Stellungen, diesen mit einem Löwenhaupt zur Seite, jene andere Figur mit einem Engel oder Cupido, sodass man nicht sagen könnte, wen es darstellt. Über dem Hauptportal zum Warenlager sitzt eine Frau, die ein gewaltiges Haupt auf ein Schwert aufgespießt hat, sodass man sie fast für eine Judith halten würde, aber sie spricht mit einem Bürger in deutscher Tracht, der etwas weiter unten angebracht ist. Was diese Figur hier bedeuten mag, konnte mir niemand sagen, falls es nicht etwa eine Germania sein soll. Man muss freilich zugeben, dass im Ganzen die Gestalten gut zusammenkomponiert sind und dass sich auch hier Giorgiones ständiger Fortschritt in seiner Kunst offenbart; man sieht Köpfe und einzelne Partien, die vorzüglich gezeichnet und aufs Lebendigste koloriert sind, zudem ist alles unmittelbar der Natur nachgebildet, ohne Nachahmung irgendeiner Manier. Dieses Gebäude ist in Venedig sehr berühmt, nicht weniger um der Malereien willen als wegen seiner Bequemlichkeit und Nützlichkeit für die Kaufmannschaft und das Publikum.

Ein Bild von Giorgione stellt Christus mit dem Kreuz dar, der von einem Juden mitleidlos weitergezogen wird; es kam schließlich in die Kirche S. Rocco, wo es dank der Verehrung, die ihm viele Gläubige zollen, heutzutage Wunder wirkt.[385] Giorgione arbeitete an verschiedenen Orten, darunter auch in Castelfranco[386] und in der Gegend von Treviso, und porträtierte zahlreiche italienische Fürsten. Viele seiner Werke wurden auch ins Ausland gesandt, um ein würdiges Zeugnis dafür abzulegen, dass das Land zwischen der Toskana und den Bergen zwar keinen solchen Überfluss an Künstlern besäße, wie man es von der Toskana seit jeher rühmen konnte, dass es jedoch gleichfalls vom Himmel nicht gänzlich verlassen und vergessen wäre.

Es wird erzählt, zur Zeit, als Andrea Verrocchio in Venedig sein Bronzepferd schuf,[387] hätten einige Bildhauer in einem Gespräch mit Giorgione behauptet, ihre Kunst übertreffe die Malerei, da sie imstande sei, eine Gestalt in verschiedenen Stellungen und Ansichten vorzuführen, während die Malkunst sie nur von einer einzigen Seite festhalte. Giorgione vertrat hingegen die Meinung, in einem Bild könne man dem Beschauer, ohne dass dieser ringsherum gehen müsse, auf einen Blick alle möglichen Ansichten und Bewegungen eines Menschen zeigen, was der Bildhauerei nicht möglich wäre, ohne dass man ständig den Standpunkt wechsle. Er bot an, eine Figur zu malen, die man gleichzeitig von vorne und von hinten wie von beiden Seiten sehen könne, und das auf einen einzigen Blick – ein Vorschlag, der seine Gegner zur Vernunft bringen musste. Er führte das Gesagte aus, und zwar folgendermaßen: Er malte einen nackten Mann, mit dem Rücken zum Beschauer vor einem sehr klaren Wasser stehend, das seine Vorderseite deutlich widerspiegelt; neben ihm ist der abgelegte Brustharnisch, dessen glänzend polierte Fläche das Spiegelbild seiner linken Seite zurückwirft, während man sein rechtes Profil in einem auf der anderen Seite stehenden Spiegel erblickt. Auf diese launische und reizende Art wollte Giorgione durch die Tat beweisen, dass die Malerei über größere Kunstgriffe verfüge und auf einen Blick mehr zu zeigen vermöge als die Skulptur; das Bild wurde wegen seiner Schönheit und des geistreichen Einfalls sehr gerühmt. [...] Und während Giorgione in unermüdlicher Schaffenslust sich und seiner Vaterstadt Ehre erwarb und daneben auch die fröhliche Gesellschaft seiner Freunde und die Musik keineswegs vernachlässigte, verliebte er sich in eine Frau, die seine Liebe ebenso heftig erwiderte. Es geschah aber im Jahre 1511, dass sie an der Pest erkrankte. Giorgione, der nichts davon wusste und sie wie gewöhnlich besuchte, wurde von dieser Krankheit so schwer ergriffen, dass er nach kurzer Zeit, im Alter von erst vierunddreißig Jahren, in ein anderes Leben überging, zum großen Schmerz seiner vielen Freunde, die ihm um seiner trefflichen Eigenschaften willen herzlich zugetan waren – zum unendlichen Verlust für die ganze Welt [...]

Correggio

Antonio da Correggio

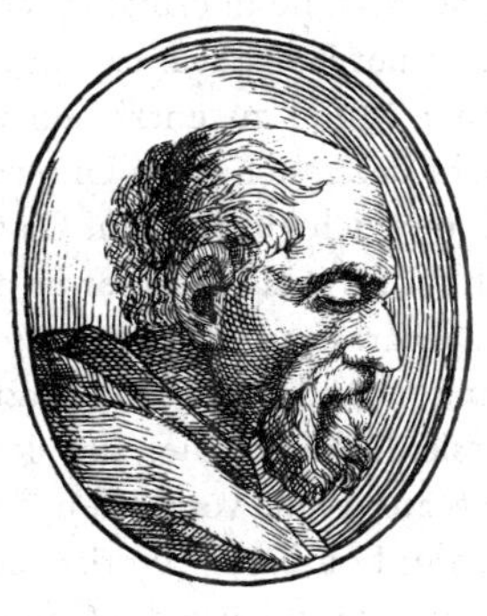

Wir wollen noch etwas länger in dem Land verweilen, dem die Natur, um sich nicht allzu parteiisch zu zeigen, ebenfalls einige hervorragende Künstler schenkte, wie sie solche die Toskana schon seit vielen Jahren in großer Zahl hervorzubringen pflegte. Unter den Meistern dieser Gegend zeichnete sich Antonio da Correggio durch besonders herrliche Gaben aus.[388] [...] Von Gemüt verschlossen und beinahe schwermütig, übte er seine Kunst unter großen Anstrengungen und ständiger Ermüdung aus, um seine Familie, die ihn sehr belastete, zu erhalten; und obwohl er sich von Natur aus der größten Güte befleißigte, empfand er die gewöhnlichen Leiden und Widerwärtigkeiten, die dem Menschen nun einmal auferlegt sind, als eine übermäßig schwere Bürde. Auch in seiner Kunst war er sehr ernst, suchte sich keiner Mühe zu entziehen und neigte nur allzu sehr dazu, sich jedes Unternehmen so schwer wie möglich zu machen. Davon zeugen eine Unzahl von Figuren, die er in der Kuppel des Doms zu Parma aufs Vollendetste in Fresko malte und in so wunderbaren Verkürzungen darstellte, dass sie den Beschauer, der sie von unten erblickt, stets aufs Neue verblüffen.[389] Er war der Erste, der in der Lombardei Werke nach der modernen Manier schuf; hätte das Genie Antonios die engen Grenzen seiner Heimat überschritten und Rom kennengelernt, so hätte er wohl wahre Wunder vollbracht[390] und manche, die zu jener Zeit für groß galten, zutiefst beschämt. Seine Arbeiten waren herrlich, obwohl er weder die Kunstwerke der Antike noch die guten neueren Werke kannte; so darf man wohl annehmen, dass er durch den Anblick solcher Vorbilder noch größere Vollkommenheit erlangt und den höchsten Gipfel erreicht hätte. Jedenfalls kann man behaupten, dass kein Künstler die Farben besser zu handhaben wusste und keiner seinen Gestalten mehr Reiz und Rundung und insbesondere dem Fleisch mehr Schmelz zu verleihen verstand.

Im Dom von Parma sieht man außer den genannten Fresken noch zwei Ölbilder von der Hand des Meisters, wovon eines, ein toter Christus, besonders zu rühmen ist.[391] In der Kirche S. Giovanni malte er den Chor in Fresko und stellte darin die Himmelfahrt Mariä dar, umgeben von vielen Engeln und Heiligen. Man weiß nicht, was man mehr bewundern soll: dass seine Fantasie dieses Werk zu ersinnen oder dass seine Hände es auszuführen vermochten, von so einzigartiger Schönheit ist der Faltenwurf der Gewänder und der Ausdruck der Gestalten.[392] [...] In Parma malte er auch über einem Tor die Madonna mit dem Kind auf dem Arm in Fresko[393]; dieses Werk zeigt ein so bewundernswert liebliches Kolorit, dass es fremde Durchreisende, die sonst nichts von des Künstlers Hand gesehen hatten, zu den höchsten Lobpreisungen hinriss. In S. Antonio befindet sich ein Bild der Madonna mit Maria Magdalena und neben ihnen ein Putto mit einem Buch in der Hand, der so natürlich lacht, dass er jeden Beschauer unweigerlich zum Lachen bringt und auch der trübsinnigste

Mensch sich bei seinem Anblick erheitert.[394] Auf diesem Werk sieht man außerdem einen heiligen Hieronymus; vornehmlich das Kolorit wird von den Künstlern bewundert, da es fast nicht möglich scheint, etwas noch Besseres zu machen.

Antonio malte Porträts und andere Bilder für viele Herren in der ganzen Lombardei, darunter in Mantua zwei Gemälde für Herzog Federigo II., der sie dem Kaiser schickte – wahrlich ein Geschenk, das eines so großen Fürsten würdig ist. Giulio Romano erklärte bei ihrem Anblick, er hätte niemals Farben gesehen, die sich mit diesen vergleichen ließen. Das eine Bild stellt eine nackte Leda[395], das andere eine Venus dar[396], beide in so zarten Tönen und Schattierungen gemalt, dass sie nicht aus Farbe, sondern aus Fleisch zu bestehen scheinen. Auf dem einen Gemälde ist außerdem eine reizende Landschaft zu sehen, denn hierin wurde Correggio von keinem anderen Lombarden übertroffen; auch malte er die Haare in den natürlichsten Tönen, mit einer Genauigkeit und Vollendung, wie man es nicht besser denken kann. Auf dem Bild der Venus schleifen einige Amoretten ihre zierlichen goldenen Pfeile auf einem Stein; was dem Ganzen einen besonderen Liebreiz verleiht, ist ein klares Wasser, das, zwischen Steinen einherfließend, die Füße der Venus bespült[397], ohne sie zu bedecken, sodass der zarte weiße Schimmer beinahe die Augen blendet. Wahrhaftig, Antonio war zu seinen Lebzeiten jeder Ehre und Belohnung sowie nach seinem Tod des höchsten mündlichen und schriftlichen Nachruhmes würdig.

In Modena malte er eine Madonna, die von allen Künstlern besonders geschätzt und für das beste Bild der Stadt gehalten wird.[398] Im Haus der Ercolani, einer adligen Familie in Bologna, sieht man ebenfalls ein schönes Werk des Meisters: Christus, der Maria Magdalena im Garten erscheint.[399] Ein anderes Gemälde von seiner Hand entdeckte kürzlich Luciano Pallavicino zu Reggio; da er die Kunst über alles liebt, erwarb er es mit großer Freude, ohne auf die Kosten zu achten, und ließ es in sein Haus in Genua bringen. In Reggio ist ein anderes, besonders schönes Bild, eine Geburt Jesu[400]; von dem Kind geht ein heller Schein aus, der die Hirten und die übrigen, in seine Betrachtung versunkenen Gestalten beleuchtet. Unter anderen schönen Einfällen, die der Künstler in diesem Werk aufs Wunderbarste verkörperte, sieht man eine Frau, die das Kindlein genau besehen möchte, doch gezwungen ist, sich die Hand vors Gesicht zu halten, da ihre sterblichen Augen das Licht, das seine Göttlichkeit ausstrahlt, nicht zu ertragen vermögen. Ein Chor von singenden Engeln, die über der Hütte schweben, ist so herrlich ausgeführt, dass sie eher vom Himmel herabgeströmt scheinen als von der Hand eines Malers geschaffen. Weiterhin gibt es in Reggio ein nur fußgroßes Bild mit kleinen Figuren, das wohl zu den schönsten und eigenartigsten Werken des Meisters gehört[401]: Der Engel erscheint Christus am Ölberg, und das von ihm ausgehende Licht beleuchtet die Gestalt Jesu so lebenswahr, wie man es nicht besser ersinnen noch ausführen kann. Am Fuß des Berges, auf dem er betet, liegen die drei Apostel, vom Schlaf übermannt, und der Schatten des Berges, der gerade auf sie fällt, verleiht ihren Gestalten eine schier unglaubliche Kraft. Über der weiten Landschaft sieht man in der Ferne das erste Dämmern der Morgenröte, und von der Seite her nähert sich Judas mit einigen Soldaten. […]

Über die Arbeiten Correggios ließe sich noch vieles sagen, doch da ohnehin jedes seiner Werke von unseren größten Künstlern als etwas Göttliches angesehen wird, will ich mich nicht weiter darüber verbreiten. Ich habe mich vergebens bemüht, sein Bildnis zu erlangen, doch er hat sich niemals selber porträtiert oder von einem anderen malen lassen. Tatsächlich hielt er nicht viel von sich und fand, dass er die Kunst, deren Schwierigkeiten er so gut kannte, noch lange nicht mit der Vollkommenheit ausübe, die er zu erreichen strebte. Er begnügte sich mit wenigem und lebte als guter Christ. Da seine Familie ihn sehr belastete, suchte er ständig zu sparen und wurde darüber so geizig, wie man nur sein kann. So wird erzählt, einst seien ihm zu Parma sechzig Scudi in Kupfermünzen ausgezahlt worden, und da er das Geld einiger Zahlungen wegen nach Correggio bringen wollte, habe er sich, mit dieser ganzen Last beladen, zu Fuß dorthin begeben. Es war sehr heiß, und als er stark erhitzt kaltes Wasser trank, holte er sich ein heftiges Fieber, musste sich zu Bett legen und stand nicht wieder auf. So starb er, ungefähr in seinem vierzigsten Jahr.

Die Kunst verdankt ihm unendlich viel, denn mit seiner meisterhaften Behandlung der Farben öffnete er den Lombarden gleichsam die Augen, worauf dann viele Meister dieses Landes herrliche und denkwürdige Werke hervorbrachten. Vor allem hat Antonio gezeigt, wie man verfahren müsse, um die Haare schön zu malen, denn diese schwierige Aufgabe ist von ihm auf die beste Art gelöst worden. Dafür sind ihm die Meister unserer Kunst zu stetem Dank verpflichtet. [...]

Bramante

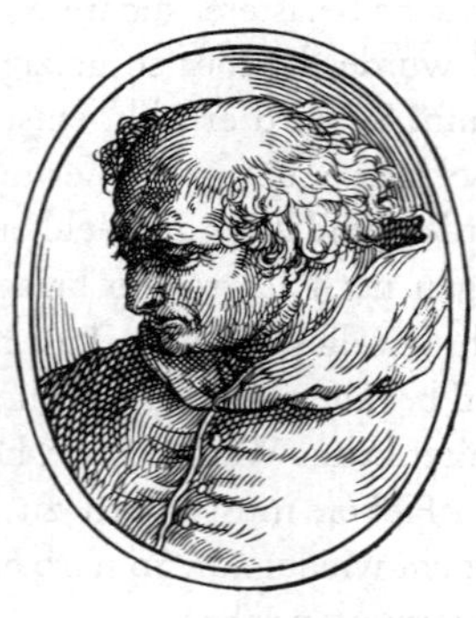

Von unschätzbarer Bedeutung für die moderne Baukunst war das Wirken von Filippo Brunelleschi, der die herrlichen Werke der kundigsten und größten Meister der Antike nach so vielen Menschenaltern zu neuem Ruhm führte und in seinen eigenen Bauten nachzuahmen trachtete. Doch nicht minderen Gewinn brachte unserem Jahrhundert der große Bramante[402], der, voller Mut und Tatkraft auf den Spuren des Filippo fortschreitend, den nachfolgenden Baumeistern sicher den Weg wies, da er sich in der Kunst der Architektur nicht nur durch hervorragende Begabung und theoretische Kenntnisse, sondern auch durch praktische Übung und große Erfahrung auszeichnete. Die Natur hatte ihm den entschiedensten Geist verliehen. Es gab keinen, der ein Bauwerk nach richtigeren Proportionen und gültigeren Gesetzen sowie mit reicherer Erfindungsgabe zu errichten vermochte. Doch bei allen glücklichen Anlagen wäre sein Talent vielleicht nicht zur vollen Entfaltung gekommen, wäre nicht gerade zu jener Zeit Julius II. zum Papst gewählt worden, ein ebenso großzügiger wie weitblickender Fürst, den das ehrgeizige Verlangen erfüllte, der Welt ein bleibendes Andenken zu hinterlassen.[403] Und dass Bramante einen solchen Gönner fand, war ein Glück, wie es großen Künstlern nur selten zustößt, denn nur dadurch wurde es ihm möglich, die ganze Macht seines Genies zu zeigen, das sich mit Absicht die schwierigsten architektonischen Aufgaben stellte, um sie desto bewundernswerter zu lösen. Seine außerordentliche Geschicklichkeit zeigt sich sowohl in der Gesamtanlage seiner Bauwerke als auch in allen Einzelheiten: in den Gesimsen, den Säulenschäften, den zierlichen Kapitellen und Sockeln, den Tragsteinen,

Wölbungen, Treppen und Vorsprüngen, so wie auch jede bauliche Anordnung, die nach seinem Rat oder Plan ausgeführt wurde, allen Betrachtern bewundernswert erscheint. Und deshalb scheint mir, der unendliche Dank, den die Meister unseres Faches den Alten schulden, gebühre im gleichen Maße Bramantes unermüdlichen Anstrengungen. Wenn die Griechen die Erfinder und die Römer die Nachahmer der Baukunst genannt werden können, vermittelte uns Bramante, ihrem Vorbild folgend, nicht nur die Kunst in erneuerter Gestalt, sondern verlieh ihr auch eine bisher unbekannte Schönheit.

Er wurde in Castel Durante im Gebiet von Urbino geboren. Seine Eltern waren arm, aber von gutem Stand, sodass er in seiner Kindheit Lesen und Schreiben lernte und sich gründlich in der Rechenkunst übte. Da er aber bald etwas verdienen sollte und sein Vater sah, dass er viel Neigung zum Zeichnen besaß, bestimmte er ihn schon im Knabenalter für den Beruf der Malerei. So studierte er eifrig die Werke des Fra Bartolomeo, auch Fra Carnavale da Urbino genannt, der in dieser Stadt das Bild von S. Maria della Bella gemalt hatte. Doch da Bramante sich am meisten für die Gesetze der Architektur und Perspektive interessierte, verließ er Castel Durante und begab sich in die Lombardei, wo er bald in dieser, bald in jener Stadt arbeitete, so gut er konnte. Es waren indes keine sehr kostspieligen oder ehrenvollen Werke, denn er besaß damals weder einen Namen noch Ansehen. So beschloss er, um wenigstens einmal ein bedeutendes Bauwerk zu erblicken, nach Mailand zu ziehen und den Dom zu beschauen.

In Mailand lebte zu jener Zeit ein gewisser Cesare Cesariano, der als guter Geometer und Baumeister galt und den Vitruv kommentiert hatte[404]; da er jedoch den dafür versprochenen Lohn nicht erhielt, wurde er wunderlich, wollte nicht mehr arbeiten und verwilderte schließlich derart, dass er bei seinem Tod eher einem Tier als einem Menschen glich. Ebenso war dort der Mailänder Bernardino da Trevio tätig, ein sehr begabter Zeichner, der als Ingenieur und Baumeister am Dom arbeitete; Leonardo da Vinci hielt ihn für einen hervorragenden Künstler, wenn er auch als Maler eine etwas harte und trockene Manier zeigt. [...] Als Bramante den Dom erblickte und die beiden Ingenieure kennenlernte, geriet er in solche Begeisterung, dass er sich vornahm, sich gänzlich der Baukunst zu widmen. So verließ er Mailand und begab sich noch vor dem heiligen Jahr 1500 nach Rom.[405] Durch die Vermittlung einiger Freunde und lombardischer Landsleute, mit denen er dort Bekanntschaft schloss, erhielt er den Auftrag, das Wappen Papst Alexanders VI.[406], von Engeln und anderen Figuren getragen, über der sogenannten Heiligen Tür in S. Giovanni im Lateran zu malen, die jeweils zum hundertjährigen Jubiläum geöffnet wird. Durch diese und andere Arbeiten vermochte er etwas Geld zu verdienen, ging aber sehr sparsam damit um, weil er den Wunsch hegte, einige Zeitlang unabhängig zu leben und nicht durch neue Bestellungen gestört zu werden, um in aller Ruhe die antiken Bauwerke Roms vermessen zu können.

Dieser Arbeit widmete er sich ganz allein mit großer Überlegung und hatte nach nicht allzu langer Zeit sämtliche alten Bauten der Stadt und der Umgebung ausgemessen; er gelangte bis nach Neapel und an alle anderen Orte, wo noch Altertümer anzutreffen waren. Auch was von Tivoli und der Villa des Hadrian noch vorhanden, wurde von ihm vermessen, und diese Bemühungen brachten ihm großen Nutzen; denn dadurch wurde der Kardinal von Neapel[407] auf Bramante und seine Bestrebungen aufmerksam und wandte ihm seine Gunst zu. Da er die Absicht hatte, für die Mönche von S. Maria della

Pace einen neuen Kreuzgang aus Travertinstein erbauen zu lassen, übertrug er diese Arbeit dem Bramante; der begann sie mit allem Eifer und Fleiß, da ihm viel daran lag, den Kardinal für sich einzunehmen und sich seine Dankbarkeit zu erwerben, und führte sie in kurzer Zeit mit großem Erfolg zu Ende. Obwohl diesem Bauwerk noch manches zur vollkommenen Schönheit fehlte, trug es doch seinem Meister einen guten Namen ein, da es damals in Rom nur wenige gab, die sich der Baukunst mit so viel Hingebung widmeten. Er begann seine Laufbahn als Hilfsbaumeister des Papstes Alexander VI., der gerade den Brunnen in Trastevere und einen anderen auf dem Petersplatz errichten ließ. Sein Ruf wuchs, und er wurde mit anderen hervorragenden Künstlern zu den Beratungen zugezogen, die man bezüglich des Palastes von S. Giorgio und der Kirche S. Lorenzo in Damaso abhielt, die der Kardinal Raffael Riario nahe beim Campo di Fiore erbauen ließ.[408] Wenn auch nachmals Besseres vollbracht wurde, so galt und gilt dieses Gebäude heute noch um seiner Größe willen als eine prächtige, bequeme Behausung. Auch als die Kirche S. Jacopo degli Spagnuoli auf der Piazza Navona vergrößert wurde, nahm Bramante an den Beratungen teil und ebenso an jenen bezüglich der Kirche S. Maria dell'Anima, deren Ausführung man später einem Deutschen übertrug. Bramante verfertigte die Zeichnung zum Palast des Kardinals Adriano da Corneto im Borgo Nuovo[409]; der Bau ging langsam vonstatten und blieb schließlich wegen der Flucht des Kardinals unvollendet. Auch die Vergrößerung der Hauptkapelle von S. Maria del Popolo wurde nach seinem Plan ausgeführt.[410] Alle diese Arbeiten machten ihm einen so guten Namen, dass er bald als der beste Baumeister von Rom galt. Er verdankte es seiner Entschiedenheit, seiner raschen Arbeitsweise und seinem unerschöpflichen Einfallsreichtum, dass die Vornehmen der Stadt ihn bei allen bedeutenden Unternehmungen in Anspruch nahmen, und als im Jahre 1503 Papst Julius II. gewählt wurde, begann auch dieser, sich seiner zu bedienen.

Diesem Papst war der Einfall gekommen, den Raum zwischen dem Belvedere und dem Palast zu einer viereckigen theaterähnlichen Anlage auszubauen und damit das kleine Tal zu umschließen, das zwischen dem alten päpstlichen Palast und dem Gebäude gelegen war, das Innozenz VIII. zum neuen Wohnsitz der Päpste bestimmt hatte. Zu beiden Seiten des Tälchens sollten loggienartige Gänge den Palast mit dem

Belvedere verbinden und außerdem verschiedene Treppen angelegt werden, damit man vom Grund des Tales auf mannigfaltige Weise zur Plattform des Belvedere emporsteigen könnte. Bramante, der in solchen Dingen viel Geschmack und Erfindungsgabe an den Tag legte, errichtete als unterstes Geschoss zwei sehr schöne übereinanderliegende Arkadengänge im dorischen Stil, ähnlich denen im Kolosseum der Savelli[411], nur dass sie statt von Halbsäulen von Pfeilern getragen wurden, die er wie den ganzen Bau aus Travertinstein anfertigte. Darauf erhob sich als Obergeschoss ein geschlossener, mit Fenstern versehener Säulengang im ionischen Stil, der von den obersten Zimmern des päpstlichen Palastes ins Erdgeschoss des Belvedere führte. So entstand zu jeder Seite des Tales eine mehr als vierhundert Schritt lange Loggia, die eine mit der Aussicht auf Rom, die andere dem hinten gelegenen Wäldchen zugewandt; den Talgrund selbst gedachte man zu ebnen und alle Gewässer vom Belvedere hinabzuleiten, um dort einen schönen Brunnen anzulegen.[412]

Dies war der Plan, und Bramante baute vorerst die vordere, gegen Rom zu gelegene Loggia, die den Palast mit dem Belvedere verbindet, ausgenommen ihren obersten Teil; zur hinteren

Loggia, auf der Seite des Waldes, vermochte er jedoch nur die Fundamente zu legen, denn da der Papst nach nicht allzu langer Zeit starb und Bramante ihm bald darauf in den Tod folgte, konnte das schöne Werk nicht vollendet werden. Es galt als etwas so Herrliches, dass man meinte, seit der Zeit der Alten habe es in Rom nichts Ähnliches gegeben. Man zögerte darum, es weiterzuführen, bis es jetzt endlich durch Papst Pius IV. beinahe beendet worden ist. Außerdem baute Bramante im Belvedere die Halbkuppel und die Nischenreihe des Antikensaales, wo noch zu seiner Zeit die herrlichen Statuen des Laokoon, des Apoll und der Venus aufgestellt wurden. Andere, wie die Flussgötter des Tiber und des Nil und die Statuen der Kleopatra, kamen unter Leo X. dahin, weitere unter Clemens VII. Auch Paul III. und Julius III. ließen unter großen Kosten bedeutende Verbesserungen an dem Bau ausführen.

Soweit Bramante nicht durch den kleinlichen Geiz der Bauverwalter gehemmt wurde, verfuhr er in allem überaus eilig. Auch die soeben beschriebenen Anlagen errichtete er außerordentlich rasch. Sein Eifer war nicht geringer als die Ungeduld des Papstes, der gewünscht hätte, man könnte die Mauern aus dem Boden aufschießen lassen, anstatt sie Stein für Stein aufeinanderzufügen. So brachten die Arbeiter nachts Sand und Erdbrocken auf den Bauplatz und schaufelten es dann bei Tag unter den Augen Bramantes wieder weg, worauf er, ohne weiter nachzuforschen, die Fundamente legen ließ. Diese Achtlosigkeit ist schuld daran, dass sein Werk geborsten ist und einzustürzen droht, wie denn ein achtzig Ellen langes Stück der Loggia zur Zeit von Clemens VII. in sich zusammenfiel und erst von Paul III. wieder hergestellt wurde, der überhaupt das Grundwerk erneuern und verstärken ließ.[413]

Von Bramante stammen auch die vielen verschiedenen Treppen und Aufstiege im dorischen, im ionischen oder korinthischen Stil, die aufs Anmutigste die tiefer oder höher gelegenen Punkte verbinden. Er hatte ein Gesamtmodell verfertigt, das etwas Wunderbares gewesen sein soll, wie man noch aus den Anfängen des unvollendeten Werks ersehen kann. Unter anderem errichtete er zwischen den ansteigenden Säulen eine Wendeltreppe, auf der man zu Pferd hinaufgelangt; der Stil geht vom dorischen zum ionischen und schließlich zum korinthischen über, und das Ganze ist mit der größten Grazie und Kunstfertigkeit ausgeführt, sodass es ihm nicht weniger zur Ehre gereicht als jedes andere Werk seiner Hand.[414] Die Erfindung selbst stammt von Nicola Pisano, wie schon in dessen Lebensbeschreibung gesagt wurde.

Bramante hatte den sonderbaren Einfall, in einem Ornament an der Fassade des Belvedere einige Zeichen nach Art der antiken Hieroglyphen anzubringen, die seinen eigenen Namen sowie den Namen des Papstes angeben sollten; offenbar wollte er damit seinen Scharfsinn beweisen. Zuerst kam der Kopf von Julius Cäsar im Profil und dahinter zwei Brückenbogen, was soviel heißen sollte wie *«Jul. II. Pont.»*; den Abschluss bildete ein Obelisk des Circus Maximus für *«Max.»*. Als der Papst dies sah, machte er sich darüber lustig. Er ließ Bramante anstelle der Hieroglyphen antike Buchstaben, wohl eine Elle hoch, setzen, wie man sie heute noch dort sieht, und sagte: «Diese Albernheit hast du von einem Tor in Viterbo entlehnt, wo der Baumeister, ein gewisser Francesco, seinen Namen auf ähnliche Art in einen Tragbalken schnitzte: Erst kam der heilige Franziskus, dann ein Bogen *(arco)*, ein Dach *(tetto)* und ein Turm *(torre)*, was seiner Erklärung nach bedeutete: Maestro Francesco Architettore.»

Der Papst war Bramante um seiner Tüchtigkeit und seiner sonstigen Eigenschaften willen überaus gewogen, sodass er ihm das Amt des päpstlichen Siegelbewahrers übertrug; zu diesem Zweck errichtete er ein eigenes Gebäude, wo die päpstlichen Bullen mittels einer sehr schönen Schraubenpresse gedruckt wurden. Als Bologna im Jahre 1506 wieder unter die Herrschaft der Kirche kam, wurde Bramante vom Papst dorthin gesandt und leistete im Krieg von Mirandola durch viele wichtige, sinnreiche Erfindungen große Dienste. Auch zeichnete er eine Menge vortreffliche Grundrisse und Entwürfe zu Gebäuden, wovon sich einige äußerst kunstreiche und wohlproportionierte in meinem Zeichenbuch befinden. Er unterwies Raffael von Urbino in vielen Regeln der Baukunst und zeichnete ihm auch die perspektivischen Architekturen in jenem Raum des Vatikans, wo Raffael den Parnass darstellte und dabei den Bramante selbst abbildete, wie er mit einem Zirkel Messungen vornimmt.[415]

Der Papst beschloss, sämtliche Ämter und Behörden von Rom an einem Ort, den Bramante bestimmt hatte, nämlich in der Via Giulia, zusammenzulegen, zur Erleichterung für die Unterhändler, die zur Erledigung ihrer Amtsgeschäfte bis dahin mit mancher Unbequemlichkeit zu kämpfen hatten. So begann Bramante, den Palast S. Biagio am Tiber zu errichten, worin man noch heute einen wunderbaren korinthischen Tempel sieht, der gleich dem übrigen, im schönen rustikalen Stil angefangenen Gebäude unvollendet blieb.[416] [...]

Im ersten Kreuzgang von S. Pietro in Montorio erbaute Bramante einen runden Tempel aus Travertinstein[417], der dank seinen harmonischen Proportionen und reizenden Linien wohl das Entzückendste ist, was man sich denken kann, und noch viel schöner wirken würde, wenn man die ganze Anlage des Klosterhofs nach des Meisters Zeichnung vollendet hätte. Er errichtete auch den Palast im Borgo, den später Raffael von Urbino bewohnte; er war aus Backsteinen gebaut und mit in Holzkassetten gegossenen Stuckverzierungen verkleidet. Die Säulen und Quadern sind teils dorisch, teils im rustikalen Stil. Das Ganze ist ein außerordentlich schönes Bauwerk, und das Verfahren, die Stuckarbeiten zu gießen, stellt etwas völlig Neues dar. Ebenfalls von Bramante stammen Zeichnung und Angaben zur Ausschmückung von S. Maria da Loreto[418], die dann von Andrea Sansovino ausgeführt wurde, sowie zahlreiche andere Modelle zu Palästen und Tempeln in Rom wie im ganzen Kirchenstaat.

So kühn war der Geist dieses bewundernswerten Künstlers, dass er einen gewaltigen Plan entwarf, um den päpstlichen Palast ganz zu restaurieren und zu vereinheitlichen, denn er sah, was Julius II. zu vollbringen vermochte und dass die ehrgeizigen Wünsche des Papstes mit seinem eigenen künstlerischen Streben zusammenfielen. Als er nun vernahm, dass Papst Julius tatsächlich daran dachte, die Kirche von St. Peter niederreißen und neu aufbauen zu lassen, zeichnete er dafür zahllose Entwürfe, von denen vornehmlich einer von bewundernswerter Schönheit ist[419]; er zeigt zwei Türme zu beiden Seiten der Fassade, wie man es auf den Medaillen sieht, die Julius II. und nachmals Leo X. durch den berühmten Goldschmied Caradosso prägen ließen, einen hervorragenden Meister seiner Kunst, der auch eine wunderschöne Medaille von Bramante selbst herstellte.[420]

Der Heilige Vater beschloss, den gewaltigen Bau von St. Peter in Angriff zu nehmen, und ließ die alte Kirche zur Hälfte niederreißen. Bramante ging mit dem festen Vorsatz an die Arbeit, dass dieses neue Werk an Schönheit, Kunstfertigkeit, Einfallsreichtum und Ausgewogenheit sowie auch an Großartigkeit und Pracht der Ausschmückung sämtliche Gebäude übertreffen sollte, die die Macht des römischen Staates und das Genie so vieler ausgezeichneter Künstler bis dahin hatten entstehen lassen. Mit seiner gewohnten Schnelligkeit legte er die Fundamente und führte noch vor dem Tod des Papstes und seinem eigenen Hinscheiden den größten Teil des Baus bis zum Gesims auf, wo die Bogen der vier großen Hauptpfeiler beginnen, die er ebenfalls sehr rasch und mit der größten Kunst wölbte. Außerdem vollendete er das Gewölbe der Hauptkapelle, in der sich die Nische befindet, und trieb gleichzeitig den Bau der Kapelle des Königs von Frankreich voran.

Im Verlauf der Arbeiten erfand er das Verfahren, die Wölbungen mithilfe von Holzformen auszukleiden, worin Friese und Laubwerk eingeschnitzt und dann mit Kalk ausgegossen wurden. Zum Bau der Bogen führte er bewegliche Hängegerüste ein, die Methode Antonio da Sangallo später von ihm übernahm. In dem von Bramante noch vollendeten Teil ist das ringsum laufende innere Gesims mit so vollkommener Zierlichkeit ausgeführt, dass keine Hand es besser zu modellieren vermöchte. An seinen Kapitellen, die innen mit Olivenblättern bekleidet sind, und an der wunderbaren Schönheit des im dorischen Stil gehaltenen Äußeren zeigt sich das gewaltige Genie des Künstlers; ja, wären die Mittel, die ihm zur Verfügung standen, seinem Talent gleichgekommen, hätte er noch Unglaublicheres vollbracht, als er so schon leistete.

Nach seinem Tod wurde das von ihm begonnene Werk von seinen verschiedenen Nachfolgern derartig umgestaltet, dass man wohl sagen kann, es stamme nichts mehr von ihm außer den vier Hauptbogen, die die Kuppel tragen. Raffael von Urbino und Giuliano da Sangallo, die es nach dem Tod von Julius II. zusammen mit Giocondo Veronese weiterführen sollten, gedachten bereits, manches zu ändern. Als auch sie gestorben waren, warf Baldassare Peruzzi die ganze Anordnung um, indem er im Kreuzesarm gegen den Campo Santo zu die Kapelle des Königs von Frankreich erbaute. Unter Paul III. ließ Antonio da Sangallo wiederum alles umwandeln, bis endlich Michelangelo Buonarroti sich über die ganzen widersprüchlichen Pläne und nutzlos ausgegebenen Gelder einfach hinwegsetzte und das Gebäude in jener Schönheit vollendete, die keiner der anderen je im Geist geschaut hatte. Alles wurde nun nach seinem Entwurf und seinen Angaben zu Ende geführt, obwohl er mir mehrmals sagte, er betrachte sich nur als den Vollstrecker von Bramantes Plänen, denn wer ein großes Bauwerk als Erster entworfen hätte, sei sein eigentlicher Schöpfer.

Bramantes Konzept erscheint über die Maßen großartig, und dem entsprachen die Anfänge dieses überwältigenden Menschenwerks[421]; hätte er es indessen kleiner begonnen, so wären weder Sangallo noch die anderen, ja nicht einmal Buonarroti imstande gewesen, ihm mehr Größe zu verleihen, während es leicht war, zu verkleinern, was Bramante im Geist so gewaltig erschaut hatte. Man sagt, er hätte den Bau mit solcher Ungeduld vorangetrieben, dass er in der alten Peterskirche viele schöne Dinge niederreißen ließ: Grabmäler von Päpsten, Malereien und Mosaikwerke, sodass die Bildnisse vieler großer Menschen, die in dieser bedeutendsten Kirche der ganzen Christenheit versammelt waren, endgültig verloren gingen. Nur den Altar des Apostels Petrus und die alte Kanzel bewahrte er ehrfürchtig und umgab diese mit einer Anordnung von sehr schönen dorischen Säulen aus Peperinostein, sodass der Papst, wenn er die Messe zelebriert, mitsamt seinem Hofstaat und den Gesandten der christlichen Herrscher dort Platz findet. Auch das wurde erst nach Bramantes Tod von dem Sienesen Baldassare zu Ende geführt.

Bramante war ein sehr fröhlicher Mann und

freute sich immer, wenn er seinen Nächsten helfen konnte. Vor allem liebte er begabte Menschen und suchte sie nach Kräften zu fördern, wie er auch den liebenswürdigen Jüngling Raffael Sanzio aus Urbino, der später ein so gefeierter und berühmter Maler wurde, nach Rom kommen ließ. Er führte stets ein glanzvolles Leben, und auf der Stufe, wohin er durch seine Verdienste gelangt war, schien das, was er besaß, ein Nichts im Vergleich zu dem, was er hätte ausgeben mögen. Er liebte die Poesie, hörte gern Musik und improvisierte selbst auf der Laute. Zudem verfasste er einige Sonette, zwar nicht so gewandt, wie man es heute gewohnt ist, doch zumindest sinnreich und fehlerlos. Er genoss die Hochachtung vieler Prälaten und kannte zahllose vornehme Herren. So wurde ihm im Leben großer Ruhm zuteil und mehr noch nach seinem Tod, weshalb auch der Bau von St. Peter viele Jahre unterbrochen blieb. Bramante starb im Alter von siebzig Jahren im Jahre 1514 zu Rom; er wurde vom päpstlichen Hofstaat und sämtlichen Bildhauern, Baumeistern und Malern aufs Ehrenvollste zu Grabe geleitet und in St. Peter beigesetzt.[422]

Sein Tod war ein gewaltiger Verlust für die Baukunst, die er durch viele vortreffliche Erfindungen bereichert hat. [...] Wer seine Werke mit jenen der Alten vergleicht, wird finden, dass er dieselbe hohe Stufe der Kunst erreichte, und man kann ihn auf seinem Gebiet zu den seltenen Genies zählen, die unser Zeitalter erleuchtet haben. [...]

Raffael

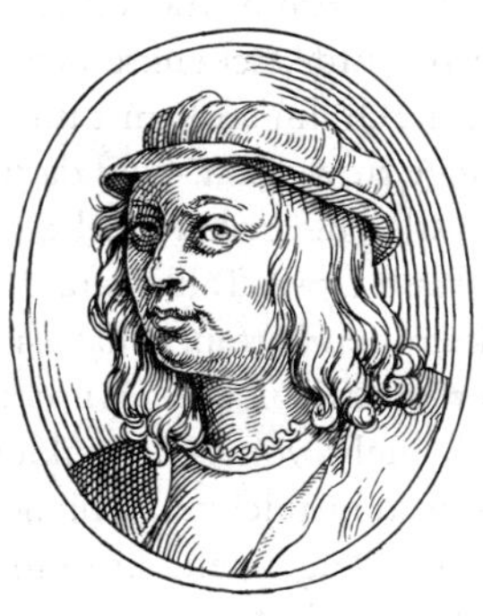

Mit welch großmütiger Freigebigkeit der Himmel bisweilen über einen einzigen Menschen den ganzen Reichtum seiner Schätze, alle Talente und hervorragenden Fähigkeiten ausschüttet, die er sonst im Lauf eines langen Zeitraums auf viele zu verteilen pflegt, zeigt sich deutlich an Raffael Sanzio von Urbino, der sich nicht minder durch sein einzigartiges Genie als durch seltene persönliche Liebenswürdigkeit auszeichnete. Die Natur hatte ihm jene besondere Anmut verliehen, wie sie Menschen eignet, die einen angeborenen edlen Geist mit der Zierde der größten Freundlichkeit und Bescheidenheit verbinden, sodass sie jedem, wer es auch sein mag, lieb und wert erscheinen müssen. Die Natur, die durch die Hand Michelangelos von der Kunst besiegt wurde, schenkte der Welt einen Raffael, um durch ihn an Kunst und edler Sitte vereint besiegt zu werden. Und da wirklich die meisten Künstler, die bisher gelebt, von der Natur eine gewisse Dosis Tollheit und Unbändigkeit mitbekommen hatten, sodass sie nicht nur Eigenbrötler oder Fantasten wurden, sondern oftmals auch mehr von den dunklen Schatten des Lasters gekennzeichnet schienen als vom hellen Licht der Tugenden, die dem Menschen Unsterblichkeit verleihen, war es wohl billig, dass sie im Gegensatz dazu Raffael im Glanz der höchsten Geistesgaben erstrahlen ließ, begleitet von so viel Anmut, Fleiß, Schönheit, Bescheidenheit und edler Sitte, dass es genügt hätte, jedes noch so scheußliche Laster und jeden noch so großen Makel auszugleichen. So darf man wohl behaupten, wer so seltene Vorzüge besitzt, wie sie Raffael schmückten, der sei nicht einfach ein Mensch zu nennen, sondern, mit Verlaub zu sagen, ein sterblicher Gott, und wer durch sein irdisches Wirken hienieden einen so ehrenvollen Namen hinterlässt, könne wohl auch hoffen, im Himmel den gebührenden Lohn für seine Taten zu ernten.

Raffael erblickte das Licht der Welt am Karfreitag des Jahres 1483 um drei Uhr morgens, zu Urbino, einer berühmten Stadt in Italien.[423] Sein Vater, Giovanni de' Santi, war ein nicht eben hervorragender Maler, doch ein verständiger Mann und befähigt, seine Kinder auf den rechten Weg zu leiten, was ihm selber in seiner Jugend nicht vergönnt war; und da Giovanni wusste, wie wichtig es sei, die Kinder nicht von Ammen, sondern von ihrer eigenen Mutter aufziehen zu lassen, wollte er auch, dass sein einziger Sohn, dem er zur guten Vorbedeutung den Namen Raffael gab, von seiner leiblichen Mutter gestillt würde und im elterlichen Haus aufwachse, um dort schon im zarten Alter gute Sitten zu lernen und nicht bei gemeinen, rohen Leuten ein flegelhaftes Betragen anzunehmen. Sobald Raffael etwas größer wurde, begann er ihn in der Malkunst zu unterweisen, wofür er große Neigung und das schönste Talent zeigte. So dauerte es nur wenige Jahre, bis Raffael, noch als Knabe, seinem Vater bei vielen Bildern, die dieser in der Gegend von Urbino malte, eine große Hilfe war.[424]

Schließlich erkannte dieser gute, liebevolle Vater, dass sein Sohn bei ihm nicht mehr viel lernen könne, und beschloss, ihn zu Pietro Perugino in die Lehre zu geben, den er als den besten Maler jener Zeit rühmen hörte. So begab er sich nach Perugia, und da Pietro gerade abwesend war, begann er in der Kirche S. Francesco einige Arbeiten auszuführen, um seine Rückkehr in Ruhe abwarten zu können. Als Pietro endlich von Rom zurückkehrte, schloss Giovanni, ein Mann von angenehmem, feinem Betragen, mit ihm Freundschaft, und sobald ihm die richtige Zeit gekommen schien, teilte er ihm seinen Wunsch auf angemessene Art mit. Pietro, der sehr gefällig war und echtes Talent gern förderte, willigte ein, Raffael als Schüler anzunehmen. So kehrte Giovanni befriedigt nach Urbino zurück, und nachdem der Knabe, nicht ohne viele Tränen, von der ihn zärtlich liebenden Mutter Abschied genommen, brachte er ihn nach Perugia.[425] Sobald Pietro sah, wie Raffael zeichnete und welch gute Sitten und Manieren er an den Tag legte, fällte er über ihn ein Urteil, das im Lauf der Zeit durch die Wirklichkeit erhärtet wurde.

Es ist sehr bemerkenswert, dass Raffael die Methode Pietros mit solchem Fleiß studierte und bis ins Kleinste so getreulich nachahmte, dass seine frühen Zeichnungen nicht von den Originalen seines Meisters zu unterscheiden sind und man die Arbeiten der beiden nicht auseinanderhalten kann; dies zeigt sich noch deutlich an einem Ölbild, das er im Auftrag von Madonna Maddalena degli Oddi für die Kirche S. Francesco zu Perugia malte.[426] Man sieht darauf eine Madonna, die im Himmel von Christus gekrönt wird, während unten die zwölf Apostel rings um das offene Grab stehen und zur himmlischen Verklärung aufschauen. Auf der Staffel unter dem Bild sind drei Szenen in kleinen Figuren dargestellt: die Verkündigung, die Anbetung der Könige und Christus im Tempel, in den Armen Simeons. Die Arbeit ist mit unendlichem Fleiß ausgeführt, und wer im Bestimmen der Malweise nicht außerordentlich geübt ist, würde sicher glauben, dass sie von Pietro stammt, während sie doch unzweifelhaft von Raffaels Hand ist.

Nach Vollendung dieses Werks begab sich Pietro nach Florenz, wo er einiges zu tun hatte, und auch Raffael verließ Perugia und zog mit ein paar Freunden nach Città di Castello. Dort malte er in der gleichen Manier ein Bild in der Kirche S. Agostino[427] sowie in S. Domenico ein Kruzifix[428], das jeder für ein Werk Pietros halten würde, wenn nicht Raffaels Name darauf stünde. In der Kirche S. Francesco der gleichen Stadt schuf er dann noch eine kleine Tafel mit der Vermählung der Madonna, worin man deutlich erkennt, wie seine Kunstfertigkeit wuchs, sodass er Peruginos Manier zu verfeinern und bereits zu übertreffen begann.[429] In diesem Bild zeichnete er einen perspektivischen Tempel mit so liebevoller Sorgfalt, dass man nur staunen kann, welch schwierige Aufgaben er sich dabei stellte.

Während also Raffael sich in dieser Malweise großen Ruhm erwarb, beauftragte Papst Pius II. den Pinturicchio, die Dombibliothek zu Siena auszumalen; dieser, der mit Raffael befreundet war und ihn als vortrefflichen Zeichner kannte, nahm ihn mit sich nach Siena, wo Raffael ihm einige Kartons und Zeichnungen zu dem Werk verfertigte.[430] Er hätte diese Arbeit auch fortgesetzt, wenn nicht einige Maler in Siena in den Tönen des höchsten Lobes von einem Karton im Saal des Palastes zu Florenz geschwärmt hätten, worauf Leonardo da Vinci einen sehr schönen Reitertrupp dargestellt, während Michelangelo im Wettstreit mit Leonardo einen anderen, noch weit besseren Karton mit nackten Gestalten gezeichnet hatte.[431] Als Raffael dies hörte, wurde er von einem so heftigen Wunsch ergriffen, diese

Vollkommenheit zu erblicken, dass er die Arbeit stehen ließ und, ohne seines Vorteils und seiner Bequemlichkeit zu achten, nach Florenz eilte.

Es gefiel ihm die Stadt nicht minder als jene Werke, die ihm wahrhaft göttlich erschienen; so beschloss er, einige Zeit dort zu verweilen, und befreundete sich bald mit einigen jungen Malern wie Ridolfo Ghirlandaio, Aristotile Sangallo und anderen. Ihm selbst wurde in Florenz viel Ehre erwiesen, vorzüglich von Taddeo Taddei, der ihn als ein Verehrer ausgezeichneter Talente ständig in sein Haus und an seinen Tisch einlud. Raffael, der die Liebenswürdigkeit in Person war, wollte sich an Höflichkeit nicht überbieten lassen und machte ihm zum Dank zwei Bilder, die noch etwas von der ursprünglichen Malweise nach Pietros Manier, aber auch schon manches von dem neuen, viel besseren Stil, den er jetzt zu pflegen begann, an sich haben.[432] Raffael war auch mit Lorenzo Nasi gut befreundet, und da dieser sich gerade verheiratet hatte, malte er ihm ein Bild der Madonna, die das Christuskind zwischen den Knien hält, dem der kleine Johannes zum großen Ergötzen beider Knäblein einen Distelfink hinreicht.[433] In der Haltung der zwei Kleinen drückt sich die liebreizendste kindliche Natürlichkeit aus; daneben sind sie so gut und sorgfältig ausgeführt, dass sie zu leben scheinen. Die Madonna ist von wahrhaft göttlicher Anmut, wie auch die Landschaft und alle anderen Einzelheiten des Bildes vollendet gestaltet sind. Lorenzo Nasi hielt das Werk sowohl als Andenken an seinen engen Freund Raffael als auch um seiner Schönheit willen zeitlebens hoch in Ehren. Doch am 9. August des Jahres 1548 erging es dem Bild schlecht, da durch den gewaltigen Erdrutsch des Berges S. Giorgio das Haus des Lorenzo zugleich mit den prächtigen Besitzungen der Erben von Marco del Nero und anderen benachbarten Gebäuden zerstört wurde. Zum Glück fanden sich die Trümmer des Bildes unter dem Schutt des eingestürzten Hauses, und Battista, der Sohn Lorenzos, der ein großer Verehrer der Kunst war, ließ sie wieder zusammensetzen, so gut es eben ging.

Nach Vollendung dieser Arbeiten sah Raffael sich gezwungen, Florenz zu verlassen und nach Urbino zurückzukehren, da sich nach dem Tod seiner beiden Eltern niemand um seinen dortigen Besitz kümmerte.[434] Während seines Aufenthalts in Urbino malte er für Guidobaldo da Montefeltro, der damals Feldhauptmann der Florentiner war, zwei kleine, aber sehr schöne Madonnenbilder in seiner neuen Manier[435], die sich heute im Besitz des durchlauchtigen Herzogs Guidobaldo von Urbino befinden. [...]

Nachdem Raffael diese Bilder vollendet und seine Angelegenheiten in Ordnung gebracht hatte, kehrte er wieder nach Perugia zurück, wo er für die Kapelle der Familie Ansidei in der Servitenkirche ein Bild der Madonna mit Johannes dem Täufer und dem heiligen Nikolaus verfertigte.[436] Desgleichen malte er in dem kleinen Kamaldulenserkloster der Stadt die Kapelle der Madonna aus; man sieht dort Christus in seiner Glorie sowie Gottvater, von einigen Engeln umgeben, und sechs Heilige in sitzender Stellung, drei an jeder Seite: Benedikt, Romuald, Laurentius, Hieronymus, Maurus und Plazidus[437]; unter dieses Werk, das als eine sehr gute Fresko-Arbeit galt, schrieb er seinen Namen in großen, deutlich lesbaren Buchstaben. Auch die Nonnen des heiligen Antonius von Padua zu Perugia ließen von ihm ein Altarbild malen: die Madonna mit dem Christuskind auf dem Schoß, das er nach dem Wunsch dieser einfachen, frommen Frauen ganz bekleidet darstellte, ihr zuseiten Petrus, Paulus, die heilige Cäcilia und die heilige Katharina.[438] Den beiden heiligen Jungfrauen gab er die schönsten, lieblichsten Gesichtszüge und, was damals selten war, den denkbar mannigfaltigsten Kopfputz. Darüber stellte er in einem Halbkreis einen herrlichen Gottvater und auf der Altarstaffel drei Szenen in kleinen Figuren dar: Christus am Ölberg, Christus unter dem Kreuz, wobei die Soldaten, die ihn peinigen, besonders ausdrucksvolle Stellungen zeigen, und schließlich den toten Christus im Schoß der Mutter. Das Ganze ist ein bewundernswürdiges Werk, das von den Nonnen andächtig verehrt und von allen Künstlern sehr gepriesen wurde. Hier will ich auch erwähnen, dass Raffael nach seinem Aufenthalt in Florenz, wo er viele Arbeiten vortrefflicher Künstler kennengelernt, seine eigene Malweise so grundlegend wandelte und vervollkommnete, dass sie mit seiner ursprünglichen Art nichts mehr gemein hat, so als stammten seine früheren Werke von einer anderen, weniger kunstfertigen Hand.

Bevor er Perugia verließ, hatte Madonna Atalanta Baglioni ihn ersucht, ein Altarbild für ihre Kapelle in der Kirche S. Francesco zu malen. Da ihn aber andere Arbeiten dringend nach Florenz zurückriefen, sodass er ihr nicht zu Diensten sein konnte, versprach er, ihren Wunsch nach seiner Rückkehr zuverlässig zu erfüllen. In Florenz, wo er sich mit großem Fleiß dem Studium der Kunst widmete, verfertigte er denn auch sogleich den Karton für die besagte Kapelle, um das Bild ausführen zu können, sobald sich die Gelegenheit böte. In dieser Stadt lebte damals Angelo Doni, der, so geizig er sich in anderen Dingen zeigte, als großer Kunstliebhaber dennoch stets bereit war, für Bilder und Skulpturen Geld auszugeben, obwohl er auch hier möglichst sparsam verfuhr. Dieser ließ sich und seine Gattin von Raffael porträtieren.[439] Die Bilder befinden sich heute im Besitz seines Sohnes Giovan Battista in dem schönen, bequemen Haus, das Angelo sich am Corso de' Tintori zu Florenz erbaut hatte.

Für Domenico Canigiani malte Raffael eine Madonna mit dem Kindlein auf dem Schoß, das mit herzlicher Freude einen kleinen heiligen Johannes liebkost. Die heilige Elisabeth, die den Letzteren an der Hand hält, schaut mit lebhaftem Blick zum heiligen Joseph hinüber, der, beide Hände auf einen Stock gestützt, das Haupt vor ihr neigt, als gäbe er seiner Bewunderung für die Größe Gottes Ausdruck, der einer so bejahrten Frau noch ein Söhnchen schenkte; alle aber sehen voller Staunen, wie verständig und gleichsam verehrungsvoll die beiden kleinen Vettern einander in so zartem Alter begrüßen und herzen. Jeder Pinselstrich an den Gesichtern, Händen und Füßen dieses köstlichen Bildes scheint nicht mit Farbe, sondern mit Fleisch gemalt, so meisterhaft ist das Kolorit. Es befindet sich heute bei den Erben des Domenico Canigiani und wird von ihnen so wertgehalten, wie es eine Arbeit von Raffael verdient.[440]

In Florenz studierte dieser hervorragende Künstler die alten Werke Masaccios; und was er von Leonardo und Michelangelo kennenlernte, bewog ihn, die Kunstübungen und somit die außerordentliche Vervollkommnung seiner Malweise mit noch größerem Eifer zu verfolgen. Bei diesem Aufenthalt befreundete er sich besonders mit Fra Bartolomeo von S. Marco[441], dessen Farbgebung ihm so gut gefiel, dass er sie stets nachzuahmen suchte; dagegen unterwies er den guten Pater in den Regeln der Perspektive, die dieser bis dahin wenig beachtet hatte.

Mitten in diesem lebhaften künstlerischen Umgang wurde Raffael nach Perugia zurückberufen, wo er zunächst in der Kirche S. Francesco das Bild für Madonna Atalanta Baglioni vollendete, zu dem er, wie gesagt, den Karton in Florenz verfertigt hatte.[442] Diese göttlich schöne Grablegung Christi ist mit so viel Lebendigkeit und Liebe ausgeführt, dass man bei ihrem Anblick meinen würde, sie sei erst heute gemalt worden. Raffael dachte sich bei der Komposition dieses Werks in den namenlosen Schmerz hinein, den die engsten Verwandten empfinden, wenn sie den Leichnam eines aufs Zärtlichste geliebten Menschen, auf dem tatsächlich das Wohl und das Ansehen der ganzen Familie beruht, zu Grabe tragen. Man sieht die Mutter ohnmächtig niedersinken und die schönen Gesichter der anderen Gestalten von Tränen überströmt; besonders der heilige Johannes, der mit gefalteten Händen dasteht, neigt den Kopf mit einer so schmerzlichen Gebärde, dass es das härteste Gemüt zu Mitleid rühren muss. Wer bedenkt, mit wie viel Fleiß und Liebe dieses ebenso großartige wie liebreizende Bild gemalt ist, kann sich der Bewunderung nicht enthalten; es erstaunt jeden Beschauer durch den Ausdruck der Personen, die Schönheit der Gewänder und die höchste Vollendung aller Einzelheiten.

Als Raffael nach Beendigung dieser Arbeit nach Florenz zurückkehrte, beauftragte ihn die Familie der Dei, ein Altarbild für ihre Kapelle in S. Spirito anzufertigen.[443] Er machte sich sofort ans Werk und führte den Entwurf auf gute Art zu Ende. Gleichzeitig malte er ein Gemälde, das nach Siena geschickt werden sollte; da aber bei Raffaels Abreise noch ein Stück an einem blauen Gewand fehlte, ließ er es bei Ridolfo Ghirlandaio zurück, damit dieser es fertig male.[444] Zu dem plötzlichen Aufbruch kam es, weil Bramante aus Urbino, der damals im Dienst von Julius II. stand, Raffael, der ein Landsmann und entfernter Verwandter von ihm war, geschrieben hatte, er hätte sich beim Papst für ihn verwendet; dieser hätte eine Reihe von Räumen neu erbauen lassen, an denen Raffael seine Kunst erweisen könne.

Der Vorschlag schien Raffael überaus verlockend. Er ließ die begonnenen Arbeiten sein, und das Altarbild der Dei blieb unvollendet, so wie es später nach seinem Tod von Messer Baldassare aus Pescia in der Pfarrkirche seiner Vaterstadt aufgestellt wurde.[445] Raffael aber begab sich nach Rom.[446] Dort fand er die Stanzen im Palast zum großen Teil schon ausgemalt, zum anderen waren noch verschiedene Meister darin beschäftigt. In dem einen hatte Piero della Francesca ein historisches Gemälde ausgeführt; Luca da Cortona war dabei, eine ganze Wand auszuschmücken, und der Abt von S. Clemente zu Arezzo, Pietro della Gatta, hatte einige Arbeiten begonnen. Auch sah man viele wohlgelungene Gestalten, die Bramantino aus Mailand größtenteils nach dem Leben abgebildet hatte. Raffael, der bei seiner Ankunft vom Papst sehr huldvoll empfangen wurde, begann im Saal der Segnatura ein großes Bild zu malen, worin er darstellte, wie die Gelehrten der Kirche die Philosophie und die Astrologie mit der Theologie in Einklang zu bringen suchen.[447] Hier sieht man alle Weisen der Welt abgebildet, die in verschiedener Art miteinander disputieren. Etwas abseits stehen einige Sterndeuter, die Tafeln mit allerlei magischen und astrologischen Zeichen bedecken und diese durch einige schöne Engel den Evangelisten senden, die sie auslegen. Auf der Treppe liegt, von der Welt abgewandt, Diogenes mit seiner Essschale, an dem neben dem Ausdruck tiefer Versunkenheit besonders das nachlässig übergeworfene Gewand zu rühmen ist. Man erkennt Aristoteles und Plato, den einen mit dem «Timaios», den anderen mit der «Ethik» in der Hand, umringt von einem großen Kreis von Philosophen. Von unbeschreiblicher Schönheit sind die Gestalten der Mathematiker und Astronomen, die mit dem Zirkel eine Fülle von geometrischen Figuren auf Tafeln einzeichnen. Unter ihnen sieht man in einem Jüngling von höchster Schönheit, der, von Bewunderung überwältigt, die Arme ausbreitet und das Haupt senkt, den Herzog Federigo II. von Mantua, der sich damals in Rom aufhielt. Eine andere

Gestalt, die, am Boden kniend, mit dem Zirkel Messungen vornimmt, soll, wie man sagt, den großen Baumeister Bramante so ähnlich darstellen, dass man ihn lebend vor sich zu sehen meinte. Neben einem dem Beschauer den Rücken zuwendenden Mann mit einer Himmelskugel in der Hand ist Zarathustra abgebildet, und an seiner Seite erblickt man Raffael, den Schöpfer des ganzen Werks, der sich dort nach seinem Spiegelbild dargestellt hat – ein jugendlicher Kopf mit schwarzem Barett, dessen Züge die größte Bescheidenheit und Liebenswürdigkeit ausdrücken. Unsagbar schön und wohlgelungen sind auch die Gesichter und Gestalten der Evangelisten[448]; besonders jenen, die schreiben, wusste Raffael einen höchst natürlichen Ausdruck der Aufmerksamkeit zu geben. So entnimmt Matthäus der Tafel, die ein Engel ihm entgegenstreckt, die Worte, die er in ein Buch überträgt; hinter ihm sitzt ein alter Mann mit einem Blatt Papier auf den Knien, der alles, was Matthäus aufschreibt, mit so aufmerksam vorgeneigtem Hals und Kopf kopiert, als könne er durch diese gespannte Haltung seiner eigenen Feder mehr Kraft und Größe verleihen. Abgesehen von der Fülle von Einzelheiten, die mit der größten Überlegung ausgeführt sind, zeichnet sich die Gesamtkomposition des Bildes durch die schönste Ordnung und Harmonie aus; Raffael legte mit diesem Werk wahrlich eine Probe seiner hohen Kunst ab und zeigte, dass er unter allen, die den Pinsel führten, unbestreitbar den ersten Platz zu behaupten gedachte. Er ergänzte sein Gemälde durch einen in schönster Perspektive gezeichneten Hintergrund und viele Gestalten und vollendete alles mit solcher Weichheit und Zartheit, dass Papst Julius die Bilder aller anderen alten und neueren Maler einfach abschlagen ließ, sodass Raffael den Ruhm vor allen davontrug, die sich bisher um dieses Werk gemüht hatten.

Obwohl auf Anordnung des Papstes nun auch eine Arbeit von Giovan Antonio Sodoma aus Vercelli[449] vernichtet werden sollte, die sich oberhalb des soeben geschilderten Gemäldes befand, wollte Raffael doch die architektonische Einteilung weiterverwenden; so zeichnete er in vier bereits vorhandene Rondelle je eine Gestalt, die sich auf den darunter befindlichen Teil seiner Malerei bezieht. Im ersten Rondell, über dem Teil der Wand, worauf er dargestellt hatte, wie sich die Philosophie und die Astrologie, die Geometrie und die Poesie sämtlich der Theologie unterwerfen, malte er eine weibliche Figur, die die Erkenntnis aller Dinge bedeuten soll; die Seitenlehnen des Stuhles, auf dem sie sitzt, sind Statuen der vielbrüstigen Göttin Kybele, wie sie von den Alten als Diana Polymastis dargestellt wurde, und ihr Gewand zeigt vier Farben, die die vier Elemente bezeichnen: vom Haupt bis zum Gürtel das Feuer, unterhalb des Gürtels die Luft, hierauf bis zu den Knien die Erde und von da bis zu den Füßen das Wasser. Diese Gestalt ist von einigen reizenden Putten umgeben, denen man auch in den anderen Rondellen wiederbegegnet. Im nächsten Rondell, über dem Fenster, das aufs Belvedere hinausgeht, ist die Poesie in Gestalt der lorbeerbekränzten Muse Polyhymnia dargestellt; in der einen Hand die Lyra, in der anderen ein Buch, steht sie mit leicht gekreuzten Füßen, das überirdisch schöne Antlitz zum Himmel emporgerichtet, umgeben von zwei lebhaft-kecken Putten; auf der Wand darunter malte Raffael später den Parnass. Im dritten Rondell, oberhalb der Darstellung der heiligen Doktoren, die die Messe lesen, sieht man die Theologie inmitten von Büchern und reizenden Putten. Über dem anderen Fenster, das auf den Hof hinausgeht, ist im vierten Rondell eine Justitia von größter Schönheit mit der Waage und dem emporgerichteten Schwert dargestellt, wieder mit den schon bekannten Putten. Auf der Wand darunter ist die Erlassung der weltlichen und der kanonischen Gesetze abgebildet.

In den vier Zwickeln des Gewölbes malte Raffael vier treffliche Szenen in kleineren Figuren: in dem zum Bild der Theologie gehörigen Feld den Sündenfall, wobei Adam und Eva anmutig den Apfel verspeisen, und zunächst der Gruppe der Astrologen und Philosophen die Gestalt der Astronomie selbst, wie sie Planeten und Fixsterne an die ihnen bestimmten Plätze setzt. Über der Wand mit dem Parnass lässt Apoll den an einen Baum gefesselten Marsyas schinden; und gegenüber, in engem Bezug zur Einführung der weltlichen und kirchlichen Gesetze, ist das Urteil Salomons dargestellt, der befiehlt, das Kind in zwei Teile zu trennen. Alle vier Bilder sind sehr sinnreich und lebendig, dazu aufs Trefflichste gezeichnet und gemalt.

Nachdem wir nunmehr beschrieben haben, wie Raffael die gewölbte Decke des Saales ausschmückte, bleibt noch zu sagen, was er an den übrigen Wänden darstellte. Auf der gegen das Belvedere zu gelegenen Wand malte er den Berg Parnass und die Quelle des Helikon, umgeben von einem schattigen Lorbeerhain von so natürlich abschattiertem Grün, dass man fast zu sehen meint, wie die Blätter im leisen Hauch des Windes beben. Die Luft ist von einer Schar reizender nackter Amoretten erfüllt, die aus den Blättern des Lorbeers Kränze flechten und sie mit anmutigen Gebärden über den Berg verstreuen. In der Schönheit der Gestalten und der edlen Würde der Komposition scheint fürwahr ein Hauch der Gottheit zu wehen. Wer das Bild genau betrachtet, kann nur darüber staunen, dass das menschliche Genie, auf das unvollkommene Mittel einiger einfacher Farben angewiesen, den gemalten Dingen einzig dank der vortrefflichen Zeichnung den Anschein der Wirklichkeit zu verleihen vermag. Lebend scheinen auch die Dichter, die man in verschiedensten Stellungen, sitzend und stehend, auf dem Berg sieht; manche schreiben, andere reden oder singen oder unterhalten sich in Gruppen zu vier oder sechs. Die berühmtesten alten und neueren Dichter bis auf unsere Zeit sind hier sämtlich nach dem Leben abgebildet, teils nach Statuen oder Medaillen, viele auch nach alten Bildern oder von Raffael selbst nach der Natur gezeichnet. Den Anfang bilden Ovid, Vergil, Ennius, Tibull, Catull, Properz und der blinde Homer, mit emporgehobenem Haupt seine Gesänge vortragend, die ein zu seinen Füßen sitzender Jüngling aufzeichnet. Apoll und die neun Musen bilden eine gesonderte Gruppe von himmlischer Schönheit und Lieblichkeit. Weiterhin erblickt man die gelehrte Sappho und den göttlichen Dante, den anmutigen Petrarca und den verliebten Boccaccio, die wahrhaftig zu leben scheinen, desgleichen den Tebaldeo[450] und zahllose andere neuere Dichter. Das Ganze ist mit unendlicher Grazie entworfen und mit großer Sorgfalt ausgeführt.

Auf der nächsten Wand ist der Himmel dargestellt. Christus, die Madonna und Johannes der Täufer sowie die Apostel, Evangelisten und Märtyrer thronen auf Wolken, während Gottvater über alle den Heiligen Geist ausgießt, besonders über eine große Schar von Heiligen, die weiter unten die Messe schriftlich festlegen und über die auf dem Altar stehende Hostie disputieren. Unter ihnen erkennt man die vier Kirchenväter, ferner Dominikus, Franziskus, Thomas von Aquin, Buonaventura, Scotus, Nikolaus von Lyra, Dante, Fra Girolamo Savonarola aus Ferrara und alle christlichen Theologen, viele davon nach der Natur gezeichnet. Vier in der Luft schwebende Engelchen von unbeschreiblicher Lieblichkeit halten die aufgeschlagenen Evangelien. Die im Kreis sitzenden Heiligen scheinen nicht nur durch die herrlichen Farben, sondern auch durch die aufs Vollkommenste ausgeführten Verkürzungen völlig natürlich. Sie tragen verschiedenerlei Gewänder mit dem schönsten Faltenwurf, und der Ausdruck ihrer Züge ist eher himmlisch denn irdisch zu nennen, wie besonders aus dem Antlitz Christi alle Milde und Barmherzigkeit spricht, wovon ein göttliches Kunstwerk den Augen der Sterblichen einen Begriff zu geben vermag. Raffael besaß die natürliche Gabe, seinen Gesichtern besondere Zartheit und Feinheit zu verleihen, wie man es auch hier an der Madonna sieht, die die Hände vor der Brust faltet und ihren Sohn mit so holdem Blick betrachtet, dass er sicherlich ihrer Fürbitte nicht widerstehen könnte. Dazu kennzeichnet der Künstler alle mit großem Feingefühl; in den Zügen der heiligen Patriarchen sieht man die Würde des Alters, in den Aposteln die fromme Einfalt, in den Märtyrern die Glaubenstreue. Noch größere Kunstfertigkeit beweist er bei den heiligen Gelehrten der Christenheit, die zu zweit, zu dritt oder zu sechst eifrig disputieren; ihre lebhaften Gesten, ihre gespannten Mienen, die nachdenklich gerunzelten Stirnen und mannigfaltige andere Anzeichen höchster Aufmerksamkeit zeugen von ihrer heftigen Begierde, alle Zweifel zu klären und die Wahrheit zu erkennen. Nur die vier Doktoren der Kirche sind über jede Ungewissheit erhoben; vom Heiligen Geist erleuchtet, lösen und erklären sie alle Schwierigkeiten der Heiligen Schrift mithilfe der Evangelien, die von in der Luft schwebenden Putten gehalten werden.

Auf der dritten Wand, an der sich das zweite Fenster befindet, sieht man auf der einen Seite Justinian, der den Rechtsgelehrten die von ihm erlassenen Gesetze übergibt, damit sie diese verbessern mögen, darüber, oberhalb des Fensters, die Gestalten der Mäßigkeit, Stärke und Klugheit. Auf der anderen Seite verkündet der Heilige Vater die kanonischen Dekretalien.[451] Dieser Papst trägt die nach dem Leben gezeichneten Züge von Julius II., und in den ihn umgebenden Gestalten porträtierte Raffael unter anderen den Kardinal Giovanni de' Medici, nachmals Papst Leo X., den Kardinal Antonio di Monte und den Kardinal Alessandro Farnese, nachmals Papst Paul III.

Seine Heiligkeit war mit Raffaels Arbeit überaus zufrieden; und damit die um die Wände laufenden Vertäfelungen der Malerei würdig seien, ließ er aus dem Kloster Monte Oliveto zu Chiusuri bei Siena den Fra Giovanni da Verona kommen, der damals für seine perspektivischen Darstellungen in eingelegter Holzarbeit berühmt war. Dieser verfertigte nicht nur die Sockel und Vertäfelungen rings um die Fresken, sondern auch sehr schöne Türen und geschnitzte Sitze, wodurch er sich beim Papst viel Gunst und reiche Belohnung erwarb. Tatsächlich gab es niemals einen tüchtigeren Meister dieser Kunst als Fra Giovanni; dies bezeugen noch jetzt die wunderschöne Sakristei der Kirche S. Maria in Organo zu Verona, seiner Vaterstadt, sowie der Chor von Monte Oliveto zu Chiusuri und jener von S. Benedetto zu Siena, die Sakristei von Monte Oliveto zu Neapel[452] und der Chor in der Kapelle des heiligen Paolo da Tolosa in der gleichen Stadt. [...]

Doch kehren wir zu Raffael zurück. Sein Talent entwickelte sich immer besser, sodass der Papst ihm auftrug, auch das Zimmer neben dem großen Saal auszuschmücken. Damals malte er das Porträt von Julius II. in Öl, so ähnlich und lebendig, dass es dem Beschauer die gleiche Ehrfurcht einflößte, die er beim Anblick des Papstes selbst empfunden hätte. Dieses Werk befindet sich heute in S. Maria del Popolo[453], zusammen mit einer sehr schönen Geburt Christi, die aus der gleichen Zeit stammt; die Madonna deckt ihren Schleier über das Kind; dieses ist so schön, dass man schon an der herrlichen Bildung von Haupt und Gliedern den wahren Sohn Gottes erkennt. Nicht weniger lieblich ist die junge Mutter dargestellt, deren Antlitz Freude und Frömmigkeit ausstrahlt. Neben ihr steht Joseph, beide Hände auf einen Stab gestützt, der gedankenvoll und mit andächtiger Bewunderung den König und die Königin des Himmels betrachtet. Beide Gemälde werden an hohen Feiertagen zur Schau gestellt.

Raffael war in Rom schon zu großem Ruhm gelangt; doch obwohl seine Malweise überaus lieblich war und jedem gut gefiel und obwohl er unermüdlich die vielen Kunstwerke der Antike studierte, die es in dieser Stadt zu sehen gab, hatte es bis dahin seinen Gestalten an einer gewissen Großartigkeit und Majestät gemangelt, die er ihnen erst jetzt zu verleihen begann. Damals geschah es nämlich, dass Michelangelo dem Papst in der Kapelle so heftig gegenübertrat und den Heiligen Vater in Schrecken versetzte, dass er gezwungen war, nach Florenz zu flüchten. In seiner Abwesenheit hatte Bramante die Schlüssel zur Kapelle und ließ nun seinen guten Freund Raffael die Arbeiten Michelangelos sehen, damit er sich einen Begriff von dessen

Malweise machen könne. Der Anblick überwältigte Raffael dermaßen, dass er den Propheten Jeremias, den er in S. Agostino, oberhalb der heiligen Anna von Andrea Sansovino, dargestellt hatte, unverzüglich nochmals ganz neu zu malen begann, obgleich das Bild schon fertig gewesen war.[454] Die Kenntnis der Werke Michelangelos befähigte ihn, seine eigene Malweise zu verbessern und seinen Gestalten unvergleichlich mehr Größe und Würde zu verleihen. Als Michelangelo später Raffaels Arbeiten sah, meinte er, und nicht zu Unrecht, dass Bramante ihm absichtlich einen Tort angetan hätte, um Raffael diesen Vorteil zu verschaffen, sodass dessen Ruhm sich noch erhöhte.

Bald nachher beauftragte Agostino Chigi, ein reicher sienesischer Kaufmann und großer Kunstliebhaber, Raffael mit der Ausmalung einer Kapelle, denn dieser hatte ihm kurz zuvor in einer Loggia seines Palastes in Trastevere ein reizendes Bild gemalt, eine von Delphinen gezogene und von Tritonen und Meeresgöttern umspielte Galatea, die seine begeisterte Zustimmung fand.[455] Nachdem nun Raffael den Karton für die genannte Kapelle verfertigt hatte, die rechts vom Haupteingang in der Kirche S. Maria della Pace liegt, führte er das Fresko in seiner neuen Manier weit großartiger und prächtiger als früher aus. Hier stellte er auch, noch vor der öffentlichen Enthüllung von Michelangelos Malereien in der Kapelle, die er jedoch gesehen hatte, einige Propheten und Sibyllen dar[456]; dieses Werk wird für die allerschönste seiner vielen schönen Arbeiten gehalten, weil darin vorzüglich die Frauen und Kinder sich durch herrliche Farben und große Lebendigkeit auszeichnen, sodass es ihm zu seinen Lebzeiten wie auch nach seinem Tod den höchsten Ruhm eintrug.

Auf die Bitten eines Kämmerers von Papst Julius II. malte Raffael das Gemälde für den Hauptaltar der Kirche Aracoeli. Er stellte darauf eine in den Lüften schwebende Madonna dar und darunter in einer schönen Landschaft die Heiligen Johannes, Franziskus und Hieronymus, letzteren als Kardinal. Die Madonna atmet Demut und Züchtigkeit, wie es der wahren Mutter Gottes würdig ist. Während das Kindlein mit reizender Gebärde mit dem Mantel der Mutter spielt, sieht man an der Gestalt des heiligen Johannes die Wirkungen der strengen Buße, die er sich durch vieles Fasten auferlegt hat; aus seinem Antlitz spricht die Hingabe und innere Festigkeit jener Menschen, die sich von der Welt und ihrem lügnerischen Treiben abwenden und ihr

Leben der Verkündung der Wahrheit weihen. Der heilige Hieronymus hält den Blick sinnend zur Madonna emporgehoben, und man meint darin alle Weisheit und Gelehrsamkeit zu erkennen, die er in seinen Schriften an den Tag gelegt hat; mit einer sprechenden Bewegung beider Hände empfiehlt er ihr den Kämmerer, der überaus lebensähnlich gemalt ist. Nicht minder natürlich scheint der heilige Franziskus, der kniend, das Haupt und einen Arm zur Madonna emporgehoben, in heiliger Inbrunst erglüht; der Ausdruck seines Angesichts zeigt, dass er in tiefer Liebe dahinschmilzt, doch Kraft und Stärkung aus dem sanften, schönen Lächeln der Mutter und der Herrlichkeit des Sohnes empfängt. Unterhalb der Madonna steht mitten im Bild ein Putto mit einer Schrifttafel in den Händen, der gleichfalls zu ihr aufschaut und an Antlitz und Gestalt so lieblich ist, dass man sich nichts Besseres denken könnte. Auch die eigenartig schöne Landschaft ist mit der größten Vollkommenheit ausgeführt.[457]

Hierauf setzte Raffael seine Arbeit in den päpstlichen Stanzen fort und malte das Wunder des Sakraments zu Orvieto oder Bolsena, wie man es nennen mag.[458] Darauf sieht man, wie der Priester beim Zelebrieren der Messe in tiefer

Scham erglüht, da er erkennen muss, dass um seines Unglaubens willen die Hostie auf dem Messtuch zu bluten beginnt; ganz außer sich vor Schrecken und mit verstörtem Blick, scheint er vor den Augen seiner Zuhörer zu schwanken, und man glaubt gleich ihnen das Zittern seiner Hände zu gewahren. Ringsherum sieht man viele Gestalten in verschiedenen Stellungen; die einen ministrieren bei der Messe, andere, die auf einer Treppe knien, drücken durch mannigfaltige Gebärden ihre Aufregung über diesen unerhörten Vorfall aus, wobei viele, Männer wie Frauen, deutlich die Neigung zeigen, sich selber die Schuld daran zuzuschreiben. Am unteren Rand des Bildes sitzt eine Frau auf der Erde, die ein Kind auf dem Schoß hält; sie lauscht mit gespannter Aufmerksamkeit den Erklärungen, die eine andere ihr zuflüstert, wobei sie sich dieser mit einer ebenso lebhaften wie anmutig weiblichen Bewegung zuwendet. Auf der anderen Seite ist Papst Julius abgebildet, der sonderbarerweise ebenfalls die Messe anhört, wie auch der Kardinal von S. Giorgio[459] und viele andere unter den Zuhörern zu erkennen sind. In die Fensteröffnung des Zimmers zeichnete Raffael eine Treppe, die das Gemälde so passend ergänzt, dass es scheint, als dürfe diese Nische gar nicht fehlen; und auch hier zeigt sich wieder, dass kein Maler Raffael jemals in der Erfindung und Komposition übertraf und keiner sich die Einteilung eines Raumes so trefflich zunutze zu machen wusste wie er.

Dies bewies er in dem gleichen Zimmer an dem Bild der gegenüberliegenden Wand, wo Petrus, als Gefangener des Herodes, von den Kriegsknechten bewacht wird und die Architektur des Kerkers so klar und einfach wiedergegeben ist, dass im Vergleich dazu in den Arbeiten anderer Künstler ebenso viel Verworrenheit herrscht wie in den seinen Ordnung und Harmonie. Er suchte stets die Begebenheiten genauso darzustellen, wie sie überliefert sind, dafür aber mit besonders treffenden Einzelheiten. So zeigte er in diesem Bild die Qualen der Gefangenschaft, da der heilige Greis mit schweren Eisenketten an zwei bewaffnete Kriegsknechte gefesselt ist, während die Wachen in tiefem Schlaf liegen; das strahlende Licht des Engels, das in das tiefe Dunkel fällt, lässt alle Einzelheiten des Kerkers klar hervortreten und wird von den Waffen der Krieger zurückgestrahlt, sodass man ihren Schein wie in Wirklichkeit zu sehen meint. Mit nicht geringerer Kunst ist eine andere Szene dargestellt, wo Petrus, von dem die Ketten abgefallen sind, vom Engel aus dem Kerker geführt wird. Dem Antlitz des Heiligen sieht man an, dass er zu träumen glaubt. Man erkennt auch den Schrecken und das Grauen der anderen Bewaffneten, die vor dem Kerker Wache halten und plötzlich den Lärm der eisernen Pforte vernehmen. Eine Schildwache, mit der Fackel in der Hand, weckt die schlafenden Gefährten; das Licht der Fackel lässt die Waffen erglänzen, und wo es nicht hinfällt, dient ein Mondstrahl als Beleuchtung. Dieses Bild malte Raffael auf die Wand oberhalb des Fensters, wodurch diese dunkler erscheint; betrachtet man die Malerei, fällt einem das Tageslicht in die Augen, und diese natürliche Helligkeit bildet einen so schönen Gegensatz zu den gemalten nächtlichen Lichtquellen, dass man den Schein der Fackel und den Glanz des Engels inmitten der düsteren Schatten nicht als Bild, sondern in Wirklichkeit zu schauen meint, so deutlich wusste er diese schwierigen Erfindungen darzustellen. Man sieht den dunstigen Lichtschein und die helleren Reflexe auf den Waffen spielen und wechselweise hervortreten oder verschwinden, und das alles ist in gedämpften Tönen so herrlich gemalt, dass Raffael sich auch hierin als der größte Meister erweist.

Auf einer der fensterlosen Wände stellte Raffael den Gottesdienst der Juden mit der Bundeslade und dem siebenarmigen Leuchter dar, dazu Papst Julius, der die Habgier aus dem Tempel verjagt – ein Werk von nicht geringerer Trefflichkeit als das oben beschriebene. In den Bediensteten, die den äußerst lebenswahr abgebildeten Papst auf seinem Sessel tragen, sind einige damals lebende Personen porträtiert. Während die Männer und Frauen aus dem Volk zurückweichen, um dem Heiligen Vater Platz zu machen, stürzt auf der anderen Seite ein bewaffneter Reiter, begleitet von zwei Fußknechten, hervor, um mit wütenden Gebärden den stolzen Heliodor anzugreifen, der auf Befehl des Antiochus die im Tempel verwahrten Güter der Witwen und Waisen rauben will. Schon werden Waren und Schätze weggeschleppt; doch obwohl die drei Gewaltigen, die Heliodor niederwerfen und grausam schlagen, nur eine Erscheinung oder Vision sind, die ihm allein sichtbar ist, überträgt sich sein furchtbarer Schrecken auf die Leute seines Gefolges, die in panischer Angst die Beute fallen lassen und in wildem Getümmel davonstürzen. Daneben sieht man den ehrwürdigen Hohepriester Onias im geistlichen Gewand, der mit zum Himmel erhobenen Augen und Händen inbrünstig betet; in seinen Zügen malt sich tiefes Mitleid mit den wehrlosen Armen, die in Gefahr waren, ihren geringen Besitz zu verlieren, und gleichzeitig helle Freude über den unverhofften Beistand des Himmels. Einem launischen Einfall folgend, zeichnete Raffael mehrere Personen, die in ihrer Neugier die Sockel erklettern und sich an den Säulen festklammern, um von diesem unbequemen Platz aus die tumultuöse Szene zu überblicken, während das übrige Volk in verschiedenen Stellungen und Gruppierungen in höchster Verblüffung des Ausgangs des wunderbaren Ereignisses harrt. Das ganze Werk war in allen Einzelheiten so großartig, dass noch die Kartons für äußerst wertvoll galten. [...]

Die Deckenwölbung des Zimmers schmückte Raffael mit vier Bildern: Gottvater, der Abraham die Vermehrung seines Samens verheißt; die Opferung Isaaks; die Himmelsleiter Jakobs; und schließlich Moses vor dem brennenden Dornbusch; sie alle sind mit der gleichen Kunstfertigkeit und anmutigen Erfindung ausgeführt wie seine übrigen Arbeiten.

Während das glückliche Talent Raffaels ihn solche Wunder vollbringen ließ, raffte die Ungunst des Schicksals Papst Julius II. hinweg, den

Gönner dieses hervorragenden Genies und Beschützer der Künste.[460] Papst Leo X., der ihm folgte, wünschte, dass die begonnenen Arbeiten fortgesetzt würden. Da nun Raffael diesem großen Fürsten begegnete, in dessen Geschlecht die Liebe zur Kunst sozusagen erblich war, wurde sein Talent erst recht in den Himmel gehoben und trug ihm unendliches Lob ein. Er ließ es sich daher besonders angelegen sein, das Werk zu vollenden.

Auf der nächsten Wand stellte er Attilas Ankunft in Rom dar, wobei ihm Papst Leo III. am Fuß des Monte Mario entgegentritt und ihn einzig durch die Kraft seines Segens verscheucht.[461] In diesem Bild malte Raffael die Apostel Petrus und Paulus, die mit gezücktem Schwert über der Stadt schweben, um die Heilige Kirche zu verteidigen. Die Geschichte Leos III. erwähnt hiervon zwar nichts, aber dem Künstler gefiel es, die Sache so darzustellen, wie die Malkunst und die Poesie sich ja öfter solche Ausschmückungen erlauben, ohne sich doch über Gebühr vom Überlieferten zu entfernen. Die Apostel glühen von heiligem Mut, wie die göttliche Vorsehung ihn jenen zu verleihen pflegt, die für die heilige Religion in den Streit ziehen. Wie tief Attila davon betroffen ist, erkennt man an der erschrockenen Bewegung, mit der er das Haupt zurückwirft und den prachtvollen, weiß gezeichneten Rappen, den er reitet, zur Flucht wendet. Man sieht auf dem Bild auch noch andere sehr schöne Pferde, vornehmlich einen gewaltigen Schecken und darauf einen Reiter, dessen Körper scheinbar mit Fischschuppen bedeckt ist; er ist einer Gestalt der Trajans-Säule nachgebildet, auf der man fremdländische Krieger in diesen sonderbaren Panzerhemden sieht; man nimmt an, dass sie aus der Haut von Krokodilen verfertigt sind. Der Monte Mario steht in Flammen, zum Zeichen, dass beim Abzug der Krieger das Lager stets dem Feuer zur Beute fällt. Einige Herolde des Papstes sind mitsamt ihren Rossen äußerst ähnlich nach der Natur gemalt, desgleichen der Hofstaat der Kardinäle und die Reitknechte, die das Gangpferd Seiner Heiligkeit führen; Leo X., der im vollen päpstlichen Ornat im Sattel sitzt, ist nicht minder lebenswahr abgebildet als die päpstlichen Würdenträger und Hofleute – ein gefälliger malerischer Vorwurf, der anderen Künstlern ebenfalls zu großem Nutzen gereichen kann. [...]

Raffael stand in hoher Gunst bei Lorenzo Pucci, dem Kardinal Santiquattro, der zum Großpönitenziar ernannt worden war. In seinem

Auftrag malte er für die Kirche S. Giovanni in Monte zu Bologna ein Bild, das sich heute in der Grabkapelle der seligen Elena dall'Olio befindet und zeigt, welcher Zartheit die hohe Kunst Raffaels fähig war. Man sieht darauf eine heilige Cäcilia, die, von einem himmlischen Engelschor gleichsam geblendet, hingerissen den überirdischen Harmonien lauscht.[462] In ihren Zügen malt sich die Verzückung jener, die einer himmlischen Vision teilhaftig werden. Auf dem Boden verstreut liegen verschiedene Musikinstrumente, so vollendet dargestellt, dass sie wirklich zu sein scheinen, und das Gleiche gilt für die golddurchwirkten seidenen Gewänder und Schleier der Heiligen, unter denen man ein wunderbar gemaltes härenes Büßerhemd gewahrt. Neben ihr steht der Apostel Paulus, die rechte Hand auf das nackte Schwert und das Haupt in die Hand gestützt; sein Antlitz drückt die ganze Überlegenheit höchster Weisheit aus, sein kühner Stolz ist einem würdigen Ernst gewichen. Nach Art der Apostel ist er bloßfüßig und trägt einen einfachen roten Überwurf über einem grünen Untergewand. Ferner sieht man eine Maria Magdalena, die ein Gefäß aus feinstem Stein in der Hand hält und mit einer überaus holden Bewegung den Kopf wendet; ihre ganze

Gestalt drückt Beseligung über ihre Bekehrung aus. Ebenso trefflich sind die Köpfe des heiligen Augustinus und des Evangelisten Johannes.

Tatsächlich ist es so, dass man andere Gemälde – eben Gemälde nennen kann, die Bilder Raffaels aber wirkliches Leben; denn man sieht wahrhaftig das Fleisch seiner Gestalten erbeben, sieht ihre Pulse schlagen und ihren Atem schwellen. Dieses Werk erhöhte noch seinen gewaltigen Ruhm, und es wurde durch viele Verse in lateinischer und italienischer Sprache gepriesen, von denen ich, um nicht allzu weitläufig zu werden, hier nur einen anführen will:

Pingant sola alii, referantque coloribus ora;
Caeciliae os Raphael atque animum explicuit.[463]

Danach malte Raffael ein kleines Bild, das sich heute ebenfalls in Bologna, im Haus des Grafen Vincenzio Arcolani, befindet. Darauf sieht man Christus, dem Jupiter gleich in Wolken thronend, und rings um ihn die vier Evangelisten, wie Ezechiel sie beschreibt: den ersten in menschlicher Gestalt, den zweiten als Löwen, den dritten als Adler, den vierten als Stier; tief unter ihnen stellt eine winzige Landschaft die Erde dar, und das Bild ist in seiner Kleinheit ebenso herrlich wie die anderen Werke des Meisters in ihrer Größe.[464]

Ein ebenso schönes Gemälde schuf er für die Grafen von Canossa zu Mailand, eine Geburt Christi, worin besonders die herrlich gemalte Morgenröte sowie die Gestalt der heiligen Anna gepriesen wurden; doch man kann dem Werk kein größeres Lob spenden, als wenn man sagt, es sei von der Hand des Raffael von Urbino. Darum hielten es jene Grafen auch in großen Ehren und wollten es nie verkaufen, welch hohe Summen ihnen auch von verschiedenen Fürsten dafür geboten wurden.[465] Auch Bindo Altoviti porträtierte er, als dieser noch jung war, und das Bild galt als vorzüglich. Ebenso wunderbar ist das Gemälde einer Madonna, das er nach Florenz sandte; es befindet sich heute im Palast des Herzogs Cosimo, und zwar dient es als Altarbild in der Kapelle der neuen Räume, die von mir errichtet und ausgemalt wurden. Man sieht darauf eine hochbetagte heilige Anna in sitzender Stellung, die der Madonna das Christuskind reicht, und das nackte Knäblein ist so reizend und lächelt so holdselig, dass es jeden Beschauer aufs Innigste erfreut. Dazu stellte Raffael in der Madonna die höchste jungfräuliche Schönheit dar, die sich im züchtigen Blick der Augen, in der offenen Stirn, der zarten Nase und dem ernsten Mund kundtut. Ich glaube, dass man wahrhaftig nichts Besseres in dieser Art sehen kann. Auf dem Bild gibt es auch noch einen sitzenden kleinen Johannes und eine andere Heilige von nicht geringerer Schönheit. Der Raum, in dem sich alle diese Gestalten befinden, empfängt sein Licht durch ein mit Leinwand bedecktes Fenster in einem Gebäude, das den Hintergrund des Gemäldes bildet.[466]

In Rom malte Raffael ein ziemlich großes Bild, das Papst Leo, den Kardinal Giulio de' Medici und den Kardinal de' Rossi darstellt. Die Gestalten wirken so plastisch, dass man sie nicht für gemalt halten würde, und der Flaum des Samtes, der Glanz des damastenen päpstlichen Gewandes, das man rauschen zu hören glaubt, die einzelnen Haare der Pelzverbrämung und der golddurchwirkte Seidenstoff sind so wunderbar ausgeführt, dass sie vollkommen wirklich erscheinen. Fast noch täuschender in seiner Lebenswahrheit ist ein mit Miniaturen geziertes Pergamentbuch, desgleichen eine unbeschreiblich schön gearbeitete Glocke aus ziseliertem Silber. Am päpstlichen Stuhl sieht man eine Kugel aus so glänzend poliertem Gold, dass sie den Rücken des Papstes, die Fenster und den entfernteren Teil des Zimmers wie ein Spiegel zeigt, und das alles ist mit solcher Sorgfalt ausgeführt, dass ganz gewiss niemals etwas Besseres gemacht wurde oder gemacht werden kann.

Für dieses Bild, das sich heute in der sogenannten Guardaroba des Herzogs von Florenz befindet, wurde Raffael vom Papst fürstlich belohnt.[467] [...]

So wuchs Raffaels Ruhm immer mehr und desgleichen sein Einkommen. Darum ließ er sich nun im Borgo Nuovo einen Palast erbauen, welchen Bramante mit Stuckwerk ausschmückte. Hierdurch und durch viele andere Arbeiten war der Ruf seines Namens bis nach Frankreich und Flandern gedrungen. Auch Albrecht Dürer, ein hervorragender deutscher Maler und Kupferstecher, schickte ihm zum Zeichen der Huldigung sein Selbstporträt, in Aquarell auf der feinsten Leinwand ausgeführt, sodass es gleichermaßen von beiden Seiten zu sehen war; die Lichter waren nicht mit Bleiweiß aufgesetzt, sondern auf dem weißen Grund ausgespart und alles Übrige mit Wasserfarben gemalt und schattiert. Diese Arbeit schien Raffael so bewundernswert, dass er Dürer eine Menge Zeichnungen von seiner Hand sandte, die dieser ungemein werthielt. Dieser Kopf des deutschen Meisters kam später mit dem übrigen Besitz von Giulio Romano, der Raffaels Erbe war, nach Mantua.[468]

Da Raffael nun gesehen hatte, wie Albrecht Dürer bei seinen Kupferstichen zu Werke ging, wünschte auch er zu zeigen, was er in dieser Kunst zu vollbringen vermöchte, und bewog den Marco Antonio aus Bologna, sich gründlich darin zu üben; dieser leistete bald so Vortreffliches, dass Raffael ihn einige Blätter von seiner Hand drucken ließ: den Kindermord, ein Abendmahl, einen Neptun und das Martyrium der heiligen Cäcilia, die in siedendes Öl geworfen wird. Außerdem verfertigte Marco Antonio eine Reihe von Stichen, die Raffael nachmals seinem Gehilfen Baviera schenkte, da dieser für ein Mädchen sorgte, das Raffael bis an sein Lebensende liebte. Von ihr malte er ein wunderschönes, überaus lebendiges Porträt, das sich heute in Florenz, im Besitz des edlen Matteo Botti, befindet.[469] Dieser florentinische Kaufmann, der jedem begabten Menschen und vornehmlich den Malern ein hilfreicher Freund ist, hält es sowohl als Andenken an Raffael wie auch als wunderbares Kunstwerk so wert wie eine heilige Reliquie. [...]

Doch wir wollen zu den Kupferstichen zurückkehren. Die Gunst, die Raffael dem Baviera bewies, bewog in der Folge Marco da Ravenna und noch zahlreiche andere, sich diesem Kunstzweig zuzuwenden, sodass die ursprünglich spärliche Zahl der Kupferstiche sich so vermehrte, wie wir es heute sehen. Auch erfand Ugo da Carpi, dessen scharfer Verstand ständig neue, erstaunliche Dinge zu ersinnen trachtete, die Holzschnitte, bei denen man mithilfe von drei Stöcken außer dem Mittelton auch helle Lichter und dunkle Schatten hervorbringen und somit Zeichnungen in Helldunkel darstellen kann – eine ebenso geistreiche wie schöne Erfindung, die sich ebenfalls ungemein ausgebreitet hat.

Als Altarbild für das Olivetanerkloster S. Maria dello Spasmo zu Palermo malte Raffael einen Christus, der sein Kreuz trägt.[470] Wunderbar wusste er hier die Ruchlosigkeit der Volksmenge darzustellen, die Christus mit grausamer Wut zum Kalvarienberg treibt. Unter der Last des Kreuzes und der Qual der Todesangst zusammensinkend, wendet er sein in Schweiß und Blut gebadetes Antlitz den Marien zu, die bitterlich weinen. Neben ihnen sieht man die heilige Veronika, die, von tiefstem Mitleid bewegt, die Arme ausbreitet und dem Heiland ein Tuch reicht, während eine Schar von Kriegsleuten zu Ross und zu Fuß, die Standarten der Gerichtsbarkeit in den Händen, in mannigfaltigen, schönen Gruppierungen aus dem Tor von Jerusalem hervorquellen.

Dieses Werk lief Gefahr, zugrunde zu gehen, ehe es den Ort seiner Bestimmung erreichte. Wie man erzählt, wurde es eingeschifft, um nach Palermo gebracht zu werden, doch ein furchtbarer Sturm schleuderte die Galeasse, die es trug, gegen eine Klippe, sodass sie gänzlich zerschellte und die Menschen und Waren sämtlich untergingen, bis auf dieses eine Bild. In dem Kasten, worin es verpackt war, wurde es in den Hafen von Genua getrieben, wo man es auffischte und an Land brachte. Da man sah, dass es ein göttlich schönes Kunstwerk war, wurde es mit großer Sorgfalt verwahrt, ohne dass es den geringsten Schaden oder Makel davongetragen hatte, sodass es schien, als hätten selbst Stürme und Wogen Ehrfurcht vor seiner Vollkommenheit empfunden. Das Gerücht von diesem wunderbaren Fund verbreitete sich alsbald, und die Mönche, für die das Gemälde bestimmt war, bemühten sich, es wiederzuerlangen. Nachdem ihnen dies mithilfe des Papstes gelungen war, belohnten sie diejenigen, die es gerettet hatten, aufs Reichlichste. Aufs Neue eingeschifft, gelangte es heil und sicher nach Sizilien und wurde in Palermo aufgestellt, wo es heute größeren Ruhm genießt als der Feuer speiende Berg.

Während Raffael diese Aufträge ausführte, die ihm von bedeutenden Personen erteilt wurden und die er auch in seinem eigenen Interesse nicht ausschlagen mochte, versäumte er es dennoch nicht, die in den päpstlichen Zimmern und Sälen begonnenen Arbeiten fortzusetzen.[471] Er beschäftigte dort ständig eine ganze Anzahl Leute, die das Werk nach seinen eigenen Zeichnungen ausführten, wobei er jede Einzelheit selbst nachprüfte und nach Kräften mithalf, um diese große Verpflichtung so gut wie möglich zu erfüllen. So konnte er nach kurzer Zeit das Zimmer der Torre Borgia aufdecken, worin er jede Wand mit einem großen Gemälde geschmückt hatte.

Das eine zeigt den Brand des Borgo Vecchio zu Rom, der sich nicht löschen ließ, bis Papst Leo IV., der später heiliggesprochen wurde, auf die Loggia seines Palastes trat und durch seinen Segen dem Feuer augenblicklich Einhalt gebot. Man sieht hier alle möglichen Schrecknisse dargestellt. Auf der einen Seite kämpfen Frauen, die auf dem Kopf und in den Händen Wasserkrüge zum Löschen des Brandes heranschleppen, gegen die Macht des Sturmes an, der mit rasender Gewalt an ihren Haaren und Gewändern reißt; andere, die sich bemühen, die Flammen mit Wassergüssen zu ersticken, werden von dem aufsteigenden Qualm und Rauch dermaßen geblendet, dass sie nichts mehr zu erkennen vermögen. Auf der anderen Seite gemahnt eine Gruppe an die Errettung des Anchises durch Äneas, wie Vergil sie schildert: Ein durch Krankheit und die verzehrenden Flammen völlig erschöpfter Greis hängt kraftlos auf dem Rücken eines jungen Mannes, der alle seine Kräfte anspannt, um die Last der erschlafften Glieder zu tragen; ihnen folgt eine alte Frau, barfuß, mit ungegürtetem, offenem Gewand, wie sie soeben dem Feuer entronnen ist; voraus flieht ein nacktes Knäblein. Auf der Zinne eines eingestürzten Hauses steht eine halb nackte, ganz zerzauste Frau, die ein Wickelkind in den Armen hält, um es einem der Ihrigen zuzuwerfen, der sich unten am Weg auf den Zehenspitzen hochreckt und die Arme ausstreckt, es aufzufangen. Das Gesicht der Mutter drückt nicht nur die heftigste Sorge um die Errettung des Kindes, sondern auch die eigenen Qualen aus, da die furchtbare Glut sie bereits zu versengen beginnt; und im Antlitz des unten stehenden Mannes erkennt man neben dem Bangen um sein Söhnlein, das er aufzufangen sucht, deutlich die eigene Todesfurcht. Nicht genug zu bewundern ist aber die großartige Fantasie des Künstlers bei der Darstellung einer anderen Mutter, die, mit wirren Haaren und kaum notdürftig bekleidet, einen Teil der hastig zusammengerafften Gewänder noch in der Hand, ihre Kinder mit Schlägen und Stößen vor sich her treibt, damit sie dem drohenden Einsturz des Hauses und der Wut der Flammen entkommen. Daneben sieht man einige Frauen, die vor dem Papst auf den Knien liegen und ihn offenbar anflehen, der Feuersbrunst Einhalt zu gebieten.

Auf dem nächsten Bild ist gleichfalls ein Ereignis aus dem Leben Leos IV. dargestellt.[472] Man sieht den Hafen von Ostia durch eine türkische Armada belagert, die gekommen war, um den Papst gefangen zu nehmen, und die Seeschlacht, die ihnen durch die Christen geliefert wird. Es sind bereits zahlreiche Gefangene eingebracht, die soeben einer Barke entsteigen, wobei sie von den Soldaten mit wilden Gebärden gestoßen oder an den Bärten herausgezerrt werden. Kühn und schön anzusehen, werden sie in ihrer bunt zusammengewürfelten Seeräuberkleidung dem Heiligen Vater vorgeführt, der in der Gestalt von Papst Leo X. abgebildet ist. Er thront in vollem Ornat zwischen dem Kardinal von S. Maria in Portico, Bernardo Divizio da Bibbiena, und dem Kardinal Giulio de' Medici, der nachmals als Papst Clemens den Thron bestieg. Es ist unmöglich zu beschreiben, mit wie viel Einfallsreichtum und Überlegung der Künstler die Mienen der einzelnen Gefangenen darstellte, sodass sie auch ohne Worte Schmerz, Angst und Todesgrauen ausdrücken.

Das dritte Bild zeigt, wie der allerchristlichste König von Frankreich, Franz I., durch Papst Leo X. die heilige Weihe erhält.[473] Der Heilige Vater, der in vollem Ornat die Messe zelebriert, segnet das Öl, womit er ihn salben wird, und die königliche Krone. Außer den zahlreichen Kardinälen und Bischöfen in ihren Messgewändern porträtierte Raffael viele Gesandte und andere bekannte Personen, darunter manche in französischer Tracht, wie sie damals Mode war.

Auf dem letzten Bild ist die Krönung des genannten Königs zu sehen.[474] Auch hier sind der Papst und der König nach dem Leben dargestellt, der eine kriegerisch gewappnet, der andere im vollen Ornat. Ebenso naturgetreu abgebildet sind die Kardinäle, Bischöfe, Kämmerer, Schildknappen und übrigen Höflinge, die in ihren Prunkgewändern dem Rang nach auf ihren üblichen Plätzen sitzen, darunter der Bischof von

Troia, Giannozzo Pandolfini, ein guter Freund Raffaels, und viele andere bedeutende Persönlichkeiten seiner Zeit. Ein neben dem König kniendes Kind, das die Krone hält, ist Ippolito de' Medici, der spätere Kardinal und Vizekanzler, ein hervorragender Mann, der nicht nur die Malerei, sondern alle Künste aufs Beste förderte. Sein Andenken wird von mir heiliggehalten, denn ihm danke ich meine ersten Erfolge als Künstler, wie gering sie auch sein mögen.

Es ist nicht möglich, dieses großartige Werk Raffaels in allen Einzelheiten zu beschreiben, da wahrhaftig jeder Gegenstand in seiner Stummheit zu reden scheint. Auf den Postamenten unter den eigentlichen Bildern sind verschiedene Streiter und Erneuerer der Kirche dargestellt, dazwischen mannigfache Hermen, die das Ganze gliedern, und alles ist mit einem Höchstmaß an Geschmack und Überlegung und in so trefflich gegeneinander abgestimmten Farben ausgeführt, dass man sich wahrlich nichts Schöneres denken kann. Die Decke dieses Zimmers war vordem von Pietro Perugino ausgemalt worden, und Raffael ließ nicht zu, dass man sie zerstörte, so sehr ehrte er das Andenken seines geliebten Lehrers, der ihn die ersten Schritte auf dem Weg zu seiner jetzigen Höhe geführt hatte.

Raffaels Geist war so umfassend, dass er in ganz Italien, bis Pozzuoli hinunter, ja sogar in Griechenland Zeichner hielt und keine Mühe scheute, sich alles zu verschaffen, was der Kunst zu Nutzen gereichen konnte. In Fortsetzung seiner Arbeiten im Vatikan schmückte er einen Saal aus, worin Tabernakel mit verschiedenen Aposteln und anderen Heiligen in grüner Erde gemalt waren; dort ließ er durch seinen Schüler Giovanni da Udine, der in der Abbildung von Tieren nicht seinesgleichen hatte, alle seltsamen Bestien verewigen, die Papst Leo besaß: das Chamäleon, die Zibetkatzen, Affen, Papageien, Löwen, Elefanten und andere fremdartige Kreaturen. Außer den Grotesken und mannigfaltigen Fußböden, mit denen er den Palast schmückte, verfertigte er auch die Zeichnungen zu den päpstlichen Loggien[475] und Treppen, die von Bramante so großartig angefangen, nach seinem Tod aber unvollendet geblieben waren; nach dem neuen Entwurf von Raffael, der dazu ein Modell aus Holz gemacht hatte, wurden sie schöner und prächtiger weitergebaut als unter Bramante. Da Papst Leo mit Freigebigkeit und Prachtliebe kein Ende finden konnte, verfertigte Raffael nun auch die Zeichnungen zu den Stuckverzierungen und den Bildern, die dazwischen gemalt werden sollten, und die ganze Einteilung dazu. Zum Aufseher über die Stuckarbeiten und Ornamente machte er Giovanni da Udine, und mit den Figuren betraute er Giulio Romano, obwohl dieser wenig daran arbeitete; so malten Giovan Francesco da Bologna, Perino del Vaga, Pellegrini da Modena, Vincenzio da San Gimignano und Polidoro da Caravaggio nebst vielen anderen die Szenen, Gestalten und sonstigen Dinge, die zu diesem Werk gehörten, und Raffael ließ alles mit solcher Vollkommenheit ausführen, dass er sogar die Fliesen für den Fußboden von Luca della Robbia aus Florenz kommen ließ, sodass man, was Malerei, Stuckwerk, architektonische Einteilung und Einfallsreichtum betrifft, sicherlich kein schöneres Werk ersinnen, geschweige denn ausführen könnte. Diese Vortrefflichkeit veranlasste den Papst, Raffael zum obersten Aufseher aller Mal- und Bauarbeiten einzusetzen, die im Palast gemacht wurden.[476] Man sagt, Raffaels Gefälligkeit sei so groß gewesen, dass er zur Bequemlichkeit seiner Freunde den Maurern gestattete, die Wände nicht von unten bis oben lückenlos aufzurichten, sondern er ließ es zu, dass über den alten Zimmern einige Öffnungen und Vertiefungen blieben, um dort Fässer, irdene Gefäße und Holz unterzubringen.

Durch diese Löcher wurde aber das Fundament des Baus geschwächt, alles begann zu reißen, und man sah sich genötigt, sie nachträglich auszufüllen. Von Gian Barile[477] ließ er alle Türen und Holzverkleidungen mit den zierlichsten Schnitzereien verzieren.

Raffael verfertigte auch die Baupläne für die Vigna[478] des Papstes sowie für mehrere Häuser im Borgo, vornehmlich den schönen Palast von Giovan Battista dall'Aquila. Für den Bischof von Troia zeichnete er ebenfalls einen Palast, der in der Via S. Gallo zu Florenz erbaut wurde.[479] Für den Hauptaltar der Schwarzen Brüder von S. Sisto zu Piacenza malte er ein Bild der Madonna mit dem heiligen Sixtus und der heiligen Barbara, das als eines seiner wunderbarsten Werke gilt.[480] Auch nach Frankreich sandte er mehrere Gemälde, darunter eines für den König, worauf der heilige Michael mit dem Teufel ringt: Ein ausgeglühter vulkanischer Fels stellt den Mittelpunkt der Erde dar, aus seinen Spalten züngeln vereinzelte Feuer- und Schwefelflammen hervor. Hier sieht man Luzifer, vom Feuer versengt und verbrüht, sodass seine Haut in allen Farben spielt, voll giftgeschwellter Bosheit dem Widersacher der höllischen Macht unterliegen; im Gegensatz dazu strahlt Michael, der ihn mit der Lanze niedergestreckt hat, in seinem goldenen Harnisch himmlische Kraft und Tapferkeit aus.[481] Kurz, dieses Werk geriet so herrlich, dass Raffael dafür vom König zu Recht aufs Reichlichste belohnt wurde.

Er porträtierte Beatrice Ferrarese und andere Frauen in großer Zahl, vorzüglich aber seine Geliebte.[482] Raffael, dessen Gemüt sich leicht von der Liebe entflammen ließ, war den Frauen sehr hold und stets geneigt, ihnen zu dienen. So gab er sich beständig den Freuden der sinnlichen Liebe hin und wurde in diesem Punkt von seinen Freunden vielleicht mehr als billig unterstützt und begünstigt. Als ihn sein vertrauter Freund Agostino Chigi die Galerie seines Palastes ausmalen ließ, vermochte Raffael aus Sehnsucht nach seiner Geliebten den Sinn nicht auf die Arbeit zu richten; in seiner Verzweiflung darüber brachte es Agostino durch die Vermittlung anderer und eigenes Zureden endlich mit Mühe dahin, dass das Mädchen einwilligte, in seinem Haus zu verweilen und sich stets dort aufzuhalten, wo Raffael arbeitete, und auf diese Weise wurde das Werk schließlich vollendet. Raffael hatte alle Kartons dazu gezeichnet und malte viele Figuren mit eigener Hand in Fresko. An der Wölbung der Decke stellte er die himmlische Ratsversammlung der Götter dar; hierauf sieht man viele Gewänder und Gestalten, die der Antike nachgebildet und mit großer Anmut ausgeführt sind. Nicht minder schön ist die Hochzeit der Psyche, wobei Jupiter von seinen Dienern aufgewartet wird und die Grazien die Tafel mit Blumen bestreuen. In den Zwickeln des Gewölbes sieht man verschiedene Szenen, darunter einen Merkur mit seiner Flöte, der geradewegs vom Himmel herabzuschweben scheint, daneben einen Jupiter voll göttlicher Majestät, der den Ganymed küsst, sowie weiter unten den Wagen der Venus, umringt von Grazien, die die Psyche zum Himmel emportragen, und viele andere mythologische Szenen. In den Lünetten zwischen den einzelnen Zwickeln scheinen wunderschön verkürzte Putten in der Luft zu schweben, Attribute der einzelnen Götter in den Händen haltend: die Blitze Jupiters; Helm, Schwert und Schild des Mars; den Hammer Vulkans; Keule und Löwenfell des Herkules; den Schlangenstab Merkurs; Pans Schalmei; die ländliche Harke des Vertumnus; und alle sind von den ihrer Natur entsprechenden Tieren begleitet. Kurz, poetische Erfindung und Malerei verbinden sich hier zu einem herrlichen Ganzen. Zudem ließ er alle diese Szenen durch Giovanni da Udine mit Gewinden aus den verschiedenartigsten Blüten, Blättern und Früchten umrahmen, wie sie schöner nicht sein könnten.[483]

Raffael verfertigte den Bauplan zu den Stallungen der Chigi[484] sowie den Entwurf für die Kapelle des Agostino Chigi in der Kirche S. Maria del Popolo. Er führte die Malereien persönlich aus und sah die Errichtung eines großartigen Grabmals vor. Zu diesem Zweck ließ er von dem Florentiner Bildhauer Lorenzetto zwei Figuren herstellen, die sich noch jetzt in seinem Haus am Macello de' Corvi zu Rom befinden; denn da Raffael und bald nach ihm auch Agostino Chigi starben, wurde die ganze Arbeit dem Venezianer Sebastiano übertragen.

Raffael war zu solchem Ruhm gelangt, dass Leo X. ihn beauftragte, den großen Saal auszumalen, in dem die Siege Konstantins dargestellt sind, und er machte sich nun ans Werk.[485] Gleichzeitig kam dem Papst das Verlangen, reiche Tapeten aus Gold und feinster Florseide weben zu lassen; für diese verfertigte Raffael mit eigener Hand farbige Kartons in der Form und Größe, wie sie gewirkt werden sollten. Man schickte sie nach Flandern, und als die fertigen Gobelins in Rom eintrafen, erregten sie ob ihrer unglaublichen Vollendung die höchste Bewunderung, denn man kann kaum begreifen, wie es möglich ist, Haare und Bart durch das Ineinanderwirken von Fäden so lebenswahr darzustellen und dem Fleisch seine natürliche Zartheit zu geben. Das Ganze schien eher durch ein Wunder als durch Menschenhand entstanden, weil Lebewesen, Gebäude und Landschaften mit einer solchen Vollkommenheit ausgeführt sind, dass sie nicht wie gewebt, sondern wie mit dem Pinsel gemalt erscheinen. Diese Arbeit kostete siebzigtausend Scudi und wird noch jetzt in der päpstlichen Kapelle aufbewahrt.[486] [...]

Im Auftrag des Kardinals und Vizekanzlers Giulio de' Medici malte Raffael eine Transfiguration Christi. Dieses Bild war für Frankreich bestimmt, und da Raffael mit eigener Hand unermüdlich daran arbeitete, brachte er es zur höchsten Vollendung.[487] Man sieht darauf die Verklärung Christi auf dem Berg Tabor. Zu den Aposteln, die am Fuß des Berges warten, wird ein besessener Knabe gebracht, dem Christus den bösen Geist austreiben soll. Die Qualen, von denen der schreiende Knabe gepeinigt wird, zeigen sich nicht nur in seinen grässlich verrenkten Gliedern und verdrehten Augen, sondern auch im Pulsieren der angeschwollenen Adern und der Totenblässe der Haut. Er wird von einem alten Mann gestützt, der ihn fest umschlungen hält; seine weit aufgerissenen Augen und die gerunzelte Stirn drücken gleichzeitig Kraft und Bangen aus, während er, den Blick starr auf die Apostel geheftet, durch ihren Anblick Hoffnung und neuen Mut zu schöpfen scheint. Die Hauptfigur des Bildes ist eine Frau, die unter vielen anderen ganz vorne kniet und, das Haupt zu den Aposteln gewandt, mit ausgestrecktem Arm auf den Besessenen hindeutet, um sein Elend darzutun. Die Gestalten und Gesichter des Gemäldes zeichnen sich durch so außerordentliche Schönheit aus, dass es nach der Meinung vieler Künstler für das berühmteste unter so vielen großartigen Werken Raffaels gelten kann. Wer sehen will, wie die Göttlichkeit Christi darzustellen ist, betrachte dieses Bild. Er schwebt, verkürzt gezeichnet, in der leuchtend klaren Luft über dem Berg, zwischen Moses und Elias, die durch den von ihm ausgehenden Glanz gleichsam erst Licht und Leben empfangen. Petrus, Jakobus und Johannes haben sich vor ihm niedergeworfen und drücken ihre tiefe Erschütterung durch verschiedene schöne Gebärden aus. Der eine verbirgt das Gesicht am Boden, der andere hält die Hand vor die Augen, um durch das überirdische Leuchten, das vom Erlöser ausstrahlt, nicht geblendet zu werden. Der Heiland ist in ein schneeweißes Gewand gehüllt. Mit weit ausgebreiteten Armen und dem emporgewandten Haupt scheint er das göttliche Wesen der drei Personen zu verkörpern, die durch Raffaels hohe Kunst in ihm zu einer verschmelzen. Es ist, als hätte dieser großartige Genius alle seine Kräfte gesammelt, um die Macht und Gewalt der Kunst im Angesicht des Heilands zu offenbaren, als dem letzten und höchsten Werk, das ihm zu vollbringen oblag; denn nachdem er es vollendet hatte, konnte er keinen Pinsel mehr anrühren, weil ihn der Tod ereilte.

Da ich nun die Werke dieses hervorragenden Meisters beschrieben habe, will ich mich, ehe ich mehrere Einzelheiten aus seinem Leben und von seinem Sterben berichte, nicht der Mühe entziehen, zum Nutzen unserer Künstler einiges über seine Malweise zu sagen. Raffael hatte, wie schon erwähnt, in seiner frühesten Jugend die Manier seines Meisters Pietro Perugino nachgeahmt und sie in Zeichnung, Kolorit und Komposition um vieles verbessert. So glaubte er, etwas Rechtes zu leisten, bis er in reiferen Jahren erkannte, dass er der Wahrheit noch allzu fern wäre. Als er die Werke Leonardo da Vincis erblickte, der im Ausdruck der männlichen wie der weiblichen Gesichter und in den Bewegungen seiner Gestalten alle anderen Maler übertraf, wurde er von staunender Bewunderung hingerissen, und da ihm die Manier Leonardos besser gefiel als jede andere, die er kennengelernt hatte, begann er sie eingehend zu studieren. So löste er sich, wenn auch mit großer Mühe, allmählich von Peruginos Malweise und suchte, so gut er konnte, Leonardo nachzueifern. Doch bei allem Fleiß und bei aller Anstrengung vermochte er es in gewissen Punkten diesem Meister niemals gleichzutun; und wenn auch viele meinen, dass er ihm an Zartheit und einer gewissen natürlichen Leichtigkeit überlegen wäre, übertraf er ihn keineswegs in der ungeheueren Kraft des Konzepts und der Großartigkeit des Stils, worin fast keiner Leonardo erreichte, während Raffael ihm, vorzüglich in der Schönheit des Kolorits, immerhin viel näher kam als irgendein anderer Maler. Das größte Hindernis bedeutete für ihn eben jene Manier Peruginos, die er sich noch als halbes Kind angeeignet hatte, und dies sehr leicht, da sie minuziös und trocken war und nicht viel Zeichnung erforderte. Das war auch der Grund, warum es ihm sehr schwerfiel, die Schönheit nackter Körper und die kunstvollen

Verkürzungen nachzuahmen, die er aus dem Karton, den Michelangelo Buonarroti für den Ratssaal zu Florenz angefertigt, kennenlernte. Ein anderer, dem beim Gedanken, bis dahin seine ganze Zeit verschwendet zu haben, der Mut gesunken wäre, hätte wohl auch mit dem größten Talent niemals vollbracht, was Raffael nun vollbrachte, denn er riss sich gewaltsam von seiner alten Manier los, um die des Michelangelo anzunehmen, die in jeder Beziehung überaus schwierig war. So wurde er, der selbst ein Meister war, gleichsam wieder zum Schüler und zwang sich als schon erwachsener Mann, durch unglaublichen Fleiß in wenigen Monaten das zu erreichen, wozu man sogar im zarteren Alter, da man alles viel leichter aufnimmt, viele Jahre zu benötigen pflegt. Denn wer nicht möglichst früh beginnt, die Malweise zu erlernen, die er zu pflegen gedenkt, und so Schritt für Schritt die Schwierigkeiten überwindet, indem er durch Erfahrung das Einzelne zu erfassen und praktisch anzuwenden strebt, wird fast niemals die höchste Vollkommenheit erreichen; falls ihm dies aber dennoch gelingt, wird es ihn weit mehr Zeit und Mühe kosten.

Als Raffael sich entschloss, seine Malweise zu ändern und zu verbessern, hatte er die Bildung des nackten Körpers noch nie mit dem Fleiß des Forschers zu ergründen gesucht, sondern sie einfach nach dem Leben abgebildet, wie er es bei seinem Meister Pietro gesehen, wobei er sie mit der ihm angeborenen Anmut darzustellen wusste. Nun aber widmete er sich ernsthaft dem Studium der Anatomie und lernte den Verlauf der Muskeln an enthäuteten toten Körpern wie auch an lebendigen zu verfolgen, bei welch letzteren sie aber durch die sie verhüllende Haut nicht so gut zu erkennen sind. So wurde ihm klar, wie eigentlich die Fülle und Weichheit des Fleisches entsteht und wie man durch die Verschiebung des Blickpunkts gewisse Wendungen des Körpers schön darstellen kann; ebenso studierte er die Veränderungen der Muskulatur, die durch die Anspannung oder Erschlaffung einzelner Glieder sowie des ganzen Körpers bewirkt werden, und darüber hinaus die Zusammenhänge zwischen den einzelnen Knochen, den Sehnen und Adern, bis er in allen diesen Dingen so vortrefflich bewandert war, wie man es von einem wirklich großen Maler verlangt.

Da er jedoch erkannte, dass er auf diesem Gebiet niemals die außerordentliche Vollkommenheit Michelangelos erreichen würde, bedachte er als Mann von richtigem Urteil, dass die Malkunst nicht allein darin bestehe, nackte Gestalten darzustellen, sondern ein großes Feld umfasse, sodass man zu den hervorragenden Malern auch jene zählen könne, die die von ihnen ersonnenen Szenen und Fantasien mit Leichtigkeit und Grazie darzustellen wüssten, und dass einer, der seine Kompositionen weder durch zu viele Einzelheiten verworren gestalte, noch sie durch zu wenige dürftig erscheinen lasse, sondern sie mit schönem Maß und richtiger Erfindung harmonisch zu ordnen verstünde, gleichfalls ein tüchtiger und bewundernswerter Künstler genannt werden dürfe. Dazu gehörte auch noch, wie Raffael sehr richtig meinte, dass man die Bilder durch mannigfaltige und ungewöhnliche Ansichten von Gebäuden und Landschaften sowie durch schöne Trachten und Drapierungen bereichere, dass man die Gestalten bald im Dunkel verschwimmen, bald ans Licht hervortreten lasse, dass man den Köpfen der Frauen und Kinder, der Jungen wie der Alten, Schönheit und, je nach den Erfordernissen, Kraft und Beweglichkeit verleihe. Er wusste auch, wie wichtig es sei, bei Schlachtszenen die Feurigkeit der Rosse und die Kühnheit der Krieger kenntlich zu machen, und dass man imstande sein müsse, alle Arten von Tieren darzustellen und insbesondere die

Menschen so naturgetreu abzubilden, dass sie wie wirklich erscheinen und, sofern es sich um Porträts handle, sogleich zu erkennen wären. Dazu kämen noch zahllose Einzelheiten wie etwa schön fallende Gewänder, Fußbekleidungen, Sturmhauben, Panzer, der Kopfputz der Frauen, Haartrachten und Bärte, Vasen, Bäume, Grotten und Felsen, Feuersbrünste, trübe oder helle Luft, Wolken, Regen und Blitze, Mondschein und Sonnenlicht und viele andere Dinge, die zur richtigen Ausschmückung eines Bildes gehören. Indem er dies alles überlegte, kam Raffael zum Beschluss, da er es Michelangelo doch nicht in dem gleichtun könne, wonach er zuerst gestrebt, wolle er ihn wenigstens in anderen Dingen zu erreichen und sogar zu übertreffen suchen. Und so wollte er nicht länger seine Zeit damit verlieren, ihn vergeblich nachzuahmen, sondern bestrebte sich vielmehr, auf den Gebieten, die hier aufgezählt wurden, die höchste Vortrefflichkeit zu erlangen.

Hätten viele andere Künstler unserer Zeit, die sich einzig dem Studium von Michelangelos Werken widmeten, ohne dass sie ihn jedoch zu erreichen vermochten, ebenso vernünftig gedacht, hätten sie nicht so viele Anstrengungen nutzlos verschwendet, um sich doch nur eine harte, mühsame Manier ohne Schönheit, ohne richtiges Kolorit und ohne reizvolle Einfälle anzueignen, anstatt nach einer allgemeineren Ausbildung zu streben und sich in anderer Weise hervorzutun, so wäre dies für sie selber wie auch für die übrige Welt von größerem Nutzen gewesen.

Raffael hatte diesen Beschluss gefasst; und da er fand, dass Fra Bartolomeo von S. Marco sich einer guten Malweise befleißige, die sich auf richtige Zeichnung und ein schönes Kolorit gründete, wenn er auch zuweilen gar zu dunkle Schatten anwendete, um den Gegenständen ein plastisches Aussehen zu verleihen, nahm er von ihm, was nach seinem Sinn und Bedürfnis war, nämlich ein in Zeichnung und Farbgebung gleichsam mittleres Verfahren; indem er sich außerdem noch die hervorragendsten Vorzüge anderer großer Maler zu eigen machte, verschmolz er das alles zu einer für ihn allein typischen Methode, die von allen Künstlern immer aufs Höchste geschätzt werden wird. Ihre größte Vollkommenheit erreicht sie in den Sibyllen und Propheten, die er in der S. Maria della Pace darstellte, wobei es diesem Werk sehr zugute kam, dass er die Arbeiten Michelangelos in der päpstlichen Kapelle hatte sehen können.

Wäre Raffael bei dieser seiner Manier geblieben und hätte er nicht doch noch nach anderem, Größerem getrachtet, um zu beweisen, dass er nackte Körper ebenso gut zu malen verstünde wie Michelangelo, dann hätte er nicht den schon erworbenen hohen Ruhm zum Teil wieder eingebüßt; denn die nackten Gestalten beim Brand des Borgo Nuovo, die er im Zimmer der Torre Borgia darstellte, sind zwar gut, doch nicht in allen Teilen vollkommen. Auch jene, die er an der Decke des Palazzo Chigi in Trastevere malte, können nicht völlig befriedigen, da ihnen die Grazie und Zartheit mangelt, die Raffael sonst eigentümlich ist, was indessen zum größten Teil daran liegen mag, dass die Bilder aufgrund seiner Zeichnungen von anderen Künstlern ausgeführt wurden. Raffael besaß Einsicht genug, diesen Irrtum zu erkennen; daher wollte er die Verklärung Christi in S. Pietro in Montorio ganz allein, ohne jede Hilfe malen und vollenden, und tatsächlich besitzt dieses Werk alles, was von einem guten Bild verlangt wird. Hätte er dazu nicht, beinahe aus Eigensinn, Lampenruß verwendet, wie ihn die Drucker gebrauchen, der mit der Zeit stark nachdunkelt und die Farben, denen er beigemischt ist, zerstört, so wäre dieses Bild meiner Meinung nach heute noch so frisch wie am ersten Tag, während es jetzt ziemlich stark verfärbt ist.

Ich wollte diese Betrachtungen hier an den Schluss von Raffaels Lebensbeschreibung stellen, um zu zeigen, wie viel Mühe, Anstrengung und Fleiß dieser ruhmwürdige Künstler stets aufgewendet hat, und vor allem wollte ich dies zum Nutzen der Maler tun, damit sie sich vor den Gefahren hüten, denen Raffael durch seine eigene Klugheit und Tüchtigkeit zu entgehen wusste. Ich möchte noch hinzufügen, dass jeder sich frohen Herzens damit begnügen sollte, die Dinge zu vollbringen, zu denen ihn seine natürliche Begabung befähigt, anstatt sich aus eitlem Wetteifer an dem zu versuchen, was ihm von der Natur versagt ist, damit er nicht vergeblich und oft noch zu seinem Schaden und seiner Beschämung Zeit und Mühe vergeude. Wo es genügt, gute Arbeit zu leisten, soll man nicht trachten, durch Überspannung der eigenen Kräfte jene zu überflügeln, die dank einem angeborenen Talent und der besonderen Gnade des Himmels in der Kunst Wunder vollbringen. Denn wer zu einer Sache nicht befähigt ist, wird, so sehr er sich auch anstrengen mag, doch niemals dahin gelangen, wohin den anderen seine glückliche Natur gleichsam von selbst trägt. Ein Beispiel dafür liefert uns unter den älteren Malern Paolo Uccello, der sich gewaltsam dagegen stemmte, das zu machen, was ihn vorwärtsgebracht hätte, und der darum immer rückwärtsging; das Gleiche sehen wir in unseren Tagen an Jacopo da Pontormo und manchen anderen. Vielleicht kommt das daher, dass der Himmel seine Gaben so verteilt, dass jeder mit dem zufrieden sein möge, was ihm zugefallen ist.

Doch nachdem wir unter Umständen schon allzu lange über so allgemeine Fragen der Kunst geredet haben, wollen wir nun zu Raffael zurückkehren. Er war eng befreundet mit Bernardo Divizio, dem Kardinal von Bibbiena[488], und dieser wünschte ihn seit Jahren zu verheiraten und ließ ihm damit keine Ruhe. Raffael hatte sich dem Willen des Kardinals nicht ausdrücklich widersetzt, sondern die Sache hinauszuziehen gewusst, indem er erklärte, er wolle noch drei oder vier Jahre damit warten. Als diese Zeit um war, erinnerte ihn der Kardinal unerwartet an sein Versprechen, und da Raffael sich dem Freund verpflichtet fühlte und seinem Wort nicht untreu werden wollte, sah er sich gleichsam gezwungen, seine Hand der Nichte des Kardinals zuzusagen. Doch weil er dies als überaus lästige Fessel empfand, zog er die Sache immer weiter hin und ließ Monat um Monat verstreichen, ohne dass die Trauung vollzogen wurde. Auch tat er dies nicht ohne einen anerkennenswerten Grund: Denn da er dem Papst jetzt so viele Jahre gedient hatte und dieser ihm verschuldet war, hatte man ihm zu verstehen gegeben, sobald er den großen Saal vollendet hätte, würde der Heilige Vater ihm zum Lohn seiner Mühen und hervorragenden Fähigkeiten einen Kardinalshut verleihen; er hätte schon beschlossen, eine Menge neue Kardinäle zu ernennen, darunter manche von weit geringerem Verdienst als Raffael.

Dieser ging unterdessen seinen heimlichen Liebschaften nach und überließ sich diesen Freuden ohne jedes Maß. So geschah es, dass er eines Tages die Grenzen allzu sehr überschritt und mit einem heftigen Fieber nach Hause kam. Die Ärzte glaubten, er hätte sich erkältet, und da er die Ursache seiner Erkrankung unverständlicherweise nicht eingestand, ließen sie ihn zur Ader. Dadurch wurde er noch mehr geschwächt, während er doch der Stärkung bedurft hätte. Da er spürte, dass seine Kräfte ihn verließen, machte er sein Testament. Als guter Christ schickte er zunächst seine Geliebte aus dem Haus und hinterließ ihr so viel, dass sie ehrbar davon leben konnte. Zu seinen Erben ernannte er seine Schüler: Giulio Romano, den er stets sehr geliebt hatte, und den Florentiner Giovan Francesco, genannt Fattore, außerdem einen Priester aus Urbino, der sein Verwandter war. Er ordnete an, dass aus seinen Mitteln in S. Maria Rotonda ein antikes Tabernakel mit neuen Steinen bekleidet und davor ein Altar mit einer marmornen Madonnenstatue errichtet werden sollte, denn diesen Ort hatte er sich zur letzten Ruhestätte erwählt. Alles, was er sonst besaß, sollte Giulio Romano und Giovan Francesco zufallen, und zum Testamentsvollstrecker ernannte er Baldassare da Pescia, der damals der Vorsteher der päpstlichen Kanzlei war. Nachdem er noch seine Sünden gebeichtet und bereut hatte, beendete er sein Leben am gleichen Tag, an dem er geboren war, nämlich am Karfreitag, im Alter von siebenunddreißig Jahren.[489] Wie sein Genie die Erde um vieles schöner gemacht hat, darf man wohl auch glauben, dass seine Seele dem Himmel zur Zierde gereicht.

Man bahrte ihn in dem Saal auf, worin er zuletzt gearbeitet, zu seinen Häupten das Gemälde mit der Verklärung Christi, das er für den Kardinal de' Medici vollendet hatte. Der Gegensatz zwischen dem lebensvollen Bild und dem toten Leib erfüllte jeden, der es sah, mit bitterem Schmerz. Der Verlust Raffaels veranlasste den Kardinal, das Gemälde auf dem Hauptaltar von S. Pietro in Montorio aufzustellen, und es wurde wegen seiner vollendeten Schönheit überaus wertgehalten. Seinem Körper ließ man das ehrenvolle Begräbnis angedeihen, das sein edler Geist verdiente, denn es gab keinen einzigen Künstler in Rom, der ihn nicht schmerzlich beweinte und in Verein mit den anderen zu Grabe geleitete. Auch der ganze päpstliche Hof trauerte; erstens, weil er das Amt eines Kämmerers bekleidet hatte, und zweitens, weil er dem Papst so lieb gewesen war, dass dieser bei seinem Tod bittere Tränen vergoss. O glücklicher, begnadeter Geist, jeder spricht von dir, feiert dein Wirken und bewundert jedes Blatt, das du hinterlassen hast! Wohl konnte beim Tod dieses edlen Künstlers auch die Malerei sterben, denn als er die Augen schloss, blieb sie fast blind zurück.

Uns Hinterbliebenen aber obliegt es, die gute, ja vollkommene Malweise, die er uns zum Vorbild zurückgelassen, weiterzupflegen, sein Gedächtnis liebevoll im Herzen zu bewahren, wie es unsere Dankbarkeit und seine Verdienste fordern, und in ehrenden Worten seiner zu gedenken. Denn er war es, der die Erfindung, die Farbgebung und die Kunst der Ausführung zu einem so vollkommenen Ganzen vereinte, wie man es sich kaum erhoffen durfte, und kein Genie erachte es für möglich, ihn jemals zu übertreffen. Außer der Förderung, die die Kunst ihm als ihrem größten Freund verdankt, lehrte er uns auch sein ganzes Leben lang unermüdlich, wie man mit den Großen der Welt, den Leuten mittleren Standes und den ganz Geringen auf die rechte Art umzugehen hat. Unter allen seinen herrlichen Gaben scheint mir aber eine so besonders wunderbar, dass ich nicht genug darüber staunen kann: dass ihm nämlich der Himmel die Macht verlieh, das zuwege zu bringen, was recht eigentlich der Natur der Künstler widerspricht, sodass alle Maler, und nicht nur die geringen, sondern auch jene, die sich für recht groß hielten (und deren bringt die Kunst unzählige hervor), unter der Führung Raffaels in der größten Eintracht arbeiteten, als ob seine bloße Anwesenheit die Kraft hätte, jede üble Laune zu verscheuchen und jeden niedrigen Gedanken aus ihrem Gemüt zu verbannen. Zu keiner anderen Zeit hat es eine solche Einigkeit gegeben. Und das kam daher, dass sich alle durch seine Höflichkeit, sein großes Können, vor allem aber durch die Macht seines schönen Gemüts bezwungen fühlten, das so liebreich und erbarmungsvoll war, dass sogar die Tiere ihn nicht minder zu ehren schienen als die Menschen.

Man sagt, wenn irgendein Maler, den er kannte oder auch nicht kannte, eine Zeichnung von ihm begehrte, hätte er seine Arbeit liegen lassen, um jenem zu Hilfe zu kommen. Er beschäftigte stets eine Menge anderer Künstler, war ihnen behilflich und unterwies sie so liebevoll, als wären sie nicht seine Schüler, sondern seine eigenen Kinder. So verließ er auch niemals sein Haus, um zu Hof zu gehen, ohne dass ihn wohl fünfzig wohlbekannte, vortreffliche Maler umringten, um ihn durch ihre Begleitung zu ehren.

Er lebte wie ein Fürst, nicht wie ein Maler. Ja, damals durftest du dich glücklich preisen, du holde Kunst der Malerei, da einer deiner Meister dich durch sein Können und seine edlen Sitten in den Himmel erhob. Gesegnet konntest du dich nennen, da deine Jünger am Vorbild eines solchen Mannes lernten, wie es sich zu leben geziemt und dass es darauf ankommt, Kunst und Tugend zu vereinen. In Raffael verbunden, bezwangen diese beiden den Ehrgeiz Julius' II. und die Großartigkeit Leos X., denn beide Fürsten, die mit der höchsten Würde bekleidet waren, erwählten ihn zu ihrem vertrauten Freund und erwiesen sich ihm gegenüber gnädig und freigebig, sodass er durch die Gunst und die Mittel, die sie ihm gewährten, imstande war, sich selber und der Kunst Ehre zu machen. Gesegnet kann man auch jeden nennen, der ihm dienen und unter ihm arbeiten durfte, denn alle, die ihm nachstrebten, erreichten ein ehrenvolles Ziel. Wer sich in der Kunst nach ihm bildet, wird von der Welt geehrt, und wer ihm an edlen Sitten zu gleichen sucht, wird im Himmel belohnt werden. […]

Andrea del Sarto

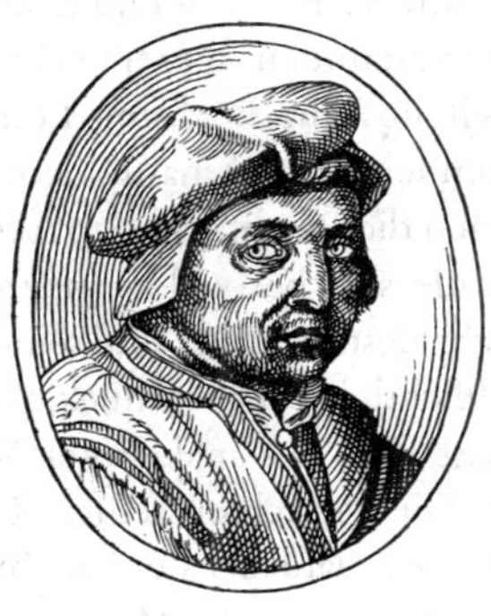

So sind wir denn nach den Lebensbeschreibungen so vieler ausgezeichneter Künstler, von denen sich die einen durch die Behandlung der Farben, die anderen durch vorbildliche Zeichnung oder besondere Erfindungsgabe hervortaten, bei dem bewundernswerten Andrea del Sarto angelangt, an welchem Natur und Kunst offenbarten, was ein Maler zu leisten vermag, wenn sich Zeichnung, Kolorit und Erfindung zu einem Ganzen vereinen. Wäre Andreas Geist nur kühner und feuriger gewesen, so hätte er bei seinem gewaltigen Talent und Können wohl jeden anderen überragt. Doch infolge einer gewissen Schüchternheit und eines allzu zaghaften, schlichten Gemüts vermochte er seinen Werken nicht jene hinreißende Glut und Kraft zu verleihen, die ihn zusammen mit seinen anderen Vorzügen zweifellos zur höchsten künstlerischen Vollkommenheit geführt hätte, denn man vermisst in ihnen die Pracht, die Großartigkeit und Üppigkeit, die sich bei vielen anderen Malern finden. Nichtsdestoweniger sind seine Gestalten bei aller Schlichtheit und Schmucklosigkeit richtig aufgefasst und mit makelloser Vollendung dargestellt. Die Gesichter seiner Kinder und Frauen sind von natürlichstem Liebreiz, diejenigen der jungen und alten Männer von bedeutender Kraft und Lebendigkeit, die Gewänder wunderbar schön und die nackten Gestalten mit großem Verständnis ausgeführt; und wenn auch die Zeichnung seiner Bilder einfach ist, verlieh er ihnen durch sein Kolorit doch wahrhaft göttliche Schönheit.

Andrea wurde im Jahre 1478 zu Florenz als Sohn eines Schneiders geboren, weshalb ihn jedermann Andrea del Sarto nannte.[490] Mit sieben Jahren nahm man ihn aus der Schreib- und Leseschule, um ihn zu einem Goldschmied in die Lehre zu geben, wo er sich, seiner natürlichen Neigung folgend, viel lieber im Zeichnen übte, als die Werkzeuge zur Bearbeitung von Gold und Silber zu handhaben. Gian Barile[491], ein florentinischer Maler von niedriger Herkunft und grober Art, der sah, wie gut der Knabe zeichnete, veranlasste ihn, die Goldschmiedekunst aufzugeben, und führte ihn in die Kunst der Malerei ein, worin Andrea sich mit großer Freude zu üben anfing, sodass man bald erkannte, er sei für diesen Beruf geboren. Schon nach kurzer Zeit begann er Bilder in Farben auszuführen, über die Barile und die anderen Künstler der Stadt nicht genug staunen konnten. In drei Jahren unermüdlicher Arbeit erwarb er sich so große Erfahrung, dass Barile meinte, falls der Knabe die Kunst weiterhin mit solchem Eifer betreibe, sei ihm einzigartiger Erfolg gewiss. Er besprach sich mit Piero di Cosimo[492], der damals als einer der besten Maler von Florenz galt, und gab Andrea zu ihm in die Lehre. Dieser ließ in seiner Lernbegierde nicht nach, zu arbeiten und zu studieren, und die Natur, die ihn zum Maler bestimmt hatte, wirkte so mächtig in ihm, dass er die Farben bald mit einer Meisterschaft handhabte, als täte er seit fünfzig Jahren nichts anderes. Darum gewann ihn Piero besonders lieb und hörte mit innigem Vergnügen, dass Andrea jeden freien Augenblick und vornehmlich die Feiertage im Saal des Papstes[493] verbrächte, wo sich die berühmten Kartons von Michelangelo und Leonardo da Vinci befanden; dort übte er sich gemeinsam mit anderen jungen Leuten im Zeichnen und übertraf trotz seiner Jugend alle anderen einheimischen und fremden Künstler, die sich dort regelmäßig zusammenfanden.

Unter allen diesen fühlte sich Andrea besonders vom Wesen und den Reden des Malers Franciabigio[494] angezogen, und die Sympathie war gegenseitig. Sie wurden gute Freunde, und Andrea gestand dem Francia, er könne die Wunderlichkeiten Pieros, der bereits alt war, nicht länger ertragen und wolle sich deshalb eine eigene Wohnung nehmen. Auch Francia sah sich zu diesem Schritt gezwungen, weil sein Lehrer, Mariotto Albertinelli, die Malkunst aufgegeben hatte, und er erklärte seinem Kameraden Andrea, da er ebenfalls ein Zimmer brauchte, wäre es wohl für alle Teile am besten, wenn sie sich zusammentäten. So mieteten sie einen Raum an der Piazza del Grano[495] und führten viele Arbeiten gemeinsam aus, darunter die Vorhänge für den Hauptaltar der Serviten. Diese Arbeit erhielten sie durch Vermittlung eines Sakristans, der ein naher Verwandter des Francia war; sie malten auf den Vorhang gegen den Chor zu eine Verkündigung und auf den anderen eine Kreuzabnahme, ähnlich dem dort befindlichen Gemälde von Filippo und Pietro Perugino.[496]

Damals pflegten sich die Mitglieder der Bruderschaft *«dello Scalzo»* in einem Haus zu versammeln, das am Ende der Via Larga, oberhalb des Palastes des erlauchten Ottaviano de' Medici, gegenüber dem Garten von S. Marco lag und nach Johannes dem Täufer benannt war; es war kurz vorher von mehreren florentinischen Künstlern gemeinsam erbaut worden und unter anderem mit einem rings um den Hof laufenden, nicht sehr hohen Säulengang ausgestattet. Da einige von ihnen erkannten, dass Andrea ein ausgezeichneter Maler zu werden versprach, und sie mehr Unternehmungsgeist als Geld besaßen, beschlossen sie, er solle diesen Gang mit zwölf Bildern aus dem Leben des Täufers, mit Fresken in Erdfarbe, ausschmücken.[497] Er machte sich alsbald an die Arbeit und malte zunächst die Taufe Christi; er führte das Bild so sorgfältig und trefflich aus, dass es ihm große Ehre und einen guten Namen sowie viele Bestellungen eintrug, da man sicher meinte, er würde das ehrenvolle Ziel erreichen, das seine glänzenden Anfänge versprachen.

Zu seinen Arbeiten aus dieser frühesten Periode gehört ein Gemälde, das sich heute im Haus von Filippo Spini befindet und als Andenken eines so großen Meisters in Ehren gehalten wird. Bald darauf beauftragten ihn die Einsiedlermönche vom Orden des heiligen Augustinus, für ihre Kirche S. Gallo vor dem gleichnamigen Tor ein Altarbild zu malen, mit Christus als Gärtner, wie er Maria Magdalena erscheint.[498] Dieses Werk zeichnet sich durch schöne Farben sowie zarten Schmelz aus und ist so gut ausgeführt, dass Andrea noch zwei weitere Gemälde für die Kirche fertigen musste. Alle drei Bilder sind jetzt in der Kirche S. Jacopo tra' Fossi.

Nach Vollendung dieser Arbeiten verließen Andrea und Francia ihre Wohnung an der Piazza del Grano und bezogen eine andere in der Nähe des Klosters der Nunziata. So kam es, dass Andrea sich mit Jacopo Sansovino anfreundete, der damals noch sehr jung war und bei Andrea Contucci die Bildhauerkunst erlernte.[499] Die beiden Jünglinge waren Tag und Nacht zusammen und unterhielten sich ständig über die mannigfaltigen Schwierigkeiten ihrer Kunst; so ist es nicht verwunderlich, dass sie treffliche Meister wurden.

In dem schon genannten Kloster der Serviten wirkte damals ein Ordensbruder namens Fra Mariano dal Canto alla Macine als Sakristan und Kerzenverwalter. Da nun dieser den Andrea allseits als einen Jüngling rühmen hörte, der in der Kunst Wunderbares vollbringen würde, meinte er, dies sei eine Gelegenheit, sich ohne große Kosten einen lange gehegten Wunsch zu erfüllen. Indem er also Andrea, der ein guter, sehr weichherziger Mensch war, bei der Ehre packte, begann er ihm unter dem Anschein der Mildtätigkeit einzureden, er wolle ihm zu einer Arbeit verhelfen, die ihm Vorteil und Ruhm einbringen und seinen Namen so bekannt machen würde, dass es ihm nie mehr an etwas fehlen werde. Viele Jahre früher hatte nämlich Alesso Baldovinetti[500] im vorderen Kreuzgang des Klosters, auf der der Nunziata gegenüberliegenden Wand, eine Geburt Christi gemalt, während andererseits Cosimo Rosselli[501] in dem gleichen Kreuzgang begonnen hatte, das Leben des heiligen Philipp, des Begründers des Servitenordens, darzustellen. Über dem ersten Bild jedoch, auf dem der Heilige die Mönchskutte anzieht, war Cosimo vom Tod überrascht worden, und der Sakristan, der das Werk gern vollendet gesehen hätte, gedachte nun, Andrea und Francia, die aus

Freunden Nebenbuhler geworden waren, gegeneinander auszuspielen, damit jeder sein Teil dazu beitrage; auf diese Weise wäre er nicht nur vorzüglich bedient worden, da jeder der beiden wetteifernden Künstler sein Bestes zu leisten suchte, sondern es würde ihn auch wenig kosten. So wollte er Andrea zu dieser Arbeit beschwatzen, indem er ihm darlegte, da es sich um einen öffentlichen, viel besuchten Platz handle, würde er durch ein solches Werk bei Fremden wie bei Florentinern gleichermaßen berühmt werden; er dürfe deshalb an keinen bestimmten Lohn denken, sondern müsse sich viel eher glücklich schätzen, einen solchen Auftrag zu erhalten; falls er ihn jedoch nicht übernehmen wolle, so hätte Francia sich, um seinen Namen bekannt zu machen, aus freien Stücken dazu erboten und den Preis völlig dem guten Willen des Sakristans überlassen.

Das waren große Verlockungen, um Andrea zur Übernahme eines Auftrags zu bewegen, zu dem er im Grunde sehr wenig Lust hatte; doch die letzte Bemerkung hinsichtlich des Francia gab tatsächlich den Ausschlag, und er verpflichtete sich schriftlich, das ganze Werk auszuführen, damit kein anderer hinzugezogen würde. Nachdem der Mönch ihn auf diese Weise eingefangen und ihm etwas Geld gegeben hatte, verlangte er, dass er zunächst mit der Lebensgeschichte des heiligen Philipp fortfahre, doch könne er ihm für jedes Bild nicht mehr als zehn Dukaten zusagen, da er selbst diese aus seiner eigenen Tasche zahle und überhaupt das Ganze mehr zum Vorteil des Andrea als zum Nutzen des Klosters unternehme.

Andrea widmete sich der Arbeit mit großem Eifer wie jemand, der mehr an die Ehre als an den Gewinn denkt, und vollendete in ziemlich kurzer Zeit die ersten drei Bilder.[502] Auf dem ersten bekleidet der Heilige, bereits im Mönchsgewand, die Nackten. Auf dem zweiten sieht man, wie einige ruchlose Spieler, die der frommen Ermahnungen Philipps spotteten und Gott lästerten, furchtbar bestraft werden; ein Blitz ist aus heiterem Himmel niedergefahren und hat den Baum getroffen, in dessen Schatten sie lagerten. Zwei liegen erschlagen, die anderen werfen sich, von Entsetzen betäubt, zu Boden und verbergen das Haupt in den Händen oder wenden sich schreiend zur Flucht. Besonders lebendig und natürlich ist eine Frau dargestellt, die vor Angst außer sich gerät und in panischem Schrecken davonläuft. Ein Pferd reißt sich gewaltsam los und zeigt durch wildes Aufbäumen seine maßlose Erschrockenheit. Kurz, man sieht, dass Andrea mit großem Bedacht auf die mannigfaltigsten Dinge achtete, wie es für einen tüchtigen Maler notwendig ist. Im dritten Bild treibt der heilige Philipp einer Besessenen den bösen Geist aus, und man erblickt darauf alles, was man sich bei einer solchen Handlung vorstellen kann.

Dieses Werk trug Andrea viel Lob ein, und dadurch angefeuert, malte er in dem gleichen Kreuzgang zwei weitere Bilder. Auf dem einen umstehen die Ordensbrüder weinend die Leiche des heiligen Philipp, und ein totes Kind wird durch die Berührung seiner Bahre wieder zum Leben erweckt, was sehr sinnreich und naturgetreu gezeigt ist. Im letzten Bild auf dieser Seite des Kreuzgangs stellte Andrea dar, wie die Mönche Kleidungsstücke des Heiligen einigen kranken Kindern aufs Haupt legen, um sie wieder gesund zu machen, unter ihnen, tief zur Erde gebeugt, den Bildhauer Andrea della Robbia in einem alten roten Gewand, mit einem Stab in der Hand. Desgleichen bildete er hier dessen Sohn Luca ab sowie, in dem bereits genannten Bild vom Tod Philipps, della Robbias zweiten Sohn Girolamo, der seinem Vater besonders lieb war und erst kürzlich in Frankreich verstorben ist. Hiermit war die eine Seite des Kreuzgangs beendet, und Andrea, der unterdessen den Preis zu gering und die Ehre zu hoch angeschlagen fand, erklärte, er würde die Arbeit nicht weiterführen, so sehr der Mönch sich auch über diese Wortbrüchigkeit beklagte. Er wollte Andrea seiner Verpflichtung nicht entbinden, bis sie sich schließlich dahin einigten, dass Andrea versprach, gelegentlich zwei weitere Bilder nach seinem eigenen Gefallen zu malen, wogegen der Mönch sich bequemte, einen etwas höheren Lohn zu zahlen.

Andrea war durch diese Arbeiten tatsächlich so bekannt geworden, dass er viele bedeutende Aufträge erhielt. Unter anderem beauftragte ihn der General der Mönche von Vallombrosa, im Refektorium des Klosters S. Salvi vor der Porta alia Croce ein Deckengewölbe auszuschmücken und an einer Wand das Abendmahl zu malen.[503] In den vier Bogen des Gewölbes stellte Andrea vier Heilige dar: Benedikt, S. Giovan Gualberto, den Bischof S. Salvi und den Kardinal S. Bernardo degli Uberti aus Florenz, der ein Ordensbruder der Serviten gewesen war. In die Mitte kam ein Rundbild mit drei Gesichtern, die zusammen eines bilden und die Heilige Dreifaltigkeit darstellen. Mit diesen Fresken erntete Andrea den Ruhm, den er verdiente. Ferner malte er für Baccio d'Agnolo im Winkel von Or San Michele, gegen den Neuen Markt zu, eine Verkündigung in kleinem Format, die noch heute dort zu sehen ist, aber nicht besonders gerühmt wurde. Das kam wohl daher, dass Andrea, der umso besser zu malen pflegte, je weniger er sich anstrengte, sich gerade bei diesem Werk Zwang auferlegte, da er es mit besonderer Sorgfalt zu vollenden gedachte. [...]

Unterdessen hatte der rührige Sakristan des Servitenklosters Franciabigio beauftragt, ein Bild im oben genannten Kreuzgang zu malen. Doch dieser hatte noch nicht das Gerüst errichtet, als Andrea, aus Angst, Francia könne sich in der Behandlung der Freskofarben als der Tüchtigere und Gewandtere erweisen, gleichsam im Wettlauf mit ihm die Kartons zu den zwei versprochenen Bildern zu zeichnen begann, die er im Winkel zwischen der Seitentür von S. Bastiano und dem Türchen, das vom Hof nach der Nunziata führt, auszuführen gedachte. Und als die Kartons vollendet waren, machte er sich sogleich an die Freskomalerei und stellte im ersten Bild eine Geburt Mariä dar[504], eine äußerst wohlausgewogene Komposition, bei der besonders die harmonische, sehr natürlich wirkende Verteilung der Gestalten in einem geräumigen

Zimmer zu rühmen ist. Einige Frauen, die als Freundinnen und Verwandte zu Besuch gekommen sind, umgeben, in Gewänder der damaligen Zeit gekleidet, das Bett der Wöchnerin, während andere von niedrigerem Stand in der Nähe des Feuers das neugeborene Kindlein waschen, die Windeln falten und ähnliche Dienste verrichten. Besonders lebendig gezeichnet ist ein Kind, das sich am Feuer wärmt, sowie ein auf einem Lager ruhender Greis. Ebenso natürlich und ungezwungen in ihren Bewegungen erscheinen einige Frauen, die der im Bett liegenden Wöchnerin zu essen bringen, sowie einige in der Luft schwebende Putten, die Blumen streuen. Der Ausdruck der Gesichter, die Gewänder und alle anderen Einzelheiten sind mit großer Überlegung ausgeführt und in so schönen, zarten Farben gemalt, dass man sie für wirklich halten möchte.

Das zweite Bild zeigt die Heiligen Drei Könige, die dem Stern folgen, um das Christuskind anzubeten. Sie sind bereits von ihren Pferden abgestiegen, als wären sie ihrem Ziel ganz nahe, und in der Tat sind sie von der Geburt Christi, die Alesso Baldovinetti im nächsten Feld dargestellt hatte, nur durch die Breite von zwei Türen getrennt. Den Königen folgt ihr Hofstaat mit Ross und Wagen, von vielen Menschen begleitet; darunter sind in einer Ecke drei Männer in florentinischer Tracht, die Andrea nach dem Leben darstellte: Jacopo Sansovino, der dem Beschauer des Bildes gerade ins Gesicht blickt, daneben, an ihn gelehnt und mit einem kunstvoll verkürzten Arm nach vorne weisend, Andrea, der Schöpfer des Werks, und schließlich im Profil der Musiker Aiolle.[505] Außerdem sieht man einige Kinder, die auf die Mauern klettern, um das glanzvolle Gepränge und die fremdartigen Bestien, die die Könige mit sich führen, zu bestaunen. Das ganze Bild ist dem ersten an Schönheit durchaus ebenbürtig, besser gesagt, beide sind so vortrefflich, dass Andrea im einen wie im anderen nicht nur Francia, der das seine ebenfalls vollendete, sondern auch sich selber übertraf.

Zur gleichen Zeit malte Andrea ein viel bewundertes Altarbild für die Abtei von S. Godenzo[506] sowie eine Verkündigung Mariä für die Mönche von S. Gallo.[507] Dieses letztere Gemälde zeichnet sich durch ein reizendes, sehr harmonisches Kolorit aus; besonders die Engel im Gefolge Gabriels sind von großer Zartheit, mit schönen, vollkommen ausgeführten Gesichtszügen. Die Staffel unter dem Bild stammt von Jacopo da Pontormo, der damals Andreas Schüler war; er legte damit schon in jungen Jahren einen Beweis der großen Gewandtheit ab, mit der er später seine schönen Werke in Florenz ausführte. [...]

Hierauf fertigte Andrea im Auftrag des Zanobi Girolamo ein Bild mit nicht sehr großen Figuren, das ein Ereignis aus dem Leben Josephs, des Sohnes Jakobs, darstellt und für sehr schön galt. Bald hernach malte er für die Bruderschaft S. Maria della Neve hinter dem Nonnenkloster von S. Ambrogio ein kleines Bild mit drei Figuren: die Madonna, Johannes den Täufer und den heiligen Ambrosius; es wurde später auf dem Altar jener Bruderschaft aufgestellt. Um diese Zeit wurde Andrea auch mit Giovanni Gaddi, dem nachmaligen Kammerklerikus, bekannt, der ein großer Verehrer der Kunst war und Jacopo Sansovino ständig Aufträge erteilte; da ihm Andreas Manier ganz besonders gefiel, ließ er von ihm ein Madonnenbild malen. Es gelang vortrefflich, ja es galt als das beste, das der Künstler bisher geschaffen hatte, da er es mit verschiedenen sinnreichen Ornamenten umgab. Für den Kaufmann Giovanni di Paolo malte er ferner eine wahrhaft schöne Madonna, die jedermann lobte, und für Andrea Santini ein Bild der Madonna mit Christus und den Heiligen Johannes und Joseph, ein mit großem Fleiß ausgeführtes Werk, das stets als vorzüglich gepriesen wurde.

Durch alle diese Arbeiten erlangte Andrea in seiner Vaterstadt einen so großen Namen, dass er unter den jungen und alten Meistern, die damals mit Pinsel und Farbe umgingen, als einer der Besten galt. So wurde er nicht nur allgemein geehrt, sondern vermochte, so bescheidenes Entgelt er auch für seine Werke forderte, dennoch die Seinigen zu unterstützen und den Sorgen und Unannehmlichkeiten zu entgehen, die die Armut mit sich bringt. Da er sich aber in eine junge Frau verliebte und sie, die bald darauf Witwe wurde, zur Gattin nahm[508], halste er sich für den Rest seines Lebens weit mehr Mühen und Plagen auf, als er bisher gekannt hatte; denn außer den üblichen Sorgen und Lasten, die die meisten derartigen Verbindungen mit sich zu bringen pflegen, lud er sich noch eine besondere Bürde auf, indem er jetzt die Eifersucht mit allen ihren Qualen kennenlernte.

Doch wir wollen zu seinen Arbeiten zurückkehren, die ebenso trefflich wie zahlreich sind. Nach Vollendung der früher genannten Werke malte er im Auftrag eines kunstliebenden Bruders vom Minoritenorden S. Croce, der damals Aufseher des Nonnenklosters S. Francesco in der Via Pentolini war, ein Altarbild für die Kirche dieser Nonnen: die Madonna, aufrecht stehend auf einem achteckigen Postament, an dessen Ecken einige Harpyien sitzen, fast als ob sie die Jungfrau anbeteten. Diese hält auf einem Arm das Christuskind, das mit einer reizenden Bewegung zärtlich ihren Hals umschlingt, und in der anderen Hand ein Buch; so blickt sie auf zwei nackte Putten hinab, die die Komposition aufs Zierlichste ergänzen.[509] Ihr zur Rechten steht der heilige Franziskus, dessen Gesichtszüge die Güte und Einfalt, die dem Heiligen in Wirklichkeit zu eigen waren, trefflich ausdrücken; besonders schön sind die Füße und die Gewänder, da Andrea es verstand, durch den reichen Faltenwurf die zarte Biegung der Glieder erkennen zu lassen. Zur Linken der Madonna sieht man den heiligen Johannes, einen sehr schönen Jüngling, mit der Niederschrift des Evangeliums beschäftigt. Oberhalb des Gebäudes und der Gestalten, die sich gleichsam zu bewegen scheinen, schwebt ein durchsichtiges, leichtes Gewölk. Das ganze Gemälde ist besonders trefflich und gilt als eines der besten Werke des Künstlers. […]

Zu dieser Zeit beschloss die Zunft der Kaufleute, einige hölzerne Karren nach dem Muster der alten römischen Triumphwagen verfertigen zu lassen, um sie anstelle der Baldachine und Kerzen, die die Städte und Schlösser als Sinnbild des Tributs tragen, in der Prozession mitzuführen, die am Morgen des Johannistages am Herzog und an den höchsten Würdenträgern der Stadt vorbeidefiliert. Es wurden im Ganzen zehn solche Wagen gebaut, und Andrea schmückte einige davon mit Bildern in Öl oder in abschattierter Erde, die man aufs Höchste pries. Obwohl damals bestimmt wurde, jedes Jahr einige weitere Gefährte anzufertigen, bis jede Stadt und jede Landschaft ihren eigenen Wagen besäße, was einen Aufzug von großartiger Pracht ergeben hätte, kam man im Jahre 1527 wieder von diesem Plan ab.

Während Andrea durch diese und andere Werke seine Vaterstadt verschönerte und seinem eigenen Namen täglich größeren Glanz verlieh, ersuchte ihn die Bruderschaft *«dello Scalzo»*, die von ihm begonnene Ausschmückung ihres Kreuzgangs, wo er das Bild von der Taufe Christi gemalt hatte, nunmehr zu vollenden.[510] Andrea machte sich bereitwillig an die Arbeit und malte zwei Bilder sowie als Umrahmung der Eingangstür zwei Gestalten, eine Caritas und eine sehr schöne Justitia. Eines der Bilder zeigt, wie der heilige Johannes mit lebhaften Gebärden dem Volk predigt; sein Körper ist infolge seines asketischen Lebens stark abgemagert, aus seinem Antlitz sprechen Begeisterung und tiefe Weisheit. Ebenso lebendig und mannigfaltig sind die Mienen der Zuhörer dargestellt; man erkennt die Hingerissenheit der einen, die maßlose Verblüffung der anderen beim Vernehmen so neuartiger Reden und der Verkündung einer bisher nie gehörten Lehre. Noch großartiger offenbart sich das Genie des Andrea in dem anderen Bild, wo er darstellt, wie Johannes eine unendliche Menge Volkes tauft; einige sind dabei, die Kleider abzuwerfen, manche empfangen bereits die heilige Taufe, während noch andere unbekleidet warten, bis die Reihe an sie kommt; alle aber drücken durch vielfache Gebärden ihre tiefe Bewegung und das heiße Verlangen aus, ihrer Sünden ledig zu werden. Zudem sind sämtliche Gestalten aufs Herrlichste in Helldunkel ausgeführt, sodass sie lebenden Marmorbildern zu gleichen scheinen.

Nicht verschweigen will ich, dass zu der Zeit, als Andrea diese und andere Malereien ausführte, verschiedene Kupferstiche von Albrecht Dürer herausgegeben wurden, denen er mehrere Figuren entnahm und die er auf seine Art nachzeichnete. So kamen einige Leute auf den Gedanken, nicht etwa, dass es unrecht wäre, sich der guten Arbeiten anderer mit Geschick zu bedienen, sondern dass es Andrea an Erfindungsgabe gemangelt habe.

Baccio Bandinelli, der damals als Zeichner sehr geschätzt war, bekam plötzlich Lust, in Öl zu malen. Da er wusste, dass niemand in Florenz sich darauf besser verstünde als Andrea, ließ er von diesem sein Porträt verfertigen[511], das äußerst ähnlich wurde, wie man noch jetzt erkennen kann, obwohl er inzwischen viel älter geworden ist. Indem er zusah, wie Andrea dieses Bild und verschiedene andere Werke schuf, lernte er seine Malweise kennen, setzte jedoch seine eigenen Bemühungen auf diesem Gebiet nicht fort, entweder weil es ihm zu schwierig schien oder weil er die Freude daran verloren hatte und sich lieber der Bildhauerei zuwandte.

Für Alessandro Corsini malte Andrea eine von Putten umgebene Madonna, die mit dem Kind im Schoß auf der Erde sitzt – ein kunstvoll ausgeführtes Werk in den lieblichsten Farben. Ein dem Andrea nahe befreundeter Krämer, der in Rom einen Laden hatte, erhielt von ihm einen sehr schönen Kopf. Der Florentiner Giovan Battista Puccini, dem Andreas Manier ausnehmend gut gefiel, ließ ihn ein Madonnenbild malen, das er nach Frankreich zu senden gedachte; es gelang so vortrefflich, dass Giovan Battista es für sich behielt. Aber da er von seinen französischen Handelsfreunden eindringlich gebeten wurde, das versprochene Werk doch zu schicken, beauftragte er Andrea, einen toten Christus zu malen. Die Engel, die den Leichnam umringen und stützen, betrachten voller Trauer und Mitleid ihren Gott, der um der Menschen Sünde willen so viel Leid erduldete. Das Bild gefiel allen so besonders gut, dass Andrea, vielfachen Bitten nachgebend, sich entschloss, es von dem in Rom lebenden Venezianer Agostino in Kupfer stechen zu lassen[512]; das glückte jedoch nicht recht, und von da an wollte er nie mehr eines seiner Werke stechen lassen. Das Bild aber fand in Frankreich ebenso großen Beifall wie in Florenz, und der König, der mehrere Werke von seiner Hand zu besitzen begehrte, beauftragte ihn, noch einige Bilder für ihn zu malen. Und dies gab den ersten Anlass, dass Andrea sich später nach vielem Zureden seiner Freunde entschloss, nach Frankreich zu gehen.[513]

Doch inzwischen schrieb man das Jahr 1515, und die Florentiner vernahmen, dass Papst Leo X. seine Vaterstadt durch einen Besuch zu ehren gedachte.[514] Auf diese Nachricht hin trafen sie die großartigsten Vorbereitungen zu glänzenden Festlichkeiten und zu einem Empfang mit einem solchen Aufwand an Triumphbogen, dekorierten Fassaden, Tempeln, Kolossalstatuen und anderem Gepränge, wie man es bis dahin niemals prunkvoller und schöner gesehen hatte, da es gerade zu jener Zeit in Florenz eine Fülle an auserlesenen und hervorragenden Talenten gab, mehr als je zuvor. Jacopo di Sandro und Baccio da Montelupo errichteten am Tor von S. Pier Gattolino einen mit Bildwerken reich geschmückten Triumphbogen. Einen ähnlichen Bogen schuf Giuliano del Tasso vor der Kirche S. Felice in Piazza, dazu noch einige Standbilder und eine Romulus-Säule bei S. Trinità sowie eine Nachbildung der Trajans-Säule auf dem Neuen Markt. Antonio da Sangallo, der Bruder des Giuliano, erbaute auf der Piazza de' Signori einen achteckigen Tempel, Baccio Bandinelli stellte oberhalb der Loggia das Standbild eines Riesen auf. Von Granacci und Aristotile da Sangallo stammte der Triumphbogen zwischen der Badia und dem Palast des Podestà; ein anderer mit trefflichen Proportionen und reichem Figurenschmuck am Canto de' Bischeri war vom Bildhauer Rosso verfertigt. Die größte Bewunderung erregte jedoch die hölzerne Verkleidung der Fassade von S. Maria del Fiore, die Andrea del Sarto mit den schönsten Bildern in Helldunkel ausschmückte; da sie außerdem mit einigen Flachreliefs und vielen erhabenen Figuren von der Hand Jacopo Sansovinos geziert war, meinte der Papst, das ganze Werk könnte nicht herrlicher sein, wenn es in Marmor ausgeführt wäre. Die Idee zu dieser Fassade stammte von dem mittlerweile verstorbenen Vater des Papstes, Lorenzo de' Medici. Zu alledem erstellte Jacopo auf der Piazza S. Maria Novella ein Pferd, ähnlich dem zu Rom, von vollendeter Schönheit. Besonders großartig wurde der päpstliche Saal in der Via della Scala dekoriert und die Hälfte dieser Straße mit herrlichen Bildern von verschiedenen Künstlern, doch zum größten Teil nach den Entwürfen des Baccio Bandinelli, ausgeschmückt. So hielt Papst Leo am 3. September[515] des genannten Jahres seinen Einzug in Florenz, und der Empfang, der ihm bereitet wurde, galt als der glänzendste und prächtigste, den man je gesehen hatte.

Doch um zu Andrea zurückzukehren, so erhielt er weitere Bestellungen für den König von Frankreich und vollendete innerhalb kurzer Zeit ein wunderschönes Madonnenbild.[516] Es wurde unverzüglich abgesandt und brachte den Händlern viermal soviel Geld ein, wie sie dem Künstler dafür gezahlt. Zu jener Zeit hatte Pier Francesco Borgherini von Baccio d'Agnolo für eines seiner Gemächer sehr schöne geschnitzte Möbel, Truhen, Stühle und ein Bett aus Nussbaumholz anfertigen lassen. Da er wünschte, dass auch die Bilder der übrigen Ausstattung an Trefflichkeit gleichkämen, beauftragte er Andrea, einige Szenen aus dem Leben Josephs, des Sohnes Jakobs, in nicht sehr großen Figuren darzustellen[517], und dies gleichsam im Wettbewerb mit Jacopo da Pontormo und Granacci, die in dem gleichen Raum bereits mehrere sehr schöne Gemälde ausgeführt hatten. Andrea verwandte auf diese Arbeit ungewöhnlich viel Fleiß und Zeit, um die beiden genannten Meister zu übertreffen; und das Werk gelang vorzüglich, da er durch die Mannigfaltigkeit der dargestellten Dinge bewies, was er als Maler zu leisten vermochte. Während der Belagerung von Florenz wollte Giovan Battista della Palla diese beiden Bilder herausbrechen, um sie dem König von Frankreich zu senden; sie waren aber auf so besondere Art an der Wand befestigt, dass man sie gänzlich zerstört hätte, und so blieben sie mitsamt einem sehr geschätzten Madonnenbild an ihrem Platz.

Weiterhin malte Andrea einen Christuskopf, der sich heutzutage über dem Altar der Verkündigung in der Servitenkirche befindet[518] und so gelungen ist, dass ich für meine Person daran zweifle, ob der Menschengeist ein vollendeteres Haupt des Erlösers sich vorstellen kann. In den Kapellen von S. Gallo außerhalb des Tores gab es außer den beiden Gemälden von Andrea viele andere, die dem seinen bei Weitem nicht gleichkamen; als daher wiederum eines angebracht werden sollte, bewogen die Mönche den Eigentümer der Kapelle, diesen Auftrag dem Andrea zu erteilen. Er ging sogleich ans Werk und stellte vier stehende Gestalten dar, die über die Dreieinigkeit disputieren.[519] Der heilige Augustinus im bischöflichen Ornat, mit ausgesprochen afrikanischen Gesichtszügen, redet mit ungestümen Gebärden auf Petrus den Märtyrer ein, der seinerseits mit einer heftigen, stolzen Geste ein aufgeschlagenes Buch in die Höhe hält. Neben ihm steht der heilige Franziskus, in der einen Hand ein Buch, die andere auf die Brust gepresst, und seine Züge drücken eine so glühende Inbrunst aus, als schmelze er in diesem Streit dahin. Der heilige Laurentius, der noch sehr jung ist, horcht still auf die Rede der anderen, deren Ansehen er sich zu beugen scheint. Weiter unten sieht man zwei kniende Gestalten: eine schön gekleidete Magdalena, deren Antlitz ein Bildnis von Andreas Frau darstellt, wie er denn keinen weiblichen Kopf malte, der nicht dem ihrigen glich; geschah es doch einmal, dass er eine andere Frau zum Modell nahm, so zeigten die Züge immer eine merkwürdige Ähnlichkeit mit ihr, weil er sie so oft gezeichnet hatte und vor allem, weil ihr Bild in sein Herz gegraben war. Die zweite kniende Gestalt ist ein heiliger Sebastian; völlig unbekleidet, wendet er dem Beschauer den Rücken zu, den man nicht gemalt, sondern wirklich vor sich zu sehen glaubt. Unter all den vielen Ölbildern des Künstlers galt dieses stets für das beste. Die Figuren zeichnen sich durch harmonische Proportionen sowie große Überlegung in der Darstellung der Gesichtszüge aus, sodass die der Jugend eigentümliche Weichheit und die dem reifen Alter entsprechende Kraft trefflich zum Ausdruck kommen, wie denn auch in den Köpfen mittleren Alters beide Eigenschaften in der richtigen Mischung zu finden sind. Kurz, dieses Werk ist in allen Einzelheiten vollkommen. Es befindet sich heute zusammen mit anderen Bildern des Meisters in S. Jacopo tra' Fossi.

Während Andrea sich durch diese und ähnliche Arbeiten in Florenz schlecht und recht durchbrachte, ohne je auf einen grünen Zweig zu kommen, waren die beiden Gemälde, die er nach Frankreich gesandt hatte, von König

Franz I. begutachtet und als weitaus die besten unter den vielen anderen Werken bezeichnet worden, die ihm aus Rom, Venedig und der Lombardei zugingen. Da der König so großes Gefallen an ihnen fand, sagte man ihm, es würde sich sicher arrangieren lassen, dass Andrea nach Frankreich käme und in den Dienst Seiner Majestät träte, was der König sehr gern hörte. So befahl er, alles Notwendige zu veranlassen, besonders aber dem Künstler in Florenz das Geld für die Reise auszuhändigen, und Andrea machte sich in Begleitung seines Lehrlings Andrea Sguazzella frohen Herzens auf den Weg. Als sie endlich am französischen Hof anlangten, wurden sie vom König aufs Herzlichste und Heiterste willkommen geheißen, und ehe noch der erste Tag um war, lernte Andrea die Großherzigkeit und Freigebigkeit jenes Herrschers kennen, der ihm sogleich Geld und reiche Ehrenkleider zum Geschenk sandte. Kurz darauf machte sich Andrea an die Arbeit und wurde dem König wie dem ganzen Hof bald sehr lieb; jedermann erwies ihm Freundlichkeiten, sodass es ihn dünkte, seine Reise habe ihn aus tiefstem Unglück zum höchsten Glück geführt.

Eine seiner ersten Arbeiten in Frankreich war das Bildnis des Dauphins, der erst wenige Monate alt war und noch in den Windeln steckte; als er es dem König übergab, ließ ihm dieser ein Geschenk von dreihundert Golddukaten auszahlen. Hierauf malte er eine Caritas, die für außerordentlich schön befunden und vom König sehr geschätzt wurde.[520] Von da an setzte ihm der König ein großes Gehalt aus und tat alles, damit er gerne bei ihm bliebe, wo es ihm an nichts mangeln sollte; dies alles, weil dem Herrscher die rasche Arbeitsweise des Künstlers und sein bescheidenes, genügsames Wesen gut gefielen. Zudem war er beim ganzen Hof beliebt und schuf viele Bilder und treffliche Werke. Hätte Andrea nur bedacht, von wo er ausgezogen war und wie gnädig das Schicksal ihn geführt hatte, dann wäre er zweifellos zu den höchsten Ehren gelangt, ganz zu schweigen vom Erwerb großer Reichtümer. Doch als er gerade damit beschäftigt war, für die Mutter des Königs einen büßenden Hieronymus zu malen, erhielt er eines Tages Briefe von seiner Frau in Florenz, und von da an begann er, was immer der Grund sein mochte, nur noch auf seine Heimkehr zu sinnen. Er erbat sich also Urlaub vom König, indem er ihm versicherte, dass er nach Erledigung einiger wichtiger Angelegenheiten in Florenz unbedingt zu Seiner Majestät zurückkommen, ja sogar, um desto ruhiger in Frankreich zu verweilen, seine Frau mitnehmen werde; außerdem versprach er, bei seiner Rückkunft wertvolle Bilder und Skulpturen aus Italien nach Frankreich zu bringen. Der König, der ihm vertraute, gab ihm zu diesem Zweck eine Summe Geldes, und Andrea gelobte aufs Evangelium, binnen weniger Monate wieder da zu sein.

Doch glücklich in Florenz angelangt, überließ er sich einige Monate lang den Freuden, die das Wiedersehen mit seiner schönen Frau und seinen Freunden sowie seine Vaterstadt ihm boten. So verstrich der Zeitpunkt, zu dem er hätte zum König zurückkehren müssen, und es stellte sich heraus, dass er durch den Bau eines neuen Hauses und ein vergnügtes Leben ohne nützliche Tätigkeit sein und des Königs Geld ganz verbraucht hatte. Dessen ungeachtet wollte er nach Frankreich zurück. Doch die Tränen und Bitten seiner Frau erwiesen sich als mächtiger als sein eigenes Verlangen und das dem König gegebene Wort. Er blieb seiner Frau zuliebe da, und der König geriet hierüber in solchen Zorn, dass er lange Zeit keinen florentinischen Maler mit geneigtem Auge betrachten wollte; ja, er gelobte, wenn Andrea ihm je in die Hände fiele, würde er ihm, ohne Rücksicht auf sein

Genie, Schlimmeres antun, als diesem lieb wäre. So blieb Andrea, von der höchsten Stufe auf die tiefste zurückgestürzt, in Florenz und verdiente sich, so gut es gehen wollte, seinen Unterhalt.[521]

Als er nach Frankreich gezogen war, hatten die Mitglieder der Bruderschaft, in der Meinung, er werde nicht mehr wiederkommen, alle noch fehlenden Malereien in ihrem Kreuzgang dem Franciabigio übertragen, und dieser hatte bereits zwei Bilder fertiggestellt. Da Andrea nun jedoch wieder in Florenz war, bewogen sie ihn, die Arbeit aufs Neue aufzunehmen, und er malte dort vier Bilder nebeneinander. Auf dem ersten wird Johannes als Gefangener vor Herodes gebracht. Das zweite zeigt das Gastmahl und den Tanz der Herodias mit vielen harmonisch verteilten Figuren. Auf dem dritten sieht man die Enthauptung Johannis; der halb nackte Scharfrichter wie auch alle anderen Gestalten sind vortrefflich gezeichnet. Im vierten Bild hält die Herodias das Haupt des Täufers empor, während die sie umgebenden Personen auf alle mögliche Arten ihre Erschütterung und ihr Entsetzen ausdrücken. Diese Werke sind sämtlich mit großer Überlegung ausgeführt und wurden eine Zeitlang von vielen jungen Malern, die heute als treffliche Meister gerühmt werden, eifrig studiert.

Hierauf malte Andrea an der äußeren Wand der Porta a Pinti, wo der Weg zum Kloster der Ingesuati abzweigt, in einem Tabernakel ein Fresko, eine sitzende Madonna mit dem Kind auf dem Arm und einem lachenden kleinen Johannes, so kunstvoll und lebendig, dass es aufs Höchste gepriesen wurde. Das Antlitz der Madonna trägt wieder die Züge seiner Frau.[522] Dieses Tabernakel wurde um seiner wahrhaft wunderbaren Schönheit willen verschont, als 1530 die Belagerer von Florenz das Kloster der Ingesuati und viele andere herrliche Gebäude zerstörten.

Der alte Bartolomeo Panciatichi, der einen lebhaften Handel mit Frankreich betrieb und der Stadt Lyon ein Andenken von sich zu hinterlassen wünschte, ersuchte um jene Zeit Baccio d'Agnolo, von Andrea ein Gemälde malen zu lassen und es ihm dorthin zu senden; es sollte die Verklärung der Madonna mit den ihr Grab umstehenden Aposteln darstellen.[523] Dieses Werk führte Andrea nicht völlig zu Ende, denn da die Holztafel zu verschiedenen Malen sprang, unterbrach er die Arbeit immer wieder. So war es bei seinem Tod nicht ganz fertig und wurde später vom jungen Bartolomeo Panciatichi in seinem Haus aufgestellt. Es ist vor allem wegen der schönen Gestalten der Apostel und der

Madonna sehr zu loben. Diese ist von Engeln umgeben, die sie mit den anmutigsten Bewegungen stützen und emportragen. Im oberen Teil des Bildes erkennt man unter den Aposteln den Andrea selbst, so naturgetreu gemalt, dass er zu leben scheint. Das Gemälde ist heute auf dem Landgut der Baroncelli bei Florenz in einer Kapelle, die Piero Salviati eigens zu seinen Ehren neben seiner Villa errichten ließ.

An einer Mauer, die den Küchengarten der Serviten abschließt, malte Andrea zwei Bilder vom Weinberg Christi. Im ersten werden die Reben gepflanzt, aufgebunden und mit Stützen versehen; der Familienvater ruft die müßig dastehenden Knechte zur Arbeit. Einer von ihnen scheint sich zu besinnen, ob er mit den anderen antreten soll; er sitzt da und reibt sich zögernd die Hände, wie es faule Leute tun, die keine Lust zum Arbeiten haben. Viel schöner noch ist das zweite Bild, auf dem man sieht, wie das Familienoberhaupt den Knechten den ausbedungenen Lohn auszahlen lässt, die ihn nur murrend entgegennehmen; einer zählt misstrauisch sein Geld nach – eine äußerst lebendige Gestalt, ebenso wie die des Aufsehers, der das Geld verteilt. Beide Fresken sind mit großer Übung in Helldunkel ausgeführt. Hierauf malte

Andrea im Noviziat des Klosters ein Fresko in einer Nische oberhalb der Treppe: eine Pietà in schönen Farben.[524] Für das Zimmer, worin vordem der General der Serviten, Angelo Aretino, gewohnt hatte, verfertigte er eine kleine Pietà in Öl[525] und die Geburt Christi.

Für Zanobi Bracci, der großes Verlangen nach einem Bild von der Hand Andreas trug, malte er eine Madonna, die vor einem Felsblock kniet und das darauf gebettete, hold lächelnde Christuskind betrachtet, während Johannes, der danebensteht, auf das Kind hindeutet, als wolle er der Madonna versichern, dass dies in Wahrheit Gottes Sohn sei. Hinter diesen beiden scheint der heilige Joseph, der, das Haupt in die Hand gestützt, an einem Felsen lehnt, sich selig zu preisen, weil er sehen darf, dass das Menschengeschlecht durch die Geburt dieses Kindes der Göttlichkeit teilhaftig geworden ist.[526]

Da der Kardinal Giulio de' Medici vom Papst den Auftrag erhalten hatte, in dem zwischen Pistoia und Florenz gelegenen Lustschloss der Medici, Poggio a Caiano, das Deckengewölbe des großen Saales mit Stuckatur und Malereien ausschmücken zu lassen, übertrug er die Sorge für dieses Werk und für die dafür aufzuwendenden Gelder Ottaviano de' Medici, der sich als würdiger Nachkomme seiner Ahnen auf solche Dinge verstand, da er immer ein Freund der Künstler und Künste war und besondere Freude daran fand, sein Haus mit den erlesensten Kunstwerken zu schmücken. Ursprünglich hatte man Franciabigio die ganze Arbeit übertragen, doch Ottaviano bestimmte, dass er nur ein Drittel davon ausführen sollte, während das zweite Drittel Jacopo da Pontormo und das dritte Andrea zugeteilt wurde. Doch wie sehr auch Ottaviano die beiden Ersteren anzutreiben suchte, wie viel Geld er ihnen auch versprach und auszahlte, es war nicht möglich, sie zum Abschluss der Arbeit zu bringen. Einzig Andrea vollendete mit großem Fleiß ein Bild, worin die Tierwelt Cäsar huldigt.[527] Die Zeichnung dazu in Helldunkel findet sich mit vielen anderen von seiner Hand in meiner Sammlung und ist mehr ins Einzelne ausgeführt, als Andrea es sonst bei seinen Entwürfen zu tun pflegte. Er gab sich mit diesem Werk besondere Mühe, um Franciabigio und Jacopo zu übertreffen. So zeichnete er die Architektur in großartiger Perspektive und eine äußerst kunstvolle Anordnung von Treppen, über die man zu Cäsars Thron emporsteigt. Diese schmückte er noch mit wohlerdachten Statuen, da es ihm offenbar nicht genug schien, seine reiche Erfindungsgabe an den vielen verschiedenen Gestalten zu erweisen, die die mannigfaltigsten seltsamen Tiere herbeiführen. Unter anderem trägt ein Inder in gelber Jacke einen perspektivisch gezeichneten Käfig mit einigen Papageien von wunderbarer Schönheit auf dem Rücken. Andere bringen indische Ziegen, Löwen, Giraffen, Pantherkatzen, Wölfe, Luchse und von Mohren begleitete Affen, alles mit großem Einfallsreichtum höchst harmonisch verteilt und wunderschön in Fresko gemalt. Zudem setzte er noch einen Zwerg auf die Treppe, der in einer Schachtel ein so ausgezeichnet gemachtes Chamäleon hält, dass man von den schönen Proportionen, die der Künstler diesen Missgestalten zu verleihen vermochte, ganz verblüfft ist. Doch wie schon gesagt, das Ganze blieb nach dem Tod von Papst Leo unvollendet. So sehr Herzog Alessandro de' Medici auch gewünscht hätte, dass Jacopo da Pontormo das Werk zu Ende führe, hatte er nicht die Macht, ihn zu dieser Arbeit zu überreden; was wahrhaft schade ist, da man sich für ein Lustschloss keinen besseren Saal denken könnte.

Nach Florenz zurückgekehrt, malte Andrea Johannes den Täufer, eine sehr schöne, halb nackte Gestalt; den Auftrag zu diesem Bild erteilte ihm Giovan Maria Benintendi, der es nachmals Herzog Cosimo schenkte. Während es so mit Andrea weiterging, dachte er bisweilen mit tiefem Seufzen an Frankreich, und hätte er nur geglaubt, man würde ihm seinen Fehler verzeihen, wäre er unverzüglich dorthin zurückgekehrt. Er wollte versuchen, ob seine Kunst ihm dazu verhelfen könnte, und malte ein sehr schönes Bild des Täufers[528], mit der Absicht, es dem Connetable von Frankreich zu schicken, damit dieser vielleicht beim König ein Wort für ihn einlegte. Doch was auch immer der Grund sein mochte, er sandte es schließlich nicht ab, sondern verkaufte es Ottaviano de' Medici, der es zeitlebens in Ehren hielt. Auch verfertigte er für diesen noch zwei Madonnenbilder in der gleichen Manier, die sich nunmehr in seinem Haus befinden. Bald nachher bestellte Zanobi Bracci ein Bild, das für Jacques de Beaune[529] bestimmt war, und Andrea verwandte darauf die größte Sorgfalt, da er hoffte, es könnte ihm die Gnade des Königs Franz zurückgewinnen, in dessen Dienste er so gern wieder eingetreten wäre. Daneben malte er für Lorenzo Jacopi ein Bild in ungewöhnlich großem Format: eine Madonna mit dem Kind auf dem Arm, die zwischen zwei anderen Gestalten auf einer Treppe sitzt, an

Zeichnung und Kolorit seinen übrigen Werken ebenbürtig.[530] Ein herrliches Madonnenbild, das heutzutage wegen seiner Schönheit besonders geschätzt wird, schuf er für Giovanni d'Agostino Dini. Auch porträtierte er Cosimo Lapi so naturgetreu, dass man ihn für lebend halten möchte.

Indessen kam das Jahr 1523 heran, und in Florenz wie in einigen anderen Orten der Umgebung brach die Pest aus. Um der Seuche zu entfliehen und daneben auch Arbeit zu finden, begab sich Andrea dank der Vermittlung von Antonio Brancacci nach Mugello, wo er für die Kamaldulensernonnen von S. Piero a Luco ein Altarbild malen sollte. Seine Frau und ihre Tochter aus erster Ehe nahm er mit, desgleichen ihre Schwester und einen Malerjungen. So konnte er sich beruhigt ans Werk machen, und da überdies die ehrwürdigen Schwestern sich ihm, seiner Frau und der ganzen Familie gegenüber an Gastlichkeit und Freundlichkeiten aller Art überboten, arbeitete er mit der größten Lust und Liebe an dem Gemälde. Er stellte darauf den toten Christus dar, der von der Madonna, dem Evangelisten Johannes und der Maria Magdalena beweint wird. Alle Gestalten sind so lebendig, dass sie wahrhaftig zu atmen scheinen. Der heilige Johannes offenbart in Ausdruck und Gebärde die zärtliche Anhänglichkeit des Jüngers, Magdalenas Liebe zeigt sich in ihren Tränen. Der namenlose Schmerz, der sich beim Anblick des toten Sohnes im Antlitz der Madonna ausdrückt, spiegelt sich in den Zügen der Apostel Petrus und Paulus wider; zutiefst erschüttert und von unendlichem Mitleid erfüllt, sehen sie den Erlöser der Welt als Leiche im Schoß der Mutter liegen.[531] Alle diese herrlichen Gedanken wusste Andrea so lebendig auszudrücken, dass man wohl erkennt, welche Freude er selber an der hohen Vollendung seiner Kunst hatte. Dieses Bild trug, um die Wahrheit zu gestehen, mehr zum Ruhm und Ansehen des Klosters bei als alle Bauten und sonstigen Ausschmückungen, so prächtig sie auch sein mochten, die man dort mit großem Aufwand vornahm.

Als Andrea das Gemälde vollendet hatte, war die Gefahr der Pest noch nicht vorüber. So verweilte er einige weitere Wochen in diesem Kloster, wo er ein gern gesehener Gast war und auf alle mögliche Art verwöhnt wurde. Um nicht müßig zu bleiben, malte er während dieser Zeit nicht nur eine Heimsuchung Mariä mit der heiligen Elisabeth – das Bild wurde rechts oberhalb der Krippe als Ergänzung eines viel älteren kleinen Gemäldes angebracht –, sondern auch einen nicht sehr großen Christuskopf auf Leinwand, ähnlich dem früher genannten auf dem Altar der Nunziata, doch nicht ganz so vollendet. Immerhin zählt dieser Kopf zu Andreas besten Arbeiten; er befindet sich heute im Kloster degli Angeli zu Florenz, bei dem hochwürdigen Pater Don Antonio da Pisa, der nicht nur ein Freund der hervorragendsten Meister unserer Kunst ist, sondern ganz allgemein alle begabten Menschen zu schätzen weiß. Von diesem Bild existieren einige Kopien; Don Silvano Razzi vertraute es auf die Bitte von Bartolomeo Gondi dem Maler Zanobi Poggini[532] an, damit er es für Bartolomeo abzeichne, und man findet noch ein paar andere Abbildungen davon in Florenz, die alle sehr geschätzt werden.

So verbrachte Andrea die Zeit der Pest außer Gefahr, und jene Nonnen erlangten dank seiner Kunst ein herrliches Bild, das neben den vorzüglichsten Werken unserer Zeit bestehen kann. Es ist daher nicht verwunderlich, dass bei der Belagerung von Florenz der Anführer der Partei von Scaricalasino, namens Ramazzotto[533], mehr als einmal danach trachtete, es sich anzueignen, um es nach Bologna zu senden und in seiner Kapelle in der Kirche S. Michele in Bosco aufstellen zu lassen.

Wieder in Florenz zurück, malte Andrea ein Bild für den Glasschneider Beccuccio da Gambassi, mit dem er eng befreundet war. Die Madonna mit dem Kind auf dem Arm schwebt in der Luft; unter ihr sieht man vier Heilige: Johannes den Täufer, Maria Magdalena, Sebastian und Rochus.[534] Auf der Staffel stellte Andrea den Beccuccio und seine Frau äußerst lebendig dar. Dieses Bild befindet sich jetzt in Gambassi, einem Landschloss im Val d'Elsa, zwischen Volterra und Florenz. Ein sehr schönes Bild der Madonna mit dem Kind an der Brust und dem heiligen Joseph[535] malte er im Auftrag von Zanobi Bracci für eine Kapelle von dessen Landhaus in Rovezzano. Dieses Werk ist so vollendet ausgeführt, dass die Gestalten tatsächlich aus dem Bild herauszutreten scheinen. Es ist heute im Haus von Antonio Bracci, dem Sohn des genannten Zanobi.

Als der Herzog von Mantua, Federigo II., nach Rom zog, um Papst Clemens VII.[536] zu huldigen, kam er auch durch Florenz und sah dort im Palazzo de' Medici, oberhalb einer Tür, das Bildnis von Papst Leo zwischen den Kardinälen Giulio de' Medici und Rossi, das der herrliche Raffael gemalt hatte. Es gefiel ihm ausnehmend gut, und da er überhaupt ein Liebhaber ausgezeichneter Kunstwerke war, gedachte er sich dieses zu verschaffen. So nahm er während seines Aufenthalts in Rom eine schickliche Gelegenheit wahr, um es sich von Papst Clemens zum Geschenk zu erbitten, was dieser ihm huldvoll gewährte, und Ottaviano de' Medici erhielt den Auftrag, das Gemälde zu verpacken und nach Mantua zu senden. Ottaviano war über den raschen Entschluss des Papstes, Florenz eines so herrlichen Werks zu berauben, ebenso erstaunt wie betrübt; er antwortete indes, er werde nicht ermangeln, dem Herzog zu Diensten zu sein, nur müsse er erst einen neuen Rahmen machen lassen, da der alte beschädigt sei; sobald die Vergoldung fertig wäre, würde er das Bild sicher nach Mantua befördern. Doch gleich danach ließ Ottaviano, um, wie man sagt, sowohl die Ziege als auch den Kohl zu retten, Andrea heimlich zu sich rufen und erklärte ihm, wie die Sache stünde und dass nichts übrig bliebe, als von dem Bild eine ganz genaue Kopie anzufertigen, diese dem Herzog zu senden und das Original von Raffaels Hand insgeheim zurückzubehalten.[537] Andrea versprach, sein Möglichstes zu tun. Er ließ alsbald eine Tafel von genau der gleichen Größe und Beschaffenheit herstellen und machte sich im Haus des Ottaviano heimlich an die

Arbeit. Hierbei gab er sich solche Mühe, dass nach Vollendung des Werks sogar Ottaviano, der doch ein großer Kunstkenner war, das Original nicht von der Kopie zu unterscheiden wusste, da selbst die Flecken im Vorbild genau nachgeahmt waren. Das Werk Raffaels wurde nunmehr versteckt und jenes von Andrea in einem ähnlichen Rahmen nach Mantua gesandt, zur großen Zufriedenheit des Herzogs, zumal auch der Maler Giulio Romano[538], der Lieblingsschüler Raffaels, das Gemälde ausnehmend rühmte, ohne etwas von dem Tausch zu merken. Giulio wäre auch stets überzeugt geblieben, das Bild sei eine Arbeit Raffaels, wenn nicht Giorgio Vasari nach Mantua gekommen wäre und die Sache aufgedeckt hätte. Giorgio hatte nämlich, als Liebling des Ottaviano, in seinen Knabenjahren zugesehen, wie Andrea das Bild kopierte; und da Giulio ihm viele Artigkeiten erwies, ihm eine Menge Altertümer und Kunstwerke und zuletzt auch das besagte Gemälde als Glanzstück der Sammlung zeigte, sagte Giorgio: «Das Bild ist sehr schön, doch nicht von Raffaels Hand gemalt.» – «Wie?», rief Giulio. «Soll ich das nicht wissen, da ich noch die Pinselstriche erkenne, die ich selbst daran getan habe?» – «Ihr habt sie vergessen», entgegnete Giorgio. «Denn dies ist von Andrea del Sarto gemacht. Und zum Beweis dessen sehe ich hier ein Zeichen» (und er zeigte es ihm), «das in Florenz darauf angebracht wurde, damit man die beiden Bilder nicht verwechsle, solange sie dort beisammen waren.» Als Giulio dies hörte, ließ er die Tafel umwenden, und da er tatsächlich das Zeichen sah, zuckte er die Achseln und sprach: «Ich schätze es deswegen nicht geringer, sondern noch höher, als wenn es von der Hand Raffaels wäre, denn es ist etwas Außerordentliches, dass ein vortrefflicher Meister die Manier eines anderen so gut und täuschend genau nachzuahmen vermag.» Hieran ist zu erkennen, was Andrea in der Kunst zu leisten vermochte. Ottaviano aber hatte durch seine kluge List bewirkt, dass der Herzog zufriedengestellt und Florenz dennoch nicht eines so wertvollen Werks beraubt wurde. Er behielt es viele Jahre bei sich, bis er es schließlich Herzog Cosimo gab, der es mit vielen anderen berühmten Gemälden in der sogenannten Guardaroba aufbewahrte.

Während Andrea noch an diesem Werk arbeitete, malte er für Ottaviano auch das Porträt des Kardinals Giulio de' Medici, nachmals Papst Clemens; es ist an Schönheit dem Gemälde Raffaels ähnlich, und Ottaviano schenkte es dem alten Bischof de' Marzi. Bald darauf gedachte Baldo

Magni, der Kirche Madonna delle Carcere in Prato, seiner Vaterstadt, ein schönes Bild zu stiften, und hatte dazu schon eine reiche Marmorverzierung anfertigen lassen. Unter vielen anderen Malern wurde ihm auch Andrea empfohlen, und obwohl Messer Baldo von derlei Dingen nicht viel verstand, fühlte er doch mehr Neigung zu ihm als zu einem anderen. Fast hatte er Andrea schon zugesagt, er und kein anderer werde den Auftrag erhalten, als Niccolò Soggi aus San Sovino[539], der in Prato einige Freunde besaß, ihm vorgestellt und so eindringlich als der allertrefflichste Meister gerühmt wurde, dass Baldo ihm die Arbeit übertrug. Unterdessen sandten andere Ratgeber, die Andrea begünstigten, nach ihm, denn er selbst sowohl als auch Puligo[540] und die mit ihm befreundeten Künstler glaubten, dass ihm die Arbeit schon sicher wäre. Doch als er nach Prato kam, musste er sehen, dass Niccolò nicht nur Baldo umgestimmt hatte, sondern er war auch unverschämt genug, in Gegenwart von Baldo zu sagen: Er wolle um jede Summe Geldes mit Andrea um die Wette malen; wer es besser mache, dem solle der Lohn gehören. Andrea wusste wohl, wie wenig Niccolò zu leisten vermochte, und obwohl er sonst nicht viel Mut zu beweisen pflegte, antwortete er diesmal: «Hier ist mein Lehrjunge, der die Kunst noch nicht lange übt. Wenn du willst, so wette mit ihm; ich werde das Geld für ihn setzen. Mit mir aber wirst du es auch ohne Pfand nicht tun. Denn besiege ich dich, so bringt es mir keine Ehre, sollte ich aber verlieren, so wäre das für mich eine große Schande.» Darauf riet er Baldo, er solle Niccolò die Arbeit übertragen, denn dieser werde ein Bild verfertigen, das jedem gefallen müsse, der nach dem Markt gehe. Dies gesagt, kehrte er nach Florenz zurück.

Dort erhielt er den Auftrag, ein Altarbild für Pisa zu malen, das später in der Kirche Madonna di S. Agnese, die an der Stadtmauer zwischen der alten Zitadelle und dem Dom liegt, angebracht wurde. Es ist in fünf Felder eingeteilt, und Andrea stellte in jedem eine einzelne Figur dar.[541] Johannes der Täufer und der Apostel Petrus stehen zu beiden Seiten eines wundertätigen Madonnenbildes; in den anderen Abteilungen sieht man die heilige Märtyrerin Katharina, die heilige Agnes und die heilige Margaretha. Alle diese Figuren sind von wunderbarer Schönheit und werden als die lieblichsten Frauen gerühmt, die der Künstler je darstellte.

Der Servitenbruder Jacopo hatte einer Frau bei der Lossprechung von einem Gelübde die

Bedingung auferlegt, dass sie über der Seitentür der Nunziata, die von außen in den Kreuzgang führt, ein Bild der Madonna malen lasse. Er suchte daher Andrea auf und sagte ihm, er habe eine bestimmte Summe für diese Arbeit zur Verfügung, und obwohl es nicht viel sei, scheine es ihm doch richtig, dass gerade Andrea, dem seine anderen Arbeiten an diesem Ort so viel Ruhm eingetragen hätten, auch diese übernähme. Andrea, der die Nachgiebigkeit in Person war, ließ sich von der Überredungsgabe des Mönches sowie durch praktische Erwägungen und die Hoffnung auf neuen Ruhm dazu bestimmen, den Auftrag anzunehmen. So malte er ein Fresko: eine wunderschöne sitzende Madonna mit dem Kind auf dem Arm und neben ihr, auf einen Sack gestützt, den heiligen Joseph, der in ein aufgeschlagenes Buch blickt.[542] Dieses Bild ist in Zeichnung und Kolorit so vollkommen, und die Gestalten sind so natürlich und anmutig, dass Andrea damit unzweifelhaft alle bisherigen Maler übertraf. [...]

Zur Vollendung des Kreuzgangs im Servitenkloster fehlte jetzt nur noch ein einziges Bild. Andrea nahm es in Angriff, und da er nach dem Studium der Figuren, die Michelangelo in der Sakristei von S. Lorenzo begonnen und zum

Teil vollendet hatte, zu einer großzügigeren Malweise gelangt war, lieferte er damit den letzten Beweis für die Vollendung seiner Kunst. Er stellte die Geburt des Täufers mit wunderschönen Gestalten dar[543], die weit besser und plastischer ausgeführt waren als alles, was er früher an diesem Ort gemalt hatte. Von besonderer Schönheit ist in diesem Bild unter anderem eine Frau, die das neugeborene Kindlein zu dem Bett hinbringt, auf dem die heilige Elisabeth ruht; auch diese Gestalt ist sehr schön. Zudem wirkt Zacharias, der mit einer Hand ein Blatt auf seinem Knie hält und mit der anderen den Namen seines Sohnes darauf schreibt, so lebendig, dass ihm nur der Atem zu fehlen scheint. Nicht minder gelungen ist eine alte Frau, die auf einem Schemel sitzt und darüber lacht, dass eine so betagte Matrone noch ein Kind geboren hat – so natürlich in Ausdruck und Haltung, wie man es unter ähnlichen Umständen im Leben sehen würde.

Nach Vollendung dieses bewundernswerten Werks malte Andrea für den Ordensgeneral im Kloster Vallombrosa eine Tafel mit vier sehr schönen Figuren[544]: Johannes den Täufer, den Stifter des Ordens, S. Giovan Gualberto, den Erzengel Michael und den Ordensbruder und

Kardinal S. Bernardo, dazu einige reizende Putten. Dieses Gemälde wurde auf einer Felshöhe in Vallombrosa aufgestellt, wo einige Mönche, abgesondert von den anderen, in ihren Zimmern oder Zellen fast ein Einsiedlerleben führen. Ferner ließ Giuliano Scala den Andrea ein Bild malen, um es nach Sarzana zu senden. Man sieht darauf eine sitzende Madonna mit dem Kind auf dem Arm sowie die Heiligen Celsus, Julia, Onophrius, Katharina, Benedikt, Antonius von Padua, Petrus und Markus.[545] Dieses Werk wurde ebenso hochgeschätzt wie die anderen Arbeiten Andreas. Giuliano Scala aber behielt als Ersatz für eine Summe Geldes, die er den Sarzanern vorgeschossen hatte, eine Lünette mit einer Verkündigung[546], die als Abschluss über dem Bild gedacht war und sich jetzt in seiner Kapelle in der Servitenkirche befindet.

Viele Jahre waren verstrichen, ohne dass die Mönche von S. Salvi daran dachten, das Abendmahl ausführen zu lassen, das sie Andrea damals, als er das Gewölbe mit den vier Heiligen malte, in Auftrag gegeben hatten.[547] Endlich beschloss ein Abt, der Bildung und Kunstverständnis besaß, dass er das Werk vollenden solle. Andrea, der sich ja früher dazu verpflichtet hatte, erhob keinen Widerspruch und machte sich an die Arbeit. Indem er, wie es ihm gerade gefiel, stückweise daran malte, vollendete er es in wenigen Monaten in einer Weise, dass es, zweifellos zu Recht, für dasjenige Werk gilt, das von ihm mit der größten Leichtigkeit und Lebendigkeit in Kolorit und Zeichnung jemals ausgeführt wurde, ja überhaupt ausgeführt werden konnte. Zudem hatte er allen Gestalten so viel Größe, Würde und Anmut verliehen, dass ich nicht weiß, was ich von diesem Abendmahl sagen soll, um nicht zu wenig zu sagen; denn es ist so vortrefflich, dass jeder, der es sieht, nur staunen kann. Deshalb ist es kein Wunder, dass es bei der Belagerung von Florenz im Jahre 1529 unversehrt blieb, während doch die Soldaten und Plünderer auf Befehl der damals Regierenden alle Vorstädte, Klöster, Spitäler und andere Gebäude zerstörten. Die Kirche und der Turm von S. Salvi lagen bereits in Trümmern, und jene wüsten Kerle begannen das Kloster niederzureißen und gelangten zum Refektorium, wo sich das Abendmahl befindet. Doch als der Anführer das wunderbare Gemälde erblickte, wovon er vielleicht schon hatte reden hören, gebot er ihnen Einhalt, indem er behauptete, diese Arbeit aufsparen zu wollen, bis sie nichts anderes mehr zu tun fänden.

Hernach malte Andrea für die Bruderschaft von S. Jacopo, die *«il Nicchio»* genannt wird, auf einer Prozessionstafel den heiligen Jakob[548], der ein als Geißler gekleidetes Kind liebreich unter dem Kinn streichelt, dazu ein anderes Kind mit einem Buch in der Hand, alles höchst anmutig und natürlich ausgeführt. Er porträtierte auch einen ihm befreundeten Kommissionär der Mönche von Vallombrosa, der wegen der Geschäfte, die er für das Kloster zu erledigen hatte, ständig in seinem Landhaus lebte. Dort hatte er nach seiner Fantasie alle möglichen Laubengänge und lauschigen Winkelchen angelegt, und auf seinen Wunsch wurde das Bild in einer Pergola aufgehängt, wo es Wind und Wetter stark ausgesetzt war. Da nach dessen Vollendung noch etwas Farben und Kalk übrig geblieben, nahm Andrea einen Dachziegel, rief Lucrezia, seine Frau, und sagte zu ihr: «Komm her! Diese Farben sind übrig, darum will ich dich malen, damit man sehen soll, wie gut du dich in deinem Alter erhalten, aber auch wie du dich verändert hast, seit ich die ersten Bilder von dir machte.» Doch die Frau hatte keine Lust still zu halten, und so holte Andrea, fast als ob er sein nahes Ende vorausahnte, einen Spiegel und malte sich selber aufs Lebendigste und Natürlichste ab.[549]

Das Bild besitzt jetzt Madonna Lucrezia, seine Frau, die noch am Leben ist.[550] [...]

Die Signoria hatte Andrea beauftragt, die Einzäunungen des Hauptplatzes mit Malereien auszuschmücken, und er begann die Kartons dazu zu zeichnen. Darauf stellte er mit der schönsten Fantasie verschiedene Stadtviertel dar, dazwischen die Zunftfahnen, von reizenden Putten gehalten, sowie die Sinnbilder sämtlicher Tugenden wie auch die wichtigsten Berge und Flüsse im Gebiet von Florenz. Doch dieses Werk blieb unvollendet, da ihn darüber der Tod ereilte, und ebenso ging es mit einem Altarbild, das er im Auftrag der Mönche von Vallombrosa für ihre Abtei von Poppi in Casentino verfertigte; man sieht darauf die Himmelfahrt der Madonna inmitten einer Schar von Putten, dazu S. Giovan Gualberto, den Kardinal und Ordensbruder S. Bernardo, die heilige Katharina und S. Fedele.[551] Dieses Bild, an dem nur noch wenig fehlte, befindet sich heute in der genannten Abtei von Poppi. Ein kleineres Bild, das für Pisa bestimmt war[552], vermochte Andrea ebenfalls nicht fertigzustellen. Hingegen fand man nach seinem Tod ein völlig ausgeführtes, sehr schönes Gemälde, das jetzt im Besitz von Filippo Salviati ist, wie auch einige andere Bilder.

Nicht viel früher hatte Giovan Battista della Palla alle ausgezeichneten Skulpturen und Malereien, deren er nur habhaft werden konnte, aufgekauft, wobei er kopieren ließ, was er nicht erwerben konnte, und auf diese Weise Florenz schonungslos unzähliger herrlicher Kunstwerke beraubt, um für den König von Frankreich eine Reihe von Gemächern aufs Prächtigste auszuschmücken. Dieser Giovan Battista wünschte, dass Andrea beim König wieder zu Gnaden gelangen und in seine Dienste zurückkehren möge, und ließ ihn deshalb zwei Bilder malen. In dem einen stellte Andrea die Opferung Isaaks mit so großer Kunst dar, dass man allgemein urteilte, er habe bisher nichts Besseres gemacht.[553] In der Gestalt Abrahams offenbart sich in geradezu göttlicher Weise der lebendige Glaube und die Gottergebenheit, die ihn befähigen, den eigenen Sohn furchtlos zum Opfer darzubringen. Er wendet das Gesicht einem schönen Engelknaben zu, der ihm bedeutet, die schon zum Streich erhobene Hand nicht niederfallen zu lassen. [...] Man sieht den schönen, zarten Knaben Isaak ganz nackt; er zittert vor Todesfurcht, sodass er, ohne noch getroffen zu sein, beinahe schon die Seele aufgibt. Sein Hals ist von der Sonnenglut tief gebräunt, dagegen stechen die blendend weißen Glieder ab, die während der dreitägigen Wanderung vom Gewand beschützt waren. Der Widder im Dornenstrauch ist völlig naturgetreu, und die auf der Erde liegenden Kleider Isaaks scheinen viel eher wirklich als nur gemalt zu sein. Einige nackte Knechte hüten den weidenden Esel, und die Landschaft im Hintergrund ist so herrlich, dass es an jenem Ort, wo das Ereignis stattfand, nicht schöner und nicht anders ausgesehen haben kann. Nach dem Tod Andreas und der Verhaftung Battistas wurde das Bild von Filippo Strozzi gekauft; er schenkte es Alfonso Davalos, Marchese del Vasto, der es auf die Insel Ischia bei Neapel bringen und dort mit anderen vorzüglichen Gemälden in einem Saal aufstellen ließ. Auf dem zweiten Bild malte Andrea eine sehr schöne Caritas mit drei Putten. Dieses kaufte der Maler Domenico Conti der Witwe Andreas ab und veräußerte es an Niccolò Antinori, der es als ein selten schönes Kunstwerk sehr werthält.

Da Ottaviano de' Medici sah, wie Andrea in seinen letzten Werken seine Malweise vervollkommnet hatte, wünschte auch er, ein Bild von seiner Hand zu besitzen. Andrea war begierig, diesem Herrn zu Diensten zu sein, dem er vielfach verpflichtet war und der stets das Talent und vorzüglich die Maler gefördert hatte. Er machte für ihn eine auf der Erde sitzende Madonna, die das Kind auf ihren Knien reiten lässt; es wendet den Kopf nach einem kleinen heiligen Johannes, den die heilige Elisabeth, eine schon betagte Frau, an der Hand hält.[554] Diese Gestalt ist so gut und natürlich gemalt, dass sie zu leben scheint, wie auch alles andere auf diesem Bild mit unglaublicher Kunst und Sorgfalt ausgeführt ist. Als es fertig war, brachte Andrea es zu Ottaviano. Doch da gerade Florenz von allen Seiten belagert wurde, hatte dieser Herr andere Dinge im Kopf; er dankte Andrea herzlich, entschuldigte sich und sagte ihm, er solle es verkaufen, wem er wolle. «Die Mühe», antwortete Andrea, «habe ich für Euch aufgewandt, und es wird allezeit Euch gehören.» – «Verkaufe es», sprach Ottaviano. «Du kannst das Geld gebrauchen, und ich weiß, was ich rede.» Andrea kehrte nach Hause zurück; doch wie viele Angebote man ihm auch machte, er wollte das Bild niemandem anderen überlassen. Vielmehr brachte er es, als der Sturm vorüber war und die Medici nach Florenz zurückkehrten, wieder zu Ottaviano. Dieser nahm es nun von Herzen gerne, dankte dem Künstler vielmals und zahlte ihm den doppelten Preis. Es befindet sich heute im Gemach seiner

Gemahlin Madonna Francesca, der Schwester des hochwürdigen Salviati, die die herrlichen Gemälde, die ihr erlauchter Gemahl ihr hinterlassen hat, nicht minder werthält, wie sie sich bemüht, die Freunde des Abgeschiedenen zu ehren und sich ihre Liebe zu erhalten. Ein weiteres Bild, das der schon erwähnten Caritas in manchem ähnelt, malte Andrea für Giovanni Borgherini; man sieht darauf die Madonna mit dem kleinen Johannes, der dem Christusknaben, gleichsam als Sinnbild der Welt, eine Kugel hinreicht, und einen sehr schönen Kopf des heiligen Joseph.[555]

Paolo da Terra Rossa hatte den Entwurf zu dem früher genannten Bild von der Opferung Isaaks gesehen. Als großer Kunstfreund wünschte auch er, ein Werk von der Hand Andreas zu besitzen, und bat ihn um eine Abbildung von jenem Abraham. Andrea, der ihm gern gefällig war, verfertigte eine so vortreffliche Kopie, dass sie trotz ihrer Kleinheit dem großen Original nicht nachstand.[556] Höchst befriedigt, fragte Paolo nach dem Preis und erwartete nichts anderes, als den wahren Wert des Werks zu zahlen. Andrea aber forderte eine jämmerliche Kleinigkeit, sodass Paolo sich fast schämte. Er zuckte indes die Achseln und gab den geforderten Betrag.

Später schickte er das Bild nach Neapel, wo es als das schönste und berühmteste Gemälde gilt.

Während der Belagerung von Florenz hatten einige städtische Hauptleute sich mit dem Sold für ihre Leute davongemacht. Andrea wurde daher ersucht, an der Wand des Palazzo del Podestà sowie auf der Piazza nicht nur die besagten Hauptleute, sondern auch einige aufrührerische, flüchtig gewordene Bürger abzubilden. Er nahm den Auftrag an; damit man ihm aber nicht, wie dem Andrea del Castagno, den Beinamen *«degl'Impiccati»*, also etwa «Henkersmaler», beilegte, gab er vor, er lasse die Porträts von seinem Lehrjungen Bernardo del Buda[557] ausführen. Ein großer Verschlag wurde errichtet; in diesen stahl er sich nachts in aller Heimlichkeit und malte die Gestalten der Gesuchten so ähnlich, dass sie zu leben schienen. Die Bildnisse auf der Fassade der alten Mercatanzia auf dem Markt, nahe der Condotta, sind jetzt seit vielen Jahren überweißt, damit man sie nicht mehr sieht, und auch jene am Palazzo del Podestà sind bis zur Unkenntlichkeit verdorben.

Andrea war in seinen letzten Lebensjahren mit einigen Obersten der Bruderschaft von S. Bastiano[558], hinter dem Servitenkloster, befreundet.

Er malte ihnen einen so schönen heiligen Sebastian, dass es schien, als müssten dies die letzten Pinselstriche sein, die ihm noch gestattet wären. Die Belagerung war vorüber, und Andrea wartete darauf, dass seine Angelegenheiten sich zum Besseren wendeten, wenn er auch nur geringe Hoffnung hatte, dass seine auf Frankreich bezüglichen Pläne jetzt, nach der Inhaftierung des Giovan Battista della Palla, sich noch verwirklichen könnten. Florenz füllte sich wieder mit Vorräten und mit den aus dem Feldzug heimkehrenden Soldaten. Da aber einige Landsknechte die Pest hatten, verbreiteten sie in der Stadt gewaltigen Schrecken und bald auch die Seuche selbst. Ob ihn nun die Pest wirklich gepackt oder ob nach der langen Not der Belagerung sein Magen in Unordnung geraten war, jedenfalls erkrankte Andrea eines Tages schwer und musste sich zu Bett legen. Ohne ein Mittel gegen sein Übel zu finden und so gut wie ohne Pflege, da seine Frau aus Angst vor der Pest ihm so fern wie möglich blieb, starb er[559], wie man erzählt, fast ohne dass es jemand merkte, und wurde von den Barfüßermönchen mit sehr wenig Zeremonien in der Servitenkirche nahe bei seinem Haus beigesetzt, wo alle Toten dieser Bruderschaft begraben werden.

Der Tod des Andrea bedeutete einen unendlichen Verlust für seine Vaterstadt wie für die Kunst, da er in den zweiundvierzig Jahren[560], die ihm zu leben vergönnt waren, sich von einem Werk zum anderen ständig mehr vervollkommnete, sodass er, je länger er gelebt, die Malerei selbst zu immer höherer Vollendung geführt hätte. Denn wer allmählich fortschreitet und so auf dem schwierigen Weg der Kunst festen Halt gewinnt, vermag sicherer aufzutreten und mehr zu leisten, als wer Natur und Talent gewaltsam zu zwingen sucht.

Wäre Andrea in Rom geblieben[561], als er hinzog, um die Werke Raffaels und Michelangelos sowie die Statuen und Altertümer der Stadt kennenzulernen, hätte er unzweifelhaft den Stil seiner Komposition bereichert und in der Folge seinen Gestalten größere Kraft und Feinheit verliehen, was nur denen gelingt, die längere Zeit in der Ewigen Stadt arbeiten und gründlich studieren. Da ihm die Natur die Gabe verliehen hatte, fein und anmutig zu zeichnen, wie auch seinen Öl- und Freskobildern schöne, frische Farben zu geben, darf man sicher annehmen, dass er bei einem ständigen Aufenthalt in Rom alle Maler seiner Zeit übertroffen hätte. Manche hingegen meinen, gerade die Überfülle der alten wie der neueren Kunstwerke in jener Stadt habe ihn gleichsam abgeschreckt; und der Umstand, dass er dort vielen jungen Leuten, Schülern des Raffael und anderer Künstler, begegnete, die kühn und sicher zeichneten und große Gewandtheit in der Ausführung besaßen, nahm ihm, schüchtern wie er war, jeden Mut, sich dort durchzusetzen, sodass er, an seinen eigenen Kräften verzagend, lieber nach Florenz zurückkehrte. Dort überdachte er allmählich, was er gesehen hatte, und schritt dadurch immer weiter fort, sodass seine Arbeiten stets geschätzt und bewundert, ja, was noch mehr sagt, nach seinem Tod häufiger nachgeahmt wurden als zu seinen Lebzeiten. Wer ein Werk von ihm besitzt, hält es wert, und wer je einmal eines verkaufen wollte, hat dreimal mehr dafür erhalten als seinerzeit der Künstler, der stets den kärglichsten Lohn empfing. Dies geschah, teils weil er so schüchtern war, teils auch, weil die Bau- und Zimmermeister, die damals in den Häusern der reichen Florentiner die besten Werke ausführten, ihm aus Gefälligkeit gegen ihre Freunde nur dann eine Arbeit übertrugen, wenn sie wussten, dass er in Not war und sich darum mit jedem Preis begnügte. Doch dies alles hindert nicht, dass seine Bilder von seltener Schönheit sind und man sie gar nicht hoch genug preisen kann, denn er gehört zu den größten und besten Künstlern, die je gelebt haben. [...]

Wenn Andrea auch im Leben geringe Charakterstärke und allzu große Bescheidenheit bewies, besaß er doch einen erhabenen künstlerischen Geist. Rasch und in jeder Arbeit wohlgeübt, hat er durch seine Werke nicht nur den Ort geschmückt, an dem sie sich gerade befinden, sondern hat auch seinen Kunstgenossen in der Vervollkommnung von Malweise, Zeichnung und Kolorit große Dienste geleistet. Er machte weniger Fehler als sonst irgendein florentinischer Maler, weil er Licht und Schatten sowie das Vor- und Zurücktreten der einzelnen Gegenstände aufs Beste darzustellen verstand und seinen Bildern die lebendigste Anmut verlieh. Zudem zeigte er, wie man in der Freskomalerei die größte Einheitlichkeit erzielen kann, ohne viel auf trockenem Grund nachbessern zu müssen, sodass seine Fresken jeweils an einem einzigen Tag ausgeführt zu sein scheinen. Daher kann er den toskanischen Künstlern samt und sonders als Vorbild dienen und unter diesen berühmten Geistern das höchste Lob und die Palme der Ehre beanspruchen.

Michelangelo

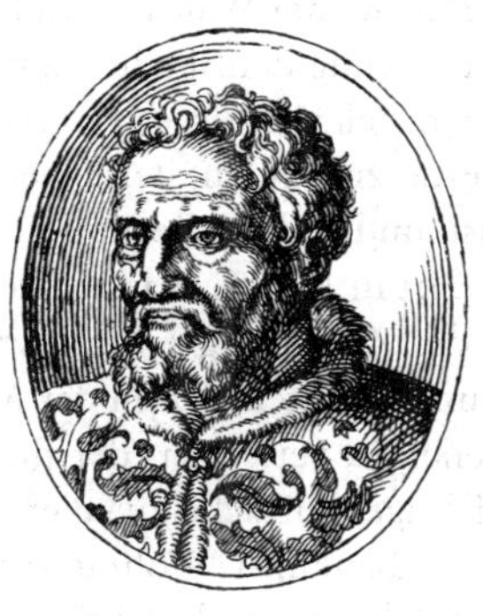

Während die fleißigen und ausgezeichneten Geister, vom Licht des hochberühmten Giotto und seiner Nachfolger geleitet, sich anstrengten, der Welt den ihnen durch die Gunst der Sterne und durch die im rechten Verhältnis stehende Mischung der Säfte verliehenen Wert zu zeigen, und danach strebten, mit der Herrlichkeit der Kunst die Größe der Natur nachzuahmen und, soviel als sie vermochten, zu jener höchsten Erkenntnis zu kommen suchten, das viele Wissen nennen, sich aber so gut wie vergebens abmühten, da wandte der gütigste Lenker der Welten gnädig seine Augen zur Erde. Und als er die Unmenge so vieler eitler Arbeiten, die glühendsten Studien ohne Erfolg und den Eigendünkel der Menschen sah, der der Wahrheit viel ferner liegt als die Dämmerung dem Licht, da beschloss er, um uns von so vielen Irrtümern zu erlösen, einen Geist zur Erde zu senden, der allvermögend in jeder Kunst und jedem Beruf sei; der durch sich allein dartun könne, was Vollkommenheit der Kunst der Zeichnung sei in Entwurf, Umriss, Licht und Schatten, um in der Malerei den Dingen Relief zu verleihen; der die Bildhauerei nach richtiger Einsicht zu üben und durch Kenntnis der Baukunst Wohnungen bequem, sicher, gesund, heiter, nach richtigem Verhältnis und reich an mancherlei Schmuck aufzuführen wisse. Zudem gab er ihm wahre Philosophie und die holde Dichtkunst, damit die Welt ihn im Leben, im Wirken, in der Frömmigkeit der Sitten und in allen menschlichen Handlungen als ihr höchst seltenes Vorbild wählte und bewunderte und dass er von uns mehr ein himmlisches denn ein irdisches Gut genannt werde. Und da er sah, dass in solcherlei Fertigkeiten und besonders in diesen ganz eigentümlichen Künsten, das heißt in Malerei, Bildhauerei und Architektur, sich die Geister Toskanas stets weit über die anderen erhoben haben, indem sie mehr als irgendein Stamm Italiens Fleiß und Studium in allen Bereichen aufwenden, wählte er Florenz, die würdigste vor den übrigen Städten, zu seiner Heimat, um dort die wohlverdiente Vollendung allen Vermögens schließlich in einem ihrer Bürger gipfeln zu lassen.

So wurde dem Lodovico di Lionardo Buonarroti Simoni, der, wie man sagt, aus der überaus edlen und alten Familie der Grafen von Canossa stammte, im Jahre 1474 unter einem vom Schicksal bestimmten und günstigen Stern von einer ehrsamen und edlen Frau im Casentino ein Sohn geboren.[562] In demselben Jahr, als Lodovico Stadtvogt auf der Burg von Chiusi und Caprese in der Aretiner Diözese war, nahe dem Sasso della Vernia, wo der heilige Franziskus die Wundmale empfing, wurde dem Lodovico am 6. März, einem Sonntag, um die achte Stunde des Nachts ein Sohn geboren, und dieser gab ihm den Namen Michelangelo. Ohne weiteres Nachdenken, von einer höheren Macht getrieben, wollte er damit sagen, dass dieser ein im Bereich der Sterblichen außergewöhnliches, himmlisches und göttliches Gut sei, wie dies nachmals auch aus der Konstellation bei seiner Geburt hervorging, denn Merkur und Venus waren im Haus des Jupiter mit günstigem Aspekt – ein Zeichen, dass er einst durch die Kunst der Hand und des Geistes herrliche und bewunderungswürdige Werke vollbringen werde.

Nachdem Lodovico das Amt des Stadtvogtes niedergelegt hatte, kehrte er nach Florenz zurück.[563] In Settignano, drei Meilen vor der Stadt, wo er von seinen Vorfahren her ein Gut besaß (der Ort ist reich an Steinen und ganz voll von Steinbrüchen, in denen ohne Unterlass Steinmetze und Bildhauer arbeiten, die meist in jenem Ort heimisch sind), gab Lodovico seinen Sohn Michelangelo zu der Frau eines Steinmetzen, damit sie ihn als Amme nähre. Daher sagte Michelangelo einstmals im Scherz zu Vasari: «Giorgio, wenn mein Geist etwas taugt, so ist es deshalb, weil ich in der feinen Luft eurer Aretiner Gegend geboren bin, wie ich auch mit der Milch meiner Amme Meißel und Hammer eingesogen habe, womit ich meine Figuren mache.»

Lodovico wurden mit der Zeit viele Kinder geschenkt, und da er kein Vermögen und nur ein geringes Einkommen hatte, bestimmte er seine Söhne zu der Woll- und Seidenweberei und gab

Michelangelo, der schon herangewachsen war, in die Schule zu Francesco da Urbino; der Knabe aber, der durch seine Anlage am Zeichnen Ergötzen fand, verwendete darauf heimlich so viel Zeit wie möglich und wurde von seinem Vater und von seinen älteren Verwandten darum gescholten, bisweilen sogar geschlagen, die vielleicht die Beschäftigung mit jener Kunst, die sie nicht kannten, als niedrig und ihrer alten Familie nicht würdig genug erachteten.

In dieser Zeit schloss Michelangelo Freundschaft mit Francesco Granacci[564], der, ein Knabe wie er, bei Domenico Ghirlandaio die Kunst der Malerei erlernen sollte. Da Granacci den Michelangelo lieb hatte und er seine Geschicklichkeit im Zeichnen sah, brachte er ihm täglich Zeichnungen Ghirlandaios, der nicht nur in Florenz, sondern in ganz Italien als einer der besten Maler geschätzt wurde. Hierdurch wuchs in Michelangelo von Tag zu Tag der Eifer, etwas zustande zu bringen, sodass Lodovico, als er die Unmöglichkeit sah, den Knaben vom Zeichnen abzuhalten, und dass man nichts dagegen machen konnte, beschloss, damit doch etwas dabei herauskomme und er die Kunst auch wirklich lerne, ihn auf den Rat seiner Freunde zu Domenico Ghirlandaio in die Lehre zu geben. So kam

Michelangelo im Alter von vierzehn Jahren zu Domenico. [...]

Die Geschicklichkeit Michelangelos nahm, als er heranwuchs, derart zu, dass Domenico erstaunte, wenn er sah, dass ihm manches über das Vermögen eines Jünglings gelang; es schien ihm nämlich, er übertreffe nicht nur die Mitschüler, deren Zahl groß war, sondern erreiche auch in vielem die Arbeiten von ihm, dem Meister. Als einst einer der jungen Leute, die bei Domenico lernten, einige bekleidete weibliche Gestalten nach einem Vorbild Ghirlandaios mit der Feder gezeichnet hatte, nahm Michelangelo das Blatt und zog mit einer stärkeren Feder neue Linien um eine jener Frauengestalten, so wie sie hätten sein sollen, um vollkommen zu wirken; mit Verwunderung erkennt man den Unterschied der beiden Manieren und die Trefflichkeit und Einsicht eines Jünglings, der kühn und hochgemut genug war, um die Arbeiten seines Meisters zu verbessern. [...]

In Michelangelo brachte jeder Tag göttlichere Früchte hervor, wie sich deutlich zu zeigen begann, als er einen Kupferstich von Martin dem Deutschen abzeichnete[565], wodurch er vielen Ruhm erlangte. Es war nämlich damals eine in Kupfer gestochene Darstellung des genannten

Martin, Antonius, der von Teufeln geplagt wird, nach Florenz gekommen, und Michelangelo zeichnete sie mit der Feder ab, wie man derart noch nichts gesehen hatte, und malte sie auch mit Farben aus, wofür er, um einige ungewöhnliche Teufelsgestalten besser zu treffen, Fische mit seltsam farbigen Schuppen kaufte; und hierbei bewies er so große Kunst, dass er sich Namen und Achtung erwarb. Außerdem kopierte er Blätter von verschiedenen alten Meistern so treu, dass man sie von den Originalen nicht unterscheiden konnte, denn er färbte, räucherte und beschmutzte sie auf verschiedene Weise, bis sie ein altes Aussehen hatten und man beim Vergleich keines Unterschieds gewahr wurde. Und er tat dies nur, um die Nachbildungen statt der Originale hinzugeben, die er behielt, wegen ihrer herrlichen Kunst bewunderte und durch seine Leistungen zu übertreffen suchte. Das alles brachte ihm großen Ruhm ein.

Zu jener Zeit beherbergte der Pracht liebende Lorenzo de' Medici in seinem Garten auf dem Platz von S. Marco[566] den Bildhauer Bertoldo, nicht so sehr als Aufseher und Wächter über die vielen schönen Altertümer, die er dort unter großem Kostenaufwand gesammelt hatte, als hauptsächlich aus dem Wunsch heraus, eine

Schule für hervorragende Maler und Bildhauer zu gründen, deren Haupt und Leiter eben dieser Bertoldo, ein Schüler des Donato, sein sollte. [...] Da nun Lorenzo, der eine sehr große Liebe zur Malerei und Bildhauerkunst hatte, es beklagte, dass es zu seiner Zeit keine berühmten und würdigen Bildhauer gäbe, wie man viele Maler von hohem Wert und Ruf antreffe, beschloss er, eine Schule zu stiften, und forderte Domenico Ghirlandaio auf, wenn er junge Leute in seiner Werkstatt hätte, die Lust dazu bezeigten, solche in seinen Garten zu schicken, wo er sie zu üben und in einer Weise auszubilden wünschte, dass er sich und ihn und die Stadt ehren würde. Hierauf empfahl ihm Domenico als die vorzüglichsten unter seinen jungen Leuten Michelangelo und Francesco Granacci. Sie gingen in den Garten und fanden dort Torrigiano[567], einen jungen Mann aus der Familie der Torrigiani, der im Auftrag Bertoldos ein paar runde Figuren in Ton modellierte. Als Michelangelo das sah, machte er sogleich, um ihm nachzueifern, auch einige; da erkannte Lorenzo alsbald den herrlichen Geist Michelangelos und behielt ihn von nun an immer im Auge. Der aber, dadurch ermuntert, begann wenige Tage später aus einem Stück Marmor den Kopf eines alten runzeligen

Fauns in seiner antiken Form nachzubilden, der an der Nase beschädigt war und den Mund zum Lachen verzog. Obwohl Michelangelo noch nie Marmor und Meißel unter den Händen gehabt hatte, gelang ihm die Kopie zum Verwundern des Herzogs sehr gut.[568] Dieser nun, als er sah, dass er den Faun, vom antiken Vorbild abweichend, nach eigener Fantasie mit offenem Mund, Zunge und allen Zähnen gemacht hatte, sprach nach seiner gewohnten Weise freundlich scherzend: «Du hättest doch wissen sollen, dass alte Leute nie alle ihre Zähne haben, sondern dass ihnen stets ein paar fehlen.» Michelangelo, der den Herzog liebte und fürchtete, meinte in seiner Einfalt, er habe recht, und brach, sobald er fort war, einen Zahn heraus und bearbeitete mit dem Bohrer das Zahnfleisch so, dass es schien, der Zahn sei herausgefallen. Er harrte mit Sehnsucht auf die Rückkehr des Magnifico; als dieser kam und die Einfalt und Lauterkeit Michelangelos sah, lachte er lange und erzählte die Geschichte oftmals gleich einem Wunder seinen Freunden. Da er sich vorgenommen hatte, den Jüngling zu unterstützen und zu begünstigen, ließ er bei Lodovico, dem Vater, nachfragen und versprechen, dass er ihn wie einen seiner eigenen Söhne halten werde. Der Vater war damit einverstanden. So gab ihm der Herzog ein Zimmer in seinem Hause, ließ ihn an seinem Tisch und mit seinen Söhnen und anderen Personen von Rang und Stand essen, die zu dem Herzog kamen, der ihn sehr in Ehren hielt. Das geschah im zweiten Jahr, nachdem Michelangelo zu Domenico gekommen und Michelangelo fünfzehn oder sechzehn war; er blieb vier Jahre in diesem Hause, nämlich bis zum Tod Lorenzos im Jahre 1492. Während dieser Zeit erhielt er vom Herzog als Gehalt und zur Unterstützung für seinen Vater im Monat fünf Dukaten; auch schenkte ihm Lorenzo, um ihm eine Freude zu machen, einen pfaublauen Mantel und verschaffte seinem Vater ein Amt beim Zoll. [...]

Damals arbeitete Michelangelo auf den Rat des Polizian[569], eines hochgebildeten Mannes, aus einem Stück Marmor, das der Herzog ihm gab, den Kampf des Herkules mit den Kentauren, der so schön gelang, dass mancher, der dieses Werk jetzt ansieht, es nicht für die Arbeit eines Jünglings, sondern eines geschätzten und erfahrenen Meisters hält. Zu seinem Gedächtnis bewahrt es sein Neffe Lionardo heute als ein fürwahr seltenes Werk in seinem Haus auf. Dieser Lionardo besaß auch noch vor wenigen Jahren ein Flachrelief Michelangelos: ein nicht viel über eine Elle großes Madonnenbild aus Marmor, bei dem Michelangelo, noch als Jüngling, die Manier Donatellos nachzuahmen suchte, und zwar so trefflich, dass es von Donatello selbst zu stammen scheint, nur dass es größere Anmut und bessere Zeichnung besitzt. Später schenkte es Lionardo dem Herzog Cosimo de' Medici, der es sehr hochhält, zumal es nur dieses eine Flachrelief von der Hand Michelangelos gibt.[570]

Viele Monate zeichnete er in der Kirche del Carmine nach den Malereien Masaccios[571] mit so großer Kunst, dass alle sich verwunderten und der Neid zugleich mit seinem Ruhm wuchs. Unter anderem erzählt man, dass Torrigiano, der mit ihm Freundschaft geschlossen hatte, ihm bei einer scheinbar scherzhaften Balgerei aus lauter Neid auf seine größeren Erfolge einen so heftigen Faustschlag auf die Nase versetzte, dass sie übel gequetscht und gebrochen und er für sein Leben gezeichnet blieb. Daraufhin wurde Torrigiano aus Florenz verbannt.

Nach dem Tod von Lorenzo il Magnifico kehrte Michelangelo, unendlich betrübt über den Verlust eines solchen Mannes, in sein elterliches Haus zurück. Er kaufte ein großes Stück Marmor und schuf daraus einen Herkules von vier Ellen Höhe. Dieser stand viele Jahre im

Palazzo Strozzi, da er für ein bewunderungswürdiges Werk galt, und wurde dann im Jahre der Belagerung von Giovan Battista della Palla dem König Franz nach Frankreich geschickt.[572] Wie man erzählt, pflegte Piero de' Medici, der Michelangelo schon lange kannte, als Nachfolger seines Vaters Lorenzo oft nach ihm zu senden, wenn er antike Kameen oder andere geschnittene Steine kaufen wollte; eines Winters, als es in Florenz stark geschneit hatte, ließ er ihn im Hof seines Palastes eine Figur aus Schnee formen, die überaus schön gelang, und ehrte ihn um seiner Kunst willen so hoch, dass sein Vater Lodovico wohl erkannte, wie die Mächtigen dieser Welt seinen Sohn achteten, und ihn daher weit stattlicher kleidete als zuvor. [...]

Mehrere Wochen, bevor die Medici aus Florenz vertrieben wurden, war Michelangelo nach Bologna und dann nach Venedig gegangen; er fürchtete, es könne ihn als Freund des Hauses irgendeine Unannehmlichkeit treffen, denn er wusste um die Vermessenheit und die üble Verwaltung des Piero de' Medici. Da er in Venedig keinen Unterhalt fand, kehrte er nach Bologna zurück. [...]

Michelangelo blieb etwas mehr als ein Jahr in Bologna. Er wäre länger geblieben, um der

Höflichkeit des Aldovrando zu entsprechen, der ihn sowohl wegen seiner Kunst im Zeichnen als auch beim Vorlesen wegen seiner toskanischen Mundart liebte, sodass er ihn gerne Werke Dantes, Petrarcas und Boccaccios wie anderer toskanischer Dichter vortragen hörte. Da Michelangelo jedoch erkannte, dass er Zeit verliere, kehrte er gerne nach Florenz zurück. Hier arbeitete er für Lorenzo di Pierfrancesco de' Medici einen kleinen Johannes aus Marmor, und danach legte er Hand an einen anderen Marmorblock und schuf einen schlafenden Cupido in natürlicher Größe, der, als er fertig war, von Baldassare del Milanese dem Pierfrancesco als ein schönes Werk gezeigt wurde. Dieser urteilte ebenso und sprach zu ihm: «Wenn du ihn in die Erde vergraben würdest, so bin ich gewiss, er würde für antik gelten; und wenn du ihn so zugerichtet, als ob er alt sei, nach Rom schicken würdest, so möchte dir das weit mehr einbringen, als wenn du ihn hier verkauftest.» Es heißt, Michelangelo habe hierauf seiner Statue das Aussehen gegeben, als ob sie antik sei, und man braucht sich dabei nicht zu verwundern, weil er tüchtig genug war, dies und noch mehr zu tun. Andere behaupten, Milanese habe sie nach Rom geschafft, in seinem Weingut vergraben und dann als ein antikes Werk für zweihundert Dukaten an den Kardinal von S. Giorgio verkauft.[573] [...]

Die Fähigkeit Michelangelos erkannte dann Jacopo Galli, ein geistreicher römischer Edelmann, der von ihm einen Cupido in natürlicher Größe aus Marmor und dann eine zehn Spannen hohe Gestalt eines Bacchus machen ließ, der in der rechten Hand eine Schale, in der linken ein Tigerfell und eine Weintraube hält, die ein kleiner Satyr zu essen sucht.[574] In dieser Figur gewahrt man, dass er eine bestimmte Zusammenstellung wunderbarer Glieder hat erreichen wollen und dass er ihm insbesondere die Schlankheit männlicher Jugend und die weibliche Rundung und Weichheit des Fleisches gab; es ist eine so herrliche Sache, dass Michelangelo damit bewies, er übertreffe in Ausführung von Statuen alle neueren Meister, die bis dahin gearbeitet hatten. Durch seinen Aufenthalt in Rom schritt er so im Studium der Kunst voran, dass es unglaublich war, welch hohe Gedanken ihm zuströmten und welch schwierige Manier er mit der größten Leichtigkeit ausübte, zum Staunen solcher, die nicht gewohnt waren, derlei Dinge zu erblicken, sowie derer, denen Gutes häufig zu Gesicht gekommen war; denn Arbeiten, wie man sie früher gesehen, schienen im Vergleich zu den seinen nicht bestehen zu können. Dies alles aber erweckte in dem Kardinal Rohan von St. Denis, einem Franzosen, den Wunsch, mithilfe eines so trefflichen Künstlers in der berühmten Stadt ein würdiges Denkmal von sich zu hinterlassen[575]; er bestellte bei ihm eine vollplastisch in Marmor gearbeitete Pietà, die dann, als sie vollendet war, in St. Peter in der Kapelle der Jungfrau Maria della Febbre im Tempel des Mars aufgestellt wurde. Kein Bildhauer oder kein sonst noch so ausgezeichneter Künstler glaube, dieses Werk in Zeichnung und Anmut oder durch Aufwand an Mühe, in Feinheit, Glätte und kunstreicher Bearbeitung des Marmors, wie Michelangelo es hier bewies, je erreichen zu können; denn man erkennt darin alle Kraft und alles Vermögen der Kunst. Zu den Schönheiten des Werks gehört, außer den herrlichen Gewändern, der Leichnam Christi, dessen Glieder so prächtig, dessen Leib so kunstvoll ist, dass niemand wähne, eine nackte Gestalt, bei der Muskeln, Adern und Nerven über das Knochengerüst mit so viel Können gelegt sind, noch einen Toten mit einer solchen Totenähnlichkeit zu finden. In den Zügen des Angesichts spricht sich die höchste Sanftmut aus, in den Ansätzen und Verbindungen der Arme, der Beine und des

Körpers herrscht solche Übereinstimmung, die Adern und die pulsierende Haut sind so gearbeitet, dass man in der Tat immer wieder erstaunt, wie die Hand eines Künstlers in so kurzer Zeit dieses Werk so göttlich und genau auszuführen vermochte. Sicherlich ist es ein Wunder, dass einem erst formlosen Stein allmählich eine Vollendung gegeben wurde, wie sie kaum die Natur im Fleisch zu erreichen pflegt. Die Liebe zu diesem Werk und die dabei aufgewandte Mühe waren so groß, dass Michelangelo – was er sonst bei keiner anderen Arbeit tat – seinen Namen querdurch im Gürtel eintrug, der die Brust der Madonna umschließt. Als er nämlich eines Tages den Raum betrat, wo das Werk aufgestellt war, fand er dort eine Anzahl Fremder aus der Lombardei, die es sehr rühmten und von denen einer auf die Frage, wer es geschaffen habe, entgegnete: «Unser Gobbo aus Mailand.»[576] Michelangelo schwieg, doch kam es ihm beinah absonderlich vor, dass seine Mühen einem anderen angerechnet wurden. Eines Nachts schloss er sich ein, mit Licht und Meißeln versehen, und brachte seinen Namen im Gürtel an. [...]

Einige seiner Freunde aus Florenz schrieben ihm, er solle dahin kommen: Es sei nicht unmöglich, dass er den Marmorblock erhalten könne, der verhauen in der Dombauhütte lag; Piero Soderini, der damals auf Lebzeiten zum Gonfaloniere der Stadt ernannt worden war, hatte oft geäußert, er wolle den Stein Leonardo da Vinci schicken, und stand nun im Begriff, ihn dem Meister Andrea Contucci dal Monte San Sovino zu geben, einem trefflichen Bildhauer, der ihn zu bekommen trachtete.

Es war schwer, eine ganze Statue daraus zu arbeiten, ohne dass man Stücke ansetzte, und keinem außer Michelangelo reichte der Mut dazu, der den Block schon viele Jahre vorher gewünscht hatte und der ihn, sobald er nun in Florenz war, sogleich zu erlangen suchte. Dieser Marmor war neun Ellen hoch, und ein Meister Simone da Fiesole[577] hatte unglücklicherweise daraus eine Kolossalfigur auszuhauen begonnen, aber das Werk war übel zugerichtet; er hatte nämlich zwischen den Beinen ein Loch durchgehauen und alles ganz verdorben und verstümmelt, sodass die Dombauverwalter von S. Maria del Fiore sich nicht mehr darum kümmerten, es zu vollenden, sondern es beiseitegestellt hatten, wo es nun seit Jahren stand und wohl weiterhin so gestanden hätte. Michelangelo vermaß den Block von Neuem und prüfte, ob er eine vernünftige Figur aus ihm würde schlagen können;

er richtete sich mit der Stellung nach der Form des von Meister Simone verstümmelten Steines und beschloss, ihn von den Dombauverwaltern und von Soderini zu erbitten. Sie überließen ihm den Block als ein nutzloses Ding, in der Überzeugung, dass einerlei, was man auch daraus mache, es besser wäre, als ihn im jetzigen Zustand zu belassen, in dem der Stein, weder geteilt noch ganz, dem Bau keinerlei Nutzen bringen konnte.

Darauf formte Michelangelo nach einem Wachsmodell aus dem Block einen jungen David mit der Schleuder in der Hand als Wahrzeichen des Palastes der Stadtregierung.[578] Dies sollte andeuten, dass auch die, die über die Stadt gebieten, sie mutig verteidigen und mit Gerechtigkeit führen müssten, wie jener sein Volk verteidigt und gerecht geführt habe. Er begann die Statue in der Bauhütte von S. Maria del Fiore, wo er zwischen der Mauer und dem Gerüst einen Verschlag von Brettern rings um den Marmor errichtete, und dann bearbeitete er diesen ohne Unterlass und führte sein Werk vollständig zu Ende, ohne dass irgendjemand es sah. Der Marmor war aber durch Simone derart verhauen und verdorben, dass er an einigen Stellen den Absichten Michelangelos nicht genügen konnte;

er bearbeitete ihn deshalb so, dass an den äußeren Enden des Marmors einige von Simones ersten Meißelhieben blieben, von denen man noch jetzt etwas sieht. Es war gewiss ein Wunder von Michelangelo, einen bereits Gestorbenen zum Leben zu erwecken.

Als diese Statue fertiggestellt war, gab es lange Erörterungen darüber, wie man sie auf den Platz vor dem Regierungspalast bringen könne. Daher baute Giuliano mit seinem Bruder Antonio da Sangallo ein sehr starkes Holzgerüst, befestigte daran die Statue mit Tauen, sodass sie nicht anstoßen und zerbrechen, sich vielmehr immerzu leise wiegen konnte, und zog sie mit den Balken flach am Boden mit Winden und stellte sie auf. Am Tau, an dem sie hing, war ein Knoten geschlungen, der leicht herabglitt und sich zusammenschnürte, wenn die Last ihn beschwerte – eine schöne, sinnreiche Erfindung, von der ich eine durch ihn selbst ausgeführte Abbildung in meinem Buch aufbewahre, die bewundernswert sicher und geeignet ist, Lasten aufzuhalten.

Da trug es sich während der Arbeiten zu, dass Piero Soderini, als Michelangelo noch einiges an der Statue nachbesserte, hinkam, mit Wohlgefallen das Werk betrachtete und bemerkte, die Nase der Figur scheine ihm zu dick. Michelangelo, der wohl sah, dass der Gonfaloniere unter der Statue stand und deshalb keine richtige Sicht auf das Werk haben konnte, stieg, um ihn zufriedenzustellen, neben den Schultern auf das Gerüstbrett, nahm schnell einen Meißel in die linke Hand und von den Brettern des Gerüsts ein wenig Marmorstaub und fing sodann an, den Meißel leise zu rühren, und ließ dabei den Staub nach und nach niederfallen, ohne an der Nase irgendetwas zu verändern. Darauf schaute er zum Gonfaloniere hinunter, der ihm zusah, und sagte: «Betrachtet sie nun!» – «Was mich anlangt», antwortete dieser, «so gefällt sie mir besser, Ihr habt ihr Leben gegeben!» Und Michelangelo stieg herab, mitleidig lächelnd über Leute, die sich das Ansehen geben, Kenner zu sein, während sie nicht wissen, was sie sagen. Als das Standbild fest aufgerichtet und vollendet war, enthüllte es Michelangelo, und es ist wahr, dass es alle modernen und antiken Statuen, griechische wie römische, um ihren Ruhm brachte. [...] Gewiss, wer dieses Bildwerk sieht, braucht sich nicht darum zu sorgen, auch noch ein anderes, von irgendeinem Meister unserer oder früherer Zeit zu sehen. Michelangelo erhielt für diese Statue von Piero Soderini vierhundert Scudi zum Lohne;[579] sie wurde im Jahre 1504 aufgestellt. Er hatte dadurch in der Bildhauerei einen solchen Ruf erlangt, dass er für den oben genannten Gonfaloniere einen sehr schönen David in Bronze machte, der nach Frankreich geschickt wurde.[580] [...] Weiterhin begann er in dieser Zeit eine Marmorstatue des Matthäus[581] in der Bauhütte von S. Maria del Fiore; diese nur roh angehauene Statue zeigt seine Vollkommenheit in der Kunst und lehrt die Bildhauer, wie man eine Figur aus dem Marmor herausholen muss, ohne sie zu verkrüppeln, indem man nämlich durch allmähliches, umsichtiges Abheben des Steines stets Spielraum genug behält, um je nach Notwendigkeit abweichen oder etwas ändern zu können.

Auf Begehren einiger in ihrem Vaterland sehr angesehener flandrischer Kaufleute genannt de' Moscheroni verfertigte Michelangelo das Bronzemedaillon einer Madonna; sie zahlten ihm dafür hundert Scudi und schickten es nach Flandern.[582] Der florentinische Bürger Angelo Doni, dem es die größte Freude machte, schöne antike wie neuere Kunstwerke zu besitzen, wünschte sich eine Arbeit von Michelangelos Hand, und dieser begann ein Rundbild: Die Madonna, auf den Knien liegend, reicht das Kind dem Joseph, der es aufnimmt.[583] Michelangelo zeigt hier durch die Kopfhaltung der Mutter Gottes und durch den Blick, den sie auf die herrliche Schönheit ihres Söhnchens richtet, ihre hohe Beseligung und ihr Verlangen, den heiligen Greis daran teilhaben zu lassen, der es mit der gleichen zärtlichen Liebe und Ehrfurcht an sich nimmt, wie man auch ohne lange Betrachtung aus seinem Ausdruck erkennt. Doch dies war Michelangelo nicht genug; um seine gewaltige Kunst noch besser darzutun, füllte er den Hintergrund des Bildes mit zahlreichen liegenden, stehenden oder sitzenden nackten Gestalten und vollendete das Ganze mit solcher Feinheit, dass es als das schönste und vollkommenste seiner wenigen Tafelbilder gilt. Als es fertig war, schickte er es durch einen Boten, zugedeckt und mit einer Zahlungsanweisung über siebzig Dukaten, in Angelos Haus. Angelo, der sparsamer Natur war, kam es befremdlich vor, so viel für ein Bild zu zahlen, obwohl er wusste, dass es noch mehr wert sei; er sagte dem Boten, vierzig würden genügen, und gab sie ihm. Michelangelo aber schickte sie alsbald zurück, mit dem Bescheid, er solle hundert Dukaten zahlen oder das Bild zurückgeben. Darauf erklärte Angelo, dem die Arbeit gefiel, er werde die siebzig Dukaten zahlen. Doch Michelangelo gab sich nicht mehr damit zufrieden, sondern forderte aus Ärger über das geringe Vertrauen Angelos das Doppelte des ursprünglichen Preises, sodass dieser, falls er das Bild behalten wollte, nun hundertvierzig Dukaten dafür ausgeben musste.

Zur Zeit, als der herrliche Maler Leonardo da Vinci den großen Ratssaal ausschmückte, erhielt Michelangelo durch den damaligen Gonfaloniere Piero Soderini, der sein großes Talent erkannte, den Auftrag, einen Teil dieses Saales zu übernehmen. Das war der Anlass, dass er im Wettstreit mit Leonardo die andere Wand bemalte.[584] Als Gegenstand wählte er den Krieg mit Pisa. Er erhielt ein Zimmer im Spital der Färber zu S. Onofrio, und hier begann er einen riesengroßen Karton, wollte aber nicht zulassen, dass irgendjemand ihn sähe. Er füllte ihn mit nackten Gestalten, die in der Sommerhitze im Arno baden. Da ertönt im Lager der Ruf: «Zu den Waffen!», als ob ein feindlicher Angriff erfolge; und während die Soldaten aus dem Wasser stürzen, um sich anzukleiden, sieht man, von Michelangelos göttlichen Händen dargestellt, wie die einen sich eilig rüsten, um den Gefährten zu Hilfe zu kommen, die anderen den Panzer anlegen und zu den Waffen greifen und eine große Schar von Berittenen bereits den Kampf beginnt. Unter weiteren Gestalten erkennt man einen Alten, der sich zur Kühlung einen Efeukranz um den Kopf gewunden hatte; er sitzt auf dem Boden, um die Strümpfe anzuziehen. Weil er aber mit den nassen Beinen nicht gleich hineinkommt, zerrt er, da er den Waffenlärm und das Geschrei und die Trommelwirbel vernimmt, voller Hast und Aufregung gewaltsam an seinem Strumpf. Man sieht nicht nur, wie alle Muskeln und Nerven seines Körpers sich anspannen, auch sein verzerrter Mund zeigt deutlich, wie er leidet und sich bis in die Zehenspitzen hinein anstrengt. Zudem gibt es Trommler und Soldaten, die mit hastig zusammengerafften Kleidern nackt dem Kampfgetümmel zueilen. Man sieht Gestalten in den sonderbarsten Stellungen, die einen aufrecht, die anderen kniend oder vorgebeugt, wieder andere stürzend oder in die Höhe strebend, in schwierigen Verkürzungen. Viele Figuren sind zu Gruppen geordnet und in verschiedenartiger Weise entworfen, die einen mit Kohle umrissen, die anderen mit Strichen gezeichnet, die dritten gewischt und mit Bleiweiß gehöht, da er zeigen wollte, wie viel er von seinem Beruf verstand. Die Künstler waren voller Staunen und Bewunderung, als sie die höchste Vollendung der Kunst erkannten, die Michelangelo auf diesem Blatt offenbarte. Einige, die diese göttlichen Figuren gesehen haben, versichern, es sei ihnen weder von seiner noch von fremder Hand je Besseres vor Augen gekommen und kein anderer Geist könne jemals die Herrlichkeit dieses Kunstwerks erreichen. Dies muss man wohl glauben, denn seit es vollendet und unter großem Gepränge, zum höchsten Ruhm Michelangelos, in den Saal des Papstes gebracht wurde, sind alle, die an diesem Karton ihre Studien machten und danach zeichneten (wie es noch viele Jahre nachher in Florenz Fremde und Einheimische zu tun pflegten), vortreffliche Künstler geworden. [...]

Durch die Pietà, durch die Kolossalstatue zu Florenz und den Karton war Michelangelos Ruhm so groß geworden, dass im Jahre 1503, als Alexander VI. starb und Julius II. zum Papst gewählt wurde, der damals ungefähr neunundzwanzigjährige Künstler von Julius II. nach Rom berufen wurde, um dessen Grabmal zu errichten.[585] Als Reisegeld wurden ihm hundert Scudi ausbezahlt. Michelangelo begab sich nach Rom, doch es verstrichen noch viele Monate, ehe der Papst ihn an etwas Hand anlegen ließ. Endlich entschloss er sich aber für einen Entwurf zu dem Grabmal, der ein glänzendes Zeugnis für

Michelangelos Talent ablegte, da er an Schönheit und Pracht, an großartiger Ausschmückung und Fülle der Gestalten jedes antike kaiserliche Grabmal übertraf. Dadurch wurde der Papst zu seinem Entschluss angeregt, die Peterskirche in Rom gänzlich zu erneuern, um das Grabmal darin zu errichten.

So machte sich Michelangelo mit großem Eifer ans Werk. Er begann damit, dass er mit zwei Gehilfen nach Carrara ging, um den benötigten Marmor brechen zu lassen, wofür ihm von Alamanno Salviati in Florenz tausend Scudi ausbezahlt wurden. Acht Monate verweilte er dort im Gebirge, ohne weiter Geld und Gehalt zu bekommen, und ließ sich von den großen Marmormassen dazu anregen, in den Brüchen selbst allerlei Entwürfe zu Riesenstatuen zu beginnen, um gleich den Alten ein ehrenvolles Gedächtnis seiner selbst zu hinterlassen. Als die von ihm ausgesuchten Marmorblöcke eingeschifft und nach Rom gelangt waren, nahmen sie die Hälfte des Petersplatzes um S. Caterina[586] herum und den Raum zwischen der Kirche und dem nach dem Kastell führenden Gang ein; dort hatte sich Michelangelo eine Werkstatt eingerichtet, wo er die Figuren und alles, was sonst zum Grabmal gehörte, anfertigte. Der Papst hatte vom Gang aus eine Zugbrücke in die Werkstatt schlagen lassen, damit er bequem hingelangen und der Arbeit zusehen könnte, woraus eine so große Vertraulichkeit entstand, dass seine Gunstbezeugungen dem Michelangelo nachmals viel Ärger und Anfechtung eintrugen und unter den anderen Künstlern große Eifersucht erweckten.

Von diesem Werk vollendete Michelangelo zu Lebzeiten und nach dem Tod des Papstes vier Statuen, und acht haute er im Groben aus. Weil aber die ganze Anordnung von gewaltiger Erfindungsgabe zeugt, wollen wir hier sogleich darüber berichten.[587] Das Denkmal sollte, um möglichst großartig zu wirken, von allen vier Seiten frei zugänglich sein; die zwei Längsseiten maßen je achtzehn, die beiden anderen je zwölf Ellen, sodass die Grundfläche ein Rechteck im Verhältnis von eins zu anderthalb bildete. Außen ringsum war eine Reihe von Nischen, zwischen denen halbfigurige bekleidete Hermen standen, die mit ihren Köpfen das erste Gesims trugen; an jede Herme war ein nackter Gefangener in seltsamer Stellung gefesselt, dessen Füße auf dem Vorsprung eines unteren Sockels ruhten. Diese Gefangenen stellten die von Papst Julius besiegten und der apostolischen Kirche unterworfenen Provinzen dar; andere, ebenfalls gefesselte

Gestalten verkörperten die sinnreichen Künste und Tugenden, die, obwohl vom Papst zu so ehrenvollem Wirken berufen, gleichermaßen als dem Tod untertan gezeigt waren. Die Ecken des ersten Gesimses nahmen vier große Figuren ein: das tätige und das beschauliche Leben sowie Paulus und Moses. Vom Gesims an stieg das Werk in stufenweiser Verjüngung empor; zunächst kam ein Fries mit verschiedenen Bronzereliefs, dazwischen allerlei Figuren, Putten und andere Verzierungen, darüber zum Abschluss zwei Figuren; die eine stellt den Himmel dar, die andere Kybele, die Göttin der Erde. Sie tragen gemeinsam eine Totenbahre, und während der Himmel freudig lächelt, dass eine edle Seele zur ewigen Herrlichkeit eingegangen ist, scheint die Göttin zu trauern, weil sie in einer Welt zurückbleibt, die durch den Tod eines solchen Mannes aller Tugend beraubt ist. [...] Im Ganzen enthielt das Werk vierzig Marmorstatuen, ohne die übrigen Bildhauerarbeiten wie Reliefs, Putten, Gesimse und sonstigen Verzierungen mitzuzählen.

Der größeren Bequemlichkeit halber ließ Michelangelo einen Teil der Marmorblöcke nach Florenz schaffen, wo er sich im Sommer zeitweise aufhielt, um der ungesunden Luft von

Rom zu entfliehen. Dort führte er eine ganze Seite des Grabmals, in einzelne Stücke zerlegt, zum Abschluss und vollendete in Rom zwei der Gefangenen und andere Statuen mit eigener Hand, so göttlich schön, wie man es niemals besser gesehen hat; da sie aber nicht am Grabmal angebracht wurden, schenkte Michelangelo die besagten Gefangenen dem Signor Ruberto Strozzi, in dessen Haus er erkrankt war, und dieser sandte sie dem König Franz zum Geschenk; sie befinden sich heute zu Cevan in Frankreich.[588] Acht Statuen haute er in Rom im Groben aus, fünf in Florenz, und vollendete eine Viktoria, unter der ein Gefangener liegt. Diese sind jetzt im Besitz von Herzog Cosimo, dem Michelangelos Neffe Lionardo sie zum Geschenk machte, und Seine Exzellenz ließ sie in dem von Vasari ausgemalten großen Saal seines Palastes aufstellen.[589]

Außerdem vollendete Michelangelo nun die fünf Ellen hohe Marmorstatue des Moses, deren Schönheit niemals durch ein neueres Werk übertroffen werden kann und der kein antikes gleichkommt.[590] Der Prophet sitzt voll hoher Würde da, einen Arm auf die Gesetzestafel gestützt, die er in der einen Hand hält; mit der anderen greift er sich an den langen, lockigen Bart, der so vollkommen ausgeführt ist, dass die Haare, die in der Bildhauerei so schwer darzustellen sind, flaumig weich und fein und wie einzeln erscheinen; man hält es kaum für möglich, dass der Meißel in solchem Maß zum Pinsel werden konnte. Das Antlitz von hoher Schönheit ist das eines wahrhaft heiligen und Ehrfurcht gebietenden Fürsten; bei seiner Betrachtung meint man, er werde nach einem Schleier verlangen, um sein Angesicht zu verhüllen – so viel Licht und Glanz strahlt es aus, so treulich ist die Herrlichkeit dargestellt, die Gott den Zügen des Propheten verliehen hatte. Überdies umgeben die Gewänder im schönsten Faltenwurf die Glieder; die Muskeln der Arme, die Knochen und Sehnen der Hände sind mit solcher Vollkommenheit ausgeführt, die Beine, die Knie, die Füße in ihrer verschiedenen Bekleidung, kurz, alle Teile sind so herrlich vollendet, dass man Moses nun mehr denn je den Liebling Gottes nennen kann, da er ihm vor allen anderen durch die Hand des großen Michelangelo den Leib zur Auferstehung hat bereiten wollen.

Endlich näherte sich Michelangelo dem Abschluss und Ziel dieses Werks und errichtete eine der vier Seiten, und zwar eine kürzere, in S. Pietro in Vincoli.[591] Während er damit beschäftigt war, kamen alle zu dem Grabmal noch fehlenden, in Carrara zurückgebliebenen Marmorblöcke nach Ripa und wurden von dort zu den anderen auf den Petersplatz geschafft.[592] Da nun das Geld für die Beförderung zu bezahlen war, ging Michelangelo wie gewöhnlich zum Papst; doch Seine Heiligkeit war an jenem Tag gerade sehr mit den bolognesischen Angelegenheiten beschäftigt, und so kehrte Michelangelo nach Hause zurück und bezahlte die Marmorblöcke aus seinem eigenen Beutel, in der Meinung, er werde vom Papst unverzüglich die Anweisung für das Geld erhalten. Als er jedoch eines anderen Tages kam, um mit dem Papst darüber zu sprechen, hatte er Schwierigkeiten, vorgelassen zu werden. Der Türhüter sprach, er möge sich gedulden, es sei befohlen worden, ihm keinen Einlass zu gewähren. «Du kennst wohl diesen Mann nicht?», sagte ein Bischof zum Türhüter. «Nur zu gut kenne ich ihn», erwiderte dieser. «Ich bin aber hier, um die Befehle auszuführen, die mir von meinen Vorgesetzten und vom Papst erteilt werden.» Dieses Verhalten missfiel Michelangelo, und da es ihm mit allem, was er bisher erfahren, in Widerspruch zu stehen schien, entgegnete er dem Türhüter voller Zorn: wenn seine Heiligkeit nach ihm fragen sollte, möge man ihm nur sagen, er sei anderswo hingegangen. Und in seine Wohnung zurückgekehrt, nahm er um zwei Uhr nachts die Post und hinterließ zwei Dienern den Auftrag, alles, was sich im Haus befände, an die Juden zu verkaufen und ihm nach Florenz zu folgen. […]

In Florenz angelangt, befasste sich Michelangelo in den drei Monaten, die er dort verweilte, mit der Vollendung des Kartons für den großen Saal, den der Gonfaloniere Piero Soderini endlich ausgeführt zu sehen wünschte. Im Verlauf dieser Zeit erhielt die Signoria drei Breve mit dem Befehl, Michelangelo nach Rom zurückzuschicken. Daraus erkannte dieser die Wut des Papstes, und in seinem Misstrauen fasste er, wie man sagt, den Gedanken, nach Konstantinopel zu gehen[593] und in den Dienst des Großsultans zu treten, der ihn durch die Vermittlung einiger Franziskanermönche für den Bau einer Brücke zwischen Konstantinopel und Pera zu gewinnen suchte. Doch Piero Soderini brachte ihn schließlich, wenn auch sehr gegen seinen Willen, dazu, den Papst aufzusuchen, und zwar zu seinem Schutz in öffentlichen Diensten, als Gesandter der Stadt; er empfahl ihn auch seinem Bruder, dem Kardinal Soderini, damit dieser ihn zum Papst geleitete, und so schickte er ihn nach Bologna, wohin Seine Heiligkeit von Rom aus gekommen war.

Die fluchtartige Abreise Michelangelos aus Rom wird auch auf andere Weise berichtet. Demnach war der Papst über Michelangelo erzürnt, weil er niemals eine seiner Arbeiten sehen lassen wollte; dieser aber hegte Argwohn gegen seine Leute, weil er merkte, dass sie mehrmals, während er nicht zu Hause oder bei der Arbeit war, heimlich zeigten, was er ausführte. Einmal hätte der Papst seine Gehilfen mit Geld bestochen, um die Kapelle[594], die er zu Ehren seines Onkels Sixtus ausmalen ließ, zu besichtigen; Michelangelo aber hätte sich, den Verrat seiner Leute ahnend, heimlich dort versteckt und beim Eintritt des Papstes Bretter auf ihn geschleudert, ohne zu wissen, wer es sei, sodass der Papst in höchster Wut davongegangen. Sei dem, wie ihm wolle, es genügt aber, dass Michelangelo aus irgendeinem Grund mit dem Papst in Streit geriet und dann Angst bekam und aus Rom flüchtete.

In Bologna angelangt, hatte er kaum die Stiefel gewechselt, als er von Vertrauten des Papstes zu Seiner Heiligkeit in den Palast der Sechzehn abgeholt wurde; ein Bischof des Kardinals Soderini begleitete ihn, da der Kardinal selbst gerade krank war. Michelangelo ließ sich vor dem Papst auf die Knie nieder.[595] Der Heilige Vater sah ihn schief an, als ob er erzürnt wäre, und sagte: «Anstatt dich aufzumachen, um Uns zu besuchen, hast du gewartet, dass Wir kommen und dich aufsuchen!» – womit er andeuten wollte, dass Bologna nicht so weit von Florenz entfernt sei wie Rom. Michelangelo bat mit einer höflichen Handbewegung und fester Stimme demütig um Verzeihung: Er hätte im Zorn gehandelt, da er es nicht ertragen könne, auf diese Art fortgejagt zu werden, und wenn er geirrt hätte, möge der Papst ihm vergeben. Der Bischof, der Michelangelo hineingeführt hatte, wollte ihm zu Hilfe kommen und sagte zum Papst: Solche Leute wären eben Ignoranten, und außer zu ihrer Kunst taugten sie zu nichts, Seine Heiligkeit möge ihm wohlwollend verzeihen. Das brachte den Papst in Wut. Er schlug mit seinem Stock nach dem Bischof und schrie: «Der Ignorant bist du, dass du dem Mann Grobheiten sagst, wie Wir sie ihm nicht sagen!» Darauf ließ er den Bischof vom Türsteher mit Faustschlägen hinaustreiben. Als er weg war und die Wut des Papstes sich gelegt hatte, segnete er Michelangelo. Sodann wurde dieser durch Geschenke und Versprechungen so lange in Bologna zurückgehalten, bis Seine Heiligkeit ihm den Auftrag erteilte, eine fünf Ellen hohe Bronzestatue mit den Zügen von Papst Julius zu schaffen. Und diese Figur vollendete Michelangelo mit höchster Kunst; in ihrer Haltung drückt sich Hoheit und Würde aus, in den reichen Gewändern Pracht und Üppigkeit, den Gesichtszügen verlieh er Mut, Kraft, Entschiedenheit und Gewalt. Die Statue wurde in einer Nische über dem Portal von S. Petronio aufgestellt.[596] [...] Als der Papst nach Rom zurückgekehrt war und während Michelangelo die genannte Statue ausführte, gedachte Bramante, der Freund und Anverwandte Raffaels von Urbino und daher Michelangelo nicht sehr gewogen, dessen Abwesenheit zu benützen, um den Sinn des Papstes, der Michelangelos Arbeiten überaus günstig war, hiervon abzulenken, sodass er nach des Künstlers Rückkehr das Grabmal nicht vollenden ließe; er sagte, es hieße den Tod herausfordern und sei von unheilvoller Bedeutung, wenn man bei Lebzeiten sein Grab baue. So überredeten Bramante und andere Neider den Papst, Michelangelo lieber das Gewölbe der Kapelle ausmalen zu lassen, die er zu Ehren seines Oheims Sixtus erbaut hatte; auf diese Weise hofften sie, Michelangelo von der Bildhauerei fernzuhalten, in der sie ihn für vollkommen erkannten, und ihn zur Verzweiflung zu bringen; denn sie meinten, wenn er malen müsste, würde er in seiner Unerfahrenheit ein weniger rühmliches Werk zustande bringen als Raffael. Doch selbst wenn ihm die Arbeit gelänge, würde er sich doch auf jeden Fall mit dem Papst überwerfen, sodass sie auf die eine oder andere Weise ihr Ziel erreichen und sich seiner entledigen könnten.

So standen die Dinge, als Michelangelo nach Rom zurückkehrte[597] und der Papst ihm auftrug, die Decke der Kapelle auszumalen, da er vorderhand sein Grabmal nicht weiterzuführen wünsche. Michelangelo, dem die Vollendung des Grabmals am Herzen lag, während ihm das Ausmalen des Gewölbes angesichts seiner geringen Übung in der Behandlung von Farben als eine große und schwierige Arbeit erschien, suchte sich auf jede mögliche Art dieser Last zu entledigen und Raffael vorzuschieben. Doch je mehr er sich weigerte, desto größer wurde das Verlangen des Papstes, der in allen seinen Unternehmungen ungestüm war und hier noch von Michelangelos Nebenbuhlern und vornehmlich von Bramante immer von Neuem angetrieben wurde, sodass er, heftig wie er war, fast wieder Streit mit Michelangelo bekommen hätte.

Dieser entschloss sich endlich, die Arbeit zu übernehmen, da er sah, dass Seine Heiligkeit nicht davon abzubringen war, und Bramante erhielt vom Papst den Auftrag, das Malgerüst zu errichten. Dieser wollte das Ganze an Seilen aufhängen und schlug dazu Löcher ins Gewölbe. Als Michelangelo das sah, fragte er, wie er es denn anfangen sollte, nach beendeter Malerei die Löcher wieder zu stopfen. Worauf Bramante antwortete: «Das wird sich später finden, anders geht es nicht!» Michelangelo erkannte, dass Bramante entweder nicht viel von diesen Dingen verstand oder ihm wenig günstig gesinnt sei; er ging zum Papst und erklärte, dass das Gerüst nichts tauge, worauf der ihm in Bramantes Gegenwart erwiderte, er solle es auf seine eigene Art machen. So ließ Michelangelo das Gerüst auf Stützen errichten, die nirgends die Mauer berührten – ein Verfahren, woraus dann Bramante und andere lernten, Wölbungen einzurüsten und viele gute Werke auszuführen. Einem armen Zimmermann, der das Gerüst aufstellte, gab Michelangelo so viele Seile, dass dieser aus dem Verkaufserlös die Aussteuer seiner Tochter bestreiten konnte.

Unterdessen begann Michelangelo die Kartons zu der Decke. Der Papst wollte auch die Wandbilder herunterschlagen lassen, die frühere Meister zur Zeit von Sixtus gemalt hatten[598], und setzte für das ganze Werk fünfzehntausend Dukaten aus; diesen Preis hatte Giuliano da Sangallo angegeben. Angesichts der Größe des Vorhabens entschloss sich Michelangelo, Hilfe anzunehmen, und ließ zu diesem Zweck Leute aus Florenz kommen.[599] Er gedachte, mit diesem Werk alle zu übertreffen, die vor ihm am gleichen Ort gearbeitet hatten, und zugleich den neueren Künstlern zu zeigen, wie man zeichnen und malen müsse. So trieben ihn die Umstände, zum eigenen Ruhm und zum Heil der Kunst, immer höher zu streben. Er begann und vollendete die Kartons, um sie dann in Fresko auszuführen. Da er bis dahin nichts Derartiges gemacht hatte, kamen einige befreundete Maler aus Florenz nach Rom, um ihm zu helfen und ihm die Behandlung der Freskofarben zu zeigen, worin einige erfahren waren, nämlich unter anderen Granacci, Giulian Bugiardini, Jacopo di Sandro, der alte Indaco, Angelo di Donnino und Aristotile. So begann er das Werk, indem er sie einiges zur Probe ausführen ließ. Doch als er sah, dass ihre Leistungen weit hinter seinem Wunsch zurückblieben und ihn nicht befriedigten, entschloss er sich eines Morgens, alles, was sie gemalt hatten, wieder herunterzuschlagen. Er sperrte sich in die Kapelle ein und wollte ihnen weder öffnen noch sich in seinem Haus von ihnen sehen lassen, bis sie fanden, der Scherz hätte schon zu lange gedauert, und beschämt die Rückreise nach Florenz antraten. So nahm Michelangelo das ganze Werk allein auf sich und führte es mit allem Aufwand an Mühe und Fleiß zum schönsten Ende. Er ließ sich aber nirgends blicken, um keinen Anlass zu geben, seine Arbeit irgendwem zeigen zu müssen. Papst Julius war sehr begierig, den Fortschritt des Unternehmens zu sehen, und gerade weil ihm das verborgen blieb, stieg sein Verlangen aufs Höchste. So ging er eines Tages hin, um die Arbeit anzuschauen, doch man öffnete ihm nicht, weil Michelangelo sie nicht zeigen wollte. [...]

Als das Werk bis zur Hälfte vollendet war,[600] verlangte der Papst, der inzwischen einige Male, von Michelangelo gestützt, auf Leitern dazu emporgestiegen war, es solle alsbald aufgedeckt werden, denn er war von ungeduldiger und ungestümer Natur und konnte es nicht erwarten, bis es vollendet, bis, wie man sagt, die letzte Hand daran gelegt war. Kaum stand es aufgedeckt, strömte ganz Rom herbei, um es in Augenschein zu nehmen, allen voran der Papst, der in seiner Ungeduld nicht einmal warten wollte, bis sich nach dem Niederreißen des Gerüsts der

Staub gelegt hatte. Raffael von Urbino aber, der im Nachahmen ganz hervorragend war, änderte, sobald er es gesehen, unverzüglich seine Manier und malte alsbald, um seine eigene Kunst zu erweisen, die Propheten und Sibyllen in der Kirche della Pace[601]; und Bramante suchte daraufhin den Papst zu bewegen, dass er die andere Hälfte der Kapelle Raffael übertrage. Als Michelangelo dies hörte, beschwerte er sich beim Papst über Bramante und zieh ihn schonungslos vieler Fehler, sowohl in seiner Lebensführung wie in seinen architektonischen Arbeiten, welch Letztere, wie man später sah, von Michelangelo beim Bau der Peterskirche verbessert wurden. Der Papst indes, der Michelangelos Tüchtigkeit täglich höher schätzen lernte, wollte, dass er das Werk fortsetzte, denn er meinte, dass er bei der zweiten Hälfte noch viel Besseres leisten werde. So vollendete Michelangelo in zwanzig Monaten alles ganz allein, ohne andere Hilfe als die des Farbenreibers.

Michelangelo hat es bisweilen beklagt, dass er durch die Hast, mit der ihn der Papst antrieb, die Arbeit nicht so ausführen konnte, wie er es wohl gewünscht hätte, denn der Papst belästigte ihn unaufhörlich mit der Frage, wann er denn fertig würde. Als er darauf einmal antwortete: «Es wird fertig sein, wenn ich mir selbst sagen kann, dass ich der Kunst Genüge getan habe», entgegnete der Papst: «Wir hingegen wünschen, dass Ihr uns Genüge tut und es rasch vollendet!» Und er fügte hinzu, wenn das nicht bald geschehe, werde er ihn vom Gerüst hinunterwerfen. Worauf Michelangelo, der den Zorn des Heiligen Vaters fürchtete und auch zu fürchten Grund hatte, unverzüglich das Fehlende vollendete, das restliche Gerüst wegnahm und am Morgen von Allerheiligen, an jenem Tag, an dem der Papst in der Kapelle die Messe las, sein Werk zur Befriedigung der ganzen Stadt enthüllte.[602]

Michelangelo hätte gern im Trockenen einiges nachgebessert, wie es auch die alten Meister bei den unteren Bildern getan hatten, einige Hintergründe und Gewänder mit Ultramarinblau übermalt und stellenweise ein wenig Gold aufgesetzt, um dem Ganzen mehr Glanz und Tiefe zu geben. Als der Papst vernahm, dass dem Werk, das von jedermann so höchlich gelobt wurde, dies noch fehle, wünschte er selbst, Michelangelo möge es hinzufügen; weil diesem aber das Wiederaufstellen des Gerüsts zu langweilig war, unterblieb es. Wenn der Papst, der ihn häufig sah, ihn manchmal ermahnte, die Kapelle doch mit Gold und Farben zu bereichern, sie sähe so ärmlich aus, entgegnete Michelangelo vertraulich: «Heiliger Vater, zu jener Zeit schmückten die Leute sich nicht mit Gold; die ich hier gemalt habe, waren niemals allzu reich, sondern Heilige, die jeden Prunk verschmähten.» […]

O wahrhaft glückliches Zeitalter! Glückselige Künstler, denen es vergönnt ist, an einem Quell von solcher Reinheit die umnebelten Augen klar zu waschen! Alles, was einst schwierig schien, wurde euch durch einen bewundernswerten, einzigartigen Meister leicht und einfach gemacht. Der Glanz seiner Leistungen bringt auch euch Ruhm und Ehren, da er von eurem inneren Blick die Binde gelöst und euch gelehrt hat, das Wahre vom Falschen zu unterscheiden, das den Sinn verdunkelt hatte. Danket dafür dem Himmel und suchet den Michelangelo in allem nachzuahmen!

Als sein Werk aufgedeckt wurde, strömte alle Welt herbei, und der bloße Augenschein genügte, um jedermann vor Bewunderung verstummen zu lassen. Der Papst, der überaus befriedigt war und sich zu weiteren, noch größeren Unternehmungen ermutigt fühlte, belohnte Michelangelo reichlich mit Geld und kostbaren Geschenken, der dann bei so ungewöhnlichen

Gunstbezeugungen öfter sagte: Er sehe wohl, dass der Papst seine Kunst zu schätzen wisse, und wenn er ihm auch aus lauter Liebe dann und wann eine Grobheit zufüge, so mache er sie mit Gaben und Gunstbezeugungen wieder gut. So geschah es zum Beispiel einmal, dass Michelangelo sich Urlaub und Geld erbat, um zum Johannisfest nach Florenz zu gehen, und der Papst sprach: «Gut, aber wann wird meine Kapelle fertig?» – «Sobald ich kann, Heiliger Vater.» Da schlug der Papst mit seinem Stock nach Michelangelo und rief: «Sobald ich kann! Sobald ich kann! Ich will dich wohl dazu bringen zu können!» Als Michelangelo darauf nach Hause ging, um alles für die Reise vorzubereiten, schickte der Papst aber sogleich seinen Kämmerer Cursio mit fünfhundert Scudi zu ihm, um ihn zu versöhnen, und Cursio sagte zur Entschuldigung des Papstes, das seien ja alles nur Beweise seiner Gunst und Liebe. Michelangelo, der die Art des Heiligen Vaters kannte und ihn im Grunde lieb hatte, lachte darüber, da er wohl sah, dass zu guter Letzt alles zu seinem Gewinn ausschlug und der Papst sein Möglichstes tat, ihn sich zum Freund zu erhalten.

Nach Vollendung der Kapelle und bevor noch der Papst sich dem Tod nahe fühlte, befahl er dem Kardinal Santiquattro und dem Kardinal Aginense, seinem Neffen, dass im Fall seines Ablebens das Grabmal nach einem einfacheren Entwurf als dem ursprünglichen zu Ende geführt werden sollte.[603] So machte sich Michelangelo aufs Neue an dieses Werk, und zwar umso lieber, weil er hoffte, endlich einmal ohne Hindernis damit fertig zu werden. Es trug ihm indes auch später stets Verdruss, Mühe und Ärger ein, mehr als jede andere seiner Arbeiten; ja, er wurde sogar in diesem Zusammenhang lange Zeit des Undanks gegen einen Papst geziehen, der ihn so sehr liebte und begünstigte. Er war also zu dem Grabmal zurückgekehrt, arbeitete unausgesetzt daran und brachte die Zeichnungen in Ordnung, um die Fassaden der Kapelle ausführen zu können, doch ein neidisches Geschick wollte nicht zulassen, dass dieses so vollkommen begonnene Werk den entsprechenden Abschluss fände. Denn Papst Julius starb zu dieser Zeit, und die Wahl von Leo X. hatte zur Folge, dass das Grabmal wieder vernachlässigt wurde. Der neue Papst, von nicht minder glänzender Tatkraft und Unternehmungslust als Julius, gedachte seiner Vaterstadt, aus der er der erste Papst war, so wunderbare Werke zu hinterlassen, wie ein Fürst von seiner Macht und seinem Rang es nur vermöchte – zum Gedenken seiner selbst und des göttlichen Künstlers, der ja der gleichen Stadt entstammte.

So beauftragte er Michelangelo, die Fassade der Kirche von S. Lorenzo in Florenz, die von den Medici erbaut worden war, vollends auszuführen, und da er von ihm nicht nur Gutachten und Entwürfe verlangte, sondern ihn selbst als Oberbaumeister begehrte, musste die Arbeit am Grabmal von Papst Julius wieder liegen bleiben. Michelangelo wehrte sich dagegen, so sehr er nur konnte; er berief sich auf die Verpflichtung, die er den Kardinälen Santiquattro und Aginense gegenüber eingegangen sei. Der Papst aber entgegnete ihm: Darum brauche er sich keine Sorgen zu machen, er habe ihm schon selber Urlaub erwirkt, unter dem Vorbehalt, dass Michelangelo wie auch früher an den Figuren für das Grabmal arbeiten werde. Was freilich alles gegen Wunsch und Willen der Kardinäle und Michelangelos war, der weinend davonging. Hierauf folgten endlose, mannigfaltige Verhandlungen, denn ein Werk wie diese Fassade hätte man gern auf mehrere Personen aufgeteilt, und viele Künstler kamen zu Seiner Heiligkeit nach Rom, bewarben sich um den Bau und fertigten Entwürfe an, darunter Baccio d'Agnolo, Antonio da Sangallo[604], Andrea und Jacopo Sansovino sowie der begnadete Raffael von Urbino, den der Papst dann in dieser Angelegenheit mit sich nach Florenz nahm.

Michelangelo entschloss sich, ein Modell zu machen[605], wollte aber beim Bau keinen anderen neben oder über sich haben, und dieses hartnäckige Zurückweisen jeder Mithilfe war schuld daran, dass weder er noch die anderen etwas ins Werk setzten und jene Meister schließlich die Hoffnung aufgaben und zu ihrer gewohnten Tätigkeit zurückkehrten. Michelangelo hingegen begab sich nach Carrara, und zwar mit einer Anweisung an Jacopo Salviati, dass ihm von diesem tausend Scudi ausbezahlt werden sollten. Als er aber hinkam, hatte sich Jacopo wegen verschiedener Geschäfte mit einigen Bürgern in sein Zimmer eingeschlossen, und Michelangelo, der keine Lust hatte, auf eine Audienz zu warten, ging, ohne ein Wort zu sagen, wieder fort. Jacopo, der von seinem Besuch benachrichtigt wurde und ihn in Florenz nicht mehr fand, schickte ihm die tausend Scudi nach Carrara. Der Bote verlangte von Michelangelo eine Quittung, erhielt aber zur Antwort: Das Geld sei für Ausgaben des Papstes und nicht für ihn selber bestimmt; er möge es nur wieder mitnehmen, denn für andere pflege er keine Quittungen und Empfangsscheine auszustellen. Worauf der Bote aus lauter Angst ohne Bestätigung zu Jacopo heimkehrte.[606]

Während Michelangelo nun in Carrara den Marmor für das Grabmal von Papst Julius und für die Kirchenfassade brechen ließ, die er zu vollenden gedachte, schrieb man ihm, Papst Leo hätte vernommen, es gäbe in den Bergen von Seravezza, auf florentinischem Gebiet, hoch oben auf dem höchsten Berg, der Altissimo genannt wurde, Marmor von der gleichen Güte und Schönheit wie in Carrara. Dies war Michelangelo schon bekannt, doch offenbar wollte er darauf nicht eingehen, weil er mit dem Herrn von Carrara, dem Marchese Alberigo, befreundet war; ihm zuliebe wollte er eher den Marmor von Carrara als den von Seravezza nehmen. Er war wohl auch der Meinung, das sei ein langwieriges Unternehmen, über dem man viel Zeit verlieren würde, wie es dann auch wirklich zutraf. Dessen ungeachtet wurde er gezwungen, nach Seravezza zu gehen, obwohl er dagegen anführte, das würde mehr Mühe und Kosten verursachen, vornehmlich am Anfang, und vielleicht nicht einmal so gut sein. Doch der Papst wollte davon nichts hören. Es musste aber eine mehrere Meilen lange Straße über das Gebirge gebaut und mit Hämmern und Pickeln Gestein zerkleinert werden, um sie einzuebnen; sumpfige Stellen mussten mit Pfahlwerk überbrückt werden, sodass Michelangelo viele Jahre verlor, um den Willen des Papstes zu erfüllen.[607] Endlich brach man fünf Säulen in der richtigen Größe, von denen jetzt eine auf der Piazza S. Lorenzo in Florenz aufgestellt ist, während die anderen am Meeresstrand liegen; und um dessentwillen wurde der Marchese Alberigo, der sein Geschäft gestört sah, Michelangelos größter Feind, obwohl dieser nichts dafür konnte. [...]

Michelangelo kehrte nach Florenz zurück und verlor bald mit dieser, bald mit jener Sache viel Zeit. Unter anderem machte er damals das Modell zu den Fenstern mit gebrochenem Giebel für die Eckzimmer des Palastes der Medici[608], deren eines Giovanni da Udine mit Stuck ausgeschmückt und gemalt hat, ein sehr rühmliches Werk; er ließ auch von dem Goldschmied Piloto nach seinen eigenen Angaben die berühmten Fensterläden aus durchbrochenem Kupfer anfertigen, die mit Recht bewundert werden.

Mit dem Brechen des Marmors verlor Michelangelo viele Jahre, wenn er auch unterdessen Wachsmodelle und andere kleinere Dinge für den Bau ausführte. Doch das Unternehmen zog sich dermaßen in die Länge, dass die vom Papst dafür bestimmten Gelder inzwischen für den lombardischen Krieg verbraucht wurden; infolge des Todes von Papst Leo blieb es schließlich unvollendet[609], da man nichts anderes getan hatte, als das vordere Fundament zu legen und eine große Marmorsäule auf die Piazza S. Lorenzo zu schaffen.

Der Tod Leos versetzte die Künstler und Handwerker in Rom wie auch in Florenz in solchen Schrecken, dass Michelangelo während der ganzen Regierungszeit von Hadrian VI. in Florenz blieb und am Grabmal von Papst Julius arbeitete.[610] Nach Hadrians Tod jedoch wurde Clemens VII. zum Papst erwählt, dem nicht minder als Leo und seinen anderen Vorgängern daran lag, auf dem Gebiet der Baukunst, der Skulptur und der Malerei einen glänzenden Namen zu hinterlassen. Zu dieser Zeit, nämlich im Jahre 1525, wurde Giorgio Vasari in noch kindlichem Alter vom Kardinal von Cortona[611] nach Florenz gebracht und zu Michelangelo in die Lehre gegeben. Doch da dieser von Clemens VII. wegen des Baus der Bibliothek von S. Lorenzo und der neuen Sakristei nach Rom berufen wurde[612], in der der Papst die Marmorgrabmäler seiner Vorfahren, gleichfalls von Michelangelos Hand, aufzustellen gedachte, wurde beschlossen, Vasari einstweilen bei Andrea del Sarto unterzubringen, und Michelangelo ging selbst in dessen Werkstätte, um ihm den Jungen zu empfehlen.

Michelangelo reiste eilig nach Rom, auch weil er aufs Neue von Herzog Francesco Maria von Urbino, dem Neffen von Papst Julius, bedrängt wurde, der behauptete, Michelangelo hätte sechzehntausend Scudi für das Grabmal erhalten und treibe sich jetzt nach Lust und Laune in Florenz herum, und drohend hinzufügte: Wenn er sich nicht an die Arbeit mache, würde es ihm schlimm ergehen! Nach seiner Ankunft in Rom riet ihm Papst Clemens, der seine Dienste selbst in Anspruch nehmen wollte, mit den Agenten des Herzogs abzurechnen; denn seiner Meinung nach wäre er nach allem, was er schon vollbracht, eher der Gläubiger als der Schuldner des Herzogs. Und der Handel blieb liegen.

Der Papst besprach sich mit Michelangelo über viele Dinge, bis man endlich beschloss, die neue Sakristei und Bibliothek von S. Lorenzo in Florenz zu vollenden. Er reiste daher nach Florenz zurück und errichtete die Kuppel, wie man sie jetzt sieht, in mannigfacher Anordnung[613];

vom Goldschmied Piloto ließ er eine Kugel mit zweiundsiebzig Flächen dafür verfertigen, die wunderbar schön ist. Während er mit der Wölbung beschäftigt war, sagten ihm einige Freunde: «Ihr solltet die Laterne von Eurer Kapelle ganz anders machen als die von Filippo Brunelleschi.» Worauf er erwiderte: «Anders kann man sie machen, aber nicht besser!»

Im Inneren errichtete er zum Schmuck der Wände vier Grabmäler für die sterblichen Hüllen der Väter der beiden Päpste: für Lorenzo den Alten und Giuliano, seinen Bruder, sowie für Giuliano, den Bruder von Papst Leo, und Herzog Lorenzo, seinen Neffen.[614] Und da er sie zwar nach dem Vorbild der alten Sakristei von Filippo Brunelleschi[615] errichten, aber auf eine ganz neue Art ausschmücken wollte, so brachte er drinnen eine Mischung der mannigfaltigsten, ungewöhnlichsten Verzierungen an, wie sie noch zu keiner Zeit, weder von alten noch von neueren Meistern, geschaffen wurden; denn die wunderschönen Gesimse und Kapitelle, Sockel und Pforten, Tabernakel und Grabmäler sind in ihrer Neuheit völlig verschieden von dem, was gemeinhin als Maß, Ordnung und Regel galt, sowie von den Bestimmungen Vitruvs und der Antike, denen er sich nicht anschließen mochte. Diese Kühnheit verlieh den Künstlern, die Michelangelo auf seine Weise verfahren sahen, den Mut, es ihm nachzutun, und seither hat man neue Erfindungen gesehen, die nicht den herkömmlichen Gesetzen der Ornamentik entsprechen, sondern eher grotesk zu nennen sind. Dafür, dass er die Ketten und Bande brach, die alle zwangen, auf dem gemeinsamen Weg immer weiterzugehen, sind ihm die Künstler zu immerwährendem, unendlichem Dank verpflichtet. Doch noch besser und einleuchtender offenbarte er seine neue Methode in der Bibliothek von S. Lorenzo am gleichen Ort, in der schönen Anordnung der Fenster, der Einteilung der Decke und dem wunderbaren Eingang. Nie erblickte man eine kühnere Anmut im Ganzen wie in den einzelnen Teilen eines Bauwerks, in den Tragsteinen, Tabernakeln oder Gesimsen, noch eine bequemere Treppe, die obendrein mit ihren seltsam eigenwilligen Abstufungen so sehr vom üblichen Brauch abweicht, dass jedermann darüber staunte.[616] [...]

Gleichzeitig führte er die Werke im Inneren der Sakristei weiter, wovon sieben Statuen zum Teil ganz, zum Teil nicht ganz vollendet erhalten sind. Mit ihnen sowie mit der neuartigen Architektur der Grabmäler übertraf er, wie man bekennen muss, jeden Meister auf dem Gebiet der drei Künste; davon zeugen vor allem die Statuen an diesem Ort – die, die er im Groben ausgehauen, und die, die er vollendet hat. Die eine stellt eine Mutter Gottes in sitzender Stellung dar, das rechte Bein über das linke gekreuzt, sodass ein Knie auf dem anderen ruht; das Kind sitzt rittlings auf dem übergelegten Bein und wendet sich, die Brust verlangend, mit einer reizenden Bewegung der Mutter zu, die es mit einer Hand hält, während sie sich, auf die andere gestützt, vorneigt, um ihm die Brust zu geben. [...]

Doch noch mehr muss jeden Betrachter der Grabmäler von Giuliano und Lorenzo de' Medici der Gedanke von Michelangelo verblüffen, dass die Erde allein nicht ausreichte, um der Größe dieser Männer eine ehrenvolle Ruhestätte zu bieten; er wollte, dass alle Teile der Welt daran teilhaben und ihre Sarkophage umringen sollten. So stellte er bei dem einen den Tag und die Nacht, beim anderen die Morgenröte und die Abenddämmerung dar. Diese Statuen sind in Form und Bewegung von der größten Schönheit, und die Muskulatur ist so erfindungsreich gearbeitet, dass die Kunst, falls sie je verloren ginge, durch sie allein auf ihre vormalige Höhe zurückgeführt werden könnte.

Unter weiteren Statuen erkennt man die beiden Heerführer in vollem Waffenschmuck: den gedankenvollen Herzog Lorenzo, gleichsam ein Abbild der Weisheit, mit so herrlich modellierten Beinen, dass man es nicht besser sehen könnte, und den kühnen Herzog Giuliano; Haupt und Hals, die Linien der Augenhöhlen, der Nase und des Mundes, Hände, Arme, Knie und Füße, kurz alle Teile, sind von einer Schönheit, dass die Augen sich nie daran sattsehen können. Wahrhaftig, wer die prachtvollen Harnische und Fußbekleidungen betrachtet, muss sie nicht für irdisch, sondern für himmlisch halten. Was aber soll ich von der Morgenröte sagen, einer nackten weiblichen Gestalt, die dazu geschaffen scheint, die Schwermut der Seele zu erwecken und den Meißel des Bildhauers zu verwirren? Ihre Stellung zeigt, dass sie jäh aus tiefem Schlaf gerissen wurde und sich hastig von ihrem Lager erhebt, weil sie, erwachend, die Augen des großen Fürsten vom Tod versiegelt fand; voll bitterem Gram, doch in unzerstörbarer Schönheit, windet sie sich vor Schmerz. Und was könnte ich endlich von der Nacht sagen, dieser nicht nur selten schönen, sondern einzigartigen Statue? Wer hat je in irgendeinem Jahrhundert antike oder neuere Statuen gesehen, die nicht nur die

Ruhe des Schlafes, sondern gleichzeitig den tiefen Schmerz über einen unersetzlich schweren Verlust ausdrücken? Kein Zweifel, dies ist die Nacht, die alle jene verdunkelte, die den Michelangelo eine Zeitlang in der Bildhauerei und der Zeichenkunst wenn auch nicht zu übertreffen, so doch zu erreichen gedachten. In dieser Figur liegt die ganze Schlaftrunkenheit, die man in den Gesichtern von Schlafenden sieht. [...]

Wahrlich, hätte die Feindschaft, die zwischen dem Glück und der Tugend herrscht, hätte die Güte des Ersteren und die Eifersucht der Letzteren ihn dies Werk vollenden lassen, so hätte die Kunst der Natur beweisen können, dass sie ihr in jedem Gedanken weit überlegen ist. Während indessen Michelangelo mit Eifer und großer Liebe an diesem Werk arbeitete, erfolgte im Jahre 1529 die Belagerung von Florenz, die dessen Beendigung sehr behinderte. Er konnte nur noch wenig oder gar nichts daran tun, da die Bürger ihm die Verantwortung für die Befestigung aufgeladen hatten, und zwar nicht nur von S. Miniato, sondern von der ganzen Umgegend. Er hatte der Republik tausend Scudi geliehen, und da er dem Kriegsrat der Neun angehörte, wandte er jeden Sinn und Gedanken der Vervollkommnung der Festungswerke zu. Doch diese wurden schließlich von den feindlichen Truppen ringsum eingeschlossen, die Hoffnung auf Hilfe schwand allmählich dahin, die Schwierigkeit, sich zu halten, stieg; und Michelangelo, der für die Sicherheit seiner Person zu fürchten begann, beschloss, von Florenz nach Venedig zu ziehen, ohne sich unterwegs jemandem zu erkennen zu geben.[617] Er verließ die Stadt heimlich, ohne dass es jemand wusste, über die Bergstraße von S. Miniato und nahm nur seinen Schüler Antonio Mini und den Goldschmied Piloto mit, seinen treuen Freund; jeder von ihnen trug auf dem Rücken eine Anzahl Scudi, in das Futter der Jacke eingenäht. [...]

So gelangte er schließlich nach Venedig, wo viele der Vornehmen seine Bekanntschaft zu machen wünschten. Da er indes niemals recht glauben konnte, dass solche Leute etwas von seinem Beruf verstünden, verließ er die Giudecca, wo er wohnte. Man sagt, dass er damals auf Ersuchen des Dogen Gritti den Entwurf für die Rialto-Brücke gemacht hätte, welcher, was Erfindung wie Ausschmückung anbelangt, etwas ganz Außerordentliches ist.[618] Inzwischen wurde er inständig gebeten, in seine Vaterstadt zurückzukehren und die dortigen Unternehmen nicht im Stich zu lassen, und da man ihm sicheres

Geleit schickte, reiste er schließlich, von seiner Heimatliebe getrieben, nicht ohne Lebensgefahr nach Florenz zurück.[619] In dieser Zeit vollendete er die Leda, die der Herzog Alfonso bei ihm bestellt hatte. Sie wurde nachmals von seinem Schüler Antonio Mini nach Frankreich gebracht. [...]

Nach Abschluss des Friedensvertrags erhielt Baccio Valori, als Kommissär des Papstes, den Auftrag, einige der heftigsten Parteigänger unter den Bürgern festzunehmen und ins Bargello zu werfen. Das Gericht selbst ließ Michelangelo in seiner Wohnung suchen. Der war aber, da er etwas Ähnliches ahnte, heimlich in das Haus eines vertrauten Freundes geflüchtet und hielt sich dort viele Tage verborgen, bis die heftigste Erbitterung sich gelegt hatte. Auch erinnerte sich Papst Clemens der großen Leistungen Michelangelos, ließ eifrig nach ihm forschen und gab Befehl, ihm nichts vorzuwerfen, sondern ihm vielmehr zu sagen, er würde wieder sein früheres Gehalt beziehen, wenn er zu der Arbeit in S. Lorenzo zurückkehre, über die Giovan Battista Figiovanni, ein alter Diener des Hauses Medici und Prior von S. Lorenzo, zum Oberaufseher ernannt worden war. So fühlte sich Michelangelo wieder sicher. Um sich Baccio Valori zum Freund zu machen, begann er eine drei Ellen hohe Marmorfigur, Apoll, der einen Pfeil aus seinem Köcher zieht, und vollendete sie fast ganz. Sie steht heute im Zimmer des Fürsten von Florenz und ist, obgleich nicht völlig ausgeführt, ein außerordentliches Werk.[620] [...]

Michelangelo fand es nun angemessen, nach Rom zu Papst Clemens zu gehen, der ihm zwar zürnte, ihm jedoch aus Liebe zur Kunst alles verzieh und ihn anwies, nach Florenz zurückzukehren, um die Bibliothek und Sakristei von S. Lorenzo zu vollenden; um das Werk zu fördern, verteilte man eine Menge dazugehöriger Statuen an andere Meister. Zwei wurden dem Tribolo, eine dem Raffael da Montelupo und eine dem Servitenbruder Fra Giovan Agnolo in Auftrag gegeben, und Michelangelo leistete allen diesen Bildhauern Beistand, indem er für jeden ein Tonmodell der betreffenden Figur entwarf.[621] Während alle wacker daran arbeiteten, befasste er sich weiter mit der Bibliothek; die Holzschnitzereien der Decke wurden von den trefflichen Florentiner Schnitz- und Schreinermeistern Carota und Tasso nach seinen Modellen ausgeführt sowie ebenso die Büchergestelle von Battista del Cinque und Michelangelos Freund Ciapino, die beide in ihrem Beruf sehr geschickt waren. Zur letzten Vollendung des Werks berief man den göttlichen Giovanni da Udine nach Florenz, der mit seinen Gehilfen und einigen florentinischen Meistern die Kuppel mit Stuckaturen ausschmückte. Kurz, man suchte das große Unternehmen mit allem Eifer zu Ende zu führen, und Michelangelo wollte die Statuen bereits aufstellen, als es dem Papst in den Sinn kam, ihn zu sich kommen zu lassen, um die Wände der Sixtinischen Kapelle, deren Decke er für seinen Verwandten, Julius II., gemalt hatte, gleichfalls mit Bildern zu schmücken.[622] Und zwar wünschte der Papst, dass er auf der Hauptwand, wo der Altar steht, das Jüngste Gericht darstelle, um mit diesem Bild zu zeigen, was die Malkunst überall zu leisten vermöchte; auf der gegenüberliegenden Wand aber, oberhalb des Hauptportals, sollte man sehen, wie Luzifer zur Strafe für seinen Hochmut aus dem Himmel vertrieben und zusammen mit allen Engeln, die sich seiner Sünde teilhaftig gemacht hatten, in die tiefste Hölle gestürzt wird. Zu diesen Szenen hatte Michelangelo, wie man später erfuhr, schon viele Jahre vorher Skizzen und verschiedene Entwürfe angefertigt. […]

Während Michelangelo diese Zeichnungen und Kartons zu der Wand mit dem Jüngsten Gericht herstellen ließ[623], hatte er keine Ruhe mehr vor den Agenten des Herzogs von Urbino, die ihn beschuldigten, von Julius II. sechzehntausend Scudi für das Grabmal erhalten zu haben. Da ihm diese Anschuldigungen unerträglich waren, wünschte er das Werk doch irgendwann einmal zu vollenden, obwohl er schon alt war, und er wäre, weil die Gelegenheit dazu sich ungesucht geboten, sehr gern in Rom geblieben; auch hatte er Angst, nach Florenz zurückzukehren, da er glaubte, dass ihm der Herzog Alessandro de' Medici nicht günstig gesinnt sei. Als ihm daher dieser durch Alessandro Vitegli sagen ließ, er möge kommen und sehen, welcher Platz sich am besten für den Bau des Kastells und der Festung von Florenz eigne, antwortete er, dass er nur auf Befehl des Papstes Rom verlassen würde.

Endlich aber wurde der Vertrag wegen des Grabmals abgeschlossen[624], und zwar sollte er es vollenden, doch nicht in Form eines frei stehenden Bauwerks mit vier Seiten, sondern nur mit einer Fassade, wie sie Michelangelo gut scheine. Zugleich musste er versprechen, dort sechs Statuen von seiner Hand aufzustellen. Hingegen räumte ihm der Herzog von Urbino vertragsmäßig das Recht ein, vier Monate des Jahres für Papst Clemens zu arbeiten, entweder in Florenz oder wo es sonst sei. Hierdurch glaubte Michelangelo sich Ruhe verschafft zu haben. Dennoch vollendete er das Grabmal auch jetzt noch nicht, weil Papst Clemens äußerst begierig war, den höchsten Beweis seiner Kunst zu sehen, und ihn anhielt, sich den Kartons zum Jüngsten Gericht zu widmen. Michelangelo ließ den Papst zwar sehen, dass er sich damit beschäftige, gab sich aber dieser Tätigkeit nicht mit ganzer Kraft hin, sondern arbeitete heimlich an den Statuen zum Grabmal.

Im Jahre 1533 starb Papst Clemens[625], und der Bau der Sakristei und Bibliothek in Florenz, den man so eifrig zu vollenden gestrebt, blieb wiederum liegen. Nun meinte Michelangelo wahrhaftig frei zu sein und das Grabmal von Julius II. endlich ausführen zu können. Als jedoch Paul III. zum Papst gewählt wurde, dauerte es nicht lange, bis er ihn zu sich rief und ihn unter vielen Artigkeiten und Versprechungen bat, in seine Dienste zu treten, da er ihn bei sich zu behalten wünsche. Dies lehnte Michelangelo ab, indem er erklärte, er sei bis zur Vollendung des Grabmals dem Herzog von Urbino vertraglich verpflichtet. Darüber geriet der Papst in Zorn und rief: «Seit dreißig Jahren habe ich diesen Wunsch, und jetzt, da ich Papst bin, soll ich ihn mir nicht erfüllen? Ich werde den Vertrag zerreißen! Ich habe beschlossen, dass du mir auf jeden Fall dienen wirst.»

Angesichts eines solchen Beschlusses fühlte sich Michelangelo versucht, Rom zu verlassen und irgendeinen Weg zu finden, um das Grabmal doch noch zu vollenden. Aber vorsichtig, wie er war, fürchtete er die Macht des Papstes und gedachte ihn, der schon bejahrt war, mit Worten hinzuhalten, ehe es zu etwas käme. Der Heilige Vater, der ein großartiges Werk von Michelangelo ausführen lassen wollte, begab sich eines Tages mit zehn Kardinälen in sein Haus, wo er alle Statuen zum Grabmal von Papst Julius zu sehen verlangte. Sie schienen ihm wunderbar, vornehmlich der Moses, von dem der Kardinal von Mantua meinte: Diese Figur allein genüge, um Papst Julius zu ehren. Nachdem der Papst sich auch die Kartons und Entwürfe für die Wand der Kapelle angeschaut hatte, die ihm ganz staunenswert vorkamen, bat er Michelangelo wiederum aufs Dringlichste, in seine Dienste zu treten, und versprach zu bewirken, dass der Herzog von Urbino sich mit drei Statuen von seiner Hand begnüge und die übrigen nach seinen Modellen von anderen trefflichen Meistern ausführen lasse. So wurde, nachdem Seine Heiligkeit mit den Agenten des Herzogs verhandelt hatte, ein neuer Vertrag abgeschlossen, den der Herzog bestätigte, und Michelangelo bot sich freiwillig an, die drei Statuen zu bezahlen und aufstellen zu lassen, wofür er auf der Bank der Strozzi eintausendfünfhundertachtzig Dukaten hinterlegte. Dem hätte er sich entziehen können, und er meinte, er habe genug getan, um endlich ein so langwieriges und verdrießliches Unternehmen los zu sein.[626] [...]

Michelangelo hatte sich, da ihm nichts anderes übrig blieb, entschlossen, Papst Paul zu dienen[627], und dieser wünschte, er solle die von Clemens angeordnete Arbeit fortsetzen, ohne an der Idee oder am Entwurf, den man ihm vorgelegt hatte, irgendetwas zu ändern. So ließ denn Michelangelo vor der Hauptwand der Kapelle eine Vormauer aus gut gefügten, ausgewählten und sorgfältig gebrannten Ziegeln aufrichten, da eine solche nicht dagewesen war, und zwar in Schräglage, sodass sie oben eine halbe Elle Abstand, damit Staub und Schmutz nicht darauf haften könnten. Auf die Einzelheiten in der Erfindung und Komposition des Bildes will ich nicht eingehen; es gibt davon so viele große und kleine Abbildungen und Kupferstiche, dass es mir nicht notwendig scheint, mit seiner Beschreibung Zeit zu verlieren. Nur so viel will ich sagen: Man erkennt, dass dieser einzigartige Meister nichts anderes wollte, als mit seinem Pinsel den vollkommenen, aufs Schönste proportionierten Bau des menschlichen Körpers in den mannigfaltigsten Stellungen und Bewegungen darzustellen und damit auch gleichzeitig die leidenschaftlichen oder ruhevollen Affekte der Seele anschaulich zu machen; wobei es ihm genug war, sich in dem zu erweisen, worin er den anderen Künstlern durchaus überlegen war, und ihnen den Weg zu der großartigen Manier zu zeigen, in der er, alle Schwierigkeiten der Zeichnung meisternd, nackte Gestalten darstellte. Auf diesem Gebiet, das ja die hauptsächlichste Aufgabe der Kunst bildet, war er bahnbrechend; und einzig diesem Ziel hingegeben, bekümmerte er sich nicht viel um den Reiz des Kolorits, um originelle Gedanken und launische Einfälle oder um gewisse Subtilitäten und Finessen, die von anderen Künstlern, vielleicht mit einigem Recht, nicht gänzlich vernachlässigt werden. Mancher in der Zeichnung nicht so gründlich gefestigte Maler sucht durch Mannigfaltigkeit der Tinten, durch Farbübergänge und alle möglichen bizarren, neuen Einfälle, kurz auf einem ganz entgegengesetzten Weg, Geltung zu gewinnen; denen aber, die hinreichendes Können besitzen, hat Michelangelo, unverrückbar fest auf dem ureigensten Boden der Kunst stehend, gezeigt, wie man zur Vollkommenheit streben sollte.

Um auf das Werk zurückzukommen, so hatte Michelangelo schon mehr als drei Viertel davon vollendet, als der Papst es eines Tages besichtigen kam. Der Zeremonienmeister, Biagio von Cesena, ein sehr gewissenhafter Herr, war auch dabei, und als er befragt wurde, was er davon halte, entgegnete er: Es widerspräche aller Schicklichkeit, an einem so heiligen Ort eine Menge nackter Gestalten zu malen, die aufs Unanständigste ihre Blößen zeigten; dies sei kein Werk für eine päpstliche Kapelle, sondern für eine Badestube oder Kneipe. Das verdross Michelangelo, und um sich zu rächen, bildete er den Zeremonienmeister, sobald er fort war, nach dem Gedächtnis in der Höllengestalt des Minos ab, die Beine von einer großen Schlange umwunden, inmitten eines Gewimmels von Teufeln; und es nützte Messer Biagio nichts, dass er sich an den Papst und an Michelangelo wandte und bat, man möge sein Bild entfernen; es blieb zur Erinnerung an diese Geschichte stehen, wie man es noch heute dort sieht.

Um diese Zeit geschah es, dass Michelangelo aus ziemlicher Höhe vom Gerüst herabstürzte und sich am Bein verletzte; voll Zorn und Schmerz wollte er sich von niemandem behandeln lassen. Nun war aber damals sein Freund, der Magister Baccio Rontini aus Florenz, ein geschickter Arzt und großer Kunstfreund, noch am Leben, der ihn eines Tages voller Teilnahme besuchen kam. Da niemand auf sein Klopfen antwortete, drang er auf geheimen Wegen ins Haus ein und suchte von Zimmer zu Zimmer, bis er schließlich zu Michelangelo gelangte, der ganz verzweifelt dalag. Unter diesen Umständen wollte Meister Baccio ihn auf keinen Fall verlassen, sondern blieb bei ihm, bis er wieder hergestellt war. Von seinem Übel geheilt, kehrte Michelangelo zu seinem Bild zurück und vollendete es in wenigen Monaten unausgesetzter Arbeit. Er verlieh den Gestalten eine solche Ausdruckskraft, dass er das Wort Dantes verwirklichte: «Die Toten schienen tot, die Lebenden lebendig.» Man erkennt den Jammer der Verdammten und die Freude der Seligen. [...]

Acht Jahre lang mühte sich Michelangelo an diesem Werk und deckte es, wie ich glaube, am Weihnachtstag des Jahres 1541 auf, zum Staunen und zur Bewunderung von ganz Rom, ja der ganzen Welt.[628] Auch ich, der damals in Venedig weilte und eigens nach Rom reiste, um es zu sehen, war davon tief beeindruckt.

Wie bereits berichtet wurde, hatte Papst Paul von Antonio da Sangallo nach dem Vorbild der Kapelle von Nikolaus V. im gleichen Stockwerk eine andere Kapelle, die sogenannte Paolina, erbauen lassen und beschloss nun, dass Michelangelo darin zwei große Bilder malen sollte.[629] Auf dem einen stellte dieser die Bekehrung des Paulus dar. In den Wolken sieht man Christus, umgeben von einer Schar unbekleideter Engel in den anmutigsten Bewegungen, unten auf der Erde Paulus, der, von Schrecken betäubt, vom Pferd gestürzt ist; Kriegsleute ringsum, die einen bemüht, ihm beizuspringen, während andere, durch die Stimme und den Glanz Christi in Furcht und Staunen versetzt, sich mit mannigfachen schönen Bewegungen zur Flucht wenden; das flüchtig gewordene Ross scheint in seinem rasenden Lauf alle, die es zurückzuhalten suchen, mit sich fortzureißen – das Ganze mit außerordentlicher Kunst gezeichnet und ausgeführt. Auf dem zweiten Bild sieht man die Kreuzigung des Apostels Petrus. Er ist nackt an das Kreuz geheftet – eine wunderbare Gestalt; die Henker haben ein Loch in den Erdboden gegraben und wollen nun das Kreuz so aufrichten, dass der Gekreuzigte mit den Füßen in der Luft hängt. Das Bild enthält eine Fülle bemerkenswerter, schöner Gedanken. Michelangelo zeigte sich darin einzig auf vollendete künstlerische Gestaltung bedacht, wie wir es schon an anderer Stelle erwähnten. Man findet hier keine Landschaft, weder Bäume noch Gebäude; auch verschmähte er eine gewisse Lieblichkeit und Mannigfaltigkeit der Kunst, als wollte sein hoher Geist sich nicht zu solchen Dingen herablassen. Dies waren seine letzten Gemälde, ausgeführt im Alter von fünfundsiebzig Jahren und, wie er mir sagte, unter großen Beschwerden, denn die Malerei, vornehmlich die Freskomalerei, ist keine Arbeit für alte Leute. […]

Michelangelos Geist und Talent konnten nicht müßig bleiben; und da er nicht mehr zu malen vermochte, nahm er einen Marmorblock und machte sich daran, daraus einen Tod Christi mit vier überlebensgroßen Gestalten zu meißeln, zum Zeitvertreib und Vergnügen, weil, wie er zu sagen pflegte, die Übung mit dem Hammer seinen Körper gesund erhielte.[630] Dieser Christus, der offenbar gerade vom Kreuz genommen wurde, wird von der Madonna umfangen, während Nikodemus, breitbeinig dastehend, den toten Leib mit seiner ganzen Kraft stützt und eine der Marien, die sieht, dass der Mutter Gottes vor Schmerz die Kräfte schwinden, ihr beisteht. Noch niemals und nirgends sah man einen leblosen Körper wie diesen Christus, der mit schlaffen Gliedern in einer Stellung niedersinkt, wie sie weder von Michelangelo noch von anderen jemals dargestellt wurde – ein gänzlich neuartiges, mühevolles Werk, wie es kaum je aus einem Stein gehauen wird, von wahrhaft göttlicher Schönheit. Es blieb unvollendet und erlebte mancherlei Missgeschick, obwohl Michelangelo beabsichtigt hatte, es für sein eigenes Grab am Fuß des Altars zu verwenden, wo er es aufzustellen gedachte.

Im Jahre 1546 starb Antonio da Sangallo, und da es nun an einem Meister fehlte, um den Bau von St. Peter zu leiten, gab es viele Verhandlungen zwischen der Baukommission und dem Papst, wem das Amt übertragen werden sollte. Endlich beschloss Seine Heiligkeit, wie ich glaube, auf göttliche Eingebung, nach Michelangelo zu schicken. Michelangelo suchte sich der Bürde zu entziehen, indem er erklärte, dass die Baukunst nicht sein eigentliches Fach sei; und da Bitten nichts fruchteten, befahl ihm zuletzt der Papst geradezu, das Amt anzunehmen.[631] So musste er sehr wider seinen Wunsch und Willen auf dieses Unterfangen eingehen. Als er nun eines Tages nach S. Pietro kam, um das Holzmodell von Sangallo[632] anzusehen und den Bau der Kirche zu überprüfen, fand er dort die ganze sangallische Sippschaft beisammen; diese Leute drängten sich vor und sagten ihm, so fein sie's nur vermochten, wie sie sich freuten, dass er die Leitung des Baus bekommen hätte, und fügten hinzu, dass jenes Modell eine Wiese wäre, worauf es ihm wohl niemals an Weide mangeln würde. «Ihr sprecht wahr», entgegnete Michelangelo, der, wie er einem Freund erklärte, damit sagen wollte: für die Schafe und Ochsen, die nichts von der Kunst verstehen. Öffentlich pflegte er dann zu erklären, Sangallo habe dem Bau nicht genug Licht gegeben und außen zu viele Säulenreihen übereinandergetürmt; mit seinen unzähligen Vorsprüngen und seiner überladenen Gliederung nähere er sich weit eher dem deutschen Stil als der guten antiken oder der schönen, anmutigen modernen Bauweise; im Übrigen könne man bei dem Bau fünfzig Jahre Zeit und über dreihunderttausend Scudi Kosten einsparen und gleichzeitig dem Entwurf mehr Majestät und Größe, Schönheit und Bequemlichkeit verleihen. Dies legte er an einem Modell dar, das er anfertigte, um der Kirche die Gestalt zu geben, in der sie nunmehr vor uns steht, und bewies so die Wahrheit seiner Worte. [...]

Schließlich stellte ihm der Papst ein Motuproprio[633] aus und ernannte ihn damit in aller Form zum obersten Leiter des Baus, mit der Vollmacht, nach seinem eigenen Gutdünken zu schaffen und einzureißen, hinzuzufügen und fortzunehmen und zu verändern, was er wollte; auch sollte die ganze Baubehörde seinem Willen unterworfen sein. Angesichts dieser Zusicherung und des großen Vertrauens, das der Papst in ihn setzte, wollte auch Michelangelo seine gute Gesinnung zeigen und verlangte, dass in dem Motuproprio erklärt werde, er diene dem Bau um Gottes willen, ohne allen Lohn. [...]

Der Papst genehmigte Michelangelos Modell, nach dem die Peterskirche kleiner im Umfang, in der Wirkung aber umso größer wurde – zur Zufriedenheit aller, die ein richtiges Urteil haben, wenn auch gewisse Leute, die sich als Sachverständige ausgeben (es aber in Wahrheit nicht sind), es nicht billigen. Michelangelo fand, dass die vier von Bramante erbauten und von Antonio da Sangallo unverändert beibehaltenen Hauptpfeiler, die die Last der Tribuna zu tragen hatten, zu schwach waren, füllte sie zum

Teil aus und baute daneben zwei Wendel- oder Schneckentreppen mit flachen Stufen, auf denen die Saumtiere hinaufsteigen, um das ganze Baumaterial bis zur Spitze zu tragen, wie auch auf demselben Weg Menschen bis zur Plattform oberhalb der Bogen reiten können. Er führte das erste, ringsherum laufende Gesims über den Bogen in Travertin aus – ein Werk von wunderbarer Anmut, das sich von allen anderen der gleichen Art durchaus unterscheidet und nicht besser gemacht werden könnte. Auch begann er die beiden großen Nischen im Querschiff; wo man aber nach der Angabe von Bramante, Baidassare und Raffael, der auch Sangallo gefolgt war, acht Tabernakel angelegt hatte, machte Michelangelo nur drei; darin baute er drei Kapellen, darüber die Wölbung aus Travertin und eine Reihe Fenster von verschiedenartiger Form und großartiger Wucht und Wirkung, da sie das volle Tageslicht einlassen. Weil sie ausgeführt sind und als Kupferstich erscheinen, und zwar nicht nur die von Michelangelo, sondern auch jene von Sangallo, will ich sie hier nicht näher beschreiben. [...]

Das römische Volk hatte den vom Papst begünstigten Wunsch, dem Kapitol eine schöne, zweckmäßige Gestalt zu verleihen, es mit Säulenreihen, Treppen und sanft geneigten Aufgängen bequem auszustatten und den ganzen Ort mit den schon vorhandenen antiken Statuen auszuschmücken. Da man dafür Michelangelos Rat begehrte, verfertigte er einen herrlichen, prunkvollen Entwurf[634], wonach an der Seite, wo der Senator wohnt, also gegen Osten hin, eine Fassade aus Travertin errichtet werden sollte, dazu eine breite Treppe, die in zwei schön geschwungenen Armen zu einem Podest führt, von dem man unmittelbar in den Saal des Palastes gelangt, mit mannigfaltig und reich verzierten Geländern, die zugleich als Stütze sowie als Brustwehr dienen; zum größeren Schmuck ließ Michelangelo am Fuß der beiden Aufgänge auf je einem Postament die beiden antiken Marmorstatuen, den Tiber und den Nil, aufstellen, neun Ellen lange, liegende Gestalten von höchster Schönheit, und in die große Nische zwischen den Treppenarmen sollte ein Jupiter kommen. Für die Südseite, wo sich der Konservatorenpalast befindet, entwarf er, um das Gebäude viereckig zu gestalten, eine reich und mannigfaltig ausgeschmückte Fassade, zu ebener Erde eine Loggia mit Säulen und Nischen, in denen viele antike Statuen ihren Platz haben, und ringsum Fenster und Türen mit prächtigen Verzierungen, von denen ein Teil schon ausgeführt ist.[635] Für die gegenüberliegende Nordseite, unterhalb der Kirche Aracoeli, ist eine ähnliche Fassade vorgesehen; an der gegen Westen zu gelegenen Vorderfront aber, wo sich der Haupteingang befindet, soll ein sanfter Anstieg zu einem von Geländern und Säulen eingefriedeten Vorplatz führen, auf dessen Sockeln die ganze Versammlung edler, antiker Statuen, an denen das Kapitol so reich ist, untergebracht werden soll. Im Mittelpunkt des Platzes stellte man auf einem ovalen Sockel das hochberühmte Bronzepferd mit der Reiterstatue des Mark Aurel auf, das Papst Paul vom Lateranplatz, wohin Sixtus IV. es hatte bringen lassen, wieder entfernen ließ. Das ganze Gebäude ist so schön geworden, dass es wohl verdient, unter die besten Werke Michelangelos gezählt zu werden. Die Fertigstellung des Baus erfolgt gegenwärtig unter der Leitung des römischen Edelmanns Tommaso de' Cavalieri, der einer der besten Freunde war, die Michelangelo je besaß.

Paul III. hatte den Bau des Palazzo Farnese von Sangallo fortführen lassen; als aber jetzt, nach dessen Tod, das Gesims ganz oben am Dach aufgesetzt werden sollte, wünschte Seine Heiligkeit, dass es nach Michelangelos Entwurf und Angaben geschähe.[636] Dieser konnte einem

Papst, der ihm so viele Ehren und Freundlichkeiten erwies, nicht gut etwas abschlagen; so ließ er ein sechs Ellen langes Holzmodell in der Größe des Gesimses verfertigen und an einer Ecke des Palastes anbringen, um die Wirkung des fertigen Werks zu zeigen. Da es dem Papst nicht minder als ganz Rom gefiel, wurde es nachmals so weit ausgeführt, wie man es jetzt sieht, und kann als das schönste und mannigfaltigste von allen antiken oder neueren Werken dieser Gattung gelten, sodass der Papst wünschte, Michelangelo möge sich auch um die weitere Fertigstellung des Baus kümmern. Dieser errichtete über dem Haupteingang des Palastes das riesige Fenster mit den prachtvollen Säulen aus buntem Marmor und dem großen, reich geschmückten Marmorwappen von Paul III., dem Gründer des Palastes. Im Innenhof baute er über dem unteren Säulengang die beiden weiteren mit den verschiedenartigsten und anmutigsten Fenstern, Ornamenten und Dachgesimsen, die man je gesehen hatte, sodass es heute dank der Mühe und dem Genie des großen Meisters der schönste Hof von Europa ist. [...]

Gegen Ende des Jahres 1550, als Vasari gerade wieder nach Rom zurückgekehrt war, zettelte die sangallische Sippschaft einen Handel wider

Michelangelo an. Sie ersuchten den Papst, alle Bauleute und Aufsichtsbeamten von St. Peter zu einer Versammlung einzuberufen, da sie durch falsche Verleumdungen darzutun gedachten, dass Michelangelo das Ganze verpatzt hätte; denn da er inzwischen die sogenannte Königsnische mit den drei Kapellen und den drei hoch gelegenen Fenstern gemacht hatte, sie aber nicht wussten, was er mit der Wölbung weiter vorhabe, hatten sie mit ihrem mangelhaften Verständnis dem alten Kardinal Salviati sowie dem Kardinal Marcello Cervino, dem nachmaligen Papst, eingeredet, die Peterskirche werde nicht genügend Licht erhalten. Als nun alle versammelt waren, sprach der Papst zu Michelangelo: «Die Bevollmächtigten meinen, die Nische werde nicht hell genug sein.» – «Wer sind diese Abgeordneten?», fragte Michelangelo. «Ich möchte sie selbst hören.» Worauf der Kardinal Marcello antwortete: «Das sind wir.» – «So wisset denn, Monsignore», sagte Michelangelo, «dass über diesen Fenstern in der Wölbung, die aus Travertin gebaut werden muss, noch drei weitere Fenster kommen werden.» – «Das habt Ihr uns aber nie gesagt», meinte der Kardinal, und Michelangelo antwortete: «Weil ich nicht verpflichtet bin und noch weniger verpflichtet sein will, Eurer

Herrlichkeit oder irgendjemand anderem vorher mitzuteilen, was ich zu tun gedenke. Eures Amtes ist es, Geld herbeizuschaffen und es vor Dieben zu sichern, doch die Sorge für den Bauplan müsst Ihr mir überlassen.» Und zum Papst gewandt, fügte er hinzu: «Heiliger Vater, Ihr seht, welchen Gewinn ich davontrage. Wenn die Mühen, die ich auf mich nehme, nicht meiner Seele zugute kommen, verliere ich nur meine Zeit und meine Kraft.» Der Papst, der ihn liebte, legte ihm die Hände auf die Schultern und sprach: «Sie sollen Eurer Seele wie Eurem Leib zugute kommen, zweifelt nicht daran.» Darum, dass er sich die Bevollmächtigten vom Hals zu schaffen gewusst hatte, liebte der Papst ihn umso mehr, und gleich am folgenden Tag beschied er ihn und den Vasari, in die Vigna Giulia[637] zu kommen. Dort hielt er viele Unterredungen mit Michelangelo ab, deren Ergebnis die heutige Schönheit des Bauwerks ist. Auch tat oder beschloss der Papst in dieser Hinsicht nichts, ohne vorher den Rat und die Meinung Michelangelos einzuholen. So forderte er auch einmal, als Michelangelo, wie er es öfters tat, mit Vasari zum Brunnen von Acqua Vergine ging und dort den Papst mit zwölf Kardinälen antraf, so forderte, wiederhole ich, der Heilige Vater nachdrücklich, dass Michelangelo sich an seine Seite setze, obwohl dieser sich aufs Demütigste weigerte; und auch sonst ehrte er immer seine Kunst, so sehr er es nur vermochte. […] Ja, er schätzte Michelangelo so hoch, dass er ihn ständig gegen die Kardinäle und alle anderen, die ihn zu verleumden suchten, verteidigte; auch verlangte er stets von den anderen Künstlern, mochten sie noch so berühmt und angesehen sein, dass sie Michelangelo in seinem Haus ihre Aufwartung machten; und seine eigene Achtung und Rücksichtnahme für den Meister war so groß, dass er, um ihm nicht beschwerlich zu fallen, oft darauf verzichtete, etwas von ihm zu verlangen, was Michelangelo ungeachtet seines Alters noch recht gut hätte vollbringen können. […]

Noch zur Zeit Pauls III. hatte Herzog Cosimo den Tribolo[638] nach Rom gesandt, ob er Michelangelo nicht zur Rückkehr nach Florenz bewegen könnte, um die Sakristei von S. Lorenzo zu vollenden. Michelangelo entschuldigte sich jedoch mit seinem hohen Alter, das es ihm unmöglich mache, die Last einer solchen Arbeit auf sich zu nehmen, und führte viele Gründe an, weshalb er Rom nicht verlassen könne. Endlich fragte Tribolo nach der Treppe für die Bibliothek, wozu Michelangelo viele Steine hatte zuhauen lassen; doch es gab davon weder ein Modell noch bestimmte Angaben bezüglich ihrer Gestaltung, und obwohl auf dem Backsteinfußboden einiges mit Ton angezeichnet war, so fehlte doch der eigentliche, entscheidende Plan. Tribolo erhielt auf alle seine Bitten, in die er nicht unterließ, den Namen des Herzogs einzuflechten, stets nur die Antwort, dass Michelangelo sich nicht daran erinnere. Daraufhin befahl Herzog Cosimo dem Vasari, an Michelangelo zu schreiben und ihn zu fragen, was er eigentlich mit dieser Treppe im Sinn gehabt hätte. Man hoffte, er werde vielleicht aus Liebe und Freundschaft zu Vasari einen Bescheid geben, woraus man seinen Plan erkennen und die Arbeit zum Abschluss bringen könnte. Vasari schrieb nun an Michelangelo im Sinne des Herzogs, dass er beauftragt sei, den Bau zu vollenden, dass alles, was sich darauf beziehe, nun seine Sache sei und dass er Michelangelos Pläne so getreulich ausführen würde, als seien es seine eigenen. Darauf teilte ihm Michelangelo in einem mit eigener Hand geschriebenen Brief vom 28. September 1555 folgende Angaben zu der besagten Treppe mit: «Messer Giorgio, mein lieber Freund! Was die Treppe in der Bibliothek anbelangt, von der mir schon so vieles vorgeredet wurde, so glaubt mir, wenn ich mich entsinnen könnte, wie ich sie anlegen wollte, würde ich mich nicht so lange bitten lassen. Zwar erinnere ich mich wie im Traum einer bestimmten Treppe, aber ich glaube nicht, dass es die ist, die ich damals im Sinn hatte, denn die Idee kommt mir jetzt gar zu dumm vor. Trotzdem will ich sie Euch schreiben. Ich nahm eine Menge ovale Schachteln, jede eine Spanne tief, doch von verschiedener Länge und Breite; die erste und größte legte ich auf den Fußboden, so weit von der Türwand entfernt, wie die Treppe steiler oder sanfter geneigt sein soll. Auf diese stellte ich die zweite, nach allen Seiten umso viel kleiner, dass von der unteren ein genügendes Stück hervorschaut, um den Fuß beim Aufsteigen daraufzusetzen, und so ließ ich sie, gleichmäßig von Stufe zu Stufe kleiner werdend, bis zur Tür emporführen; die oberste Stufe aber muss gerade so breit wie die Türöffnung sein. Dieser Teil der ovalen Treppe soll gleichsam zwei Flügel haben, einen auf jeder Seite, mit ebenso vielen Stufen, doch nicht in ovaler Form. Der mittlere Teil dieses Aufgangs dient dem Herrn. Von der Mitte der Treppe ab bis oben müssen sich die aufgebogenen Flügel an die Wand lehnen, von der Mitte ab bis hinunter auf den Fußboden aber mitsamt der ganzen

Treppe etwa drei Spannen von der Wand entfernt sein, sodass der Raum nirgends verengt wird und alle Wände frei zugänglich bleiben. Ich schreibe da etwas Lächerliches, weiß aber wohl, dass Ihr das, was Eurem Zweck dient, herausfinden werdet.»

An diesem Tag schrieb Michelangelo dem Vasari auch, dass infolge des Todes von Papst Julius III.[639] und der Ernennung von Marcello die ihm feindlich gesinnte Sippe wieder gegen ihn zu hetzen beginne. Als der Herzog dies mit großem Unwillen hörte, ließ er Michelangelo durch Giorgio schreiben, er möge doch Rom verlassen und nach Florenz zurückkehren, wo der Herzog nichts anderes wünsche, als sich gelegentlich mit ihm über seine Baupläne zu beraten, und er alles bekommen sollte, was er begehrte, ohne selbst irgendwo Hand anlegen zu müssen. Durch Lionardo Marinozzi, den Geheimsekretär von Herzog Cosimo, wurden ihm weitere Briefe von Seiner Exzellenz und auch von Vasari überbracht. Doch inzwischen war Marcello gestorben, und der neu erwählte Papst, Paul IV., machte Michelangelo gleich am Anfang, als dieser sich einstellte, um ihm den Fuß zu küssen, alle möglichen Anerbietungen, da er den Bau der Peterskirche vollendet sehen wollte, sodass

Michelangelo sich verpflichtet glaubte, in Rom zu bleiben. Er schrieb daher dem Herzog unter vielen Entschuldigungen, dass er nicht in seine Dienste treten könne. [...]

Michelangelo meißelte damals zu seinem Zeitvertreib fast jeden Tag an dem schon erwähnten Stein mit den vier Gestalten[640], doch zu guter Letzt zerbrach er das Werk, entweder, weil der Marmor viel Schmirgel enthielt und darum sehr hart war und bei der Bearbeitung oft Funken sprühte, oder aber, weil der Künstler so strenge Anforderungen an sich stellte, dass er mit seiner Arbeit niemals zufrieden war. Das ist auch der Grund, warum es so wenig vollendete Statuen aus der Zeit seiner Mannesjahre gibt; die, die er tatsächlich bis ins Letzte ausführte, sodass man kein Körnlein hinzutun oder fortnehmen könnte, ohne ihnen zu schaden, wie der Bacchus, die Pietà della Febbre, die Kolossalstatue des David in Florenz oder der Christus in der Minerva, stammen sämtlich aus seiner Jugend. Die übrigen, nämlich die Statuen der Herzoge Lorenzo und Giuliano, die Nacht, die Morgenröte, der Moses und die zwei dazugehörigen Figuren, insgesamt nicht einmal elf an der Zahl, sind alle nicht ganz vollendet; und viele andere, die er begann, gediehen nicht einmal so weit – wie er auch zu sagen pflegte: Wenn er sich mit seinen Werken wirklich hätte zufriedenstellen wollen, hätte er nur ganz wenige oder überhaupt nichts ans Licht gebracht. Je mehr er in der Kunst fortschritt, desto strenger wurde sein Urteil, sodass er eine angefangene Figur, sobald er nur den kleinsten Fehler daran gewahrte, einfach stehen ließ und schleunigst einen anderen Marmorblock zur Hand nahm, der ihm besser geraten sollte. Er erklärte oft, dies sei der Grund, warum er so wenige Statuen und Bilder geschaffen hätte.

Die Pietà mit den vier Figuren schenkte er, zerbrochen wie sie war, Francesco Bandini. Zu dieser Zeit hatte der Florentiner Bildhauer Tiberio Calcagni durch Francesco Bandini und Donato Giannotti Michelangelos nähere Bekanntschaft gemacht, und als er eines Tages in seinem Haus die zerbrochene Pietà sah, fragte er nach langem Reden, warum er denn ein so bewundernswertes Werk, auf das er viele Mühe gewendet, zerschlagen hätte. Darauf antwortete Michelangelo, daran sei sein Diener Urbino schuld, der ihn auf die lästigste Weise Tag für Tag angetrieben habe, die Arbeit zu vollenden; auch sei ihm ein Stück vom Ellbogen der Madonna abgesprungen, und das Ganze hätte ihn schon längst verdrossen, weil eine Ader im Marmor ihm große Schwierigkeiten machte; über all dem sei ihm die Geduld gerissen, sodass er das Werk entzweischlug, und er hätte es vollständig zertrümmert, wenn nicht sein Diener Antonio ihn gebeten, es ihm, so wie es war, zu schenken. [...] Doch für Michelangelo war es sozusagen eine Notwendigkeit, täglich mit dem Meißel zu arbeiten, und er hatte sofort einen anderen Marmorblock zur Hand genommen und eine viel kleinere Pietà auszuhauen begonnen, die von der vorigen sehr verschieden war.[641]

Zu dieser Zeit war der Baumeister Pirro Ligorio[642] in die Dienste von Papst Paul IV. getreten und beim Bau der Peterskirche beschäftigt; er begann alsbald gegen Michelangelo zu hetzen und herumzuerzählen, er sei kindisch geworden. In seinem Zorn über diese Gemeinheit wäre Michelangelo gern nach Florenz zurückgekehrt, und Giorgio redete ihm auch in seinen Briefen ständig zu, es zu tun. Er erwog jedoch sein hohes Alter, da er bereits im einundachtzigsten Jahr stand, und als er Vasari nach seiner Gewohnheit wieder einmal schrieb und ihm auch einige geistvolle Sonette sandte, erklärte er, dass er am Ende seines Lebens angelangt sei und darauf achten müsse, wohin er seine

Gedanken richte; Vasari selbst ersehe wohl aus seinen Briefen, dass es für ihn Abend geworden, und kein Gedanke steige in ihm auf, der nicht vom Tod gezeichnet sei. [...] Herzog Cosimo bedrängte ihn auch nicht weiter, nach Florenz zu kommen, weil er Michelangelos Schwierigkeiten wohl einsah, und ließ ihm sagen, er wünsche nur, ihn zufrieden zu sehen, und dass er den Bau der Peterskirche beruhigt fortführen möge, als das Beste, was er auf dieser Welt tun könnte. [...]

Michelangelo wurde zu einem Entschluss gedrängt, denn da man sah, dass für den Fortschritt des Baus wenig geschah, er aber bereits einen großen Teil vom inneren Fries der Fenster und vom äußeren der doppelten Säulenreihe über dem kreisrunden Gesims vollendet hatte, auf dem die Kuppel aufgesetzt werden sollte, wurde er von seinen besten Freunden – dem Kardinal di Carpi, Donato Gianotti, Francesco Bandini, Tommaso de' Cavalieri und Lottino – geradezu gezwungen, wenigstens ein Modell der Kuppel zu verfertigen, da er ja selber merke, wie lange man ihre Errichtung hinauszögere. Viele Monate lang konnte er sich nicht dazu entschließen; doch endlich begann er nach und nach ein kleines Tonmodell auszuführen, um nach diesem Muster und den von ihm gezeichneten Grundrissen und Aufrissen später ein größeres Holzmodell arbeiten zu lassen.[643] Als einmal der Anfang gemacht war, wurde es im Verlauf von nicht viel mehr als einem Jahr unter Michelangelos Aufsicht und mit viel Fleiß und Mühe von Meister Giovanni Franzese fertiggestellt, und zwar in solcher Größe, dass die Proportionen im kleineren Maßstab, nach alten römischen Spannen gerechnet, ganz genau mit dem großen Werk übereinstimmten; er ließ auch die kleinsten Teile der Säulen, Sockel, Kapitelle, Türen, Fenster, Gesimse und Vorsprünge mit der größten Präzision messen und ausführen, da er wohl erkannte, dass man bei einem solchen Werk nichts Geringeres tun dürfe, auf dass in der ganzen Christenheit, ja in der ganzen Welt, kein anderes Gebäude es an Großartigkeit und reicherer Ausschmückung überträfe. [...]

Die Vollendung des Modells gereichte nicht nur Michelangelos Freunden, sondern ganz Rom zur größten Befriedigung, und die Bestimmungen und Zusicherungen hinsichtlich des Baus blieben auch in Kraft, als Paul IV. starb und Pius IV. zu seinem Nachfolger ernannt wurde.[644] Während dieser die Errichtung des kleinen Palastes im Garten von Belvedere durch Pirro Ligorio, der Palastbaumeister blieb, fortführen ließ, machte er Michelangelo die schmeichelhaftesten Angebote und erwies ihm viele Liebenswürdigkeiten. Er bestätigte das Motuproprio für den Bau der Peterskirche, das Paul III. ausgestellt und Julius III. wie Paul IV. erneuert hatten, und gab Michelangelo einen Teil der ihm durch Paul IV. entzogenen Einkünfte wieder, indem er ihn zu vielen seiner Unternehmungen zuzog und ihn, solange er regierte, den Bau der Peterskirche wacker fortführen ließ. Insbesondere musste ihm Michelangelo einen Entwurf zum Grabmal seines Bruders, des Marchese Marignano, anfertigen, das Seine Heiligkeit im Dom von Mailand zu errichten gedachte; die Ausführung wurde dem Cavaliere Lione Lioni aus Arezzo, einem trefflichen Bildhauer und nahen Freund Michelangelos, übertragen.[645] Zu dieser Zeit verfertigte der Cavaliere Lione eine Medaille mit dem sehr lebendigen Bildnis Michelangelos; als artiges Kompliment stellte er auf der Rückseite einen von einem Hund geführten Blinden dar, umschrieben von den Worten: *«Docebo iniquos vias tuas et impii ad te convertentur.»*[646] Michelangelo, dem die Medaille sehr gut gefiel, schenkte ihm dafür das eigenhändig gearbeitete Wachsmodell eines Herkules, der den Antäus erdrückt, und einige seiner Zeichnungen. Es gibt von Michelangelo keine anderen Porträts als zwei Gemälde, eines von der Hand des Bugiardino, das andere von Jacopo del Conte, ferner ein erhabenes Bronzerelief von Daniello Ricciarelli[647] und eben die genannte Medaille des Cavaliere Lione, von der so viele Kopien angefertigt wurden, dass ich in Italien wie im Ausland eine Menge davon gesehen habe. [...]

Im gleichen Jahr kam Herzog Cosimo mit seiner Gemahlin, der edlen Signora Leonora, nach Rom, und Michelangelo machte ihm sogleich nach seiner Ankunft seine Aufwartung. Der Herzog erwies ihm viele Liebenswürdigkeiten, ließ ihn aus Achtung vor seiner hohen Kunst neben sich sitzen und berichtete ihm mit großer Vertraulichkeit über alle Malereien und Skulpturen, die er in Florenz hatte ausführen lassen und künftig noch auszuführen gedachte, insbesondere über den Saal. Michelangelo, der dem hohen Herrn sehr zugetan war, ermutigte und ermunterte ihn aufs Neue und beklagte, dass er nicht mehr jung genug sei, um ihm dienen zu können. Seine Exzellenz erzählte ihm auch, dass er eine Methode entdeckt hatte, um Porphyr zu bearbeiten, was dem Michelangelo ganz unglaublich schien; der Herzog schickte ihm darum den vom Bildhauer Francesco del Tadda modellierten Christuskopf, über welchen Michelangelo sehr staunte. Während der Herzog in Rom weilte, besuchte Michelangelo ihn öfters zu seiner großen Zufriedenheit. Ein Gleiches tat er, als kurz darauf sein Sohn, der erlauchte Don Francesco de' Medici, eintraf. Bei diesem gefiel es Michelangelo überaus gut, da ihn der durchlauchtige Prinz mit der liebevollsten Freundlichkeit und Artigkeit empfing und aus besonderer Ehrerbietung vor einem so einzigartigen Künstler stets nur mit dem Barett in der Hand zu ihm sprach. So schrieb auch Michelangelo an Vasari: Es schmerze ihn, dass er alt und hinfällig sei, da er für diesen Herrn gern gearbeitet hätte; nun aber trachte er, einige schöne Antiquitäten zu kaufen, die er ihm nach Florenz schicken wolle.

Um diese Zeit ersuchte der Papst den Michelangelo um einen Entwurf zur Porta Pia. Michelangelo machte gleich drei, alle sehr schön und eigenwillig. Der Papst wählte denjenigen, dessen Ausführung die geringsten Kosten verursachte, wie man ihn heute zur großen Ehre seines Schöpfers ausgeführt sieht.[648] Da Michelangelo sah, dass der Papst Lust hatte, auch die anderen Tore der Stadt Rom restaurieren zu lassen, verfertigte er dazu eine Menge Zeichnungen; desgleichen, ebenfalls auf Begehren des Papstes, einen Entwurf, um in den Thermen des Diokletian die neue Kirche S. Maria degli Angeli zu errichten und damit den alten Tempel zu einem christlichen Gotteshaus umzugestalten.[649] Seine Zeichnung übertraf die Entwürfe vieler anderer trefflicher Baumeister, da er ganz besondere Rücksicht auf die Bequemlichkeit der Kartäusermönche nahm, die sie auch inzwischen beinahe vollständig ausgeführt haben. Seine Heiligkeit sowie alle Prälaten und Herren des päpstlichen Hofes waren höchst erstaunt, mit welcher Geschicklichkeit Michelangelo dabei sämtliche Grundmauern der antiken Thermen zu nutzen verstand, um daraus eine sehr schöne Kirche zu machen; besonders der Eingang übertraf alle Vorstellungen der Baumeister, sodass er damit viel Lob und Ruhm erntete. [...]

Siebzehn Jahre lang hatte nun Michelangelo dem Bau der Peterskirche vorgestanden, und die Mitglieder der Bauverwaltung hatten des Öfteren versucht, ihn von diesem Amt zu entfernen. Da ihnen das nicht gelungen war, trachteten sie jetzt, bald auf diese, bald auf jene absonderliche Weise, ihm überall Hindernisse in den Weg zu legen, in der Hoffnung, er werde bei seinem hohen Alter und mit nachlassenden Kräften die ganze Sache aus Überdruss hinwerfen. Als nun in jenen Tagen einer der Aufseher des Baus, Cesare aus Castel Durante, starb[650], setzte Michelangelo, damit die Arbeit keinen Aufenthalt erlitte und bis er einen geeigneteren Mann gefunden hätte, Luigi Gaeta an seine Stelle, der noch sehr jung, aber doch hinlänglich erfahren war. Einige der Baubeamten hatten schon zu verschiedenen Malen versucht, Nanni di Baccio Bigio[651], der sie ständig drängte und ihnen große Versprechungen machte, ein Amt zuzuschanzen, und nun glaubten sie ihre Gelegenheit gekommen, und sie schickten Luigi Gaeta weg. Als Michelangelo das hörte, erklärte er im ersten Zorn, er wolle dem Bau nicht länger vorstehen, woraufhin sie das Gerede in Umlauf brachten, er vermöchte nichts mehr zu leisten, man müsse einen Stellvertreter für ihn suchen, er hätte selbst gesagt, er wolle nichts mehr mit der Peterskirche zu tun haben. Dies alles kam Michelangelo zu Ohren, und er schickte Daniello Ricciarelli aus Volterra zu Bischof Ferratino, einem der Vorsteher, der dem Kardinal Carpi berichtet hatte, Michelangelo hätte einem Diener gegenüber geäußert, er wolle den Bau nicht mehr leiten. Dies, versicherte Daniello, sei keineswegs Michelangelos Absicht; Ferratino hingegen beklagte sich, dass Michelangelo sich über seine Pläne nicht ausspräche, und fügte hinzu, es wäre doch gut, ihm einen Stellvertreter zu geben, und er würde gern Daniello als solchen annehmen. Das schien Michelangelo recht zu sein. Ferratino teilte hierauf der Bauverwaltung im Namen Michelangelos mit, dass sie einen Stellvertreter hätten, führte jedoch als solchen nicht Daniello, sondern Nanni Bigio vor. Dieser hatte kaum sein Amt angetreten, als er seine neue Gewalt geltend machte und sogleich befahl, von den päpstlichen Ställen aus, die am Berg liegen, eine hölzerne Brücke zum Bau hinüberzuschlagen, sodass man über die große Nische auf der gleichen Seite gelangen könnte; auch ließ er ein paar mächtige Fichtenbalken richten und behauptete, es sei besser, das Baumaterial auf diesem Weg hinaufzuschaffen, da beim Emporhissen zu viele Seile verbraucht würden.

Auf diese Kunde hin ging Michelangelo sofort zum Papst, der sich gerade auf dem Platz vor dem Kapitol befand, und weil er laut zu schimpfen begann, ließ Seine Heiligkeit ihn rasch in ein Zimmer treten, wo Michelangelo alsbald zu sprechen begann: «Heiliger Vater, die Bauverwaltung hat mir einen Stellvertreter gegeben, von dem ich nicht weiß, wer er ist. Wenn aber die Bevollmächtigten und Eure Heiligkeit der

Meinung sind, ich könne mein Amt nicht mehr ausfüllen, werde ich nach Florenz zurückkehren und mich dort zur Ruhe setzen; denn dort kann ich mich der Gunst des großen Herzogs erfreuen, der seit Langem inständig nach mir verlangt, und mein Leben in meinem eigenen Haus beschließen. Ich bitte Euch daher, mich in Gnaden zu entlassen.» Das war nicht nach dem Sinn des Papstes. Er suchte ihn darum mit freundlichen Worten zu beschwichtigen und beschied ihn für den folgenden Tag zu einer Unterredung nach Aracoeli; dorthin ließ er auch die Beamten der Bauverwaltung rufen und verlangte Auskunft über das, was vorgefallen war, und wollte die Ursache ihres Benehmens wissen. Sie antworteten darauf, der Bau würde verdorben, weil man viele Fehler mache. Der Papst hatte aber von anderer Seite gehört, dass dies nicht der Wahrheit entspräche. So beauftragte er Gabrio Scerbellone, den Bau zu besichtigen, und Nanni, der diese Beschuldigungen vorgebracht hatte, sollte sie ihm durch Augenschein beweisen. Dies geschah, und da Signor Gabrio sah, dass alles nur Bosheit und Lüge war, wurde Nanni in Gegenwart vieler Herren mit nicht gerade höflichen Worten vom Bau fortgejagt, wobei man ihm noch vorwarf, dass durch seine Schuld die Brücke S. Maria zugrunde ginge und dass er in Ancona, wo er sich wichtig gemacht und die Reinigung des Hafens mit geringen Kosten verheißen hatte, diesen in einem Tag mehr verschlämmt hätte, als das Meer es ihn zehn Jahren getan. [...]

Was Michelangelo anbelangt, so hatte Vasari etwa ein Jahr vor dessen Tod in aller Stille dahin gewirkt, dass Herzog Cosimo de' Medici den Papst durch Averardo Serristori, seinen Gesandten, veranlasste, jetzt, da Michelangelo sehr hinfällig geworden war, sorgsam auf die Leute achtzuhaben, die ihn bedienten und in seinem Haus ein und aus gingen, und anzuordnen, dass, wenn ihm plötzlich etwas zustieße, wie es bei alten Leuten zu geschehen pflegt, ein Katalog seiner Zeichnungen, Kartons, Modelle, Gelder und sämtlicher sonstigen Besitztümer aufgestellt und alles in Sicherheit gebracht würde; vornehmlich auch das, was sich auf den Bau von St. Peter sowie auf die Sakristei und S. Lorenzo bezog, damit nicht, wie es unter solchen Umständen häufig vorkommt, die Sachen weggeschleppt würden – eine sehr gerechtfertigte Vorsichtsmaßnahme, die erfolgreich ausgeführt wurde.[652]

Lionardo, Michelangelos Neffe, äußerte die Absicht, anlässlich der bevorstehenden Fasten nach Rom zu reisen[653], wie wenn er den nahen Tod seines Onkels geahnt hätte; und dieser war umso lieber damit einverstanden, als er schon an einem schleichenden Fieber litt. Er ließ alsbald durch Daniello schreiben, Lionardo möge kommen. Da indes trotz der Pflege seines Arztes Federigo Donati und seiner anderen Leute das Übel zunahm, so machte er bei klarstem Bewusstsein sein Testament, und zwar in drei Worten: Er übergebe Gott seine Seele, der Erde seinen Leib, seine Besitztümer aber den nächsten Anverwandten, denen er außerdem auftrug, ihn in der Stunde seines Hinscheidens an die Leiden Christi zu erinnern. Um die dreiundzwanzigste Stunde des 17. Februar im Jahre 1563 nach florentinischer Zeitrechnung, was nach römischer dem Jahr 1564 entspricht, hauchte er seine Seele aus, um in ein besseres Dasein einzugehen.[654]

Michelangelo war der Kunst mit all ihren Mühen leidenschaftlich ergeben, und jedes noch so schwierige Werk gelang ihm, da er von Natur aus in der herrlichsten Fertigkeit des Zeichnens überaus begabt und ausdauernd war. Um sich hierin ganz zu vervollkommnen, beschäftigte er sich unendlich viel mit der Anatomie, indem er selbst viele Leichen sezierte, um die Grundformen und Verbindungen der Knochen, Muskeln, Nerven und Adern kennenzulernen sowie die verschiedenen Bewegungen und Stellungen des menschlichen Körpers zu begreifen; und er studierte nicht nur den Menschen, sondern auch die Tiere, besonders Pferde, deren er sich einige zu seinem Vergnügen hielt, denn es kam ihm bei allem vorzüglich auf die Grundlagen und künstlerischen Zusammenhänge an. Das zeigt sich in allen seinen Werken, die geradezu unnachahmlich sind, ob er sie nun mit dem Pinsel oder mit dem Meißel ausführte; er verlieh allem, was er schuf, so viel Kunst, Anmut und Lebendigkeit, dass er, wie ich wohl sagen darf, ohne jemandem nahe zu treten, die Alten übertroffen hat; auch wusste er die Schwierigkeiten derart leicht zu überwinden, dass seine Arbeiten ohne Mühe ausgeführt zu sein scheinen, obwohl jeder, der seine Sachen nachzuzeichnen sucht, ihrer beim Kopieren gewahr wird.

Im Gegensatz zu vielen anderen Künstlern wurde Michelangelos Genie schon zu seinen Lebzeiten und nicht erst nach dem Tod erkannt. Die Päpste Julius II., Leo X., Clemens VII., Paul III., Julius III., Paul IV. und Pius IV. wünschten ihn stets bei sich zu sehen, und man weiß, dass der türkische Großsultan Soliman, der französische König Franz von Valois, Kaiser

Karl V., die Signoria von Venedig und schließlich auch Herzog Cosimo de' Medici ihm die ehrenvollsten Anerbietungen machten, um an seiner hohen Kunst Anteil zu haben. Dies geschieht nur Künstlern von so außerordentlichem Wert; man erkannte eben, dass die drei Zweige der bildenden Kunst in ihm zu solcher Vollkommenheit gediehen waren, wie sie in den unendlich vielen Jahren, in denen die Sonne kreist, weder bei alten noch bei neueren Meistern zu finden ist und Gott sie keinem außer ihm verliehen hat. Seine Fantasie war derart gewaltig, dass seine Hände die großen und schrecklichen Ideen, die sich seinem Geist darstellten, nicht auszuführen vermochten, sodass er oft die begonnene Arbeit stehen ließ oder verdarb; wie ich denn weiß, dass er kurz vor seinem Tod eine Menge Skizzen, Entwürfe und Kartons von seiner Hand verbrannte, damit kein Mensch erfahre, welche Anstrengungen er vollbracht und an welchen Schwierigkeiten er sein Talent versucht hatte, um sich niemals anders als vollkommen zu zeigen. [...] Niemand wird es seltsam finden, dass Michelangelo die Einsamkeit liebte, da er sich völlig der Kunst ergeben hatte, die den Menschen und sein ganzes Denken ausschließlich für sich in Anspruch nimmt, sodass alle, die sich ihr widmen wollen, notwendigerweise die Gesellschaft anderer Menschen fliehen; es ist aber, wer sich mit der Kunst befasst, niemals einsam noch ohne Anregung. Und wer solche Leute für wunderlich und absonderlich hält, hat sehr unrecht, denn um etwas wahrhaft Gutes zu schaffen, muss man sich von den alltäglichen Sorgen und Kleinlichkeiten fernhalten. Die Kunst erheischt Nachdenken, Alleinsein und Muße, damit der Geist nicht abgelenkt werde. Bei alldem schätzte Michelangelo zur rechten Zeit den Umgang mit hervorragenden, gelehrten und geistreichen Männern und wusste sich ihre Freundschaft zu erhalten; so liebte ihn zum Beispiel der große Kardinal Hippolyt de' Medici[655] zärtlich, und als er einmal zufällig hörte, wie gut sein arabisches Pferd dem Michelangelo gefiel, schenkte er es ihm sofort und sandte ihm zugleich zehn mit Futter beladene Maulesel und einen Reitknecht zu ihrer Pflege, was alles Michelangelo gern annahm. [...]

Michelangelo liebte seine Berufskollegen und hielt Umgang mit ihnen, so mit Jacopo Sansovino, Rosso, Pontormo, Daniello da Volterra und Giorgio Vasari aus Arezzo, dem er unendlich viele Freundlichkeiten erwies; er bewog ihn, sich mit der Baukunst so gründlich zu befassen, dass er sie eines Tages ausüben könnte, und unterhielt sich gern mit ihm über Fragen der Kunst. Wer behauptet, Michelangelo hätte nicht unterrichten mögen, muss sich selbst die Schuld zuschreiben; er ließ jeden, mit dem er vertraut war oder der seinen Rat erbat, an seinem Wissen teilhaben; ich war selbst oft dabei, schweige aber aus Rücksicht, um nicht die Schwächen anderer aufzudecken. Richtig ist nur, dass er mit denen, die er als Schüler oder Lehrling bei sich aufnahm, wenig Glück hatte, weil er auf ungeeignete Subjekte stieß. Pietro Urbano aus Pistoia hatte Talent, wollte sich aber nicht anstrengen. Antonio Mini[656] tat sein Möglichstes, doch er war unbegabt, und wenn das Wachs hart ist, kann man ihm nichts einprägen. Ascanio dalla Ripa Transone gab sich große Mühe, die aber nicht die geringsten Früchte trug; er stümperte jahrelang an einem Gemälde herum, zu dem ihm Michelangelo den Karton verfertigt hatte, und die Hoffnungen, die man auf ihn gesetzt hatte, lösten sich in Rauch auf. Ich erinnere mich, dass Michelangelo sich seiner Not so sehr erbarmte, dass er ihm mit eigener Hand half, doch es half wenig. Er sagte mir öfter, wenn er geeignete Schüler gefunden hätte, so wäre er trotz seinem hohen Alter gern bereit gewesen, Leichen zu anatomieren und zum Nutzen anderer Künstler über diesen Gegenstand zu schreiben. Mehrere hatten ihn hintergangen, und er traute sich selbst nicht die Fähigkeit zu, schriftlich auszudrücken, was er wollte; denn er war im Reden nicht geübt, obwohl er in seinen Briefen mit wenigen Worten seine Meinung auszudrücken verstand und mit großem Vergnügen die Dichter der Volkssprache las, vornehmlich Dante, den er aufs Höchste verehrte und in seinen Ideen nachahmte, sowie auch Petrarca. Zudem befasste er sich selbst damit, Madrigale und sehr tiefsinnige Sonette zu dichten. [...]

Zahllose Sonette schrieb er an die Marchesa von Pescara, und diese beantwortete sie in Versen oder Prosa; er war in ihre herrlichen Eigenschaften ebenso verliebt wie sie in die seinen, und sie besuchte ihn häufig von Viterbo aus in Rom.[657] Michelangelo machte für sie mehrere Zeichnungen: den toten Christus im Schoß der Madonna mit zwei entzückenden Engelchen, einen gekreuzigten Christus, der mit erhobenem Haupt seinen Geist Gott befiehlt – ein unvergleichlich schönes Werk –, sowie einen Christus mit der Samariterin am Brunnen.

Als guter Christ erquickte er sich oftmals an der Heiligen Schrift und war ein großer Verehrer der Schriften von Fra Girolamo Savonarola, dessen Stimme er auch von der Kanzel herab vernommen hatte. Menschliche Schönheit liebte er über alles, um sie in ihrer höchsten Erlesenheit nachzubilden, weil ein vollendetes Kunstwerk nur auf diese Weise entstehen kann; doch nicht mit lüsternen Gedanken, was er durch seine ganze Lebensweise bewiesen hat. Er war in allem äußerst mäßig. In seiner Jugend begnügte er sich, um nur ja nicht die Arbeit zu unterbrechen, mit ein wenig Brot und Wein, und erst in späteren Jahren, als er in der Kapelle das Jüngste Gericht schuf, pflegte er abends, nach getanem Werk, ein sehr bescheidenes Mahl einzunehmen. Obwohl er reich war, lebte er wie ein Armer. Niemals oder nur ganz selten speiste ein Freund bei ihm; auch wollte er von niemandem Geschenke annehmen, da er sich dem Spender dann gleich verpflichtet fühlte. Dank seiner Mäßigkeit war er äußerst munter und brauchte nur sehr wenig Schlaf. Oftmals, wenn er nicht schlafen konnte, stand er in der Nacht auf und arbeitete mit dem Meißel. Zu diesem Zweck hatte er sich eine Kappe aus starkem Karton gemacht, in deren Mitte er oben ein brennendes Licht befestigte, sodass seine Arbeitsstätte hell beleuchtet war, ohne dass es seine Hände behinderte. Vasari hatte diese Kappe oft gesehen und bemerkt, dass Michelangelo keine Wachskerzen, sondern Talglichter aus reinem Ziegenfett dazu verwendete, die vortrefflich sind, weshalb er ihm einmal vier Pakete davon im Gewicht von vierzig Pfund zuschickte. Sein Diener brachte sie ihm um zwei Uhr nachts und wollte sie ihm höflich überreichen, doch Michelangelo weigerte sich, sie anzunehmen. Da sprach der Diener: «Messere, das Zeug hat mir auf dem Weg von der Brücke bis hierher beinahe die Arme gebrochen; ich will es nicht wieder zurücktragen. Vor Eurer Tür ist dicker Schlamm, worin sie bequem aufrecht stehen werden; dort will ich sie alle anzünden.» Darauf entgegnete Michelangelo: «Leg sie hierher. Ich will nicht, dass du vor meiner Tür Possen treibst.»

Er erzählte mir, er hätte in seiner Jugend oft in Kleidern geschlafen, weil es ihn nach der ermüdenden Arbeit verdross, sich auszuziehen, um sich dann wieder anziehen zu müssen. Manche haben ihn für geizig gehalten, doch zu Unrecht, da er bei Kunstwerken und in Bezug auf sein Vermögen das Gegenteil bewies. Wie wir wissen, schenkte er Tommaso de' Cavalieri, Messer Bindo und Fra Bastiano Zeichnungen von hohem Wert, seinem Schüler Antonio Mini aber seine sämtlichen Zeichnungen und Kartons, das Bild der Leda sowie sämtliche Wachs- und Tonmodelle, die er je machte; sie blieben, wie ich schon sagte, alle in Frankreich. Dem Florentiner Edelmann Gherardo Perini, mit dem er aufs Engste befreundet war, gab er drei Blätter mit einigen wunderbar gezeichneten Köpfen in schwarzer Kreide; sie kamen nach dessen Tod in die Hände des erlauchten Fürsten Don Francesco von Florenz, der sie wie Juwelen schätzt, was sie in Wirklichkeit auch sind.

Bartolomeo Bettini erhielt von ihm einen Karton: Venus mit Cupido, der sie küsst – ein herrliches Werk, das heute im Besitz von Bettinis Erben in Florenz ist. Für den Marchese del Vasto verfertigte er einen Karton zu einem *«Noli me tangere»* von großer Schönheit; beide Bilder wurden von Pontormo trefflich in Farben ausgeführt. Die zwei Gefangenen schenkte er Ruberto Strozzi, die Pietà aber, die er zerschlug, seinem Diener Antonio und dem Francesco Bandini. Ich weiß nicht, wie man einen Mann des Geizes beschuldigen kann, der so viele Dinge weggab, aus denen man Tausende Scudi hätte erlösen können. Was soll man dazu sagen? Ganz zu schweigen davon, dass ich weiß und mit eigenen Augen sah, wie er unzählige Entwürfe verfertigte sowie Bilder und Gebäude besichtigen ging, ohne je etwas dafür anzunehmen.

Was das Geld anbelangt, das er im Schweiße seines Angesichts, nicht durch Einkünfte oder Handelsgeschäfte, sondern durch Fleiß und Mühe erwarb, frage ich: Kann man einen Mann geizig nennen, der, so wie er viele Arme unterstützte, in aller Stille eine große Zahl von jungen Mädchen verheiratete und alle, die ihm dienten oder bei seiner Arbeit halfen, reich machte? Wie etwa Urbino, seinen Diener, der durch ihn sehr vermögend wurde, nachdem er lange Zeit sein Schüler gewesen war. «Was wirst du anfangen, wenn ich sterbe?», fragte er den Urbino. «Einem anderen dienen», erwiderte dieser. «O du Armer!», rief Michelangelo. «Ich werde deiner Not abhelfen.» Und er schenkte ihm auf einen Schlag zweitausend Scudi, wie sonst nur Kaiser oder große Fürsten zu verfahren pflegen. Nicht zu erwähnen, dass er seinem Neffen zu drei oder vier Malen je tausend Scudi gab und ihm schließlich außer seinen Besitztümern in Rom zehntausend Scudi hinterließ.

Michelangelo hatte ein außerordentlich gutes und zuverlässiges Gedächtnis. Er brauchte die Arbeiten anderer nur einmal anzusehen, um sie ganz zu behalten und sich ihrer so zu bedienen, dass niemand es je bemerkte. Er schuf auch niemals ein Werk, das einer seiner früheren Arbeiten ähnelte, weil er sich an alles erinnerte, was er je gemacht hatte. Als er in seiner Jugend einmal mit befreundeten Malern beim Abendessen zusammensaß, da wetteiferten sie zum Scherz, wer eine Figur darstellen könnte, die sozusagen keine Zeichnung sei, ein fratzenhaftes Ding, wie es von Leuten, die überhaupt nicht zeichnen können, an die Mauern geschmiert wird. Hier kam ihm sein Gedächtnis zu Hilfe, denn er erinnerte sich, auf einer Wand eine solche Sudelei gesehen zu haben, und stellte sie dar, als ob er sie Punkt für Punkt vor Augen hätte; damit übertraf er alle anderen, denn es ist für einen Maler keine leichte Sache, ein richtiges Geschmier zustande zu bringen.

Er war jähzornig, und zwar gerechterweise gegen Menschen, die ihm Schimpf angetan hatten, doch niemals rachsüchtig, sondern überaus geduldig, bescheiden in seinem Benehmen, verständig in seiner Rede. Seine Antworten waren voller Ernst und Weisheit, aber bisweilen auch scherzhaft und von großer Schlagfertigkeit. Wir haben viele seiner Aussprüche aufgezeichnet und wollen einige davon hier wiedergeben, weil es zu lange dauern würde, alle zu erzählen.

Als einstmals ein Freund mit ihm über den Tod redete und meinte, er müsse ihm wohl mit Kummer entgegensehen, da er sich ständig mit seiner Arbeit abgemüht hätte, ohne sich je Erholung zu gönnen, erwiderte Michelangelo: «Mitnichten! Wenn das Leben uns gefällt, kann auch der Tod, der aus der Hand desselben Meisters stammt, uns nicht missfallen.»

Ein Bürger, der ihn vor Or San Michele in Florenz stehen und den heiligen Markus des Donato betrachten sah, fragte ihn, was er von dieser Statue halte. «Ich habe nie einen Mann gesehen, der einen rechtschaffeneren Eindruck macht», sagte Michelangelo. «Wenn Markus ihm ähnlich war, kann man ruhig glauben, was er geschrieben hat.»

Einst zeigte man ihm die Zeichnung eines Kindes, das eben erst das Malen zu lernen begonnen hatte, um es ihm zu empfehlen, und fügte entschuldigend hinzu, es befasse sich erst seit Kurzem mit der Kunst. «Das merkt man», sagte Michelangelo trocken.

Als er hörte, dass Sebastiano Veneziano in der Kapelle von S. Pietro in Montorio einen Mönch malen sollte, bemerkte er, dass dies das ganze Bauwerk verderben würde, und nach dem Grund gefragt, äußerte er: «Da sie die ganze

Welt, die doch so groß ist, verdorben haben, wäre es nicht verwunderlich, wenn sie eine so kleine Kapelle verderben.»

Ein Maler hatte nach langer, schwerer Mühe ein Bild fertiggestellt, das ihm reichlichen Gewinn eintrug. Als man Michelangelo nach seinem Urteil fragte, sagte er: «So gerne der auch reich werden möchte, wird er ewig arm bleiben.»

Ein Freund von ihm, der in den geistlichen Stand eingetreten war und schon die Messe las, erschien in Rom im Büßergewand mit dem Stachelgürtel; als er Michelangelo grüßte, tat dieser, als sähe er ihn nicht, sodass der Freund gezwungen war, ihm seinen Namen zu nennen. Michelangelo stellte sich sehr verwundert, ihn in diesem Kleid zu sehen, doch dann hellte sich seine Miene auf, und er rief: «Ei, wie schön Ihr doch seid! Wenn Ihr innen so ausseht wie außen, wird das Eurer Seele sehr gut tun!»

Derselbe Mönch bat Michelangelo einst, er möge doch seinem Freund, der in Michelangelos Auftrag eine Statue verfertigt hatte, etwas mehr bezahlen, was dieser bereitwillig tat; doch das erregte nur den Neid des Mönches, der in Wirklichkeit gehofft hatte, Michelangelo würde seine Bitte nicht erfüllen, und nun hinter seinem Rücken auf ihn schimpfte. Als man dies Michelangelo zutrug, sagte er: «Ich mag die Kloakenmenschen nicht, die zwei Ausflüsse haben.» Mit diesem Bild aus der Baukunst wollte er ausdrücken, dass er nicht gern mit doppelzüngigen Leuten zu tun hatte.

Ein Freund fragte ihn nach seiner Meinung über einen Künstler, der einige der gepriesensten antiken Statuen in Marmor nachgebildet hatte und sich nun rühmte, er hätte die Alten weit übertroffen. Da sagte er: «Wer anderen nachgeht, überholt sie nie, und wer aus sich selbst nichts Gutes zu schaffen vermag, kann aus der Arbeit anderer Leute keinen Nutzen ziehen.»

Ein Maler hatte ein Bild vollendet, auf dem ein Ochse auffallend besser und lebendiger gemalt schien als alles Übrige; Michelangelo bemerkte dazu: «Jedem gelingt sein Selbstporträt am besten.»

Über die Türen von S. Giovanni in Florenz tat er den berühmten Ausspruch: «Sie sind so schön, dass sie die Pforten des Paradieses sein könnten.»

Einmal arbeitete er für einen Fürsten, der jeden Tag seine Pläne änderte und auf keinem Vorsatz beharrte; von ihm sagte Michelangelo: «Der Sinn dieses Herrn gleicht einer Wetterfahne, die sich nach jedem Wind dreht.»

Einst ging er ein soeben vollendetes Bildwerk besichtigen, das demnächst draußen aufgestellt werden sollte, und der Bildhauer gab sich große Mühe, das Licht durch die Fenster so einfallen zu lassen, dass es sich möglichst günstig präsentierte. «Du brauchst dich nicht anzustrengen», meinte Michelangelo. «Maßgebend wird nur die Beleuchtung auf dem Platz sein.» Womit er andeuten wollte, dass bei Kunstwerken, die für die Öffentlichkeit bestimmt, das Volk selbst das Urteil fällt, ob sie gut oder schlecht sind.

Ein römischer Fürst hatte den Ehrgeiz, selbst als großer Baumeister zu gelten; er hatte Nischen errichten lassen, jede dreimal so hoch wie breit, mit einem Ring oben, und wollte nun Statuen hineinstellen, aber keine nahm sich gut darin aus. Als er Michelangelo um Rat fragte, was wohl hineinpasse, erwiderte dieser: «Hängt Bündel von Aalen an den Ring oben auf.»

Der Baukommission von St. Peter wurde ein Herr zugeteilt, der sich als genauer Kenner des Vitruv aufspielte und alles, was bereits ausgeführt war, nach diesem Maßstab zensierte und kritisierte. «Ihr habt jetzt einen Mann beim Bau, der einen großen Geist besitzt», sagte man zu Michelangelo. «Das stimmt», antwortete er, «aber keinen Verstand.»

Ein Maler hatte ein Bild vollendet, dessen Gestalten verschiedenen anderen Blättern und Zeichnungen entnommen waren, sodass nichts in seinem Werk von ihm selber stammte. Ein naher Freund fragte Michelangelo, was er davon halte. «Es ist gut gemacht», erwiderte er. «Ich weiß nur nicht, was am Jüngsten Tag aus dem Bild werden wird, wenn jeder Körper seine Glieder sammelt. Es wird rein nichts davon übrig bleiben.» Eine Mahnung für alle Künstler, dass sie sich bestreben sollen, aus sich selber zu schaffen!

Als er einst durch Modena kam, sah er viele schöne Tonfiguren von der Hand des Bildhauers Antonio Bigarino, die ihm ausnehmend gut gefielen. «Wehe den antiken Statuen, wenn dieser Ton zu Marmor würde!», rief er, denn Bigarino verstand nicht, in Marmor zu arbeiten.

Man riet Michelangelo, doch etwas gegen Nanni di Baccio Bigio zu unternehmen, der ihm in allem den Rang abzulaufen suchte; er aber entgegnete: «Wer mit Leuten streitet, die nichts haben, gewinnt auch nichts.»

Ein befreundeter Priester sagte ihm: «Es ist schade, dass Ihr keine Frau genommen habt. Ihr hättet viele Kinder bekommen und ihnen den ehrenvollen Lohn Eurer großen Mühen hinterlassen.» – «Ich habe nur allzu viel mit einer Frau zu schaffen gehabt», antwortete Michelangelo. «Ich bin mit der Kunst vermählt, die mich früh und spät gequält hat, und meine Kinder sind die Werke, die ich zurücklasse. So wenig sie taugen, werden sie doch eine Zeitlang Bestand haben. Wehe dem guten Lorenzo Ghiberti, wenn er nicht die Türen von S. Giovanni geschaffen hätte! Seine Kinder und Neffen haben alles verkauft und vertan, was er ihnen hinterließ. Die Türen aber stehen noch da.»

Vasari wurde einmal zu später Nachtstunde von Papst Julius III. zu Michelangelo geschickt, um eine Zeichnung zu holen. Michelangelo arbeitete an der Pietà, die er dann später zerschlug. Er erkannte an der Art des Klopfens, wer vor der Tür stand, nahm eine Lampe zur Hand und ging öffnen. Als Vasari den Grund seines Kommens erklärt hatte, schickte er den Urbino nach oben, um die Zeichnung zu bringen, und begann von anderen Dingen zu reden. Vasaris Blick fiel auf das Bein des Christus, an dem Michelangelo gerade meißelte, doch Michelangelo, der es ihn nicht sehen lassen wollte, ließ die Lampe zu Boden fallen, sodass sie im Dunkeln blieben. Er rief Urbino, er solle ein anderes Licht bringen, und sprach, aus dem Verschlag tretend, in dem die

Arbeit stand: «Ich bin so alt, dass der Tod mich oft am Käppchen zupft und mich mahnt, mit ihm zu kommen. Nächstens werde ich zu Boden fallen wie diese Lampe, und mein Lebenslicht wird erlöschen.»

Bei alldem hatte er Freude an gewissen Menschen nach seinem Geschmack, wie zum Beispiel an dem Dutzendmaler Menighella aus Valdarno, einem dummen, aber sehr drolligen Kerl, der bisweilen zu Michelangelo kam, damit er ihm die Zeichnung zu einem heiligen Rochus oder einem heiligen Antonius mache, die er dann für die Bauern malte; und Michelangelo, der nur schwer zu bewegen war, für Könige und Fürsten zu arbeiten, ließ alles stehen und liegen und verfertigte ihm eine Zeichnung «nach seiner Manier und seinem Geschmack», wie Menighella es ausdrückte. Unter anderem bekam er von Michelangelo ein sehr schönes Modell zu einem Kruzifix; davon machte er eine Gussform und fabrizierte so aus einer Papiermasse Kruzifixe in großer Zahl, die er auf dem Land verkaufen ging. Darüber wollte Michelangelo sich vor Lachen ausschütten; vornehmlich auch, wenn Menighella ihn mit seinen Erlebnissen unterhielt. So hatte zum Beispiel ein Bauer einen heiligen Franziskus bei ihm bestellt, zeigte sich dann aber enttäuscht, weil der Heilige nur ein schlichtes graues Gewand trug, worauf Menighella ihm flugs ein brokatenes Mäntelchen um die Schultern malte und damit seinen Kunden vollkommen zufriedenstellte.

Michelangelo liebte auch den Steinmetzen Topolino[658], der sich einbildete, ein vortrefflicher Bildhauer zu sein, aber gänzlich talentlos war. Er weilte jahrelang in den Steinbrüchen von Carrara, um Michelangelo Marmor zu senden, hätte aber niemals ein vollbeladenes Boot abgehen lassen, ohne ihm drei oder vier von ihm entworfene Figuren beizugeben, über die Michelangelo sich dann schier totlachen wollte. Endlich kehrte er nach Rom zurück und machte sich daran, eine Merkur-Statue, die er begonnen, zu vollenden. Als nur noch wenig daran fehlte, bat er Michelangelo, sie anzuschauen, und drängte ihn sehr, seine Meinung darüber abzugeben. «Du bist ein Narr, Topolino», sagte Michelangelo, «dass du Figuren machen willst. Siehst du denn nicht, dass deinem Merkur von den Knien zu den Füßen mehr als eine Drittelelle fehlt? Du hast ihn zu einem verkrüppelten Zwerg gemacht.» – «Oh, das ist eine Kleinigkeit! Wenn ihm weiter nichts fehlt, bringe ich das rasch in Ordnung.» Michelangelo lachte wieder über so viel Einfalt.

Als er aber fort war, nahm Topolino ein Stück Marmor, schnitt seinem Merkur die Beine eine Viertelelle unterhalb der Knie ab, fügte ihm das Marmorstück an und verband es zierlich, indem er dem Merkur ein Paar Stiefel machte, die die Ansatzstelle verbargen. Nun war er lang genug! Als er Michelangelo noch einmal sein Werk sehen ließ, musste der freilich lachen und staunte, dass gerade solche Tölpel, wenn es darauf ankommt, Einfälle haben, die dem größten Meister nicht in den Kopf kommen würden.

Als er das Grabmal von Julius II. baute, ließ Michelangelo von einem einfachen Steinmetzen eine Herme ausführen, die beim Grabmal von S. Pietro in Vincoli aufgestellt werden sollte, indem er ihm sagte: «Nimm heute hier ein Stückchen weg, gleiche das da aus, poliere dies dort» – sodass der Mann, ohne es gemerkt zu haben, eine Figur zustande brachte. Als er dann sein vollendetes Werk verblüfft betrachtete, fragte Michelangelo: «Nun, was hältst du davon?» – «Es scheint mir gut», sagte jener, «und ich bin Euch großen Dank schuldig.» – «Weshalb?», fragte Michelangelo. «Weil Ihr in mir eine Fähigkeit entdeckt habt, von der ich keine Ahnung hatte.»

Um mich kurz zu fassen, sage ich nur noch, dass Michelangelo eine sehr gesunde Konstitution hatte. Sein Körper war mager und sehnig. Obwohl er als Kind für schwächlich galt und im Mannesalter zwei schwere Erkrankungen durchmachte, ertrug er jede Anstrengung und hatte keinerlei Gebrechen, außer dass er im hohen Alter an Beschwerden beim Wasserlassen und an Grieß litt, das schließlich Steine bildete. Darum wurde er von Magister Realdo Colombo[659], mit dem er eng befreundet war, jahrelang kathetetisiert und ärztlich behandelt. Er war von mittlerer Größe und hatte breite, aber wohlproportionierte Schultern. Als er älter wurde, pflegte er monatelang Stiefel aus Hundefell an den bloßen Füßen zu tragen, sodass die Haut mit herunterging, wenn er sie endlich einmal ausziehen wollte. Zum Schutz gegen die Feuchtigkeit trug er über seinen Strümpfen von innen geschlossene Stiefel aus Korduanleder. Sein Gesicht war rund, die Stirn breit und eckig mit sieben tiefen Querfalten, die Schläfen ragten viel weiter vor als die Ohren, welch Letztere ziemlich groß und abstehend waren. Der Körper stand im richtigen Verhältnis zum Gesicht. Die Nase war etwas eingedrückt, da Torrigiani sie ihm einmal mit der Faust eingeschlagen hatte. Die Augen waren eher klein als groß, von hellbrauner Farbe, mit bläulichen und gelblichen Funken durchsetzt, die Augenbrauen spärlich, die Lippen fein, die untere dicker und etwas vorstehend. Das Kinn stimmte gut zu den übrigen Maßverhältnissen. Haupt- und Barthaare waren schwarz, mit viel Grau durchzogen, der zweigeteilte Bart nicht sehr lang und wenig füllig. [...]

Michelangelo wurde unter Zuzug all seiner Kunstgenossen und Freunde sowie der Florentiner Gemeinde in Gegenwart von ganz Rom aufs Allerehrenvollste in einer Gruft in SS. Apostoli beigesetzt[660], da Seine Heiligkeit die Absicht hatte, ihm in der Peterskirche ein besonders denkwürdiges Grabmal errichten zu lassen. [...]

Anmerkungen

1 Sein eigentlicher Name lautet Cenni di Pepi, genannt Cimabue; sein Geburtsjahr ist unbekannt (um 1240).

2 Irrtum Vasaris: Der Bau von S. Maria Novella anstelle eines älteren Baus wurde erst 1279 begonnen. Das Wirken griechischer Maler ist Legende.

3 Das Altarbild des «Cäcilien-Meisters», auch Buffalmacco zugeschrieben, befindet sich heute in den Uffizien, Florenz. Die Madonna aus S. Croce, die Arbeit eines Duccio-Schülers, ist in der National Gallery, London.

4 S. Croce, Cappella Bardi, Florenz; einem unbekannten Meister zugeschrieben.

5 Die 3,85 x 2,23 m messende Thronende Madonna ist jetzt in den Uffizien.

6 Bau und Ausstattung sind längst verschwunden.

7 Der riesige Kruzifixus (4,46 x 3,90 m), Autorschaft umstritten, ist heute im Museo dell'Opera di S. Croce, Florenz.

8 Die Franziskus-Tafel lässt sich jetzt nicht mehr nachweisen. Die Thronende Madonna mit Engeln (4,24 x 2,76 m) befindet sich im Louvre, Paris. – Die im Folgenden genannte Agnes-Tafel ist nicht nachweisbar.

9 Der Umfang von Cimabues Anteil an der Ausmalung der Unter- und Oberkirche von S. Francesco in Assisi (um 1280–85) ist, wie die Zuschreibung und

zeitliche Ordnung der ganzen Freskenausstattung, bis heute umstritten.

10 Die «Madonna Rucellai», heute meist Duccio zugeschrieben, befindet sich in den Uffizien. – Aufenthalt Karls von Anjou in Florenz im Jahre 1267.

11 Weib, siehe, das ist dein Sohn. Siehe, das ist deine Mutter. Von der Stunde an nahm sie der Jünger zu sich. (Joh. 19, 26, 27)

12 Der Architekt und Bildhauer Arnolfo Lapi di Cambio (um 1250–1302), dem Vasari die nächstfolgende, in unserer Ausgabe nicht berücksichtigte Vita widmet, war zeitweilig Dombaumeister von Florenz. Von der Ernennung Cimabues ist urkundlich nichts bekannt. – Cimabues Todesjahr ist unbekannt (nicht vor 1302).

13 Inschrift: «Cimabue glaubte, er beherrsche das Feld der Malerei; er tat es, solange er lebte; nun beherrscht er den gestirnten Himmel.»

14 Es glaubte Cimabue zu behaupten das Feld im Malen; jetzt gilt Giotto so, dass er den Ruhm des anderen verdunkelt. (Purg. XI, 94–96)

15 Die berühmte Ausschmückung der Cappella degli Spagnuoli von Andrea di Bonaiuti, um 1365. Vasaris Identifikation der Bildnisse ist unhaltbar.

16 Nicola, dessen Familienname unbekannt ist, stammt vermutlich aus Apulien, ist um 1220/25 geboren und zwischen 1278 und 1287 gestorben.

17 Der antike Sarkophag mit den Gebeinen von Beatrix, der Mutter der Markgräfin Mathilda von Tuszien, zeigt nicht die kalydonische Eberjagd, sondern die Sage von Hippolytos und Phaedra; jetzt im Camposanto zu Pisa.

18 Die 1229 datierte Tafel mit dem weiter nicht be-

kannten Namen Fuccio ist heute im Museo Nazionale del Bargello, Florenz.

19 Das Grabmal (sog. «Arca di S. Domenico») in S. Domenico in Bologna, von Nicola erst 1267 begonnen; später modifiziert. Der Kirchenbau selbst ist nicht von Nicola. – Dominikus, um 1170 in Kastilien geboren, 1221 in Bologna gestorben, Heiligsprechung 1234.

20 Krönung Kaiser Friedrichs II. durch Papst Honorius III. am 22.11.1220.

21 Die Inschrift am Turm der um 1235 entstandenen zisterziensischen Badia von Settimo bei Florenz lautet: *«Comitis Guglielmi tempore fecit»*, besagt also nichts über die Autorschaft des Architekten.

22 Der Palazzo dei Cavalieri di S. Stefano ist von Vasari 1562–66 neu erbaut worden.

23 Der Campanile von S. Nicola in Pisa, wohl in der 1. Hälfte des 13. Jh. erbaut.

24 Zum Reliefschmuck des linken Westportals gehören: im Bogenfeld die Kreuzabnahme Christi, auf dem Türsturz Verkündigung, Geburt Christi und Anbetung der Könige.

25 Der Mosaikschmuck wurde 1600 beim Umbau zerstört.

26 Die Zuschreibung der 1232–1307 erbauten gotischen Pfeilerbasilika des Santo, der Grabkirche für den 1231 verstorbenen hl. Antonius von Padua, an Nicola ist unhaltbar. – Minoritenkirche in Venedig: wohl die 1330 begonnene Frari-Kirche.

27 Der heutige Bau des Mailänder Doms wurde erst 1386 begonnen. – Sieg Friedrichs II. über den lombardischen Städtebund im Jahre 1237.

28 Die 1361 wohl von Alberto di Arnoldo geschaffene

Nischenfigur der Madonna zwischen den Heiligen Petrus Martyr und Lucia über den Loggia-Arkaden des 1352–58 erbauten «Bigallo».

29 Der nach dem darin wohnenden Leichenbeschauer *«Guardamorto»* benannte Turm wurde schon 1248 abgebrochen. Die Verbindung Nicolas mit diesem Ereignis hat Vasari erfunden.

30 Baubeginn am Dom von Siena um 1230, eine Beteiligung Nicolas ist aber nicht nachweisbar. Rückkehr der Guelfen nach Florenz 1266. Auch für die um 1258 begonnene S. Trinità in Florenz ist kein Anteil Nicolas gesichert.

31 Die Kanzel im Baptisterium von Pisa, Nicolas Hauptwerk, wurde 1259 nach heutiger Zeitrechnung vollendet. – Inschrift: «Im Jahre eintausend zweimal hundert zweimal dreißig [1260] hat Nicola der Pisaner dieses ausgezeichnete Werk geschaffen.»

32 Die Domkanzel in Siena wurde zwischen 1265 und 1269 unter Mitarbeit von Arnolfo di Cambio, dem jungen Giovanni Pisano und anderen Gehilfen ausgeführt. – Es folgen Aufzählungen von zahlreichen Bauarbeiten und Reisen Nicolas bis nach Neapel, die sich weder stilistisch noch urkundlich nachweisen lassen.

33 Der Dom von Orvieto wurde erst 1290 begonnen; Reliefschmuck der Fassade erst nach 1310, also lange nach dem Tod Nicolas, wohl durch den Sienesen Lorenzo Maitani.

34 Giovanni Pisano, um 1245/48 geboren, seit 1265 Gehilfe des Vaters bei der Arbeit an der Kanzel in Siena. – Die Entstehungszeit des anschließend genannten Grabmals für Papst Urban IV. (1264 gest.) in Perugia ist nicht bekannt.

35 Bau der Aquädukte und Rohrleitungen nach Perugia 1255–75; 1277 Auftrag an Giovanni für den Brunnen vor dem Palazzo Comunale; Fertigstellung 1278. An der Ausführung außer Giovanni und Nicola, die in einer Inschrift *«eccellenti scultori»* genannt werden, auch Arnolfo di Cambio beteiligt; die Bronzeschale vom Glockengießer Rosso. Der Aufbau des Brunnens durch Vasari ungenau beschrieben.

36 Nachweisbarer Aufenthalt Giovannis in Pisa 1284.

37 Die Erweiterung der gotischen Kapelle der Arno-Schiffer durch die Pisano-Werkstatt begann erst 1323.

38 Die anschließend zitierte Inschrift am Hauptportal nennt die Jahreszahl 1278 (Baubeginn) und einen *«Joanne Magistro aedificante»*. Entgegen Vasaris Annahme handelt es sich aber bei dem Erbauer nicht um Giovanni Pisano, sondern um Giovanni di Simone.

39 Giovanni Pisano war 1284–96 Dombaumeister von Siena. Grundsteinlegung zur Fassade 1284, Fertigstellung der oberen Partie erst Ende des 14. Jh. durch Giovanni di Cecco.

40 Der Hochaltar im Dom von Arezzo wurde erst 1369–75 von Giovanni di Francesco d'Arezzo und Benedetto di Francesco ausgeführt.

41 S. Maria del Fiore: Dom von Florenz; Bauarbeiten durch Arnolfo di Cambio gegen 1296 begonnen. Giotto nach Tätigkeit in Assisi (um 1290–1300), Rom und Padua (1303–05), spätestens 1307 wieder in Florenz.

42 Die beiden Skulpturen sind nicht von Giovanni.

43 Die Kanzel in S. Giovanni Fuoricivitas wurde im

Jahre 1270 von Fra Guglielmo in der Pisaner Tradition Nicolas geschaffen.

44 Die noch in S. Andrea zu Pistoia stehende Kanzel, ein Hauptwerk Giovannis, trägt die Jahreszahl 1301. – Inschrift: «Dieses Werk schuf in Stein Johannes, der keine Nichtigkeiten trieb, der Sohn des Nicola, glücklich in einer besseren Wissenschaft; ihn zeugte Pisa, gelehrt über das Maß alles Gesehenen.»

45 Grabmal für Papst Benedikt XI. (nicht IX.), der am 7.7.1304 in Perugia starb und als Dominikaner in dieser Kirche bestattet wurde; gegen 1328 entstanden, Autorschaft Giovannis unwahrscheinlich.

46 Eine Beteiligung Giovannis an dem 1305 begonnenen Neubau von S. Domenico ist unwahrscheinlich. Die gotische Hallenkirche stürzte im 17. Jh. ein und wurde von Carlo Maderna barock erneuert.

47 Die 1302 in Auftrag gegebene Kanzel wurde 1310 von Giovanni vollendet. – Inschrift; «Ich lobe den wahren Gott, durch den alles Gute kommt, der einem Menschen verliehen hat, diese reinen Figuren zu formen. Dieses Werk haben in diesen Jahren die Hände allein des Herrn Giovanni gehauen, des Sohnes des verstorbenen Nicola, als verflossen waren der Jahre des Herrn elf und dreihundert und volle tausend [1311]...»

48 Inschrift: «Unter Aufsicht des Pietro wurde diese fromme Gestalt gemeißelt von dem berufenen Bildhauer Giovanni, Nicolas Sohn.» – Von der Gruppe ist nur die Madonna erhalten.

49 Als Reste der 1312 entstandenen Gruppe sind die Sitzende Madonna und die sog. «Pisa» im Museo

Civico bzw. im Camposanto in Pisa erhalten. Von Vasari nicht erwähnt: eine Madonnenstatue mit Assistenzfiguren in der Portallünette des Pisaner Baptisteriums.

50 Ser Ciappelletto: Hauptfigur der ersten Novelle des ersten Tages in Boccaccios «Decamerone».

51 Erweiterung des Doms von Prato 1317–20; in der Cappella del Sacro Cingolo befindet sich eine dem Giovanni zugeschriebene Madonnenstatuette.

52 Das Todesdatum von Giovanni Pisano ist nicht bekannt (um 1320/25).

53 Geburtsjahr von Giotto – eher 1266 als 1276 – umstritten.

54 «Decamerone», Sechster Tag, Fünfte Novelle. – Das Dante-Bildnis ist im Bargello zu Florenz.

55 Reste dieser Fresken wurden im Jahre 1959 freigelegt. – Das anschließend erwähnte Altarbild ist nicht erhalten.

56 Erhalten sind die 1320–29 entstandenen Fresken der Peruzzi- und der Bardi-Kapelle, letztere stark restauriert.

57 Das Polyptychon der Marienkrönung ist jetzt in der ersten Kapelle links vom Chor. Inschrift: *«Opus magistri Jocti»*, Jahrzahl fehlt, um 1330.

58 Der Franziskus-Zyklus in der Oberkirche von Assisi besteht aus je zwölf Szenen auf den Längswänden und vier auf der Innenfassade; Entstehungszeit (wohl 1296–1304) und Autorschaft Giottos bzw. Umfang seines Anteils sind umstritten.

59 Autorschaft und Entstehungszeit der Fresken im Vierungsgewölbe sind ebenso umstritten wie die Zuweisung der übrigen Ausmalung der Unterkirche.

60 Fresken in den tonnengewölbten Querarmen der

Unterkirche; die Mitwirkung Giottos ist nicht nachweisbar.

61 Die Altartafel mit der Predella ist heute im Louvre, Paris; Signatur: *«Opus Jocti Florentini»*.

62 Die sechs Hiob-Fresken werden meist Francesco da Volterra zugeschrieben, erst 1371 begonnen; teils vollständig, teils stark zerstört, zuletzt im Zweiten Weltkrieg.

63 Wohl Benedikt XI. (1303/04).

64 In Wirklichkeit wurde Giotto schon von Bonifaz VIII. (Papst 1294–1303) nach Rom berufen und hielt sich dort im Jahre 1298 auf.

65 Das doppelseitige Altarbild (Polyptychon des Kardinals Stefaneschi) aus der Sakristei; heute in der Vatikanischen Pinakothek.

66 Die berühmte «Navicella» Giottos, im Jahre 1300 von Kardinal Stefaneschi in Auftrag gegeben; nur in Kopien erhalten.

67 Gemeint Benedikt XI. (gest. 7.7.1304). Clemens V. am 5.6.1305 in Perugia gewählt, Übersiedlung nach Avignon im gleichen Jahr. Urkundlich ist ein Aufenthalt Giottos in Avignon nicht nachweisbar.

68 Von diesen Fresken blieb nichts erhalten, ebenso wenig von Werken in Verona, Ferrara, Ravenna und Arezzo, die Vasari anschließend aufzählt und bei denen es sich wohl um falsche Zuschreibungen handelt.

69 Arbeiten Giottos in Lucca sind nicht nachzuweisen. – Friedrich der Schöne, Gegenkönig 1314–30; Nikolaus V., Gegenpapst 1328–30.

70 Robert der Weise von Anjou (1309–1343); Karl von Kalabrien 1326/27 Signore von Florenz. Giottos Aufenthalt in Neapel 1330–32 urkundlich belegt.

71 Die wichtigsten, von Petrarca beschriebenen Fresken, so den Zyklus der *«uomini famosi»*, schuf Giotto für Kapellen und Säle im Castel Nuovo; bei späteren Umbauten zerstört.

72 Da die hl. Michelina erst 1356 gestorben ist, können die Fresken nicht von Giotto stammen. Im Tempio Malatestiano ist dagegen ein großer Kruzifixus, der mit Sicherheit von Giotto stammt.

73 Beide Kruzifixe sind am Ort erhalten.

74 Das von den Sienesen Agostino und Agnolo ausgeführte, 1330 datierte Grabmal im Dom von Arezzo.

75 Madonna mit Engeln von 1310, jetzt in den Uffizien. – Ein Kruzifix aus der Giotto-Schule ist in der Sakristei von Ognissanti.

76 Vielleicht identisch mit einem «Marientod» in den Staatlichen Museen, Berlin.

77 Anspielung auf Dantes «Divina Commedia», Paradiso, IV, 105: *«Per non perder pietà si fè spietato.»*

78 Giotto war am 12.4.1334 zum Dombaumeister ernannt worden; Grundsteinlegung des Campanile am 18.7.1334.

79 Mit *«maniera tedesca»* wurde noch zu Vasaris Zeit die gotische Formensprache bezeichnet.

80 Vasari stützt sich hier auf die «Denkwürdigkeiten» des Florentiner Bildhauers Lorenzo Ghiberti (1378–1455).

81 Die Nachfolge Taddeo Gaddis am Bau des Campanile ist urkundlich nicht gesichert; Weiterführung der baulichen und bildhauerischen Arbeiten durch Andrea Pisano; Abschluss der drei Obergeschosse 1359 durch Francesco Talenti.

82 Das Fresko im baulich vielfach veränderten Palazzo Vecchio, Florenz, ist nicht erhalten.

83 Vasari streift hier nur flüchtig das Hauptwerk Giottos, die Ausmalung der «Arena», der Palastkapelle des Enrico Scrovegni, zwischen 1303 und 1313.

84 Giotto wurde am 8.1.1337 im Dom beigesetzt.

85 Es folgt eine lange Aufzählung weiterer Werke dieses Giotto-Schülers.

86 Weder über diesen Ottaviano noch den anschließend erwähnten Pace ist Näheres bekannt.

87 Von diesen Lebensbeschreibungen in der vorliegenden Auswahl nur diejenige des Sienesen Simone Martini.

88 Franco Sacchetti (um 1335–1400), Florentiner Schriftsteller, dessen Hauptwerk, die «Trecento Novelle», nur unvollständig erhalten ist.

89 Im Italienischen bedeutet *«arme»* sowohl «Wappen» wie «Waffen»; darauf beruht Giottos Scherz.

90 Die auf Veranlassung von Lorenzo I. (Il Magnifico) de' Medici (1449–92) angefertigte Giotto-Büste wurde 1490 im rechten Seitenschiff des Doms aufgestellt.

91 Angelo Poliziano (1454–94), bedeutender Florentiner Humanist und Dichter, Erzieher der Söhne von Lorenzo de' Medici. – Übersetzung des Achtzeilers etwa: «Ich bin derjenige, durch den die erstorbene Malerei auferstand und dessen Hand sicher und geschickt war. Nichts fehlte meiner Kunst, was nicht auch der Natur gefehlt hätte. Keiner hat mehr und besser gemalt als ich. Siehst du den herrlichen Turm, von dem Glockenspiel durch die heilige Luft erklingt? Auch er erhebt sich nach meinem Modell zum Himmel. Aber wozu das alles sagen? Kurz, ich bin Giotto. Dieser Name wiegt mehr als ein langes Gedicht.»

92 Die ausführliche Lebensbeschreibung des Florentiners Buffalmacco, von Vasari in die Reihe seiner Darstellungen der Giotto-Nachfolger gestellt, betrifft einen für die Forschung schwer fassbaren Künstler von untergeordnetem Rang. Sie fehlt deshalb in den meisten Auswahl-Ausgaben. Doch gehört dieses Lebensbild zu den farbigsten in Vasaris Werk und zu den wenigen, in denen er mit Erfolg den Erzählstil der klassischen Florentiner Novellisten wie Franco Sacchetti aufnimmt. – Dem Maler Andrea Tafi (Tafo) hat Vasari eine eigene, in unserer Ausgabe nicht berücksichtigte Vita gewidmet. – Boccaccio, «Decamerone», Achter Tag, Dritte, Sechste, Neunte Novelle, sowie Neunter Tag, Fünfte Novelle.

93 Jetzt Fortezza da Basso genannt. Die Klosteranlage der Umilità von Faenza wurde im 16. Jh. durch einen Brand zerstört.

94 Diese Fresken sind nicht mehr nachzuweisen.

95 Vasari bezeichnet die Grundierung als *«pavonazzo di sale»*.

96 Die Fresken in einem Nebenraum der Badia sind 1910 freigelegt worden; Zuschreibung und Datierung umstritten. – Bei der erwähnten Gefängnisszene handelt es sich wohl nicht um Pilatus, sondern um Petrus.

97 Späteren Veränderungen zum Opfer gefallen.

98 Die 1368 entstandenen Fresken sind von Andrea da Bologna.

99 Die von Bischof Guido Tarlati erbetene Allegorie sollte den aretinischen Adler, das Symbol der Ghibellinen, zeigen, der den florentinischen Löwen, das Symbol der Guelfen, bezwingt.

100 Die hier geschilderte Brückenkatastrophe ereignete sich am 1.5.1304.

101 Von den wohl späteren Fresken in S. Paolo a Ripa d'Arno sind nur spärliche Reste erhalten.

102 Vasari versucht, mit einer Anekdote die ihm unverständliche häufige Verwendung von Spruchbändern auf mittelalterlichen Bildern zu erklären.

103 Das hier weggelassene Sonett hat mit Buffalmacco so wenig zu tun wie die ihm von Vasari zugeschriebenen Fresken im Camposanto. Sie gehören dem späteren 14. Jh. an und werden verschiedenen Meistern zugewiesen. – Nach Luciano Bellosi (in seinem «Buffalmacco», Turin 1974) soll der Maler doch mit dem sog. Meister des Triumphs des Todes identisch sein.

104 Anspielung auf Vasaris eigene historische Monumentalgemälde im Palazzo Vecchio.

105 Erneute Anspielung auf die erst nach 1367, dem Todesjahr von Kardinal Albornoz, von Andrea da Bologna ausgeführten Fresken in der Katharinen-Kapelle.

106 Vasari hält die beiden Sieneser Maler Simone Martini (um 1280/85–1344) und Lippo Memmi (gest. 1352) für Brüder, nennt deshalb Simone stets Memmi. In Wahrheit waren sie verschwägert; Simone heiratete 1324 die Tochter des Malers Memmo di Filipuccio, der mit seinem Sohn Lippo im Stil Simones arbeitete. Simone hielt sich seit 1339 am päpstlichen Hof in Avignon auf und starb dort 1344. – Der Dichter und Humanist Francesco Petrarca (Arezzo 1304 – Arquà 1374) lebte lange in der Provence. Das von ihm erwähnte Laura-Bildnis Simones ist nicht nachzuweisen.

107 Simone war nicht Schüler Giottos, sondern vielmehr der sienesischen Tradition, vor allem Duccio, verpflichtet. Die meisten Angaben Vasaris über sein Werk sind unhaltbar.

108 Gefeiertes Hauptwerk in Avignon, ein Drachenkampf Georgs, nur in einer alten Zeichnung im Vatikan erhalten.

109 Die zierliche «Maestà» im Rathaus (1316) mit der unter einem mächtigen Baldachin inmitten vieler Heiligenfiguren thronenden Madonna.

110 Die einstigen Bauten des Augustinerklosters wurden durch Brunelleschis Neubau von S. Spirito teilweise zerstört. Vielleicht meint Vasari die im Refektorium fragmentarisch erhaltenen Passionsfresken von Orcagna und Nardo di Cione.

111 Heute als «Cappella degli Spagnuoli» bekannt. – Der gedankenreiche dominikanische Freskenzyklus, ein Hauptwerk der Trecento-Malerei, um 1365 von Andrea da Firenze ausgeführt.

112 Nach ihrem Glaubenseifer scherzhaft *«domini canes»* genannt.

113 Arnolfo di Cambio hatte den Florentiner Dom 1296 begonnen; sein Modell wurde von den Nachfolgern verändert und 1366 durch ein neues definitives Modell ersetzt, nach dem man die Bauarbeiten weiterführte.

114 Die drei Fresken, wiederum von Andrea da Firenze, wurden 1377 vollendet. Der hl. Rainer war Schutzpatron von Pisa.

115 In der Kirche S. Caterina ist ein Altarbild von 1320 mit einer Madonna zwischen vier Heiligen; übrige Teile des Hochaltars im Museo Civico von Pisa.

116 Lippo Memmi war ebenso wie Simone Martinis

Bruder Donato an zahlreichen Werken als Gehilfe beteiligt, so 1332/33 an der «Verkündigung» für den Dom von Siena (heute als Hauptwerk Simones in den Uffizien).

117 Wohl die Glocke im Turm des Palazzo Vecchio mit dem Datum 1322.

118 Simones Hauptwerk in der Unterkirche von S. Francesco ist die Ausmalung der Martins-Kapelle mit zehn Szenen aus der Martins-Legende.

119 Gute Beobachtung der Vorbereitung eines mittelalterlichen Freskos: Auf dem Unterputz werden die Kompositionen zuerst mit Kohle skizziert, dann die Konturen mit roter Farbe ausgezogen (sog. *«sinopia»* = Rötel). Über diesen Entwurf wird jeweils für ein «Tagwerk» der Feinputz gelegt, der die Farbe in nassem Zustand aufnimmt. Wo der Putz abfällt, werden die Sinopien wieder sichtbar. In seinem Malerei-Traktat beschreibt Cennino Cennini um 1330 diese Freskentechnik.

120 Vasari kommt hier nochmals auf die von ihm fälschlich Simone zugeschriebene Ausmalung der «Cappella degli Spagnuoli» zurück. Die Identifizierung von Personifikationen der theologischen Wissenschaften und der freien Künste ist unhaltbar. – Giovanni Villani (gest. 1348), Autor einer großen Chronik von Florenz.

121 Mit keinem Wort erwähnt Vasari das bekannteste Werk Simones, das Landschaftsfresko mit dem Reiterbildnis des sienesischen Feldherrn Guidoriccio da Fogliano von 1328 im Sitzungssaal des Rathauses zu Siena.

122 Über Duccio di Buoninsegna, um 1255 in Siena geboren und 1319 dort gestorben, ist urkundlich

nur wenig bekannt. Vasari sieht den Begründer der sienesischen Malerei aus Florentiner Perspektive und widmet ihm, wohl weil er nur spärliche Informationen besaß, bloß einen kurzen, mit Auskünften über andere ergänzten Text. Ein wichtiges Frühwerk Duccios, die riesige «Madonna Rucellai» aus S. Maria Novella in den Uffizien, schreibt Vasari in der Biografie Cimabues diesem zu. – An den figürlichen Marmorintarsien des Paviments im Dom von Siena, die Vasari Duccio zuschreibt, waren verschiedene Künstler beteiligt.

123 Duccios Hauptwerk, die 1308–11 entstandene vielteilige «Maestà», ist heute zerlegt und bis auf wenige verstreute Tafeln im Dom-Museum. Im Mittelbild, einer Thronenden Madonna, wird die Auflösung der «griechischen Manier», d. h. der byzantinischen Strenge, in einen sanften gotischen Linienfluss besonders deutlich.

124 Duccio starb im August 1319; seine Erben, eine Witwe Taviana mit ihren Kindern, schlugen die Erbschaft aus, wohl weil sie aus Schulden bestand. Schüler und Nachfolger u. a. Meo da Siena, Ugolino da Siena und Segna di Buonaventura.

125 Das Folgende ist unhaltbar oder nicht nachzuprüfen. – Moccio war zusammen mit Francesco di Rinaldi 1338–49 Erbauer des hohen Glockenturms am Rathaus von Siena.

126 Die beiden venezianisch-gotischen Portale von S. Francesco delle Scale und der ehemaligen Kirche S. Agostino wurden erst in der 2. Hälfte des 15. Jh. von Giorgio Orsini ausgeführt.

127 Mit diesem Lebensbild eröffnet Vasari den 2. Teil seiner Viten. Der wohl um 1367 in Quercia oder

Siena geborene, 1438 in Siena gestorbene Bildhauer verrät in seinen wichtigsten Arbeiten ein über die Gotik hinausweisendes neues Körpergefühl. Er gilt deshalb, was auch Vasari schon zu erkennen scheint, als eigentlicher Vorläufer der Renaissance. – Die Viten von Andrea Pisano und Andrea Orcagna sind in der vorliegenden Ausgabe nicht enthalten.

128 Das Grabmal der Ilaria del Carretto (gest. 1405 als zweite Gattin Paolos), entstanden 1406, im linken Querschiff des Doms; gilt als eines der frühesten Renaissance-Grabmäler.

129 Es handelt sich um die Bronzetüren des Baptisteriums. Die älteste, mit Reliefs aus dem Leben des Täufers, von Andrea Pisano 1330 begonnen. Für die zweite Tür wurde 1402 ein Wettbewerb unter sechs Bildhauern ausgeschrieben. Die Probe sollte die Opferung Isaaks zeigen. Sieger wurde Lorenzo Ghiberti; er erhielt den Auftrag, später auch für die dritte Tür.

130 Die zwischen 1425 und 1438 ausgeführten Flachreliefs gelten als das Hauptwerk Jacopos; als Inspirationsquellen wurden antike Reliefs und Elfenbeinarbeiten genannt.

131 Kirche S. Frediano; der Marmoraltar von 1422 in der Cappella del S. Sacramento. – Die beiden von Vasari anschließend erwähnten Grabsteine der Stifter sind stark zerstört.

132 Gemeint ist wohl die «Porta della Mandorla», an der verschiedene Künstler um die Wende zum 15. Jh. beteiligt waren. – Die «Gürtelspende» ist von Nanni di Banco.

133 Es handelt sich um Donatello, Filippo Brunelleschi und Lorenzo Ghiberti.

134 Die 1409 in Auftrag gegebene «Fonte Gaia» im Scheitel des halbrunden, abfallenden Platzes, ein breiter, niedriger Trog als Pferdetränke, eingefasst auf der Längsseite und den beiden Schmalseiten von Nischenwänden. Heute ersetzt durch eine Kopie; verstümmelte Originalfragmente im Palazzo Pubblico, Siena.

135 Taufbrunnen im Baptisterium des Doms, fertiggestellt 1430. Die Nischenfiguren zwischen den Relieftafeln stellen Propheten dar.

136 Es folgt ein Abschnitt über zwei untergeordnete Schüler Jacopos und ihre Werke.

137 Mit dem temperamentvollen Lebensbild von Paolo Uccello (1396/97–1475) leitet Vasari die Schilderung der großen Gestalten der Florentiner Renaissance ein. Als äußerst fruchtbarer Künstler, der selbst seine Gaben unbedenklich im Übermaß spielen ließ, empfand er Paolos grüblerisches Studium von Problemen der Perspektive als Vergeudung von Zeit und Energie. Trotzdem scheint er die erst in der Gegenwart voll erkannte Potenz Uccellos wenigstens zu ahnen.

138 Perspektivische Zeichnungen dieser Art aus dem Umkreis Uccellos haben sich in den Uffizien erhalten. Anwendungen perspektivischer Kunststücke finden sich in Möbel- und Wandintarsien der Florentiner Frührenaissance.

139 Alle diese Arbeiten in Florenz sind verschwunden.

140 Reste der stark zerstörten Fresken befinden sich im Obergeschoss des Kreuzgangs von S. Miniato al Monte, eine Art Grisaillen in «Verdeterra» mit farbigen Einzelheiten; um 1340, Autorschaft Uccellos ungewiss.

141 Solche Bilder mit Tierkämpfen sind im Medici-Inventar von 1442 verzeichnet.

142 Sein eigentlicher Name war Paolo di Dono di Paolo; Herkunft des Übernamens Uccello oder Uccelli (Vögel) unsicher.

143 Von diesem Zyklus der Schlacht von San Romano (1432) aus dem Palazzo Medici haben sich als Hauptwerke Uccellos drei Szenen erhalten: Louvre, Paris; National Gallery, London; Uffizien, Florenz; Datierung umstritten.

144 Im sog. «Chiostro Verde», der seinen Namen von den grünlichen, in «Terraverde» ausgeführten Fresken erhielt. Die nur z. T. von Uccello stammenden Fresken sind abgenommen und im Refektorium ausgestellt; um 1446–48. Am ursprünglichen Standort sind einzelne der Sinopien sichtbar, die den zeichnerischen Stil erkennen lassen.

145 Monumentales Reiterbildnis des Condottiere John Hawkwood (1320–94) von 1436, im linken Seitenschiff des Doms. Erstes – gemaltes – Reiterdenkmal der Renaissance, heute auf Leinwand übertragen.

146 Die vier stark restaurierten Prophetenköpfe, datiert 1443.

147 Standort und Autorschaft dieses Zyklus ist nicht feststellbar.

148 Verschollen.

149 Dass Uccello von Donatello 1445 für kurze Zeit nach Padua gerufen wurde, ist urkundlich gesichert. Werke in der Casa Vitali nicht erhalten; dasselbe gilt für die anschließend genannten Fresken.

150 Florentiner Zeichnungen solcher *«mazzocchi»*, turbanartiger Barette, haben sich erhalten, können aber nicht mit Uccello in Verbindung gebracht werden.

151 Das «Fünfmännerbildnis», dessen Autorschaft umstritten ist, im Louvre.

152 Verschollen. – Donato: Donatello.

153 In Wirklichkeit starb Uccello am 10.12.1475 im Alter von rund 78 Jahren und wurde in S. Spirito begraben.

154 Lorenzo di Cione Ghiberti (1378–1455), Florentiner Maler, Bildhauer, Goldschmied und Kunsttheoretiker im Übergang von Spätgotik und Frührenaissance. Nannte sich vielfach nach seinem Stiefvater, dem Goldschmied Bartoluccio. Dass er der leibliche Sohn Ciones ist, wurde 1444 in einem Prozess entschieden. – Donato: Donatello.

155 Die in Ghibertis letzten Lebensjahren entstandenen «Commentarii» (Kommentare oder Denkwürdigkeiten), Originalmanuskript verloren; die noch aus dem 15. Jh. stammende Abschrift aus dem Besitz von Vasaris Freund Bartoli ist heute in der Biblioteca Nazionale, Florenz.

156 Die oktogonale Taufkirche S. Giovanni Battista gegenüber dem Dom, meist Baptisterium genannt. – Die älteste Bronzetür, von Andrea Pisano, mit Reliefs aus der Geschichte des Täufers; 1330–38.

157 Vasaris Angaben über den 1402 ausgeschriebenen Wettbewerb sind ungenau. Donatello beteiligte sich nicht. Dagegen war Niccolò di Piero Lamberti beteiligt. Der von Vasari erwähnte Niccolò ist der Goldschmied Niccolò di Luca Spinelli aus Arezzo. Erhalten haben sich nur die Probestücke von Ghiberti und Brunelleschi; Museo Nazionale del Bargello, Florenz.

158 Lorenzo erhielt den Auftrag für die erste Bronzetür am 23.11.1403, er war also 25 Jahre alt; Fertig-

stellung 1424. – Vasaris ausführliche Beschreibung der einzelnen Felder stimmt nicht immer genau mit dem Dargestellten überein.

159 Filippo Brunelleschi. – Die Enthüllung dieser Bronzetür fand am 20.4.1424, zu Ostern, statt; Signatur: *«Opus Laurentii Florentini»*.

160 Die 1414 datierte und signierte Bronzefigur des Täufers ist noch heute am südlichen Pfeiler in einer Nische der Ostfassade und gilt als eine der ersten Großplastiken der Frührenaissance. – Giebelmosaik zerstört.

161 Die beiden Täufer-Reliefs von 1417–27 im Baptisterium des Doms von Siena. – Jacopo della Fonte: Jacopo della Quercia, von dem der Gesamtentwurf des Taufbrunnens stammt.

162 Der hl. Matthäus von 1420, 1422 in der Nische am Nordpfeiler der Westfassade aufgestellt; der hl. Stephanus, 1427/28, am Mittelpfeiler der Westseite.

163 Grabplatte des Lionardo Dati, nach 1423, in S. Maria Novella. – Die beiden Marmorplatten in S. Croce sind stark zerstört und, wohl später als 1427, von anderer Hand nach Lorenzos Entwurf.

164 Aus S. Maria degli Angeli ins Bargello, Florenz, gelangt; um 1427/28. – Die von Vasari mitgeteilten Inschriften wurden hier weggelassen.

165 Bronzeschrein des Zenobius von 1432–42 im Dom von Florenz.

166 Eugen IV. (1431–47). Das 1438 in Ferrara eröffnete, dann nach Florenz verlegte Konzil brachte eine vorübergehende Union mit der griechischen Kirche.

167 Die «Paradies-Tür» wurde 1425 in Angriff genommen und 1452 vollendet; heute an der Ostseite des Baptisteriums.

168 Auf dem Rahmenwerk nur vier liegende Figuren und vierundzwanzig Köpfe, darunter der als Selbstbildnis verbürgte kahle Männerkopf. – Die anschließend beschriebenen zehn rechteckigen Bildreliefs vereinen jeweils mehrere zusammengehörende biblische Ereignisse in einer Gesamtkomposition. Vasaris Beschreibung entspricht nicht genau dem Tatbestand.

169 Auf der fünften Tafel.

170 Lorenzo war 74 Jahre alt, als die zweite Tür, fertig vergoldet, am 16.4.1452 eingeweiht wurde. – Die beteiligten Gehilfen sind nicht identisch mit den von Vasari anschließend aufgezählten großen Namen.

171 Lorenzo hatte mehrere Söhne; Haupterbe und Leiter der Werkstatt war Vittorio I. – Bonaccorso lebte 1451–1516. Vasaris Angaben über Erben und Erbschaft sind unzuverlässig.

172 Ghibertis schriftlicher Nachlass, die «Commentarii», ist eine wichtige Quelle Vasaris, darüber hinaus ein unschätzbares Quellenwerk für das Kunstleben und die Kunsttheorie der Frührenaissance.

173 Er starb in Florenz am 1.12.1455 im Alter von 77 Jahren. – Der von Vasari anschließend erwähnte Vittorio II. (1501–42) ist der Enkel Lorenzos und der Letzte seines Geschlechts.

174 Filippo Brunelleschi (1377–1446), Donatello (um 1386–1466), Lorenzo Ghiberti (1378–1455) und Paolo Uccello (1396/97–1475).

175 Masaccio, eig. Tommaso di Giovanni di Simone Guidi, am 21.12.1401 geboren und im Herbst 1428 in Rom gestorben.

176 Aus der Kurzform Maso für Tommaso in abschätzi-

gem Sinne gebildet, etwa: der garstige Thomas. Vgl. Masolino: der kleine Thomas.

177 Masolino da Panicale (1383–1440), dem Vasari eine eigene Biografie widmet, arbeitete seit 1423 an der Ausmalung der Brancacci-Kapelle in S. Maria del Carmine. Mitarbeit Masaccios ab 1424/25, selbständige Weiterführung 1426–28.

178 Vielleicht identisch mit einer Tafel in der Johnson Collection, Philadelphia, die Andrea di Giusto, einem Schüler Masaccios, zugeschrieben wird.

179 Die «Anna Selbdritt» ist heute in den Uffizien. – Anschließend genannte «Verkündigung» nicht identifizierbar.

180 Das im 17. Jh. abgenommene Fresko ist verloren gegangen.

181 Das abgelöste Fresko, von etwa 1425, seit 1952 wieder am ursprünglichen Standort; bemerkenswert ist vor allem die gemalte Renaissance-Architektur. Die Stifter sind als der Florentiner Gonfaloniere Lenzi und seine Frau identifiziert.

182 Nur in verstreuten Fragmenten erhalten.

183 Der Altar wurde am 19.2.1426 durch Giuliano di Colino in Auftrag gegeben. Das Mittelbild der Madonna befindet sich heute in der National Gallery, London; übrige Teile über mehrere Museen verstreut. – Das anschließend erwähnte Bild eines nackten Paares, wohl Adam und Eva, ist nicht erhalten.

184 Masaccio begab sich 1425 nach Rom. – Die Fresken in S. Clemente werden z. T. Masolino zugeschrieben.

185 Doppelseitige Mitteltafel des «Schneewunder-Altars», Autorschaft Masaccios umstritten; heute

im Museo Nazionale di Capodimonte in Neapel. Ebendort die «Kreuzigung» aus dem Polyptychon von S. Maria del Carmine in Pisa.

186 Irrtümer Vasaris: Papst Martin V. starb 1431; Cosimo de' Medici kehrte 1434 nach Florenz zurück. Masaccio selbst hielt sich wohl 1426–28 wieder in Florenz auf, bevor er nochmals nach Rom ging. – Masolino starb erst 1440, also zwölf Jahre nach Masaccios Tod.

187 Die Wandbilder in der Brancacci-Kapelle von S. Maria del Carmine (Weihe am 19.4.1422), ein bedeutendes Zeugnis für die Entwicklung der Raumvorstellungen der Renaissance und lange ein Hauptobjekt des kunstwissenschaftlichen «Masolino-Masaccio-Streites». – Das Paulus-Fresko wurde 1675 bei Umbauten zerstört.

188 Stifter der Kapelle war nicht Antonio, sondern Felice Brancacci. Masaccio zuerst als Mitarbeiter, später als selbstständiger Meister mit der Ausmalung beschäftigt. Abschluss der Ausmalung erst 1483 durch Filippino Lippi.

189 Abgesehen vom falschen Todesjahr (1428, nicht 1443) ist auch die Begründung Vasaris für das Fehlen eines Grabmals nicht stichhaltig: Masaccio war zu seiner Zeit hochgeehrt und mit Aufträgen überhäuft. Im Originaltext beschließen zwei fiktive gereimte Grabinschriften von Vasaris Freunden Annibale Caro und Fabio Segni das Lebensbild.

190 Sein voller Name ist Donato di Niccolò di Betto Bardi, genannt Donatello. Nach den eigenen Eintragungen ins Katasterbuch variiert sein Geburtsdatum zwischen 1382, 1386 und 1387; am wahrscheinlichsten ist 1386. Gestorben 1466, ebenfalls in Florenz.

191 Dieser Altar stand am heute verschwundenen Mönchschor, wurde 1567 an seine jetzige Stelle im rechten Seitenschiff verbracht; S. Croce, Florenz. Das Relief ist in Stein, die Putten in Terrakotta.

192 Das Kruzifix kann nicht eindeutig identifiziert werden.

193 Dieselbe Episode hat Vasari mit anderen Worten auch bei Brunelleschi erzählt.

194 Baldassare Cossa, ab 1410 Papst Johannes XXIII., 1415 vom Konstanzer Konzil abgesetzt, starb 1419 in Florenz. Das Grabdenkmal wurde von ihm testamentarisch verfügt; wahrscheinlich 1428 beendet. – Michelozzo und Pagno di Lapo waren Donatellos Mitarbeiter.

195 Die Statue ist von Nanni di Banco (1408) und stellt den Propheten Jesaia dar; jetzt im rechten Seitenschiff des Doms zu Florenz.

196 1408–15 entstanden; jetzt im linken Seitenschiff des Doms.

197 Die Statue des sog. Poggio Bracciolini, jetzt im linken Seitenschiff des Doms, stand vorerst am Campanile, nachher an der Fassade des Doms, wo Vasari sie sah.

198 Die Sängerkanzel Donatellos ist heute im Museo dell'Opera del Duomo, Florenz; entstanden zwischen 1433 und 1439.

199 Das Tabernakel mit dem Sockelrelief ist an der Nordfassade von Or San Michele, der hl. Georg im Museo Nazionale del Bargello, Florenz.

200 Die Statuen an der Westseite des Campanile sind, von links nach rechts: 1. Johannes der Täufer, von Rosso Fiorentino (1419/20); 2. der Prophet Habakuk (im Volksmund Zuccone = Kürbiskopf), von

Donatello (1427–36); 3. der Prophet Jeremias, von Donatello (1423–26); 4. der Prophet Obadja, von Rosso Fiorentino (1422).

201 Die Statuen an der Ostseite des Campanile sind, von links nach rechts: 1. Alter Prophet, von Donatello (1416–18); 2. Prophet, von Giuliano di Poggibonsi (1422); 3. Abraham und Isaak, von Donatello und Rosso; 4. sog. Moses, von Donatello (1418–22).

202 Seit dem 19. Jh. steht die Gruppe auf der Piazza della Signoria.

203 Die Statue ist jetzt im Bargello, Florenz.

204 Heute im Bargello, Florenz.

205 Jetzt in der Kirche S. Angelo a Nilo. Aus einem Grundbuchregister des Michelozzo von 1427 erfährt man, dass Donatello und Michelozzo von April bis Dezember 1426 in Pisa zusammen an dem Grabdenkmal gearbeitet haben. Der Kardinal Rainaldo Brancacci starb im März 1427. – Das Relief mit der Himmelfahrt Mariä stammt sicher von Donatello, vielleicht teilweise auch der Kopf und die Hände der Figur des Verstorbenen.

206 Den Auftrag bekamen Donatello und Michelozzo gemeinsam für die Kanzel im Jahre 1428; 1438 waren die sieben Flachreliefs mit dem Puttentanz fertig montiert. – Plünderung der Spanier 1512.

207 Das Reiterdenkmal des Gattamelata, des Feldherrn Erasmo de' Narni (1370–1443), wurde durch dessen Sohn bestellt. Donatello hielt sich seit dem Frühjahr 1447 in Padua auf, der Sockel wurde noch 1447 aufgestellt und das Denkmal 1453 vollendet; es steht noch heute neben der Kirche S. Antonio in Padua, die Sockelreliefs im Kreuzgang.

208 Dieser Altar ist im Ganzen nicht erhalten. Einzelne Reliefs und Figuren davon sind noch in derselben Kirche, anders aufgestellt.

209 Bis heute in der Kirche S. Maria dei Frari, Venedig.

210 Verrocchio zugeschrieben, noch am selben Ort.

211 Jetzt in einem Nebenraum der Sakristei der Peterskirche, Rom.

212 Die Bronzetüren waren für den Dom bestimmt gewesen; er arbeitete 1457–59 daran, die Gründe des Arbeitsabbruchs sind unbekannt.

213 Die Statue des Johannes wurde in Florenz gegossen und in drei Teilen nach Siena gebracht (1457); steht heute im Dom in Siena.

214 Auch jetzt in S. Lorenzo, Florenz. Er arbeitete dort 1433–43.

215 Die «Atys-Amorino»-Statue, nicht Merkur, wurde wahrscheinlich vor seiner Reise nach Padua (1443) ausgeführt; heute im Bargello, Florenz.

216 Ebendort geblieben.

217 Donatello hatte keinen Bruder, sondern eine Schwester; Simone könnte ein befreundeter Goldschmied gewesen sein.

218 Die Krönung Kaiser Sigismunds am 31.5.1433 in Rom. Donatello war zu dieser Zeit tatsächlich dort, was auch die Grabplatte des Giovanni Crivelli (gest. 1432) in der Kirche S. Maria d'Aracoeli bezeugt.

219 Geboren in Borgo San Sepolcro um 1416/20 und dort 1492 gestorben.

220 Drei seiner eigenhändig geschriebenen Manuskripte sind erhalten: 1. «De perspectiva pingendi» (vor 1482 verfasst), publiziert, R. Biblioteca, Parma; 2. «Libellus de quinque corporibus regularibus», viel späteren Datums, in der Biblioteca Vaticana; 3. «Del

abaco», Biblioteca Laurenziana, cod. Ashb. 359, Florenz, noch unediert.

221 Luca Pacioli aus Borgo San Sepolcro (geb. vor 1450, gest. 1509), Mathematiker, wurde nicht nur von Vasari, sondern auch von anderen des Plagiats beschuldigt.

222 Vasari verwechselt die Folge der Herzöge von Montefeltro: Guidantonio, Herr von Urbino 1404–43; sein Nachfolger Oddantonio, ermordet 1444; nach ihm sein Bruder Federigo. Dessen Sohn war Guidobaldo (geb. 1472, gest. 1505). – Ein Gemälde, das wahrscheinlich die Ermordung Oddantonios andeutet, ist die «Geißelung» in der Galleria Nazionale delle Marche, Urbino.

223 Zu Pieros Zeit hieß die Kirche Pieve di S. Maria, gegründet 1203, 1555 von den Augustinern übernommen und seither S. Agostino genannt. Im Lauf der Restaurierungen im vorigen Jahrhundert kamen – nach Vasaris Angaben – Pieros zwei Heilige zum Vorschein.

224 Den Auftrag erhielt Piero von Angiolo Giovanni di Simone Angeli am 4.10.1454, bezahlt wurde er am 14.11.1469. Seit 1555 sind die verschiedenen Teile der Altartafel verstreut; das Mittelbild, wahrscheinlich eine Madonna, ist nicht aufspürbar.

225 «Fresko» – wahrscheinlich ein Irrtum von Vasari: Das Bild ist mit demjenigen der Barmherzigen Jungfrau identisch, das sich jetzt in der Pinacoteca Comunale in Borgo San Sepolcro befindet.

226 Noch an Ort und Stelle im Palazzo Comunale, Borgo San Sepolcro (Auferstehungsfresko).

227 Pieros Tätigkeit in Loreto ist nicht beweisbar.

228 Piero übernahm nach dem Tod von Bicci di Loren-

zo – nicht, wie Vasari erwähnt, dessen Vater Lorenzo di Bicci – 1452 die Vollendung der Chorkapelle. Das Gewölbe und der Eingangsbogen sind des Vorgängers Werk. Im Dezember 1460 war er mit den Fresken fertig.

229 Noch im linken Seitenschiff an Ort und Stelle.

230 Das Banner mit der Darstellung der Verkündigung, 1466 Piero in Auftrag gegeben, beendet 1468, ist verloren gegangen.

231 Heute in der Galleria Nazionale dell'Umbria, Perugia. Sicher später gemalt als die Fresken in Arezzo.

232 Pieros Erblindung ist nicht erwiesen, wenigstens nicht für lange Zeit. Er war als Maler noch 1478 tätig, und in seinem Testament 1486 bezeichnet er sich als *«sanus mente, intellectu et corpore»*. Er wurde am 12.10.1492 im Dom von Borgo San Sepolcro beigesetzt.

233 Filippo Lippi (um 1406–69) war der Sohn des Metzgers Tommaso di Lippo. – Das Jahr seines Eintritts ins Kloster ist unbekannt; am 8.6.1421 legte er das Gelübde ab.

234 Masaccios (und Masolinos) Fresken in der Brancacci-Kapelle wurden erst 1424 begonnen, als Filippo bereits erwachsen war.

235 Die nur fragmentarisch erhaltene Grisaille in «Terraverde» mit der Bestätigung der Ordensregel durch Eugen IV., entstanden 1432. – Die anschließend erwähnten Fresken sind nicht erhalten.

236 Irrtum Vasaris: Filippo war bis 1432 nachweislich im Kloster, das er 1433 verließ, ohne aus dem Orden auszutreten.

237 Diese legendäre Episode ist einer 1554 veröffentlichten Novelle von Matteo Bandello entnommen. –

Der Altar für Alfons I. von Neapel wurde 1457/58 in Florenz gemalt; nur die Flügel sind erhalten; Cook Collection, Richmond.

238 Krönung Mariä mit Heiligen und Engeln, von 1441–47; heute in den Uffizien. – Anschließend erwähnte Werke: Madonna mit Heiligen, etwa 1440, ebenfalls Uffizien; Geburt Christi, um 1459, jetzt in den Staatlichen Museen, Berlin.

239 Heute in den Uffizien. Auftraggeberin war nicht die Frau Cosimos, sondern seine Schwiegertochter Lucrezia Tornabuoni.

240 Nicht mehr nachweisbar. – Anschließend genannte Verkündigung, um 1445, heute Alte Pinakothek, München. – Weitere aufgeführte Werke sind nicht mit Sicherheit identifizierbar, mit Ausnahme der Madonna aus S. Spirito, 1437, die sich im Louvre in Paris befindet; zugehörige Predella in den Uffizien.

241 Um 1443/44, Pinacoteca Vaticana; mit Bildnis des Stifters, des Humanisten Carlo Marsuppini (1398–1453), des Erziehers von Lorenzo de' Medici. – Die anschließend genannte Geburt Christi, um 1455, jetzt in den Uffizien.

242 Fra Diamante di Feo (1430–um 1498), Gehilfe Filippos in Prato und Spoleto. – Die Altartafel von S. Margherita ist nicht nachweisbar.

243 Filippo war 1456–61 Kaplan von S. Margherita in Prato. Entführung Lucrezia Butis 1456; Geburt des Sohnes Filippino 1457. Im folgenden Jahr kehrte Lucrezia ins Kloster zurück, legte das Gelübde ab, floh aber später erneut mit Filippo, weshalb 1461 gegen diesen Klage erhoben wurde. Auf die Intervention Cosimos entband Papst Pius II. beide ihres Gelüb-

des. – Das Altarbild ist heute im Palazzo Comunale in Prato.

244 Madonna mit zwei Heiligen und Huldigungsbild des Francesco di Marco Datini, 1453; heute im Palazzo Comunale in Prato. – Anschließend genannte Tafel mit Tod des Hieronymus (nicht Bernhard), um 1450, im Dom von Prato.

245 Zu den unter Mitwirkung von Fra Diamante zwischen 1452 und 1464 ausgeführten Fresken in der Chorkapelle des Doms von Prato gehören, außer den von Vasari beschriebenen Szenen, vier Evangelisten im Gewölbe.

246 Erstgenanntes Altarbild verschollen; der Laurentius-Altar, um 1443/45, jetzt im Metropolitan Museum, New York.

247 Begonnen 1467, von Fra Diamante 1469 vollendet.

248 Fra Filippo starb Anfang Oktober 1469 in Spoleto.

249 Die Lizenz zur Heirat war 1461 von Papst Pius II. erteilt worden.

250 Es folgt ein lateinisches Lobgedicht und der abschließende Hinweis auf Zeichnungen Filippos in Vasaris Sammlung.

251 Über die Anfänge Jacopo Bellinis (um 1400–70/71) ist nur wenig bekannt. – Gentile da Fabriano (vor 1370–1427) wirkte zwischen 1408 und 1417 in Venedig. Jacopo hat ihn wohl als Gehilfe nach Brescia und Florenz begleitet. – Wann Domenico Veneziano (um 1410–61), der erst in Florenz zur Meisterschaft gelangte, Venedig verlassen hat, ist nicht bekannt; dass er Lehrer des Florentiners Andrea del Castagno (1423–57) war, nicht wahrscheinlich.

252 Gentile Bellini (um 1429–1507); Giovanni Bellini (um 1430–1516), genannt Giambellino. Eine Schwes-

ter der beiden heiratete Andrea Mantegna, der neben dem Vater zu ihrem Lehrmeister wurde.

253 Irrtum Vasaris: Caterina Cornaro (geb. 1454) wurde erst 1472 Regentin von Zypern; ihr Porträt von der Hand Gentiles war früher im Kunstmuseum von Budapest. – Der Zyklus «Wunder der Kreuzreliquie» ist von Gentile und anderen.

254 In der Beschreibung sind zwei Darstellungen vermischt: Der Doge Andrea Vendramin fischt die Kreuzreliquie aus dem Canal Grande, und: Prozession auf dem Markusplatz, datiert 1496 bzw. 1500; weitere Teile des Zyklus, heute in der Accademia, Venedig, nicht erwähnt.

255 Signiertes Bildnis Leonardo Loredano (Doge 1501–21) in der National Gallery, London; Bildnis Giovanni Mocenigo (Doge 1477–85) von Gentile im Museo Civico Correr, Venedig.

256 Der Altar aus S. Giobbe ist jetzt in der Accademia, Venedig.

257 Es folgt ein Hinweis, dass die Ausmalung der Sala del Maggior Consiglio schon von Antonio Veneziano (um 1400–60) begonnen wurde. – Die anschließende Beschreibung bezieht sich auf die Bilderzyklen Gentiles und Giovannis, die 1577 bei einem Brand zerstört wurden. Jetzige Dekoration von Paolo Veronese, Jacopo Tintoretto u. a. Die Wandbilder zeigen ein dem Bellini-Zyklus ähnliches Programm. Vasaris Beschreibung des verlorenen Werks ist von großem dokumentarischem Wert.

258 Antonio Vivarini (1415 – um 1480) oder sein Bruder Bartolomeo (1432–99).

259 Der Altar mit der Krönung Mariä ist heute im Palazzo Ducale, Museo Civico, in Pesaro. – Die

Madonna mit Heiligen und musizierenden Engeln, datiert 1505, im linken Seitenschiff von S. Zaccaria. – Triptychon einer Madonna mit Heiligen, 1488; Sakristei von S. Maria dei Frari, Venedig.

260 Eine Tafel mit der Auferstehung Christi ist in den Staatlichen Museen, Berlin.

261 Beweinung Christi vielleicht identisch mit der Tafel im Nationalmuseum Stockholm. – Das zweite Altarbild, eine Madonna mit vier Heiligen und dem Stifter Giacomo Dolfin, 1507, noch am Ort; Eigenhändigkeit umstritten.

262 Reise zu Sultan Mohammed II. Fatich (1430–81) am 3.9.1479.

263 Bildnis Mohammed II., 1480, in der National Gallery, London.

264 Gentile kehrte Ende 1480 als «Bey» nach Venedig zurück. – Das Selbstbildnis und andere in Konstantinopel gemalte Bildnisse sind verloren gegangen. Federzeichnungen von Türken und Türkinnen im British Museum, London.

265 Gentile starb am 20.2.1507. Entgegen Vasaris Meinung entstanden viele Hauptwerke erst nach der türkischen Reise.

266 Erhalten haben sich vor allem zahlreiche Männerbildnisse; viele Zuschreibungen sind umstritten.

267 Dieses Frauenbildnis ist nicht erhalten. Dagegen befindet sich ein signiertes, um 1505 entstandenes Bildnis des Humanisten und Dichters Pietro Bembo (1470–1547) in Hampton Court, London.

268 Die Stelle im «Orlando Furioso», dem Hauptwerk Ariosts (1474–1533), lautet (Canto XXXIII): *«E quei che furo a' nostri dì, o sono ora, / Leonardo, Andrea Mantegna e Gian Bellino.»*

269 Das 91 x 131 cm messende Bild des toten, von vier Engeln getragenen Christus; heute im Museo Civico in Rimini. – Sigismondo Malatesta starb 1468; vielleicht war der Auftraggeber Carlo Malatesta, der natürliche Sohn Sigismondos. – Das anschließend genannte Bildnis ist nicht nachweisbar. Außer dem bedeutendsten Bildnis Giovannis, dem Dogen Loredano, gibt es einen venezianischen Condottiere in der National Gallery, Washington.

270 Giovanni Bellini war der große Anreger der venezianischen Malerei des 16. Jh. Sein Einfluss reicht weit über den noch wesentlich zu ergänzenden Schülerkreis hinaus.

271 Er starb am 29. 11. 1516 in Venedig. Ein Familiengrab ist nicht erhalten.

272 Antonio di Jacopo Benci del Pollaiuolo (geb. 1433 in Florenz, gest. 1498 in Rom); Piero di Jacopo Benci del Pollaiuolo (geb. 1443 in Florenz, gest. 1496 in Rom).

273 Der Vater war Goldschmied; bei ihm lernte Antonio die Goldschmiedekunst.

274 Stiefvater Lorenzo Ghibertis. – Andrea del Castagno (um 1423–57).

275 Die Tür wurde 1452 fertig.

276 Er wird sogar von Benvenuto Cellini in seinem Werk «I Trattati dell'Oreficeria e della Scultura» gerühmt.

277 Maso Finiguerra (1426–64), Goldschmied in Florenz. – Auf eine silberne Kusstafel, verziert mit Email und Niello, bezieht sich ein Dokument (1452–55): Es könnte diejenige Kusstafel (Pax) sein, die im Bargello, Florenz, aufbewahrt wird.

278 Antonios Mitarbeit am Silberaltar ist belegt: Für

den Kopfteil des Altars verfertigte er Christi Geburt; 1483 wurden die Reliefs am Altar angebracht.

279 Das Gastmahl des Herodes und der Tanz der Herodias sind Arbeiten von Antonio di Salvi und Francesco di Giovanni, die seine Gesellen waren. – Die Silberstatue des hl. Johannes – obwohl von Vasari als Antonios Werk erwähnt – wurde von Michelozzo 1452 ausgeführt; jetzt im Museo dell'Opera del Duomo, Florenz.

280 Das Silberkreuz für den Battistero wurde zusammen mit einem anderen Goldschmied geschaffen; heute im Museo dell'Opera del Duomo, Florenz. Antonios Arbeiten daran sind sicher die Statuetten und Verzierungen am untersten Relief (Tugenden, Propheten usw.).

281 Von Antonio wird eine Kusstafel mit der Grablegung Christi in den Uffizien, Florenz, aufbewahrt.

282 Der Kardinal von Portugal war Jacobus von Lusitanien, Neffe des Königs von Portugal, Erzbischof von Lissabon und Kardinal von S. Eustachius, 1459 mit 25 Jahren in Florenz gestorben. – Die Kapelle ist erhalten; Original des Altarbildes in den Uffizien.

283 Der Raphael ist heute in der Galleria Sabauda, Turin, die Tugenden (Glaube, Hoffnung, Liebe, Gerechtigkeit, Klugheit, Stärke) in den Uffizien.

284 National Gallery, London.

285 Verloren gegangen; eine kleine Kopie ist im Metropolitan Museum, New York.

286 Heute im Museo di S. Marco, Florenz.

287 Die «Porta alla catena» befand sich im zweiten Stock des Palazzo Vecchio und verbarg wahrscheinlich die Ketten der Zugbrücke. Vasari erwähnt sie auch bei Verrocchio.

288 Aufgezählt auch im Inventar der Medici von 1494/95. Die Originale sind verschollen, von zweien sind aber kleine Kopien in den Uffizien erhalten: 1. Herkules und Antäus, 2. Herkules mit der Hydra.

289 Heute im Museo Bardini, Florenz.

290 Der große Kupferstich, signiert, datierbar auf etwa 1460/62, ist in mehreren Exemplaren vorhanden: z.B. Gabinetto dei Disegni, Uffizien, und Metropolitan Museum, New York.

291 Als einziges Monument aus der alten Basilika in die heutige Peterskirche hinübergebracht. 1498 entstanden; 1619 wurden bei der Aufstellung am jetzigen Standort die Figuren anders geordnet.

292 Das Grabmal Sixtus IV. wurde bald nach Antonios Ankunft in Rom ausgeführt (1490) und ist in den Vatikanischen Grotten.

293 Zwei Zeichnungen für das Reiterstandbild des Francesco Sforza, um 1480/89, befinden sich in der Sammlung Ph. Hofer, New York, und im Kupferstichkabinett, München.

294 Keine dieser Medaillen ist bekannt.

295 27 Stickereien auf Goldgrund, das Leben Johannis des Täufers darstellend, begonnen 1466 auf Bestellung der Arte della Mercatanzia, die Bezahlungen bis 1487 fortlaufend; heute im Museo dell' Opera del Duomo, Florenz.

296 Paolo di Bartolomeo Manfredi da Verona traf kurz nach 1465 in Florenz ein und machte dort im Jahre 1516 sein Testament. Es gibt viele Belege auch über andere Sticker.

297 Sandro di Mariano di Vanni Filipepi (geb. 1444/45, gest. 1510), nach seinem Bruder Giovanni *«Botticello»* = Fässchen genannt.

298 Die Lehrjahre bei Fra Filippo Lippi sind dokumentarisch nicht belegt.

299 1470 entstanden; jetzt in den Uffizien.

300 Thronende Madonna zwischen den beiden Johannes, 1485; heute in den Staatlichen Museen, Berlin.

301 Noch an Ort und Stelle.

302 Der sog. Eligiusaltar mit Staffel; jetzt in den Uffizien.

303 1473 entstanden; heute in den Staatlichen Museen, Berlin.

304 Jetzt im Museo Poldi Pezzoli, Mailand.

305 Die «Geburt der Venus» und der «Frühling»; beide in den Uffizien.

306 Drei von ihnen sind heute im Prado, Madrid, und ein Bild in der Sammlung Watney, Charbury.

307 Kurz nach 1470; jetzt in der National Gallery, London.

308 Entstanden 1488–90; jetzt in den Uffizien.

309 National Gallery, London; vielleicht von Francesco Botticini ausgeführt. – Matteo Palmieri (1406–75) war Florentiner Politiker und Schriftsteller, der auch mehrmals öffentliche Ämter bekleidete.

310 Das Bild wurde von dem reichen Emporkömmling Gasparo Zanobi del Lama (gest. 1481) bestellt, der den Ehrgeiz hatte, die Medicis porträtieren und auch sich mit seiner Sippe darstellen zu lassen. Um 1475; heute in den Uffizien.

311 Botticelli bekam den Auftrag für die Fresken der Cappella Sistina am 27.10.1481. Er hat sie 1481/82 ausgeführt: 1. Das Reinigungsopfer des Leprakranken, 2. Die Jugendgeschichte Moses, 3. Bestrafung der Unbotmäßigen.

312 1481 erschien in Florenz die «Divina Commedia»

mit dem Kommentar des C. Landini. Botticelli verfertigte 19 Kupferstiche zum Inferno, in dieser Ausgabe, und später weitere Zeichnungen auch zum Purgatorio und Paradiso.

313 Die Mitglieder dieser Sekte waren die heftigsten Medici-Gegner.

314 Gemeint ist wahrscheinlich Biagio d'Antonio Tucci (1446–1515).

315 Die Geliebte war Simonetta, Gemahlin des Genuesen Marco Vespucci, von Poliziano besungen. Das Bildnis wird verschiedentlich identifiziert mit denen im Palazzo Pitti, in den Staatlichen Museen, Berlin, im Städelschen Kunstinstitut, Frankfurt a. M.

316 Lorenzos Gemahlin war Clarice Orsini; Francesca Tornabuoni ist Lorenzos Mutter und die Frau des Piero di Cosimo Medici.

317 Fabio Segni (geb. 1502) war der Sohn von Antonio Segni (geb. 1469); das Bild ist heute in den Uffizien.

318 1436 in Florenz geboren. Sein Name war Andrea di Michele de' Cioni; den Beinamen Verrocchio nahm er von seinem ersten Lehrer an, dem Goldschmied Giuliano Verrocchio. Er starb am 7.10.1488 in Venedig.

319 Den Auftrag zum Silberaltar erhielt er am 13.1.1479. Er verfertigte daran eine Szene, die Enthauptung Johannis des Täufers; heute im Museo dell'Opera del Duomo, Florenz.

320 Die Reiterstatue Mark Aurels (121–180 n. Chr.) wurde nach Michelangelos Plan auf seinen heutigen Standort, das Kapitol, gebracht.

321 Das Sarkophagrelief ist heute im Bargello. – Francesca di Luca Pitti, Gattin des Giovanni Tornabuoni, starb am 23.9.1477 in Rom.

322 Heute im Bargello; beendet 1476, er bekam 150 Goldgulden dafür. – «Die Kette», s. Anm. 287.

323 Leonardo Bruni (1369–1444), Humanist, Historiker und Staatskanzler der Republik von Florenz. – Das Grabmal wurde von Bernardo Rossellino ausgeführt; Vasaris Zuschreibung ist ein Irrtum.

324 Das Grabmal steht noch an Ort und Stelle. Es wurde von Lorenzo il Magnifico und Giuliano de' Medici bestellt; 1472 wurden die Söhne Cosimo de' Medicis, Giovanni und Piero, darin beigesetzt.

325 1483 beendet, Verrocchio bekam 800 Goldgulden dafür; heute noch dort.

326 Jetzt zu besichtigen im ersten Hof des Palazzo Vecchio, Florenz.

327 Die Kupferkugel wurde 1471 auf die Kuppel gesetzt und am 17.1.1600 vom Blitz getroffen; Großherzog Ferdinand I. ließ sie aber bald ersetzen.

328 Madonna mit Heiligen im Museum der Schönen Künste, Budapest.

329 Jetzt in den Uffizien; wird von Vasari nochmals bei Leonardo erwähnt.

330 Die beiden Marsyas in der Antikensammlung der Uffizien.

331 Der Feldherr Bartolomeo Colleoni (1400–70) hinterließ der Signoria von Venedig das Geld zur Errichtung seines Reiterstandbildes; es steht noch heute auf dem Platz vor SS. Giovanni e Paolo.

332 Die Gruft blieb nicht erhalten.

333 Anspielung Vasaris auf den Freskenzyklus Verherrlichung der Medici, im Palazzo della Signoria; ausgeführt 1563–65 von Vasari und seinen Schülern.

334 Das Verfahren wurde schon vor Verrocchio verwendet: Eine 1446 von Brunelleschi genommene

Totenmaske ist im Museo dell'Opera del Duomo, Florenz; andere sind literarisch gesichert.

335 Das Attentat war am 26.4.1478. – Orsino Benintendi verfertigte schon 1474 Wachsfiguren für Lorenzo il Magnifico; es ist urkundlich belegt.

336 1431 in Isola di Carturo (zwischen Vicenza und Padua) als Sohn des Biagio geboren und am 13.9.1506 in Mantua gestorben. Schon 1441 ist Mantegna in der Zunftmatrikel der Maler in Padua als (Adoptiv-) Sohn des Francesco Squarcione erwähnt.

337 Die Kapelle wurde von Antonio Ovetari 1443 gestiftet; nach seinem Tod im Jahre 1448 erteilte seine Witwe den Auftrag an Mantegna und Pizzolo für die eine Hälfte der Arbeit. 1944 wurde die Kapelle durch Bomben getroffen; gerettet sind Mantegnas Fresken Himmelfahrt und Martyrium des hl. Sebastian.

338 Mantegnas Ehe mit Nicolosa, Tochter des Jacopo Bellini, ist 1454 erwähnt.

339 Wahrscheinlich meint Vasari den Ritter Antonio Borromeo, der zu Mantegnas Zeiten in Padua lebte, in den Rechtswissenschaften sehr bewandert war und auch mehrere theologische Schriften verfasste (gest. 1509).

340 Der vielteilige Altar ist jetzt in der Brera, Mailand. Er erhielt den Auftrag dazu am 10.8.1453 und die Abschlusszahlung im November 1454.

341 Das abgelöste Fresko ist heute im Museo Antoniano, Padua.

342 Vermutlich identisch mit der Madonna in Wolken, umgeben von vier Heiligen, signiert und datiert 1497; jetzt im Museo del Castello, Mailand.

343 Dreiteiliges Altarbild, eine Thronende Madonna mit Engeln und acht Heiligen, noch an Ort und

Stelle. Von der Predella ist die Kreuzigung Christi im Louvre, Paris; Ölberg und Auferstehung im Musée de Tours.

344 Am 30.1.1459 ist er *«familiaris»* der Gonzaga.

345 Vermutlich mit dem Triptychon Drei Szenen aus dem Leben Christi identisch; jetzt in den Uffizien.

346 Die Perspektivmalerei ist an der Decke der sog. Camera degli Sposi in Mantua, begonnen 1472, datiert 1474; er arbeitete aber auch noch 1484 dort. Vasari spricht nicht von den großen Wandfresken im gleichen Raum, die 1941 restauriert wurden.

347 Die neun Gemälde, Tempera auf Leinwand, bestimmt für den Theatersaal des Castello Corte, 1486 durch Mantegnas Romreise unterbrochen, wurden 1492 beendet und 1506 in die Haupthalle des neu erbauten Palastes S. Sebastiano übertragen; jetzt in Hampton Court, London. Im 18. Jh. übermalt, restauriert 1931–34, sind heute in schlechtem Zustand.

348 Francesco Gonzaga gab Mantegna das Empfehlungsschreiben an Papst Innozenz VIII. am 10.6.1488 mit; er hielt sich bis September 1490 in Rom auf. Der Anerkennungsbrief des Papstes ist datiert vom 6.9.1490.

349 Briefe Mantegnas an Francesco Gonzaga vom 31.1. und 15.6.1489 bekräftigen dies.

350 Grüne Erde = Grundierungsfarbe *(«terretta»)*.

351 Die Kapelle mit Mantegnas Fresken wurde von Papst Pius VI. (1775–99) abgerissen, als er zur Vergrößerung des Vatikanischen Museums den «Braccio Nuovo» bauen ließ.

352 Heute in den Uffizien, Florenz.

353 Die Schlacht von Fornovo war am 6.7.1495, ein Jahr später berichtet Sigismund Gonzaga an Marchese

Francesco, dass die Prozession zur Erinnerung an Fornovo stattgefunden hat und die Madonna della Vittoria aufgestellt wurde; heute im Louvre, Paris.

354 Madonna mit den Heiligen (Johannes der Täufer, Franziskus, Paulus und Hieronymus), signiert und datiert 1471; heute in den Staatlichen Museen, Berlin.

355 In der Nähe von S. Sebastiano bekam er von Lodovico Gonzaga den Bauplatz und errichtete 1476 dort sein Haus.

356 Mit Leonardo da Vinci (geb. 1452 in Vinci bei Empoli, Toskana, gest. am 2.5.1519 in Cloux bei Amboise) beginnt der 3. Teil der Viten. – Leonardo war der natürliche Sohn des Notars Piero von Vinci und der Bäuerin Caterina. Des Notars legitime erste Ehe blieb kinderlos. Nach Caterinas Eheschließung mit einem Bauern kam Leonardo zu seinem Vater; 1469 übersiedelte Ser Piero mit seinem Sohn nach Florenz.

357 Der Eintritt Leonardos in die Werkstatt von Verrocchio kann 1466 erfolgt sein; 1472 in die Malerzunft aufgenommen, arbeitet er 1476 noch bei Verrocchio.

358 Viele Pläne, Abrisse und Zeichnungen sind in seinen Handschriften über Statik, Mechanik, Anatomie, Optik, Architektur, Malerei, Bildhauerei usw. – teilweise unpubliziert – erhalten geblieben, verstreut in Italien, Frankreich und England. In Mailand, in der Biblioteca Ambrosiana, ist die berühmteste: der «Codex Atlanticus».

359 Die Taufe Christi ist heute in den Uffizien. Nach neuesten Forschungen ist Leonardo außer dem Engel auch die Landschaft des Gemäldes zuzuschreiben.

360 Der Karton ist verloren gegangen.

361 Das Bildnis des Amerigo Vespucci (1454–1512), heute in den Uffizien, kann als Kopie des verschollenen Originals von Leonardo angesehen werden.

362 Begonnen 1481; jetzt in den Uffizien.

363 Leonardo ist seit 1483 in Mailand urkundlich nachweisbar.

364 Die Altartafel wird mit der «Madonna in der Felsgrotte» identifiziert; jetzt im Louvre.

365 Noch an Ort und Stelle.

366 Vasari meint das noch heute sichtbare Fresko von Montorfano, 1495. – Die Porträts der herzoglichen Familie sind sehr schlecht erhalten.

367 «Trionfi», Thriumphus Cupidinis, Kap. 3: *«che l'opra è ritardata dal desio.»*

368 Das Denkmal sollte Francesco Sforza darstellen.

369 Nach dem erwähnten Wachsmodell ist vielleicht die kleine Bronzestatuette Reiter auf Pferd entstanden; heute im Museum der Schönen Künste, Budapest. – Das Buch über die Anatomie der Pferde ist wohl seit der französischen Besetzung Mailands (1499) verloren; es sind aber aus den verschiedensten Perioden Leonardos zahlreiche Blätter mit Pferdestudien erhalten geblieben, größtenteils in Windsor aufbewahrt.

370 Marcantonio della Torre (1481–1512), Professor für Anatomie an den Universitäten Padua und Pavia.

371 Francesco Melzi (1493–um 1570) begleitete Leonardo nach Rom (1513–16) und nachher auch nach Frankreich. Er war sein Erbe und Testamentsvollstrecker.

372 Andrea Salai kam 1490 als Zehnjähriger zu Leonardo und blieb 25 Jahre bei ihm. Er ist in Leonardos

Testament als Schüler und Diener zweitrangig erwähnt.

373 Nach dem Sturz von Lodovico il Moro und Einzug der Franzosen flüchtete Leonardo im Dezember 1499 aus Mailand. Nach Aufenthalten in Mantua und Venedig kam er im April 1500 in Florenz an.

374 Der Karton ist heute in der Royal Academy, London.

375 Wohl identisch mit dem Frauenbildnis in der Liechtenstein-Galerie, Wien.

376 Jetzt im Louvre.

377 Der Kampf um die Fahne war eine Episode der siegreichen Schlacht der Florentiner über die Mailänder bei Anghiari im Jahre 1440; nur in Beschreibungen, Skizzen, Kopien und Stichen (Venedig, Windsor, Budapest) erhalten geblieben (1503–05).

378 Leo X. (Giovanni de' Medici), Papst 9.3.1513 bis 1.12.1521. – Ab 1.12.1513 ist Leonardo in der Ewigen Stadt, im Dienste Giuliano de' Medicis (Bruder von Papst Leo X.). Im März 1516 stirbt Giuliano, und Leonardo begibt sich nach Frankreich, dem Ruf von Franz I. folgend, wo er im Schloss Cloux bei Amboise bis zum Lebensende blieb (2.5.1519).

379 Wahrscheinlich ist hier die im Louvre aufbewahrte Altartafel mit der Anna Selbdritt gemeint, die Leonardo nach Frankreich brachte, Melzi nach Italien zurücknahm und Richelieu wiederum zurückschleppte.

380 Leonardo wohnte 1506/07 in Florenz bei Giovanni Francesco Rustici (1474–1554), der für die Figur des Täufers am Nordportal des Doms am 3.12.1506 einen Auftrag erhielt. Die Statue wurde 1511 aufgestellt.

381 Giorgio da Castelfranco, genannt Giorgione (geb. um 1478 in Castelfranco Veneto, Trevisaner Mark, gest. kurz vor dem 25.10.1510 in Venedig).

382 Agostino Barberigo (1416–1501), ab 1486 Doge. Vielleicht ist das erwähnte Porträt mit dem «Feldherrn» in den Uffizien identisch.

383 An diesem Fest wurden Bilderausstellungen veranstaltet; das Gemälde ist verschollen.

384 Der Brand war am 28.1.1505. Für den Wiederaufbau wurde ein Wettbewerb ausgeschrieben; Neubau im Mai 1508 beendet. – Giorgione erhielt für die Fresken an der Fassade gegen den Kanal am 11.12.1508 130 Goldgulden. In der Galleria dell'Accademia wird eine sehr schlecht erhaltene nackte Frauengestalt von diesen Fresken aufbewahrt; einige andere wurden auf den Stichen von Zanetti, *«Varie pitture a fresco de' principali maestri veneziani»*, Venedig 1760, festgehalten.

385 Das Gemälde ist noch in S. Rocco. Vasari schreibt es an anderer Stelle Tizian zu.

386 Giorgiones Hauptwerk, die sog. Madonna von Castelfranco, entstand 1504 oder 1505 als Altarblatt für die Familienkapelle Costanzo. Die Madonna mit den Heiligen Franziskus und Liberale ist noch im Dom S. Liberale in Castelfranco Veneto.

387 Colleonis Reiterstandbild in Venedig.

388 Antonio Allegri (geb. um 1494, gest. 5.3.1534), genannt Antonio da Correggio, nach seinem Geburtsort in der Emilia.

389 Der Vertrag zur Ausschmückung der Kuppel und Apsis ist datiert (November 1522); zwei Zahlungsbelege aus den Jahren 1526 und 1530 sind noch erhalten geblieben. Die Apsis hat er nicht mehr bemalt,

wahrscheinlich, weil er mit der Kuppel bei seinen Zeitgenossen wenig Erfolg hatte.

390 Nach Auffassung der neueren Forschung muss Correggio in Rom gewesen sein; das beweist die Änderung seines Stils und die Verwendung von Raffaels und Michelangelos Motiven.

391 Vasari verwechselt das: Die zwei Bilder waren aus der Kirche S. Giovanni Evangelista und sind heute in der Pinakothek von Parma. Die Himmelfahrt Mariä ist in der Kuppel des Doms; in der Kuppel von S. Giovanni malte er die Vision des hl. Johannes auf Patmos, Apostel und Heilige in den Zwickelfeldern. Zwischen 1520 und 1525.

392 Zu diesen Fresken sind verschiedene Rötelzeichnungen erhalten; zu besichtigen in Frankfurt, Paris und Rotterdam.

393 Die «Madonna della Scala» (1522) von der Porta Orientale, neulich restauriert, ist in der Galleria Nazionale, Parma.

394 Donna Briseide Colla bestellte das Bild 1523 für ihre Familienkapelle, datierbar um 1527/28; heute in der Galleria Nazionale, Parma.

395 Staatliche Museen, Berlin; in sehr schlechtem Zustand, mit nachgemaltem Kopf.

396 Die Danae in der Galleria Borghese, Rom, mit der Inschrift: *«Antonius de allegris corrigiensis pinx. 1531»*. – Leda, Danae und noch zwei Bilder, Jupiter und Entführung des Ganymedes (Kunsthistorisches Museum, Wien), gehören zu der Folge «Amori di Giove», die für Karl V. bestimmt war.

397 Die Darstellung des Wassers ist auf dem Bild der Leda. Vasari verwechselt die beiden.

398 Die Madonna mit dem hl. Sebastian, gemalt um

1525 für die Kirche S. Sebastiano; heute in den Staatlichen Kunstsammlungen, Dresden.

399 «Noli me tangere» im Prado, Madrid. Es wurde im 17. Jh. für die Sammlung Philipps IV. in Rom gekauft.

400 Genannt «La Notte», um 1530; heute Dresden. Es wurde von Alberto Pratonieri für die Kirche S. Prospero in Reggio Emilia bestellt (1522) und gehört zu den 100 Bildern, die Francesco III. von Modena im 18. Jh. mit fünf anderen Bildern von Correggio an Herzog August von Sachsen und König von Polen für 130 000 Zecchini verkauft hat.

401 Um 1525; jetzt Victoria and Albert Museum, London.

402 Donato Bramante kam in Monte Asdrualdo (Urbino) um 1444 auf die Welt und starb am 11. 3. 1514 in Rom.

403 Julius II. (Giuliano della Rovere aus Albissola, Savona), Papst 1503–13.

404 Der Architekt Cesare Cesariano (1483–1543) übersetzte und kommentierte die erste italienische Ausgabe (1521) des berühmten römischen Architekturtheoretikers Vitruv (1. Jh. v. Chr.).

405 Bramante verließ wahrscheinlich 1499, nach dem Sturz von Lodovico il Moro (Sforza), Mailand; sein Aufenthalt dort ist im Dezember 1498 zum letzten Mal urkundlich festgehalten. Er war Hofarchitekt beim vertriebenen Herzog.

406 Alexander VI. (Rodrigo Borgia), Papst von 1492 bis 1503.

407 Oliviero Carafa (geb. 1430 in Neapel, gest. 1511 in Rom), Erzbischof von Neapel ab 1458, Kardinal ab 1467. Carafa gab Bramante den Auftrag, für S. Maria

della Pace einen neuen Kreuzgang zu erstellen; am 17.8.1500 werden Bramantes Pläne dazu erwähnt, 1504 ist der Bau fertig.

408 Der von Raffaello Riario, dem Nepoten des verstorbenen Papstes Sixtus IV., erbaute Palast ist der Palazzo della Cancelleria, wo Bramantes Mitwirkung nicht urkundlich belegt ist. Es wird angenommen, dass er bei der dem Palast zugehörigen Kirche S. Lorenzo in Damaso dabei sein konnte.

409 Bramantes Beteiligung am Bau der Kirchen S. Jacopo degli Spagnuoli und S. Maria dell'Anima sowie an dem genannten Palast ist nicht bewiesen.

410 In einem Dokument aus dem Jahre 1509 wird Bramante so erwähnt: *«secondo l'ordine e stima di Maestro Bramante»*.

411 Das unter Augustus (11 n. Chr.) beendete Marcellus-Theater diente viele Jahrhunderte hindurch als Festung, wurde dann im 16. Jh. von der Familie Savelli als Palast umgebaut.

412 Aus den Pontifikatsjahren von Julius II. stammen zwei Arkadengänge im Westflügel des Cortile S. Damaso; fundiert wurden der Ostflügel, die halbkreisförmige Anordnung der Terrasse und verschiedene Treppen.

413 Clemens VII. (Giulio de' Medici), Papst 1523–34. Paul III. (Alessandro Farnese), Papst 1534–49.

414 Die Wendeltreppe im Belvedere wurde 1512 erbaut und ist noch erhalten.

415 Gemeint ist Raffaels «Schule von Athen»; es ist nicht bewiesen, dass Bramante sie vorgezeichnet hätte.

416 Die Ruinen mit Eckturmanlagen des Gerichtsgebäudes sind am Tiberufer noch sichtbar. Im Gabinetto dei Disegni e delle Stampe, Uffizien, werden

ein Plan der Kirche, eine Zeichnung vom Gebäudekomplex mit Kirche und ein Plan des Palastes aufbewahrt.

417 Das spanische Herrscherpaar Ferdinand IV. und Isabella haben den Rundtempel in Auftrag gegeben; 1502 beendet, die Bekrönung ist spätere Zutat. Nicht ausgeführt wurden die ringsum laufende Säulenhalle, die vier Eckkapellen und zwei Fassaden.

418 Bramante entwarf Pläne (1509/10) für die Verkleidung der Casa Santa und die Fassade.

419 Von den Plänen und Zeichnungen sind mehrere in den Uffizien erhalten. Am 18.4.1506 erfolgte die Grundsteinlegung.

420 Cristoforo Foppa, genannt Caradosso (geb. 1452 in Mondonico, gest. 1527 in Rom). Verschiedene Fassadenprojekte und Kirchendarstellungen sind auf den Medaillen Caradossos festgehalten.

421 Bramantes Grundidee war ein gleicharmiges Kreuz mit Zentralkuppel überwölbt und vier kleinen Kuppeln am Ende der Arme.

422 Bramante starb am 11.3.1514 und wurde in den Grotten des Vatikans beigesetzt.

423 Geboren am 6.4.1483 in Urbino, gestorben am 6.4.1520 in Rom. Seine Eltern waren Giovanni Santi und Magia di Battista Ciarla.

424 Von Giovanni Santi sind noch verschiedene Altarbilder mit Madonna und Heiligen in den Kirchen von Urbino, Fano, Gradara, Cagli, Convento di Montefiorentino (alle in der Provinz Marche) und in der Brera in Mailand erhalten. Raffael war erst elf Jahre alt, als sein Vater starb.

425 Der genaue Zeitpunkt des Eintritts in Peruginos Werkstatt ist nicht bekannt.

426 Der Auftrag erfolgte 1502/03; die Familie Oddi wurde Ende 1503 aus Perugia vertrieben. Die Krönung Mariä ist heute in der Pinacoteca Vaticana, stark restauriert.

427 Raffael bekam den Auftrag am 10.12.1500 für die Kapelle S. Agostino. Die Krönung des S. Niccolò da Tolentino, beendet 1501, ist in Bruchstücken erhalten: ein Engel in der Pinacoteca Tosio-Martinengo zu Brescia; Maria, Gottvater und Engel in der Glorie im Museo di Capodimonte, Neapel; im Museum von Lille eine Zeichnung zu dieser Komposition.

428 Christus am Kreuz, signiert: *«Raphael Urbinas P.»*, datierbar 1503; jetzt National Gallery, London. Von der Predella sind zwei Fragmente erhalten: Wunder des hl. Cyrillus im Museo Nacional de Arte Antigua, Barcelona; Wunder des hl. Hieronymus in der Collection Cook, Richmond.

429 Gestiftet von der Familie Albizzini für die Kirche S. Francesco. Signiert und datiert: *«Raphael Urbinas. 1504»*; jetzt in der Brera, Mailand.

430 Der Kardinal Francesco Piccolomini, der spätere Papst Pius III. – und nicht Pius II., wie bei Vasari –, beauftragte Pinturicchio mit der Ausmalung der Bibliothek: Ereignisse aus dem Leben des Äneas Silvius Piccolomini, seines Onkels. – Beteiligung Raffaels urkundlich nicht belegt.

431 Es handelt sich um die Sala del Consiglio im Palazzo Vecchio, wo Leonardo die Schlacht von Anghiari und Michelangelo die Schlacht von Cascina dargestellt hatte.

432 Das eine Bild ist die Madonna im Grünen, datiert 1505, im Kunsthistorischen Museum, Wien; das andere lässt sich nicht mit Sicherheit identifizieren.

433 Die Madonna mit dem Distelfink, um 1506; heute in den Uffizien.

434 Raffaels Mutter starb am 7.10.1491, der Vater am 1.8.1494. – Sein Aufenthalt in Urbino ist urkundlich belegt.

435 Guidobaldo I. war 1495–98 florentinischer Feldhauptmann. – Das eine Bild, die Madonna von Orléans, heute im Musée Condé von Chantilly, entspricht der Beschreibung des urbinatischen Inventars; datierbar 1506 oder 1507.

436 Die Madonna «Ansidei» in der National Gallery, London. Die Jahreszahlen am Saum des Gewandes der Madonna sind nicht deutlich lesbar (1505 oder 1506).

437 An Ort und Stelle, in schlechtem Zustand. Signatur und Jahreszahl sind evtl. später angebracht worden. Die Bilder der Predella stammen von Perugino.

438 Jetzt im Metropolitan Museum, New York. – Die Teile der Predella sind verstreut: Christus am Ölberg im Metropolitan Museum; Prozession zum Kalvarienberg in der National Gallery; die Pietà im Isabella Stuart Gardner Museum, Boston.

439 Beide Bildnisse sind im Palazzo Pitti.

440 Die heilige Familie Canigiani, signiert am Saum des Gewandes der Madonna: *«Raphael Urbinas»*, datierbar 1507; Alte Pinakothek, München.

441 Fra Bartolomeo di San Marco (1475–1517) war Mönch im Dominikanerkloster S. Marco.

442 Die Grablegung Christi in der Galleria Borghese, Rom, signiert und datiert 1507. – Atalanta Baglioni hat das Bild für das Grab des ermordeten Sohnes bestellt. Die Predella dazu, mit Glaube, Liebe und Hoffnung und verschiedenen Putten, ist in

der Pinacoteca Vaticana. Der obere Abschluss, mit Gottvater umgeben von zehn Engelsköpfen, ist verschollen.

443 Die sog. Madonna unter dem Baldachin wurde am 20.7.1506 von Rinieri di Bernardo Dei gestiftet; heute im Palazzo Pitti.

444 Höchstwahrscheinlich identisch mit der «Belle jardinière» («Die schöne Gärtnerin») im Louvre. Signiert und datiert 1507, evtl. 1508.

445 Die Madonna unter dem Baldachin wurde in Wirklichkeit 1697 in Pescia vom Großherzog Ferdinand (de' Medici) für den Palazzo Pitti erworben.

446 Durch zwei von ihm geschriebene Briefe kann seine Ankunft in Rom zwischen Sommer und Herbst 1508 angenommen werden; das erste Dokument ist vom 13.1.1509.

447 Die «Stanza della Segnatura» war wahrscheinlich der Raum des päpstlichen Gerichtshofs, wo auch die höchsten Urteilssprüche gefällt und besiegelt wurden. – Für die Reihenfolge der Fresken gibt es keine Belege; Vasari beschreibt nacheinander die «Schule von Athen», den «Parnass», die «Disputa» und die «Jurisprudenz», d.h. die weltlichen und kirchlichen Gesetze. Raffael begann 1509 mit den Arbeiten und beendete sie laut Inschrift unter dem «Parnass» im 8. Pontifikatsjahr Julius' II., d.h. vor dem 26.11.1511.

448 Vasari vermischt die Figuren der «Disputa» mit denjenigen der «Schule von Athen». Eine Zeichnung zu der «Schule von Athen» ist in der Pinacoteca Ambrosiana, Mailand.

449 Giovanni Antonio Bazzi, genannt il Sodoma (geb. in Vercelli um 1477, gest. 1549).

450 Antonio Tebaldeo (1463–1537), Hofpoet in Ferrara, später in Rom.

451 Die Dekretalien verkündete Gregor IX.

452 Die meisterhaften Chorgestühle, Kastenbänke und Türen mit feinsten Intarsien von Fra Giovanni da Verona (1457–1525) sind bis heute in S. Maria in Organo zu Verona (1491–99, 1519) erhalten, der Chor von Monte Oliveto Maggiore bei Siena (1503–05) und die Sakristei in Monte Oliveto zu Neapel (1506–10).

453 Das Porträt von Julius II. in den Uffizien wird entweder als das Original oder aber als die getreueste Nachahmung des Bildes von Raffael gehalten.

454 Das Fresko ist auch heute in der Kirche S. Agostino in Rom zu sehen, am dritten Pfeiler links im Mittelschiff. Gemalt wurde es im Auftrag des Prälaten Johann Goritz aus Luxemburg.

455 «Der Triumph der Galatea» in der Villa Farnesina, Rom.

456 Heute noch an Ort und Stelle. Bei einem Teil der Figuren wird allgemein die Mitarbeit von Timoteo Viti (1469–1523) aus Ferrara oder Urbino angenommen.

457 Die sog. Madonna von Foligno war eine Auftragsarbeit für den Geschichtsschreiber Sigismondo de Conti aus Foligno (gest. in Rom 1512), der das Bild aus Dankbarkeit malen ließ, weil sein Haus bei der Belagerung der Stadt nicht von einer Bombe oder vom Blitz getroffen wurde. Die Landschaft im Hintergrund ist Foligno. Vom ursprünglichen Standort in der S. Maria in Aracoeli wurde das Gemälde ins Kloster S. Anna nach Foligno gebracht, 1797–1816 war es in Paris, nachher in Rom; jetzt in der Pinacoteca Vaticana.

458 Das Wunder in Bolsena erlebte ein Priester im Jahre 1263 in S. Cristina zu Bolsena. Die Reliquie wird in Orvieto aufbewahrt. Infolge des Wunders wurde von Papst Urban IV. das Fronleichnamsfest eingeführt. – Die Reihenfolge der Fresken ist auch in diesem Raum nicht gesichert.

459 Raffaello Riario.

460 Papst Julius II. (gest. am 21.2.1513). – Leo X. (Papst vom 9.3.1513 bis 1.12.1521).

461 Hier verewigte Raffael das Zusammentreffen von Leo I. mit Attila im Jahre 452 in der Nähe von Mantua, an der Mündung des Mincio in den Po, wo der Papst im Auftrag Kaiser Valentinians III. den Hunnenkönig Attila zum Rückzug bewog und dadurch der Retter des Abendlandes wurde. Leo III. statt Leo I. ist Vasaris Irrtum.

462 Das Bild der hl. Cäcilia wurde für die 1513 errichtete und dieser Heiligen gewidmeten Kapelle S. Giovanni in Monte, Bologna, von Elena Duglioli dall'Olio bestellt; zwischen 1796–1815 in Paris, heute in der Pinacoteca, Bologna.

463 Andere mögen allein die Gesichter malen und in Farben wiedergeben; Raffael hat der Cäcilie Gesicht und Seele enthüllt.

464 Das Bild wird die Vision des Ezechiel genannt; heute im Palazzo Pitti.

465 Bestellt von Conte Lodovico Canossa, dem Bischof von Bayeux, erworben für die Sammlung Philipps IV. und von ihm «La Perla», die Perle unter seinen Bildern, genannt. Um 1518; heute im Prado, Madrid.

466 Nach dem mit Tuch (panno) bespannten Fenster «Madonna dell'Impannata» genannt. Um 1513/14; heute im Palazzo Pitti.

467 Leo X. mit den Nepoten, im Palazzo Pitti. Entstehungsdatum zwischen dem 1.7.1517 (als Lodovico de' Rossi den Kardinalshut bekam) und 25.12.1519 (de' Rossis Tod). Yasari erzählt die Entstehung der Kopie dieses Bildes durch Andrea del Sarto in dessen Vita.

468 Das erwähnte Selbstporträt von Albrecht Dürer (1471–1528) ist verloren gegangen. – Ein Blatt mit zwei männlichen Akten und der Aufschrift, dass Dürer die Zeichnung 1515 von Raffael zugeschickt bekommen habe, befindet sich in der Albertina, Wien. Die Echtheit der Beschriftung wird angezweifelt, die Akte werden Giulio Romano zugeschrieben.

469 Das Bildnis der Geliebten von Raffael ist fast sicher die «Donna velata», entstanden zwischen 1513 und 1516; jetzt im Palazzo Pitti. Es kam aus dem Besitz der Familie Botti 1621 an den Großherzog von Toskana.

470 Der kreuztragende Christus, signiert, datierbar 1517; heute im Prado.

471 Die «Stanza dell'Incendio» wurde nach schriftlichen Belegen zwischen 1514 und 1517 von Raffael und seiner Schule fertiggestellt; den Anfang machte Perugino 1507/08 im Gewölbe. – Die vier Hauptfresken zeigen Ereignisse aus dem Leben Leos III. und Leos IV.

472 Die Seeschlacht bei Ostia, d.h. der Sieg Leos IV. über die Sarazenen im Jahre 849, ist eine Anspielung auf den Krieg gegen die Ungläubigen, den Papst Leo X. plante.

473 Der Reinigungseid Papst Leos III. vor Karl dem Großen. Eine Inschrift bezieht sich auf das Laterankonzil vom 19.12.1516.

474 Die Krönung Karls des Großen durch Leo III. gibt durch die Bildnisse und Unterschriften einen Hinweis auf das Bündnis zwischen Leo X. und Franz I., dem französischen König, vom Oktober 1515.

475 Der Beginn der dekorativen Arbeiten in der zweiten Loggia des Vatikans durch Raffael und seine Schüler steht nicht fest; vollendet im Sommer 1519.

476 Nach Bramantes Tod (1.8.1514) war ihm die Bauleitung der Peterskirche übertragen worden, die er bis zu seinem Lebensende innehatte. Am 27.8.1515 wurde Raffael vom Papst zum Konservator der römischen Antiquitäten ernannt; 1518, zusammen mit Antonio da Sangallo, *«maestro delle strade»*.

477 Berühmter Holzschnitzer aus Siena; Geburtsdatum unbekannt, gestorben 1529. Er arbeitete für den Papst vom 1.11.1514 bis Ende Oktober 1521. Am 1.12.1514 erhielt er den Auftrag, das Holzmodell der Peterskirche zu erstellen.

478 Vigna wurde der Palazzo Madama genannt, den der Kardinal Giulio de' Medici, der spätere Clemens VII., in herrlicher Lage erbauen ließ.

479 Gemeint ist der Palazzo Pandolfini; nach Inschrift ist der Bau 1520 beendet.

480 Die berühmte Sixtinische Madonna, erworben durch August III. von Sachsen, ist heute in der Staatlichen Gemäldegalerie, Dresden.

481 Der hl. Michael war ein Geschenk von Lorenzo de' Medici an Franz I., signiert und datiert 1518; heute im Louvre.

482 Die sog. «Fornarina», signiert; heute in der Galleria Nazionale Antica, Rom.

483 In der Loggia der Villa Farnesina zu Rom malte er

nach dem Märchen von Apuleius die Geschichte von Amor und Psyche, anfangs 1519 vollendet.

484 Der ausführende Architekt Pallavicini aus Mailand begann die Stallungen nach Vertrag vom 23.5.1514. Erhalten sind nur noch Reste des Erdgeschosses. – Die Mosaiken in der Kuppel der Kapelle wurden 1516 vom Venezianer Luigi da Pace nach den Kartons von Raffael ausgeführt. In seinem Testament von 1519 bestellte Chigi Nischenfiguren, Altar und Obelisken bei Lorenzetto, ebenfalls nach Plänen von Raffael. Alles noch an Ort und Stelle.

485 Das Datum des Auftrags für die Sala di Costantino ist unbekannt. Die Fresken wurden nach Raffaels Entwürfen ausschließlich durch seine Schüler ausgeführt und erst nach seinem Tod im September 1524 beendet. Die Hauptfresken sind: Konstantins Taufe, Der Sieg Konstantins über Maxentius, Die Erscheinung des Kreuzes und schließlich Konstantin und die konstantinische Schenkung an Papst Sylvester.

486 Die Teppiche waren für die unteren Wandflächen der Sixtinischen Kapelle bestimmt: für die Wand rechts vom Altar die Geschichte des Paulus, für die linke Wand die Geschichte des Petrus sowie die Steinigung des Stephanus. Die insgesamt zehn Kartons (Schlusszahlung am 20.12.1516) wurden nach Brüssel geschickt und dort von Peter van Aelst gewoben. Sieben Kartons sind jetzt im Victoria and Albert Museum, London. Anfang Juli 1519 wurden sieben Teppiche in der Sixtinischen Kapelle aufgehängt. Die Originalteppiche in der Pinacoteca Vaticana sind stark beschädigt.

487 Die «Verklärung Christi» war für die Kathedrale des

Bistums Narbonne von Kardinal Giulio de' Medici in Auftrag gegeben worden. Nach Fertigstellung (Februar 1520) blieb das Bild aber in Rom, 300 Jahre auf dem Hochaltar von S. Pietro in Montorio; heute in der Pinacoteca Vaticana.

488 Vasari kannte ein von Raffael gemaltes Bildnis des Kardinals im Palast Dovizi zu Bibbiena; es ist verschollen. Das Porträt im Palazzo Pitti wird als Kopie betrachtet.

489 Raffael starb am 6.4.1520 in Rom und wurde in der S. Maria Rotonda, heute Pantheon, beigesetzt.

490 Andrea wurde am 16.7.1486 als Sohn des Schneiders Angelo di Francesco geboren. Daher erklärt man seine oft vorkommende Signatur, zwei verschlungene A, als Andreas Angeli.

491 Giovanni Barile stand im gleichen Alter wie Andrea; so ist anzunehmen, dass Vasari dessen älteren Bruder Andrea gemeint hat.

492 Piero di Cosimo (1462–1521).

493 Im Kloster S. Maria Novella von Papst Martin V. errichtet. Die Kartons der Schlachten von Cascina und Anghiari erwähnt Vasari auch bei Leonardo und Raffael.

494 Francesco di Cristofano Bigi, genannt Franciabigio (1483–1525).

495 Am 12.12.1508 schrieb er sich in die Arte dei Medici e degli Speziali ein, wo auch die Maler hingehörten; er hatte damals schon die Werkstatt am Getreidemarkt, auf der Rückseite der Uffizien.

496 Diese Vorhänge sind verloren gegangen.

497 Hof und Fresken sind leidlich erhalten. Beginn der Arbeiten 1514.

498 Jetzt in den Uffizien, Florenz.

499 Andrea Contucci di Monte San Sovino (um 1467–1529) war Meister und nicht Vater oder Verwandter des Jacopo Tatti, genannt Sansovino (1486–1570).

500 Alesso Baldovinetti (um 1425/27–99).

501 Cosimo Rosselli (1439–1507).

502 Die Fresken aus dem Leben des hl. Philipp im Kreuzgang der Annunziata malte er in den Jahren 1509/10; sie sind an Ort und Stelle erhalten.

503 Er bekam den Auftrag für die Fresken am 15.6.1519, die Arbeit ist 1529 beendet; das Abendmahl und die vier Heiligen in situ erhalten.

504 Signiert: *«Andreas faciebat»*, datiert 1514.

505 Francesco d'Agnolo di Pietro Ajolli (geb. am 4.3.1492) war Cellinis Musiklehrer; um 1530 begab er sich nach Frankreich, wurde in großen Ehren gehalten, starb später dort.

506 Die Verkündigung mit den Heiligen Michael und Gaudentius, datierbar 1517; heute im Palazzo Pitti, Florenz.

507 Die Verkündigung mit der Inschrift: *«Andrea del Sarto ta pinta qui come nel quor ti porta e non qual sei Maria per isparger tua gloria e non suo nome»* («Andrea del Sarto hat dich hier gemalt, wie er dich im Herzen trägt und nicht wie du bist, Maria, um deinen Ruhm und nicht um seinen Namen zu verbreiten»), datierbar 1514; heute im Palazzo Pitti.

508 Er heiratete 1517 oder 1518 Lucrezia di Baccio del Fede.

509 Die berühmte Madonna mit den Harpyien ist jetzt in den Uffizien. Signiert: *«Andreas Sartius Florentinus faciebat 1517»*.

510 Für die Fresken wurde Andrea 1515–26 mehrmals honoriert, die Belege sind erhalten.

511 Vasari erzählt dieselbe Episode in der Vita von Bandinelli. Das Porträt eines Bildhauers befindet sich in der National Gallery, London.

512 Das Bild ist verschollen, der Druck aber und zwei Zeichnungen dazu sind in den Uffizien.

513 Er war 1518 in Frankreich und verweilte dort etwas mehr als ein Jahr.

514 Leo X. (Giovanni de' Medici), zweiter Sohn des Lorenzo il Magnifico, Papst vom 9.3.1513 bis 1.12.1521.

515 In Wirklichkeit war es der 30. November.

516 Die Heilige Familie im Louvre, Paris.

517 Die zwei Bilder, Josephs Jugend und der Traum des Pharao, sind signiert: *«Andrea del Sarto faciebat»*, datierbar um 1517; heute im Palazzo Pitti.

518 Datierbar um 1511; noch an Ort und Stelle.

519 Signiert: *«Andreas Sartius Florentinus faciebat»*, datierbar 1517/18; jetzt im Palazzo Pitti.

520 Signiert: *«Andreas Sartus Florentinus me pinxit. 1518»*. Noch im Louvre.

521 Vasaris Erzählung betreffend Andreas Geldverschwendung nach seiner Rückkehr aus Frankreich scheint erfunden zu sein: Andrea deponierte eine größere Geldsumme im Ospedale di S. Maria Novella; 1520 kaufte er Land, um ein Haus zu bauen.

522 Verschollen; zwei Zeichnungen dazu sind noch in den Uffizien und einige im British Museum, London.

523 Datierbar 1529/30, evtl. 1531; im Palazzo Pitti. Eine andere Assunta im Palazzo Pitti wurde von Margherita Passerini für S. Antonio in Cortona bestellt.

524 Das Fresko (1515) wurde später abgelöst und befindet sich heute in S. Salvi, Florenz.

525 Noch im Kloster.

526 Jetzt im Palazzo Pitti.
527 Noch an Ort und Stelle. Andrea arbeitete daran um 1521; ganz beendet wurde es von Alessandro Allori nach 1588. Zeichnungen zur Komposition sind im Louvre, Paris, im British Museum, London, und auch in den Staatlichen Museen, Berlin.
528 Im Palazzo Pitti ist ein Johannes der Täufer, 1525/26; es ist aber nicht feststellbar, ob es sich dabei um das bereits erwähnte oder um das vorher beschriebene und im Auftrag von Benintendi gemalte Bild handelt.
529 Geboren um 1457, war Minister unter Ludwig XII. und Finanzverwalter unter Franz I.; 1527 hingerichtet wegen angeblichem Amtsmissbrauch.
530 Signiert mit Monogramm, datierbar 1524/25; jetzt im Prado, Madrid.
531 Die Beweinung Christi im Palazzo Pitti, signiert mit Monogramm und durch eine Quittung für 80 Goldgulden vom 11.10.1524 datiert. Der Rahmen und die Predella sind noch in der Kirche S. Piero a Luco.
532 Zanobi di Domenico Poggini starb am 5.9.1527 in Florenz.
533 Armaciotto dei Ramazzotti war einer der kaiserlichen Feldherrn bei der Belagerung von Florenz. Er starb 1539, bestellte aber sein Grabmal schon 1526 beim Bildhauer Alfonso Lombardi Ferrarese; es ist noch heute in der Kirche S. Michele in Bosco bei Bologna zu sehen.
534 1527/28; jetzt im Palazzo Pitti.
535 Die Heilige Familie im Palazzo Pitti.
536 Clemens VII. (Giulio de' Medici), Papst vom 19.11.1523 bis 25.9.1534.
537 Bei Raffael schon erwähnt. Raffaels Original in den

Uffizien, Andreas Kopie im Museo di Capodimonte, Neapel.

538 Giulio Pippi, genannt Giulio Romano (geb. um 1499 in Rom, gest. 1546 in Mantua).

539 Niccolò Soggi (um 1480–1554) aus Monte San Sovino (Arezzo).

540 Domenico Puligo (geb. 1492 in Florenz, gest. 1527 ebd.).

541 1529/30 entstanden; jetzt in Einzelbildern im Dom zu Pisa.

542 Die berühmte «Madonna del Sacco» im Kreuzgang der Toten der Annunziata; datiert 1525.

543 Am 24.6.1526 wurde er für das Bild honoriert.

544 Datiert 1528; heute in den Uffizien, wie auch ein Teil der Predella mit zwei Putten.

545 Datiert 1528; jetzt in den Staatlichen Museen, Berlin.

546 Datierbar 1528; im Palazzo Pitti.

547 Auftrag am 15.6.1519, beendet 1529. Noch an Ort und Stelle.

548 Datierbar 1524/25; in den Uffizien.

549 Das Selbstbildnis ist in den Uffizien.

550 Sie starb im Januar 1570.

551 Heute im Palazzo Pitti. Angefangen 1529; die Jahresangabe 1530 stammt wahrscheinlich von Vincenzo Bonilli, der zehn Jahre später das Bild beendete.

552 Noch im Dom zu Pisa: Madonna mit den Heiligen Franziskus, Hieronymus und Bartolomäus. Fertiggestellt von Giovanni Antonio Sogliani (Florenz 1492–1544).

553 Mit Monogramm signiert, datierbar 1526/27; jetzt Staatliche Gemäldegalerie, Dresden.

554 Datierbar 1528/29; im Palazzo Pitti.

555 Jetzt im Metropolitan Museum, New York.

556 Im Prado, Madrid. – Andreas Witwe Lucrezia wurde dafür 1531 vom Marquis del Vasto bezahlt.

557 Bernardo di Girolamo Rosselli, genannt Buda. Von den 1529 bezahlten Fresken blieb nichts erhalten, nur einige Studien dazu in Rötel; heute in den Uffizien.

558 Er selber trat 1529 in die Bruderschaft ein.

559 28./29.11.1530; von manchen Kunsthistorikern wird als Todestag der 22.1.1531 erwähnt.

560 Er lebte 45 Jahre.

561 Ein Aufenthalt in Rom konnte nicht nachgewiesen werden.

562 Michelangelo Buonarroti, der zweite Sohn des Lodovico di Lionardo Buonarroti Simoni und der Francesca di Neri del Miniato del Sera, kam am 6.3.1475 in Caprese (Arezzo) auf die Welt. Seine Abstammung von den Grafen von Canossa ist nicht bewiesen; die Annahme stützt sich auf einen Brief des Alessandro Canossa vom 8.10.1520, der ihn als *«parente onorando»* und *«bono parente»* anredet. Zudem ist das Wappen der schon im 13. Jh. bekannten Familie der Buonarroti Simoni dem der Canossa ähnlich.

563 Lodovico Buonarroti war Podestà (Bürgermeister) in Caprese und Chiusi.

564 Francesco Granacci (1469–1543).

565 Martin Schongauer (1455–91) wird von Vasari «Martino tedesco» genannt. – Die hier erwähnte Zeichnung Michelangelos ist nicht mehr auffindbar.

566 Lorenzo de' Medici hat den Garten an der Via Larga, hinter dem Kloster S. Marco, im Jahre 1480 für seine Frau gekauft; er wurde dann Treffpunkt der

florentinischen Künstler. – Bertoldo (um 1420–91) war Schüler Donatellos.

567 Pietro Torrigiano (1472–1528), Bildhauer, arbeitete in der Kunsttradition des Benedetto da Maiano; tätig in England, Portugal und Spanien, wo er als Opfer der Inquisition umgekommen ist.

568 Dieser Faun ist verschollen; weder die Faunmaske noch der Kopf des Zyklops, die sich heute im Bargello befinden, können damit identifiziert werden.

569 Angelo Ambrogini, genannt Poliziano (1454 bis 1494), Humanist und Dichter am Medici-Hof.

570 Der Kampf des Herkules mit den Kentauren und die Madonna an der Treppe *(«della scala»)* sind heute im Museo di Casa Buonarroti.

571 Von diesen Zeichnungen sind einige erhalten: eine, nach dem «Tribut» von Masaccio, ist im Kupferstichkabinett, München; zwei andere, nach der «Sagra» (Kirchweihfest), in der Albertina, Wien.

572 Die Statue war lange in Fontainebleau, im Jardin de l'Etang; jetzt verschollen.

573 Kardinal von S. Giorgio war damals Raffaello Riario. – Michelangelo kam am 26.6.1496 nach Rom und hätte für den Kardinal Riario eine lebensgroße Statue machen sollen, die aber nie zur Ausführung gelangte.

574 Der Bacchus wurde 1572 von Francesco de' Medici erworben und im 17. Jh. nach Florenz gebracht; heute im Bargello.

575 Der Kardinal hieß Jean Bilhères de Lagranles. – Die Pietà ist noch heute in St. Peter; sie wurde am 27.8.1498 bestellt und 1499 beendet. Die Inschrift am Gürtel lautet: *«Michaelangelus Buonarotus Florentinus faciebat»*.

576 Gemeint ist Cristoforo Solari (1460–1527), genannt il Gobbo.

577 Nicht Simone da Fiesole, sondern Agostino Duccio erhielt am 18.8.1464 den Auftrag für einen Giganten.

578 Die Aufstellung des David vor dem Palazzo Vecchio wurde erst 1504 beschlossen; er blieb dort bis 1873, seither ist diese Statue in der Accademia di Belle Arti, Florenz.

579 Es gibt ein Dokument vom 5.9.1504, in dem die Bezahlung von 400 Scudi erwähnt wird.

580 Piero Soderini erhielt die Bestellung für die Bronzestatue des David von Pierre de Rohan (1451–1513), Marschall des französischen Königs Karl VIII., der dem König bei Fornovo das Leben gerettet hat. Die Statue ist verloren gegangen.

581 Die Statue des Matthäus ist seit 1834 in der Accademia.

582 Es handelt sich um die Marmorgruppe der Madonna mit dem Kind – nicht, wie Vasari sagt, Bronze –, die jetzt in der Kirche Notre Dame von Brügge (Belgien) steht.

583 Gemeint ist die Heilige Familie in den Uffizien. Sie wurde zur Hochzeit des Angelo Doni mit Maddalena Strozzi bestellt (1503/04).

584 In Wirklichkeit müssen sich beide Schlachtenbilder an der Ostwand und nicht an gegenüberliegenden Wänden befunden haben. Aus dem Spital S. Onofrio wurden die Kartons dazu in den Gerichtssaal des Palazzo della Signoria und von dort in den Papstsaal der S. Maria Novella verbracht; danach kamen sie in den Palazzo Medici, wo sie wahrscheinlich in den Jahren 1515/16 zugrunde gingen.

Die Kompositionen sind in mehreren Zeichnungen und Kopien erhalten.

585 Wahrscheinlicher ist seine Umsiedlung nach Rom erst für das Jahr 1505; bei der Papstwahl von Julius II. im Dezember 1503 war er noch in Florenz mit mehreren Projekten beschäftigt.

586 Die Kirche S. Caterina delle Cavallerotte, einst in der Nähe von S. Pietro, wurde abgerissen. – Unter Kastell ist die Engelsburg zu verstehen.

587 Vasari beschreibt hier nur einen von den vielen Entwürfen Michelangelos für das Grabmal, und diesen auch noch ungenau.

588 Wahrscheinlich identisch mit den zwei Sklaven, die sich heute im Louvre befinden.

589 Vier nur grob zugehauene Gefangene sind heute in der Accademia di Belle Arti, die Gruppe der Viktoria im Salone dei Cinquecento des Palazzo Vecchio.

590 Der Moses auf dem Grabdenkmal von Papst Julius II. in S. Pietro in Vincoli ist eine der berühmtesten Statuen Michelangelos.

591 Das Grabmal wurde erst 1545 vollendet.

592 Im Januar 1506 kam der erste Marmortransport in Rom an; am 17.4.1506 verließ Michelangelo die Ewige Stadt.

593 Dass Michelangelo sich ernsthaft mit dem Gedanken befasste, nach Konstantinopel zu gehen, beweist ein späterer Brief vom 1.4.1519.

594 Die Sixtinische Kapelle wurde 1473 von Giovanni de' Dolci errichtet.

595 Die Versöhnung zwischen Papst Julius II. und Michelangelo kam Ende November 1506 in Bologna zustande.

596 Die Statue wurde am 21.2.1508 an der Fassade von

S. Petronio aufgestellt; bereits 1511 durch das aufgebrachte Volk bei der Rückkehr des Despoten Bentivoglio vernichtet.

597 Am Anfang des Jahres 1508 wurde Michelangelo nach Rom berufen, um die Cappella Sistina auszumalen. Im Mai gleichen Jahres schrieb er an Pietro Rosselli in einem Brief, dass er «eben heute zu arbeiten beginne». – Rosselli hat das Gerüst für die Deckenmalerei nach Michelangelos Vorstellungen errichtet.

598 Zwei Wandbilder wurden tatsächlich heruntergeschlagen, aber erst unter dem Pontifikat Pauls III., als Michelangelo das «Jüngste Gericht» begann.

599 Die Maler aus Florenz vermittelte Granacci, wie aus Briefen hervorgeht. Über ihre Person, die Art der Mithilfe und die Dauer ihres Romaufenthalts weiß man nur sehr wenig.

600 Die Hälfte der Fresken, an der Ostseite, wurde am 17.8.1510 beendet und am 14.8.1511 zu Mariä Himmelfahrt enthüllt.

601 Raffaels Propheten und Sibyllen in der S. Maria della Pace werden allgemein 1514 datiert.

602 Die westliche Hälfte der Fresken wurde am 31.10.1512 zu Allerheiligen aufgedeckt.

603 Die beiden Testamentsvollstrecker Julius' II. waren Lorenzo Pucci, der damalige Kardinal Santiquattro, und sein Neffe, Leonardo Grossi della Rovere, Kardinal von Agen (Südfrankreich). Am 5.5.1513 hat Michelangelo mit diesen beiden Kardinälen einen Vertrag abgeschlossen, das Grabdenkmal des Papstes Julius II. in einer etwas einfacheren Ausführung, gegen die Wand gestellt, zu beenden.

604 Nicht Antonio, sondern Giuliano da Sangallo hat-

te Entwürfe zur Fassade von S. Lorenzo gemacht. Einige Entwürfe werden im Gabinetto dei Disegni, Uffizien, aufbewahrt. – Dass sich Raffael daran beteiligt haben soll, ist nicht wahrscheinlich.

605 Michelangelo verfertigte zwischen August und September 1517 ein Holzmodell, das zusammen mit mehreren Plänen im Museo di Casa Buonarroti aufbewahrt wird. – Leo X. löste im März 1520 den Vertrag zur Errichtung der Fassade auf; mit Ausnahme der Grundlegung vom Dezember 1516 und sechs Säulen wurde nichts ausgeführt.

606 Diese Episode hat Vasari wohl erfunden, um die Unabhängigkeit und Autorität Michelangelos gegenüber dem Gonfaloniere Jacopo Salviati hervorzuheben. In Wirklichkeit gab Michelangelo am 3.1.1517 in Carrara für die 1000 Scudi eine Quittung.

607 Die Straße wurde zwischen Februar 1518 und September 1519 gebaut.

608 Die *«finestre inginocchiate»* führte er 1517 aus.

609 Leo X. starb am 1.12.1521, aber schon im Jahre 1520 stellte er den Weiterbau der Fassade ein.

610 Hadrian VI. (Hadrian Florensz, geb. 1459 in Utrecht, Lehrer des Erasmus von Rotterdam und Bischof von Tortosa), Papst vom 9.1.1522 bis 14.9.1523. Ihm folgte Giulio Medici, der frühere Kardinal, als Clemens VII. auf dem Papstthron (19.11.1523 bis 25.9.1534).

611 Silvio Passerini war der Kardinal von Cortona, der 1524 von Clemens VII. die Regierungsgewalt in Florenz übernahm.

612 Laut Dokument wurde Michelangelo nicht erst 1525, sondern schon 1520 vom späteren Papst Cle-

mens VII. mit dem Bau der Bibliothek und der neuen Sakristei von S. Lorenzo beauftragt.

613 Die Kuppel wird im Allgemeinen zwischen Ende 1523 und Anfang 1524 datiert. – Die Kugel des Piloto wurde 1524 gemacht, 1525 vergoldet.

614 Von den vier vorgesehenen Grabmälern sind nur zwei ausgeführt worden: für Giuliano, Herzog von Nemours (gest. 1516), und für Lorenzo, Herzog von Urbino (gest. 1519).

615 Filippo Brunelleschi hat die Arbeiten der alten Sakristei in S. Lorenzo zwischen 1418 und 1428 geleitet.

616 Die Verhandlungen für den Bau der Bibliothek begannen im Spätherbst 1523; Baubeginn, nach Bewilligung des dritten Plans, im August 1524. Die Arbeiten wurden im Juni 1526 unterbrochen und erst 1534 mit der Innenausstattung wieder aufgenommen; Bodenbelag 1549–54, die Glasfenster 1558–68, Treppe 1559/60. Die Bibliothek wurde 1571 eröffnet.

617 Nach dem Sturz der Medici (15.5.1527) wurde Florenz von den kaiserlichen Heeren belagert und am 12.8.1530 eingenommen. Michelangelo floh am 21.9.1529 aus Florenz und ging trotz freundlicher Einladung des Herzogs Alfonso d'Este in Ferrara nach Venedig.

618 Die alte Holzbrücke war 1523 eingestürzt; von Michelangelos Entwürfen für eine neue Brücke ist nichts erhalten. Die jetzige Anlage wurde 1588–91 erbaut.

619 Michelangelo kehrte am 29.11.1529 nach Florenz zurück.

620 Die Statue ist heute unter dem Namen «David»

im Bargello. Es wird angenommen, dass Michelangelo einen David angefangen hat und ihn dann auf Wunsch des Baccio Valori in einen Apoll umänderte.

621 In der neuen Sakristei sind nur zwei Statuen erhalten: der «Damian» von Raffael da Montelupo und der «Cosmas» von Giovanni Agnolo Montorsoli.

622 Michelangelo übersiedelte Ende Dezember 1533 nach Rom und kehrte nie mehr nach Florenz zurück. Die ersten Verhandlungen zum «Jüngsten Gericht» waren im Juli 1533.

623 Die wichtigsten Studien für das «Jüngste Gericht» sind im Gabinetto dei Disegni, Uffizien; im Musée Bonnat, Bayonne; in der Casa Buonarroti; im British Museum.

624 Der neue Vertrag für das Grabmal von Julius II. wurde am 29.4.1532 abgeschlossen und als Aufstellungsort S. Pietro in Vincoli vereinbart.

625 Clemens VII. starb am 25.11.1534. – Alessandro Farnese wurde unter dem Namen Paul III. dessen Nachfolger, Papst vom 13.10.1534 bis 10.11.1549.

626 Nach einer längeren Unterbrechung wurde im Mai/Juni 1542 der letzte Vertrag des Grabmals abgeschlossen; im Februar 1545 ist das Denkmal in S. Pietro in Vincoli beendet.

627 Paul III. ernannte Michelangelo am 1.9.1535 zum obersten Baumeister, Maler und Bildhauer des Vatikanischen Palastes.

628 Für die Aufstellung des Gerüsts zum «Jüngsten Gericht» wurde im April 1535 die erste Zahlung geleistet; die Arbeiten begannen im Sommer 1536, enthüllt wurde das Fresko am 31.10.1541 und nicht, wie Vasari sagt, zu Weihnachten.

629 Am 25.1.1540 fand die erste Messe in der neu erbauten Cappella Paolina statt; die Ausmalung durch Michelangelo wurde 1541 beschlossen, 1542 mit der Bekehrung des Paulus begonnen und 1543 beendet. – An der zweiten Wand malte Michelangelo 1546–50 die Kreuzigung des Petrus.

630 Diese Kreuzabnahme ist heute im Dom von Florenz.

631 Michelangelo wurde am 1.1.1547 zum obersten Bauleiter von S. Pietro ernannt. Von Ende 1546 bis etwa September 1547 verfertigte er ein kleines Ton- und ein großes Holzmodell für St. Peter.

632 Antonios Holzmodell ist im Museo Petriano, Rom.

633 Das Motuproprio (päpstlicher Erlass) wurde erst am 11.10.1549 herausgegeben, obwohl Michelangelo schon seit 1.1.1547 oberster Bauleiter war.

634 Michelangelos Entwurf für den Kapitolsplatz ist nicht erhalten, nur drei Detailpläne davon (zwei im Ashmolean Museum, Oxford, und einer in der Casa Buonarroti). Paul III. dachte schon 1537 an eine Neuregelung des Platzes; 1542 begannen die Arbeiten mit der Entfernung des Obelisken, 1544 wurde die Treppe Michelangelos zum Senatorenpalast gebaut. Nach Michelangelos Tod führte Giacomo della Porta die Arbeiten nach den vorhandenen Plänen weiter, und nach dessen Ableben (1602) beendete sie Gerolamo Rainaldi im Jahre 1612.

635 Das Kapitolinische Museum, nach Michelangelos Plänen erst 1655 unter Carlo Rainaldi fertiggestellt, enthält eine der ältesten Kunstsammlungen der Welt.

636 Alessandro Farnese, der spätere Papst Paul III., gab Antonio da Sangallo 1513 den Auftrag zum Bau des

Palazzo Farnese. Nach dessen Tod übernahm Michelangelo die Weiterführung, und beendet wurde der Palast 1589 von Giacomo della Porta mit der zweiten Fassade an der Tiberseite.

637 Michelangelos Modell für die Villa Giulia stammt aus dem Jahre 1551; die Villa wurde von Ammannati und Vignola 1551–53 errichtet. Seit 1889 beherbergt sie vorrömische Antiquitäten aus Süd-Etrurien und Umbrien und heißt Museo Nazionale di Villa Giulia.

638 Niccolò Pericoli, genannt il Tribolo (1500–50), Bildhauer und Architekt. – Die anschließend erwähnte Treppe konnte erst von Bartolomeo Ammannati (1511–92) in den Jahren 1558/59 vollendet werden.

639 Julius III. (Giovanni Maria Ciocchi del Monte), Papst vom 7.2.1550 bis 23.3.1555. Ihm folgte Kardinal Marcello Cervini, ein hoch angesehener Gelehrter, als Marcellus II. vom 9.4.1555 bis 1.5.1555 auf dem Papstthron. Seinem Andenken widmete Palestrina sein berühmtestes Werk, die «Missa Papae Marcelli». Der nächste Papst kam aus Neapel, Paul IV. (Gian Pietro Carafa) vom 23.5.1555 bis 18.8.1559.

640 Die Gruppe der Kreuzabnahme im Dom zu Florenz.

641 Die sog. Pietà Rondanini, früher im Palazzo Sanseverino, Rom; jetzt im Castello Sforzesco, Mailand.

642 Pirro Ligorio aus Neapel (um 1510–83), Architekt und Maler, wurde 1555 in den Bauverband von St. Peter aufgenommen und war nach Michelangelos Tod kurze Zeit dessen Nachfolger.

643 Es wird mit dem Holzmodell im Museo Petriano, Rom, identifiziert. Das Tonmodell wurde am

3.7.1557 gegossen, das Holzmodell zwischen November 1558 und November 1561 fertiggestellt.

644 Pius IV. (Giovanni Angelo de' Medici aus Mailand), Papst vom 25.12.1559 bis 9.12.1565. – Der kleine Palast von Pius IV. wurde zwischen 1558 und 1562 errichtet.

645 Leone Leoni (um 1509–90) sandte am 14.3.1561 verschiedene Kopien des Medaillons an Michelangelo. Das Datum seines Briefes widerlegt die Inschrift auf der Vorderseite, wo Michelangelos Alter mit 88 Jahren angegeben wird (*«Michaelangelus Bonarrotus Flor. Agt. s. Ann. 88»).*

646 Übersetzung der Aufschrift etwa: «Ich werde die Ungerechten deine Wege lehren, und die Gottlosen müssen zu dir bekehrt werden.»

647 Bugiardinis Bildnis ist 1522 datierbar, das Original verschollen; von den Kopien ist eine im Louvre, die andere in der Casa Buonarroti. Das Porträt von Jacopo del Conte, datierbar 1535, ist in der Sammlung Chaix d'Estanges, Paris. Von den Büsten des Daniele da Volterra, ausgeführt zwischen 1564 und 1566, wahrscheinlich nach einer Totenmaske, ist eine Büste im Louvre, die andere in der Casa Buonarroti.

648 Der Vertrag für den Bau der Porta Pia ist vom 2.7.1561, die Arbeiten dazu werden im Juli 1565 zuletzt erwähnt. Die von Vasari genannten drei Pläne sind nicht mehr auffindbar, aber fünf Zeichnungen für Tore in der Casa Buonarroti und eine im Schloss Windsor können stilistisch in diese Jahre datiert werden.

649 Die S. Maria degli Angeli wurde nach Michelangelos Plänen in das Tepidarium der Thermen einge-

baut; begonnen am 5.8.1561, nach seinem Tod 1565 zum vorläufigen Abschluss gebracht, ergänzt und vollendet 1759 von Vanvitelli.

650 Dieser Bauführer wurde 1563 bei der Peterskirche erstochen.

651 Nanni di Baccio Bigio, Architekt und Bildhauer, im August/September 1565 Bauleiter von S. Pietro, wurde wegen Feindseligkeiten gegen Michelangelo entlassen.

652 Sein Besitz wurde im Juni 1563 inventarisiert.

653 Michelangelos Neffe kam am 21.2.1564 nach Rom und blieb bis Anfang Mai.

654 Als Jahresanfang wurde nicht überall der 1. Januar nach dem römischen Kalender gerechnet: In Florenz und Siena galt der 25. März als Jahresanfang. Diese sog. florentinische Zeitrechnung wurde bis 1749 beibehalten. In Venedig und in den Gebieten unter der Herrschaft der Venezianer galt der 25. Dezember, genannt Weihnachtsanfang, als erster Tag des Jahres.

655 Ippolito de' Medici (1511–35), Nepote Leos X.

656 Antonio Mini, zwischen 1523–31 Schüler Michelangelos, den er 1529 auf seiner Flucht nach Venedig begleitete.

657 Michelangelo lernte Vittoria Colonna (1490 bis 1547), seit 1509 mit Ferrante Francesco d'Avalos, Marchese von Pescara, verheiratet, seit 1525 verwitwet, im Jahre 1536 kennen.

658 Domenico Fancelli, genannt Topolino, war Michelangelos Vertrauter; er unterstützte ihn vor allem bei den Arbeiten in S. Lorenzo.

659 Realdo Colombo (geb. um 1520 in Cremona), der in Padua und Pisa lehrte, wurde 1549 von Papst Paul

III. nach Rom berufen. Er publizierte 1559 in Venedig das Traktat «De re anatomica».

660 Michelangelo wurde kurz nach seinem Tod durch die Bruderschaft S. Giovanni Decollato, der er selbst auch angehörte, in der Kirche SS. Apostoli in Rom beigesetzt.

Anm. 1–189 und 233–271 von W. Rotzler
Anm. 190–232 und 272–660 von E. Deér

Nachwort

Giorgio Vasari, der vom Wiener Kunsthistoriker und Quellenforscher Julius von Schlosser mit einigem Recht «Vater der Kunstgeschichte» genannt wurde, hat mit der Niederschrift der «Viten» eine Pionierarbeit geleistet, die für Jahrhunderte eine Basis der Kunstgeschichtsforschung bildete und auch heute noch ein unersetzliches Quellenwerk für das Studium besonders der italienischen Renaissance geblieben ist.

Vasari ist indessen nicht der eigentliche Initiator der individuellen historischen Beschreibung einzelner Künstlerpersönlichkeiten. Bereits einige Zeit vor ihm gibt es wichtige Vorstufen zu einer Vitenliteratur oder doch wenigstens zu einer anerkennenden Hervorhebung bestimmter überragender Künstler. Diese Tatsache hat ihren Ursprung in dem in Italien schon früh einsetzenden Persönlichkeitskult, der nicht zuletzt durch das Wiederaufleben eines nie ganz ausgestorbenen nationalen Traditionsbewusstseins im 12. und 13. Jahrhundert angeregt wurde.

Abgesehen von der Erwähnung Giottos und

Cimabues in der «Göttlichen Komödie» oder Simone Martinis in Sonetten von Petrarca lässt sich vor allem in der Novellenliteratur des Trecento ein erhöhtes Interesse für bestimmte Künstler feststellen. Besonders im «Decamerone» Boccaccios und später, gegen Ende des 14. Jahrhunderts, in Sacchettis Novellensammlung trifft man immer wieder auf mehr oder weniger bekannte Künstlernamen, die meistens im Zusammenhang mit Possen oder Anekdoten auftauchen. Berühmt wurden etwa Boccaccios Novellen über Bruno und Buffalmacco, die ihrem etwas einfältigen Malerkollegen Calandrino wiederholt die böswilligsten Streiche spielten. Buffalmacco, ein heute noch kaum erforschter Künstler, dessen bürgerlicher Name Buonamico di Cristofano war, scheint durch seine Extravaganz besonders aufgefallen zu sein und wurde dadurch zu einem beliebten Objekt der Novellenliteratur. Jedenfalls berichtet auch Sacchetti mehrmals von ihm in seiner Sammlung. Alle diese Geschichten waren Vasari wohlbekannt und wurden zum Teil in seiner Vita des Buonamico Buffalmacco verarbeitet.

Weitere Ansätze zu eigentlichen Lebensbeschreibungen einzelner Künstler lassen sich während des Quattrocento und des frühen Cinquecento in Florenz feststellen. In den um 1450 entstandenen «Commentarii» des berühmten Plastikers und Bildgießers Lorenzo Ghiberti sind eine ganze Reihe von Künstlern mit ihren wichtigsten Werken erwähnt. Neben der Autobiografie findet man hier unter anderen die Namen von Giotto, Taddeo Gaddi, Maso, Cavallini, Orcagna, Lorenzetto, Simone Martini, Duccio.

In der Nachfolge entstanden um 1500 und danach einige Abhandlungen, die teilweise spezifische Künstlerviten-Sammlungen darstellen. Speziell zu erwähnen sind in diesem Zusammenhang Antonio di Tuccio Manettis «XIV uomini singolari in Firenze dal 1400 innanzi» (um 1480 entstanden), die anonyme Vita des Brunelleschi (um 1485 entworfen), Antonio Billis «Libro» (zwischen 1480 und ca. 1530) und die Viten des Anonymus der Magliabechiana (um 1540, also kurz vor Vasaris eigener Arbeit). Die zuletzt zitierten Autoren waren alles gebildete Laien, Kunstliebhaber, deren Verständnis wohl nicht dem subtilen Einfühlungsvermögen der Künstler entsprach; ihre Kompilationen wurden aber zu wichtigen Quellen für Vasari selbst, der sie sich zu eigen machte und sie zum Teil in sein Monumentalwerk eingliederte.

Ansätze zu einer ausgedehnteren Vitenliteratur scheint es in der ersten Hälfte des 16. Jahrhunderts auch in Norditalien gegeben zu haben, wo der Venezianer Marc' Antonio Michiel, der Herausgeber der «Notizie del disegno» (einer topografisch konzipierten Nachrichtensammlung von Kunstwerken Venetiens und der Lombardei), offenbar eine Lebensbeschreibung der modernen Maler und Bildhauer geplant hatte, eine Arbeit, die vermutlich wegen der Herausgabe der Viten Vasaris aufgegeben wurde. Alle erwähnten Schriften bleiben aber bescheidene Pionierarbeit verglichen mit dem Monumentalwerk, das sich dieser gebildete Künstler-Literat vorgenommen hatte.

Für die Verwirklichung dieses Unterfangens brauchte es ganz besondere Voraussetzungen, die im Quattrocento noch nicht restlos gegeben waren: Obwohl in Italien seit dem 14. Jahrhundert – im Gegensatz zu anderen Kunstlandschaften – die Persönlichkeit des bildenden Künstlers eine neue Wertschätzung erfahren hatte, gelang es diesem doch erst im 16. Jahrhundert endgültig, dem Literaten und Wissenschaftler als gleichwertig gegenüberzutreten. Die mittelalterliche Einteilung der Künste in Artes liberales und Artes mechanicae wirkte noch lange nach, und es gelang den bildenden Künstlern nur allmählich, in die erlauchten Sphären der Artes liberales aufgenommen zu werden. Die mechanischen Künste umfassten im Wesentlichen handwerkliche Berufe, und die Künstler sahen sich durch die Zugehörigkeit zu dieser Gruppe herabgewürdigt. Ihre berechtigten Ansprüche, von den liberalen Künsten akzeptiert zu werden, verteidigten sie unter anderem mit der ovidschen Gleichstellung von Poesie und Malerei: Im Motto *«ut pictura poesis»* sahen sie die Rechtfertigung ihrer Ambitionen. Dennoch befreundeten sich die traditionellen Literaten nur allmählich mit dieser Vorstellung.

Wohl der erste konsequente Vertreter einer Identifizierung von Kunst und Wissenschaft war zweifellos Leon Battista Alberti, dessen Malerei-Traktat zum Vorbild emanzipatorischer Äußerungen geworden ist. Leonardo da Vinci führt mit dieser Forderung folgerichtig weiter, indem er in seinen Aufzeichnungen immer wieder betont, die Malerei sei sowohl Wissenschaft als auch Poesie. Mehr noch als das: An manchen Stellen seiner Notizen zum Malerei-Traktat gibt er der Malerei eindeutig den Vorrang vor der Poesie und auch der Musik, die doch beide anerkannte Disziplinen der liberalen Künste waren.

Aber trotz dieser Stimmen wagt es selbst Raffael noch nicht, in seinem «Parnass» einen bildenden Künstler darzustellen (falls man in der Figur des sogenannten Tebaldeo nicht tatsächlich ein Porträt Michelangelos erblicken will, wie dies von Tolnay vorgeschlagen wurde), und in seiner «Schule von Athen» werden die bekannten Maler-, Architekten- und Bildhauerkollegen nur verschlüsselt als Philosophen dargestellt. So wird etwa Plato mit den Zügen Leonardos wiedergegeben, Michelangelo mit Heraklit und Bramante mit Euklid identifiziert. Raffael selbst porträtierte sich bescheiden rechts am Rand des Freskos. Dieser Sachverhalt bestätigt eindeutig die noch vorherrschende Unsicherheit des Künstlers, und dies trotz der sich immer stärker akzentuierenden gesellschaftlichen Befreiung. Das änderte sich aber im 16. Jahrhundert sehr rasch, und um die Jahrhundertmitte waren auch die Maler und Bildhauer endgültig akzeptiert. Der Aufstieg erforderte jedoch vom Künstler eine umfassendere Bildung und damit eine vertieftere Auseinandersetzung mit den anderen Disziplinen.

Vasari war ein Musterbeispiel eines humanistisch gefärbten Künstlers. Er verkehrte sehr selbstbewusst mit den Gebildeten und wurde zum ausgesprochenen Günstling am Medici-Hof in Florenz. Diese Stellung lässt sich deutlich aus der regen Korrespondenz zwischen ihm und seinen Freunden erkennen. Seine bevorzugten Briefpartner waren nebst Michelangelo, ihm zeit seines Lebens freundschaftlich zugetan, Pietro Aretino, Paolo Giovio, Molza, Benedetto Varchi, Annibale Caro und natürlich sein enger Freund und Mentor Vincenzo Borghini. Sie alle waren Literaten, die damals ein hohes Ansehen genossen. Aber es sind auch Briefe an den Herzog Francesco de' Medici erhalten, die den Künstler als Höfling und Befürworter des autoritären Herzogtums Toskana erscheinen lassen. Durch dieses Verhalten lässt Vasari einen Wandel des Geisteslebens um die Mitte des 16. Jahrhunderts sichtbar werden, denn wenn die Humanisten des 15. Jahrhunderts noch die Unabhängigkeit des Geistes erstrebt hatten, so stellten die Nachfolger des 16. Jahrhunderts ihre Kenntnisse und ihre Kunst immer mehr in den Dienst des sich nun abzeichnenden absolutistischen Staatsgedankens. Dies zeigt sich deutlich auch an Vasaris eigenen Dekorationen im Palazzo Vecchio in Florenz, die eine rein panegyrische Darstellung der mediceischen Staatskunst sind. Der Aretiner hebt sich dadurch deutlich von dem noch dem

Quattrocento verpflichteten Michelangelo ab, dessen rebellische Haltung von Vasari trotz aller Bewunderung wohl nie ganz begriffen werden konnte. Vasaris Autoritätsgläubigkeit zeigte sich letztlich gerade auch im Herausstellen des Geniebegriffs, in der Vergötterung einzelner Künstlerpersönlichkeiten. Es war seine Generation, die, geprägt von neuen Staatsgedanken, auch die Kunst in den Dienst der neuen Machtstrukturen stellte.

Giorgio Vasari wurde im Jahre 1511 in Arezzo geboren, in einer Stadt, die voller lokalpatriotischen Selbstbewusstseins noch im 16. Jahrhundert mit dem mächtigen und prächtigen Florenz rivalisierte. Der Künstler hat diese Herkunft übrigens nie verleugnet; auch in späteren Jahren, als er in Florenz angesiedelt war und allgemein der florentinischen Künstlerschaft zugerechnet wurde, hat er sich voller Stolz *«aretino»* genannt. Seine künstlerische Ausbildung stand indessen vorwiegend im Zeichen der Florentiner. Außer dem von ihm selbst angegebenen ersten Lehrmeister Guillaume de Marcillat, dem er in den Viten ein eigenes Kapitel widmet und der in Arezzo vor allem als Glasmaler tätig war, scheinen besonders Andrea del Sarto und Baccio Bandinelli ihm die ersten Anweisungen im Zeichnen und Malen gegeben zu haben. Jedenfalls war er von 1524 bis 1527 erstmals in Florenz; hier wird er sich in den Künstlerateliers herumgetrieben haben, hier konnte er sich auch mit Werken der Großmeister der Maniera moderna auseinandersetzen. Er scheint schon Kontakte zu Rosso Fiorentino und Pontormo gehabt zu haben, und die erste Begegnung mit Michelangelo, der für den Aretiner schon bald zum vergötterten Idol werden sollte, fand während dieser Zeit statt. Erst die Reise nach Rom zu Beginn der Dreißigerjahre brachte den Künstler jedoch in Kontakt mit jenen Werken, die entscheidend für seine Ausbildung wurden. Nebst der Sixtinischen Decke begegnete er hier Raffaels Freskenzyklen in den Vatikanischen Stanzen; Vasari fand aber auch die Arbeiten einer zwischen den beiden Hauptmeistern vermittelnden Künstlergruppe, etwa Giulio Romanos und Gianfrancesco Pennis Interpretationen Raffaels in der Sala di Costantino im Vatikan, Giovanni da Udines Grotesken in den Vatikansloggien und in der Villa Madama oder die Fresken Peruzzis in der Farnesina. Als wichtigsten Vermittler zwischen Raffael und Michelangelo gibt aber Vasari Perino del Vaga an, dessen Fresken im Palazzo

Baldassini dem Aretiner einen großen Eindruck hinterließen und den man heute immer mehr als ideellen Lehrmeister der Künstlergruppe um Vasari und Salviati anerkennen muss.

Seit dem ersten Romaufenthalt des Künstlers beginnt ein unstetes Wanderleben durch ganz Italien, das erst 1555 einen vorläufigen Abschluss findet, als Vasari sich mit der Familie in Florenz niederlässt und hier unter anderem mit der Ausmalung des Palazzo Vecchio und mit dem Bau der Uffizien beauftragt wird. Gerade die ausgedehnten Reisen in den Vierzigerjahren ermöglichten ihm eine für die Zeit ungewöhnliche Erweiterung der Kunstkenntnisse und bereiteten ihn gleichsam für die Niederschrift der Viten vor.

Vasaris hauptsächliche malerische Produktion ist verteilt auf Rom, Florenz, Arezzo, wobei wichtige Aufträge für das ehemalige Kloster S. Michele in Bosco bei Bologna und für die Kamaldulenserklöster in Camaldoli und Neapel ausgeführt wurden. Im Jahre 1541 war Vasari auch in Venedig tätig. Hier wendete er bei einer Friesdekoration für eine Theateraufführung und in einer Deckengestaltung für den Saal eines Privatpalastes die neuartigen, in Rom entwickelten plastischen Rahmen- und Ornamentformen

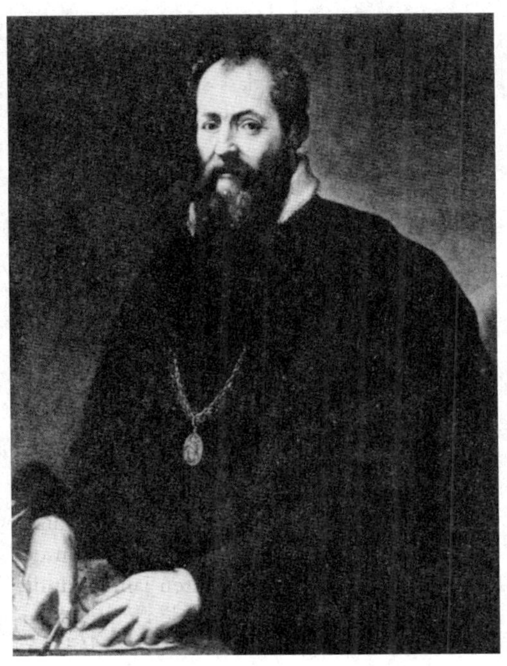

Giorgio Vasari, Selbstporträt. Uffizien, Florenz

erstmals an. Die Arbeiten sind heute nicht mehr an Ort und Stelle und zum Teil gänzlich zerstört; aber man weiß, dass sie für die venezianische Dekoration der Vierzigerjahre vorbildlich wirkten.

In Rom entstand in der Cancelleria im Jahre 1546 – nach eigenen Aussagen in hundert Tagen – der eben deshalb so benannte Salone dei cento giorni, wohl das Hauptwerk der Jugendzeit des Künstlers. Auf vier riesigen Wänden stellte der Aretiner mit einem gewaltigen Aufgebot von Gehilfen und Gesellen Szenen aus dem Leben des Farnese-Papstes Paul III. dar. Diese Arbeitsweise, bei der der Künstler nicht viel mehr als die Vorzeichnung zum Werk vorbereitete und praktisch alles Übrige von Mitarbeitern übernommen wurde, war – teilweise bedingt durch die immer größeren Anforderungen der Auftraggeber – schon im zweiten Jahrzehnt des 16. Jahrhunderts von Raffael in den letzten Stanzen und den Loggien eingeführt worden und hatte starke Kritik unter Kunstsachverständigen und Liebhabern hervorgerufen. Selbst Vasari musste in seiner Autobiografie 1568 zugeben, «er hätte besser hundert Monate an seinem Werk gearbeitet und es dafür eigenhändig ausgeführt». Diese Einsicht und der Vorsatz, künftig seine

Werke immer selbst zu vollenden, konnten aber die Entwicklung nicht aufhalten. Auch in späteren Arbeiten war Vasari immer wieder gezwungen, Gehilfen und Mitarbeiter einzusetzen. Die 1555 bei der Übersiedlung nach Florenz begonnenen umfangreichen Umgestaltungen und Dekorationen im Palazzo Vecchio sind letztlich das Produkt eines Teamworks, bei dem Vasari gewissermaßen Regie führte und die eigentliche Ausmalung einzelner Felder und Räume ganz seinen Gehilfen überließ. Unter diesen sind besonders hervorzuheben Cristofano Gherardi, der enge Mitarbeiter und Freund des Aretiners, Giovanni Stradano (wie der Flame Jan van der Straet in Italien genannt wurde), Prospero Fontana, Marco da Faenza, Giovanni Battista Naldini und Jacopo Zucchi, alles eigenständige Künstler, die den Dekorationen ihre persönliche Prägung gaben.

Vasari nennt sich im Titel der zweiten Ausgabe der Viten stolz *«pittore et architetto»*. In der Tat sind seine Leistungen als Architekt bis heute bekannter geblieben als seine Malerei, um die sich die Forschung doch erst seit einigen Jahrzehnten wieder ernsthaft bemüht hat. Das wohl berühmteste von ihm errichtete Bauwerk sind die Uffizien, die, bevor sie zur Kunstgalerie gemacht wurden, lange das Tribunal und Administrationsräume des Herzogtums Toskana beherbergten. Der Grundstein zum Bau wurde am 30. Juli 1560 gelegt; die Arbeiten zogen sich bis nach dem Tod des Künstlers hin, denn erst 1585 war die prächtige Anlage vollendet. Das Auffallendste an diesem eigentümlichen Gebäude sind die extrem lang gestreckten Proportionen, die besonders in der von der Piazza della Signoria zum Arno hinführenden Hofpartie auffallen. Das Ganze erhält dadurch eine galerieartige Wirkung, die Fassaden der beiden Flügel lassen eine rhythmisierte Raumflucht entstehen. Damit wird der Bau zu einem Prototyp «manieristischer» Architektur, die vielleicht nur noch in der alten Bibliothek Sansovinos in Venedig ein vergleichbares Gegenbeispiel hat.

Die übrigen Bauwerke des Meisters sind weniger bekannt geworden. Immerhin sind die weitreichenden Umbauten im Palazzo Vecchio zu erwähnen, die das innere Aussehen des Gebäudes grundlegend verändert haben. Weiterhin findet der um 1565 entstandene Korridor Beachtung, der, von den Uffizien ausgehend, über den Ponte Vecchio verläuft und schließlich in den Pitti-Palast einmündet. Dieses seltsame Bauwerk, das die beiden Medici-Besitze miteinander verbindet, ist letztlich eine Nachahmung der Verbindungsgalerie zwischen dem Vatikan und der Engelsburg in Rom. In der Metropole selbst wird der Name Vasaris in Zusammenhang mit dem Entwurf zur Villa Giulia genannt, die von Ammannati und Vignola ausgeführt wurde. Im Jahre 1559 vollendete er schließlich gemeinsam mit Ammannati nach Skizzen und ausführlichen Beschreibungen Michelangelos die Treppe zum Lesesaal der Biblioteca Laurenziana in Florenz.

Trotz dieser starken Überbelastung als Baumeister und als Maler dachte Vasari nicht daran, seine immerwährenden Reisevorhaben aufzugeben. Noch 1566 erhielt er vom Herzog von Toskana Urlaub, den er zu einer dreimonatigen Exkursion durch Mittel- und Norditalien verwendete. Er besuchte während dieser Zeit mit Ausnahme Turins alle wichtigen Zentren der nördlichen Stiefelhälfte, und er ließ auch kleinere Ortschaften von künstlerischer Bedeutung nicht aus. Das Ganze gestaltete sich somit zu einem eigentlichen Bildungsausflug, der zweifellos in direktem Zusammenhang mit der Neuausgabe der Viten stand, mit jenem Werk, das dem Namen Vasaris im Lauf der Jahrhunderte bis heute am meisten und berechtigten Ruhm eingebracht hat.

Die Tätigkeit des Künstlers erlahmte auch in den letzten Lebensjahren nicht; noch kurz vor seinem Tod im Jahre 1574 vollendete er in Rom die seit Jahrzehnten von den verschiedensten Künstlern begonnene Sala Regia. Die Kuppel des Florentiner Doms, die er 1572 nach dem Konzept Borghinis begonnen hatte, konnte er hingegen nicht mehr vollenden; sie wurde Jahre später vom jüngeren römischen Rivalen und Geistesverwandten Federico Zuccari fertiggestellt.

Nach Vasaris eigenen Aussagen in der erst in der zweiten Auflage der Viten erschienenen Autobiografie wäre der Künstler im Juni 1546 an einer Abendgesellschaft beim Kardinal Farnese zu seinem großen biografischen Werk angeregt worden. Der eigentliche Anstoß soll dabei von einem Vortrag des Literaten und Bischofs von Nocera, Paolo Giovio, über die Malerei seit Cimabue ausgegangen sein. Bei dieser Gelegenheit hätte ihn der Kardinal aufgefordert, Giovio bei der Ausarbeitung eines Traktats über diese Materie zu helfen. Wie er aber dem Bischof sein eigenes Material gezeigt hätte, habe dieser ihn überredet, die Arbeit selbst zu unternehmen, und die Anwesenden, Molza, Tolomei, Annibale Caro, hätten diesen Vorschlag unterstützt. Da die Erstausgabe der Viten aber schon 1550 vollendet war, hätte der Künstler in vier Jahren intensivster Arbeit das gewaltige Material fertig sammeln, sichten und niederschreiben müssen, was sich wohl kaum bewältigen ließ, wenn man bedenkt, dass der Aretiner daneben noch mit mannigfachen Aufträgen überlastet war.

Diese Aussage Vasaris überzeugt deshalb nicht recht, und in der Widmung an Cosimo I. de' Medici schreibt er selbst, dass er sich während zehn Jahren mit diesem Werk abgemüht hätte. Die Anfänge wären somit um 1540 anzusetzen, ein Datum, das seit den Arbeiten Kallabs und Schlossers über Vasari als wahrscheinlich angenommen werden muss. Gerade das Jahrzehnt zwischen 1540 und 1550 ist im Leben Vasaris durch eine ungewöhnlich rege Reisetätigkeit gekennzeichnet: Während dieser Zeit hielt er sich in Bologna, Venedig, Arezzo, Rom, Florenz, Lucca, Neapel, Rimini, Ravenna und Urbino auf, mit Ausnahme von Mailand (wo er, wie erwähnt, um 1566 anzutreffen ist), also praktisch in allen wichtigeren Zentren der Halbinsel. Dadurch bekam er Gelegenheit, die ihn interessierenden Kunstwerke an Ort und Stelle zu betrachten und sich durch die lokalen Traditionen weiter über einzelne Künstlerpersönlichkeiten zu informieren.

Schon am 10. März 1547 vernimmt man aus einem Brief Anton Francesco Donis, dass dieser die Viten Vasaris zu drucken beabsichtige, was beweist, dass die Arbeiten stark fortgeschritten waren, und im Sommer desselben Jahres lässt der Künstler eine Reinschrift des unvollendeten Manuskripts herstellen. Der endgültige Abschluss des Werks verzögerte sich – nach Kallab – um einige Zeit, da Vasari die jüngst verstorbenen Künstler Giulio Romano, Perino del Vaga, Sebastiano del Piombo und Antonio da Sangallo den Jüngeren noch aufnehmen wollte. Jedenfalls wurde der Text im Herbst 1549 dem Drucker übergeben und erschien im März 1550 als zweibändiges Werk.

Die Resonanz der Arbeit war erheblich. Schon vor der Drucklegung war der Aretiner von seinen Freunden Giovio und Caro überschwänglich gelobt und angespornt worden. Das Werk war bald in ganz Italien verbreitet und erntete viel Anerkennung. Sogar Michelangelo, dem der Autor ein Exemplar zugeschickt hatte, zeigte sich sehr befriedigt und dankte seinem Freund mit einem Sonett. Es wurden aber auch kritische Stimmen laut; mehrere Unzulänglichkeiten wurden aufgedeckt, und böse Zungen neidischer Konkurrenten sprachen von *«infinite bugie»*, von einem Lügengewebe. Vasari selbst ließ sich jedoch nicht beirren; er sammelte weiter Material und bereiste neue, von ihm noch nicht aufgesuchte Regionen, sodass er für die zweite Auflage einen bereinigten Text vorlegen konnte, in dem viele Fehler ausgemerzt waren. Diese zweite Fassung der Viten erschien im Januar 1568 und verdrängte bald die frühere, obwohl sie – wie schon Schlosser feststellte – nicht mehr deren innere Einheit aufweist. Sie ist reicher ausgestattet und mit Künstlerporträts geschmückt, die von Vasari ausgesucht und zum Teil von ihm selbst gezeichnet wurden. Es war vor allem diese zweite Ausgabe, die bald in ganz Europa bekannt und zum Wegweiser für die spätere Vitenliteratur wurde. Sie bildet auch die Grundlage für die Auswahl im vorliegenden Band.

Das Gerüst beider Ausgaben der Viten ist in drei Abschnitte gegliedert, durch die Vasaris historisches Konzept sogleich fassbar wird. Im ersten Teil sind die Künstler des ausgehenden 13. und 14. Jahrhunderts, im zweiten diejenigen des 15. Jahrhunderts und im dritten die Zeitgenossen seit Leonardo da Vinci vereinigt. Diese Dreiteilung entspringt einer ganz besonderen, im 16. Jahrhundert geläufigen ästhetisch-historischen Vorstellung. Vasari selbst erläutert diese in der Einleitung zum zweiten Abschnitt. Die drei Teile entsprechen drei Altern; das erste beginnt bei der «Wiedergeburt» der Künste, das heißt zur Zeit Giottos und seiner unmittelbaren Vorläufer Cimabue sowie Nicola und Giovanni Pisano. Dieses Zeitalter steckt noch in den Kinderschuhen; ein Lob gebührt ihm mehr wegen der sich vollziehenden Abwendung vom «Griechischen» (das heißt vom italienischen Byzantinismus) und dem Versuch zu einer neuen Naturrezeption als wegen seiner tatsächlichen künstlerischen Qualitäten. Im zweiten Abschnitt sieht Vasari gewissermaßen eine Mittelstufe, in der die Künste gewaltige Fortschritte gemacht haben und der Natur tatsächlich langsam auf die Spur gekommen sind. Aber erst im dritten Teil wird der Höhepunkt, die Meisterschaft erlangt. Die Künstler dieses letzten Abschnitts haben eine technische Perfektion errungen, die nicht mehr zu überbieten ist, und die Qualität der antiken Vorbilder ist erreicht, ja überboten worden. Für alle drei Stufen werden einzelne Künstler besonders hervorgehoben; diese repräsentieren durch ihre hervorragenden Leistungen sinnbildlich ihre eigene Zeit. Für den ersten

Abschnitt ist natürlich Giotto die dominierende Persönlichkeit. Ihm verdankt die Kunst ihre eigentliche Neugeburt; er hat die starren Formeln der «Griechen» aufgegeben und eine neue Natürlichkeit eingeführt. Für den zweiten Teil ist es in der Malerei zweifellos Masaccio, nach dessen Fresken in der Brancacci-Kapelle sich alle später berühmt gewordenen Maler von Fra Angelico bis Michelangelo weiterbildeten. Die dritte Stufe lässt der Biograf mit Leonardo da Vinci beginnen, den er *«mirabile e celeste»* nennt und dem die Ehre zukommt, die neue *«maniera»* eingeleitet zu haben. Eine zweite Phase innerhalb dieses dritten Zeitabschnitts bildet Raffael, der – wie im Proömium zum dritten Teil festgehalten wird – die berühmtesten Meister der Antike, Apelles und Zeuxis, erreicht und übertroffen habe. Aber der eigentliche Höhepunkt, die erhabenste göttliche Stufe der Meisterschaft, sieht Vasari erst durch Michelangelo realisiert, der in allen drei Kunstgattungen, Baukunst, Malerei und Bildhauerei, die Künstler aller Zeiten in den Schatten gestellt habe. Mit Michelangelo ist für Vasari somit ein künstlerischer Grad erreicht, der nicht mehr zu überbieten ist, und die Künste sind nach dem Auftreten dieses Genies letztlich wieder zu einem Niedergang verurteilt. Mit Michelangelo schließt die erste Ausgabe der Viten, und auch in der zweiten sind die angefügten Lebensbeschreibungen eigentlich bloß noch als Nachtrag zu verstehen. Es zeigt sich damit, dass Vasaris Auffassung der Entwicklung der neueren Kunst eine Umkehrung der antiken Epocheneinteilung ist: Wenn hier das Goldene Zeitalter an den Anfang gestellt wurde und ihm Epochen des Niedergangs folgten, so wurde es vom Autor der Viten in seine eigene Gegenwart, an den Schluss der ganzen Entwicklung gestellt. Damit ist für die Kunstgeschichte der Kreis geschlossen: Von der Meisterschaft der Künstler der klassischen Antike führt der Weg in die Dunkelheit des Mittelalters; durch die Wiedererweckung der Künste seit Giotto wird er aber auf die Höhen der Antike zurückgeleitet, seit Michelangelo allerdings auf eine neue, noch höhere Ebene. Damit sieht Vasari – bewusst oder unbewusst – in der eigenen Zeit den Ausgangspunkt zu einem neuen Zyklus.

Das Quellenmaterial, auf das Vasari sich bezieht, ist vielfältig und oft ziemlich unreflektiert verarbeitet. Neben den eingangs erwähnten Schriften, die er praktisch alle gekannt und verwendet hat, stützt er sich auch auf frühe topografische und historische Arbeiten. Er scheint

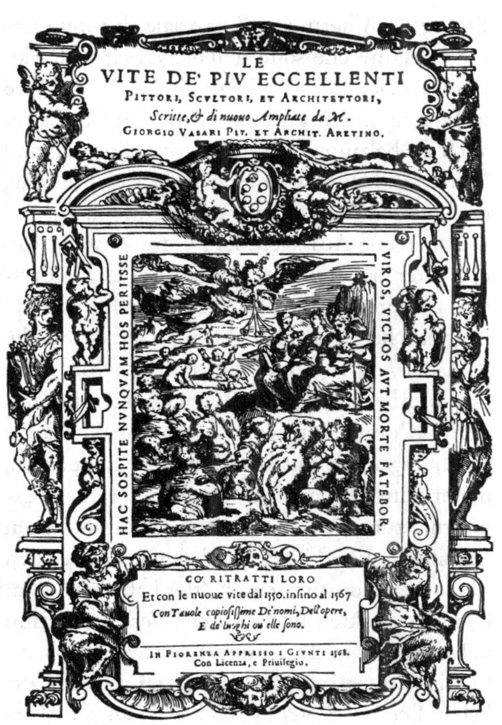
LE
VITE DE' PIV ECCELLENTI
PITTORI, SCVLTORI, ET ARCHITETTORI,
Scritte, & di nuouo Ampliate da M.
GIORGIO VASARI PIT. ET ARCHIT. ARETINO.

HAC SOSPITE NVNQVAM HOS PERISSE
VIROS, VICTOS AVT MORTE FATEBOR.

CO' RITRATTI LORO
Et con le nuoue vite dal 1550. insino al 1567
Con Tauole copiosissime De' nomi, Dell'opere,
E de' luoghi ou' elle sono.

IN FIORENZA APPRESSO I GIVNTI 1568.
Con Licenza, e Priuilegio.

Titelseite der 2. Auflage 1568

Francesco Albertinis «Memoriale di molte statue e picture che sono nell'inclyta ciptà di Florentia» gekannt zu haben, ein Werk, das 1510 in Florenz herausgekommen war. Sicher hat er auch die bekannte «Cronaca» von Giovanni und Matteo Villani verwendet. Für die Beschreibung der Zeitgenossen stützte er sich möglichst auf deren eigene Aussagen oder zumindest auf solche ihrer näheren Bekannten. Bei den Künstlern früherer Zeiten bleibt das Quellenmaterial begreiflicherweise eher dürftig. Gerade für die Künstler des Trecento beruft er sich vornehmlich auf die nüchternen Betrachtungen in Ghibertis «Commentarii». Daneben aber sind diese Viten angehäuft mit anekdotischen Elementen, die er zum Teil aus der Novellenliteratur übernimmt, zum Teil aus der lokalen mündlichen Tradition schöpft. Diese Einlagen haben für den modernen Kunstwissenschaftler natürlich kaum je einen direkten historischen Wert; immerhin beleben sie den Text und vermitteln gleichzeitig ein buntes Bild des damaligen gesellschaftlichen Lebens. Es genügt hier, etwa an den Werdegang Giottos in dessen Lebensbeschreibung zu erinnern: Der junge Sohn des Landarbeiters Bondone zeichnet beim Schafehüten auf einer Steinplatte und wird dabei vom vorüberwandernden Cimabue entdeckt. Dieses Histörchen hat eine lange Tradition und ist erstmals schon im zweiten «Commentario» von Lorenzo Ghiberti schriftlich festgehalten. Auch die Vita Buffalmaccos, dieses bereits erwähnten, seltsamen Künstlers, der zur Zeit Vasaris wohl schon zur legendären Erscheinung geworden war, besteht größtenteils aus solchen Fazetien, die Vasari getreu nach den betreffenden Novellen Sacchettis wiedergibt.

Vasari behält die Vorliebe für anekdotische Details auch in den Lebensbeschreibungen der späteren Künstler des Quattro- und Cinquecento bei; es gibt nur wenige Kapitel, in denen keine solche Einsprengsel vorzufinden sind. Bekannt wurde beispielsweise die Bemerkung am Schluss der Vita Paolo Uccellos über dessen übermäßige Freude an der Perspektive: Als ihn seine Frau nachts bittet, sich endlich zur Ruhe zu legen, antwortet er verträumt: «Ach, welch holdes Ding ist doch diese Perspektive!» Auch die allgemeinen historischen Angaben sind von Vasari oft ungenau registriert. Bei den Datierungen einzelner Werke oder bei den Lebensangaben der Künstler stimmen die Jahreszahlen meistens nicht. Wohl wurden einige grobe Versehen in der zweiten Ausgabe verbessert; so korrigierte er etwa die zeitliche Einstufung der beiden Pisani, die ursprünglich als Schüler des viel später lebenden Andrea Pisano galten.

Dennoch sah man die Viten Vasaris während Jahrhunderten als grundlegende Quelle an zur Kenntnis und Erforschung der italienischen Kunst des 14. bis ins 16. Jahrhundert. Noch die beiden bekannten Kunsthistoriografen Karel van Mander (1548–1606) und Joachim von Sandrart (1606–1688) übernehmen in ihren Lebensbeschreibungen fast kommentarlos ganze Kapitel aus dem Werk des Aretiners. Erst das 18. Jahrhundert brachte – bedingt durch die einsetzende Quellenforschung und durch eine neue Geschichtsauffassung – vermehrt eine kritische Einstellung dem Künstler-Biografen gegenüber. Die Kunstgeschichtsschreibung suchte nach neuen Kriterien für die Gliederung der Künstlerleben. Schon Filippo Baldinucci (1624–1696) hatte in seinen zum Teil posthum in Florenz 1681–1728 erschienenen «Notizie dei professori del disegno» in bewusstem Gegensatz zu Vasari eine neue Periodisierung unternommen, in der in Annalistenart nach Jahrhunderten und «Dezennalien» vorgegangen wurde. Noch viel bedeutender war aber die «Storia pittorica dell' Italia dal risorgimento delle belle arti fino presso alla fine del XVIII secolo» des Abate Luigi Lanzi (Bassano 1789), in der auf eine einheitliche Zeiteinteilung verzichtet wird und die lokalen Schulen zu geschlossenen Gruppen zusammengefasst sind. Diese Betonung der landschaftlichen Besonderheiten ist wohl schon von Vasari vage angedeutet worden (man denke etwa an die Gegenüberstellung der Venezianer und Toskaner in der Vita Giorgiones), aber Lanzi hat als Erster die italienischen Kunstlandschaften eingehend und unparteiisch beschrieben. Dennoch stützte auch er sich in vielen Einzelheiten noch bedenkenlos auf die Autorität Vasaris.

Im Verlauf des 19. Jahrhunderts verstärkte sich – bedingt durch den Ausbau einer kritischen Geschichtswissenschaft – die Ablehnung Vasaris derart, dass man schließlich geneigt war, den Viten-Schriftsteller gesamthaft als unglaubwürdig zu verurteilen. Zur Revision dieses einseitigen Urteils trugen indessen nicht wenig die ersten kritischen Ausgaben des Werks bei, die sich bemühten, im Text die Spreu vom Weizen zu trennen, und somit einen Vasari präsentieren konnten, welcher, kritisch kommentiert, wieder verwertbar geworden ist. Das größte Verdienst gehört in dieser Hinsicht auch heute dem Herausgeber jener Viten-Ausgabe, die, noch immer nicht überholt, allen Kunstinteressierten bekannt sein muss. Es handelt sich um Gaetano Milanesi, der schon früher, bei der vierzehnbändigen Ausgabe von Lemonnier, mitgewirkt hatte und als Alleingänger von 1878 bis 1885 die Betreuung der neuen Edition besorgte. Seither sind unzählige Versuche unternommen worden, das gewaltig ausgedehnte Material kritisch zu sichten; die meisten sind missglückt, doch unter der Leitung von Paola Barocchi und Rosanna Bettarini wurde 1966 mit einer neuen, reich kommentierten Ausgabe begonnen, in der die Texte der ersten und zweiten Ausgabe enthalten sind. Die groß angelegte Arbeit ist mittlerweile auch als digitale Quelle frei zugänglich: www.memofonte.it. Diese Bemühung um die schriftstellerische Tätigkeit Vasaris zeigt, dass das Interesse an dessen Werk heute keinesfalls abgenommen hat. Ja, man kann sogar sagen, dass der Aretiner heute in vielem wieder rehabilitiert worden ist, und gerade seine Äußerungen über Künstler des 16. Jahrhunderts haben ein neues Gewicht erhalten. Denn seit der vermehrten Beschäftigung der Kunstwissenschaft mit dem Manierismus in den letzten Jahrzehnten kommt man nicht um eine Auseinandersetzung mit Vasari herum: Dieser Zeitabschnitt ist vom Aretiner selbst gelebt und erlebt worden; die Notizen aus dieser Zeit stammen aus erster Hand und müssen deshalb als direkte Widerspiegelung gewertet werden. Darüber hinaus bleiben die Viten ein anregender Text von hoher literarischer Qualität, der nach wie vor vom kunstinteressierten Leser mit Genuss aufgenommen werden kann.

Robert Steiner

Inhalt

Titel der italienischen Ausgabe:
«Le Vite de' più eccellenti pittori, scultori et architettori, scritte e di nuovo ampliate da Giorgio Vasari con i ritratti loro e con l'aggiunta delle Vite de' vivi e de' morti dall'anno 1550 infino al 1567» (1568)

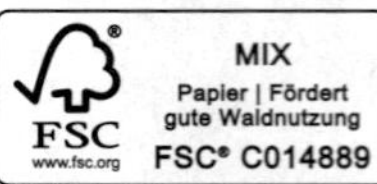

Penguin Random House Verlagsgruppe FSC® N001967

Neumarkter Str. 28, 81673 München
produktsicherheit@penguinrandomhouse.de
(Vorstehende Angaben sind zugleich Pflichtinformationen nach GPSR)

Diese Buchausgabe der *Manesse Bibliothek* wurde von Greiner & Reichel in Köln aus der Berthold Bembo gesetzt, von der Druckerei Friedrich Pustet in Regensburg auf FSC-zertifiziertem Papier gedruckt und in Fadenheftung gebunden.
Umschlag und Vorsatz gestaltete das Münchner Favoritbüro unter Verwendung von Motiven von © Sandro Botticelli, Die Geburt der Venus, ca. 1485 (Ausschnitt), Galleria degli Uffici, Florenz, Toskana, Italien/Bridgeman Images
Printed in Germany 2025
ISBN 978-3-7175-2510-3

www.manesse-verlag.de

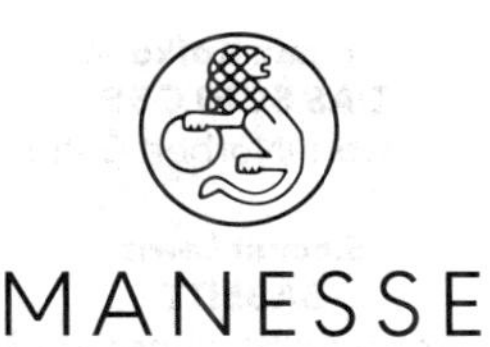

Tania Blixen
JENSEITS VON AFRIKA
Übersetzung: Gisela Perlet
Nachwort: Ulrike Draesner

Earl of Chesterfield
ÜBER DIE KUNST, EIN GENTLEMAN ZU SEIN
Übersetzung: Gisbert Haefs
Nachwort: Eva Gesine Baur

Jean Cocteau
THOMAS DER SCHWINDLER
Übersetzung: Claudia Kalscheuer
Nachwort: Iris Radisch

Jerome K. Jerome
DREI MANN IN EINEM BOOT
Übersetzung: Gisbert Haefs
Nachwort: Harald Martenstein

James Joyce
DUBLINER
Übersetzung: Friedhelm Rathjen
Nachwort: Ijoma Mangold

Franz Kafka
DAS SCHLOSS
Nachwort: Norbert Gstrein

Sinclair Lewis
BABBITT
Übersetzung: Bernhard Robben
Nachwort: Michael Köhlmeier

Sinclair Lewis
MAIN STREET
Übersetzung: Christa E. Seibicke
Nachwort: Heinrich Steinfest

Longos
DAPHNIS UND CHLOE
Übersetzung und Nachwort: Kurt Steinmann

Joaquim Maria Machado de Assis
DAS BABYLONISCHE WÖRTERBUCH
Übersetzung: Marianne Gareis und
Melanie P. Strasser
Nachwort: Manfred Pfister

Katherine Mansfield
FLIEGEN, TANZEN, WIRBELN, BEBEN
Übersetzung: Irma Wehrli
Nachwort: Dörte Hansen

Thomas Morus
UTOPIA
Übersetzung: Jacques Laager
Nachwort: Peter Sloterdijk

Rafik Schami (Hg.)
AUF DIE FREUNDSCHAFT

Sei Shônagon
KOPFKISSENBUCH
Übersetzung und Nachwort: Michael Stein

Mary Shelley
FRANKENSTEIN
Übersetzung: Alexander Pechmann
Nachwort: Georg Klein

John Steinbeck
DER WINTER UNSERES MISSVERGNÜGENS
Übersetzung: Bernhard Robben
Nachwort: Ingo Schulze

Jonathan Swift
GULLIVERS REISEN
Übersetzung: Christa Schuenke
Nachwort: Dieter Mehl

Henry David Thoreau
WALDEN oder VOM LEBEN IM WALD
Übersetzung: Fritz Güttinger
Nachwort: Susanne Ostwald

Iwan Turgenjew
DAS ADELSGUT
Übersetzung: Christiane Pöhlmann
Nachwort: Michail Schischkin

Giorgio Vasari
LEBENSLÄUFE DER BERÜHMTESTEN MALER, BILDHAUER UND ARCHITEKTEN
Übersetzung: Trude Fein
Nachwort: Robert Steiner

Lǎo Zǐ
DAO DE JING
Übersetzung und Nachwort: Michael Hammes